# 근대 러시아문화의 패턴

## Patterns of the Modern Russian Culture

# 근대 러시아문화의 패턴

Patterns of the Modern Russian Culture

1판 1쇄 찍음 • 2010년 3월 20일
1판 1쇄 펴냄 • 2010년 3월 25일

지은이 • 김 수 희
발행인 • 정 현 걸
발 행 • 신 아 사
인 쇄 • 인덕인쇄

출판등록 • 1956년 1월 5일 (제9-52호)
서울특별시 은평구 녹번동 28-36 2F
전화 02.382.6411 • 팩스 02.382.6401
홈페이지 • www.shinasa.co.kr
이메일 • shinasa@chol.com

ISBN 978-89-8396-693-3 (93920)



정가 13,000 원

# 서 문

본 서적의 대 주제는 '근대 러시아 문화의 패턴'이다. 이는 러시아에 관한 연구를 대상으로 하며, 보다 구체적으로는 문화의 패턴을 근대적 시각에서 밝히겠다는 것이다. 그렇다면 러시아의 문화적 패턴을 찾기 위해 어떠한 관점을 중요시해야하며, 어떻게 접근해야할지 고민이 아닐 수 없다. 그러나 다행하게도 니꼴라이 베르쟈에프(Nikolai Berdiaeve), 빠벨 밀류꼬프(Pavel Miliukov) 등과 같은 다수의 저자들이 있다는 점이다. 그리고 이들의 저서가 문제의식을 해결하는데 있어 유용한 방법론을 제공해 준다는데 중요성이 있다. 그러나 이들 저서들이 제공한 풍부한 접근방법의 다양성에도 불구하고 역사 및 사회적 맥락의 반응 속에서 변화되어 왔다는 사실이다. 아울러 대부분의 문화적 분석가들이 의존하고 있는 기본적 관점은 문화의 언어적 기원들, 지리적 위치, 종교 및 이념적 속성, 광범위한 기반을 가진 대중적 정신, 그리고 일부는 방송매체와 같은 심미적 자료들 속에 존재하는 관점에 의존하고 있다. 따라서 본 연구는 이들을 모두 수용하는 노력과 함께 중추적으로 역사적 맥락에서 얻은 문화적 유산을 밝히는데 초점을 두었다. 이는 러시아에 대한 폭넓은 이해와 인과율적(因果律的)으로 문화의 근거를 명확히 할 수 있다는 판단에 의한 것이다.

국가 및 민족 간의 교류 속에서 상호이해 및 협력관계를 유지하며 공존하고 있다. 따라서 상호간의 교제형식인 국제교류를 원만하게 유지하고 심도 깊게 발전시키기 위해서는 문화의 이해가 필수적이다. 문화의 이해 없이 상호 공감대를 지속적으로 형성하고 넓혀갈 수 없기 때문이다. 다시 말해 문화는 최상의 교양을 갖춘 행동규범을 의미하기 때문에 문화인과 야만인과의 인간관계는 교제의 지속성을 상실할 수밖에 없다. 아울러 민족이 보유한 독특한 문화유형은 교제에 있어 상호 이해를 필요로 하고 있다. 이런 이해 속에서 깊은 관계형성이 가능할 뿐 아니라 부적절하고 피상적인 상대방에 대한 이해로 인해 생기는 손실을 예방하기 위해서도 필수적이다.

이 같은 집필동기와 목적의식 속에서 고려된 사항은 첫째, 문화의 개념소개와 발달과정을 정리함으로써 개념의 이해를 높였다. 이에 더하여 20세기 이래 개발된 방법론적 시각을 넓혀줌으로써 다양한 접근방법의 실행 필요성 제고 및 연구를 자극하도록 하였다. 끝으로 본 저서 분석에 요구되는 이론을 소개하였다. 이를 통해 체계적 문화연구의 기틀을 잡는데 다소나마 기여될 것으로 확신한다. 둘째, 제정러시아의 문화유형을 구체화하는데 할애했다. 유형(pattern)을 규명하는데 중추적으로 고려된 사항은 러시아 민족이 어떠한 자연 및 대내외적 조건과 환경에서 민족국가형태를 갖추게 되었고, 더욱이 러시아전제체제의 자기보존 및 번영이란 목표 속에서 형성된 문화유형을 정리하였다. 세 번째로 고려된 사항은 소비에트 공산체제에 의해 주조된 이념적인 목표와 산업적인 목표추진과정에서 형성된 문화유형을 사회적 환경의 변화에 따른 사회통합요인과의 관계 속에서 분석하였다. 아울러 소비에트체제가 지향한 새로운 사회건설 목표아래 동원된 다양한 정치·사회화 수단의 활용 결과로 야기된 문화적 유형을 규명하는데 주력했다.

네 번째로는 민주러시아의 문화유형을 규명하는데 주력했으며, 특히 권위주의로 설명되고 있는 정치문화유형을 극복하기 위한 방법론의 입장에서 새로운 자유민주주의적 국가건설(state building)과 국민건설(nation building)과정을 통해 민주러시아의 정체성을 이해토록 했으며, 다섯째로 향후의 문화적 진로를 예측하기 위한 목적에서 세계화에 따른 세속문화와 전통간의 갈등현상 분석 및 합의점 도출을 위한 시각에서 전통 종교인 정교의 가치를 기준으로 러시아적 특성을 찾도록 했다.

끝으로 사랑하는 아내의 내조와 기도, 그리고 본인이 몸담고 있는 조선대학교의 집필후원에 깊은 감사를 드리며, 아울러 출판을 주저없이 승인해주신 신아사의 정현걸 사장님과 한규갑 상무님께도 사의를 표한다.

2010년 2월

김 수 희 드림

# 근대 러시아문화의 패턴

## Patterns of the Modern Russian Culture

제1장

# 러시아는 어떤 나라인가?

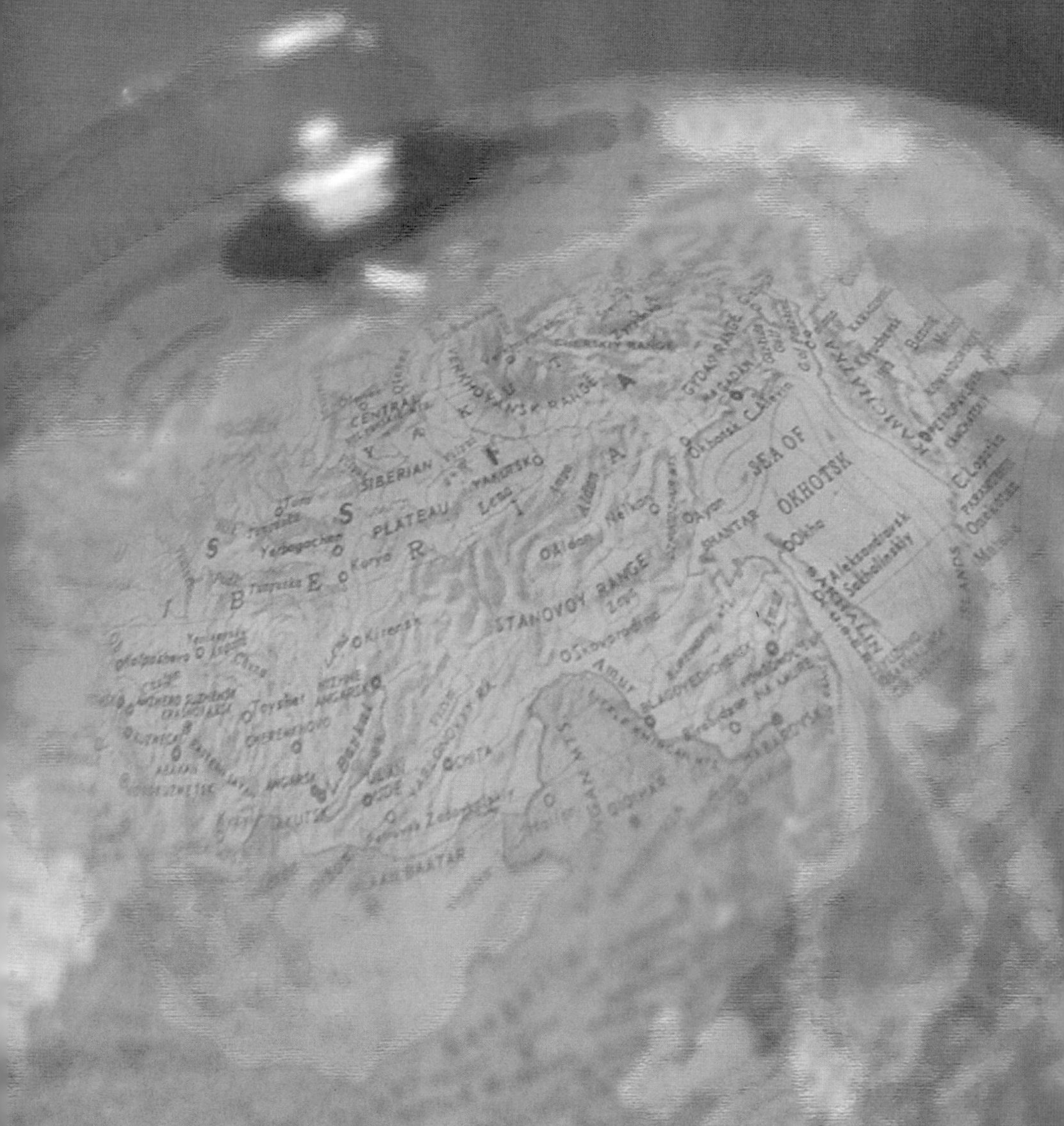

## 1. 러시아의 일반적 특징

과거 러시아는 우리와 외교관계 조차 맺지 못한 적성국이었다. 그러나 대 공산권 세계에 대한 문호개방을 천명한 1973년의 6·23 선언과 1983년에 채택된 북방외교의 천명으로 시작된 우리의 북방외교정책의 결과로 인해 1990년 소련과 수교하게 되었다. 북방정책의 출현 배경은 남북한 관계를 풀어나가기 위해 우선 주변의 공산대국인 소련 및 중국과의 관계를 정상화시키는 것이 필요하다는 인식에서 시작된 것이다. 당시 한·러 간의 수교는 안보적 의미가 컸다. 그러나 20년이 지난 지금의 상황에선 안보와 함께 경제협력의 비중이 높아지는 상황에 있다. 안보의 측면에서 러시아는 한반도 분단의 당사국이며, 국경을 맞대고 있는 상황에서 한반도 정권의 성격에 민감할 수밖에 없다. 더욱이 북한에 대한 후원과 영향력 행사를 견지하고 있는 현실에서 우리에게는 중대한 상대국이다. 아울러 경제적 측면에서 러시아는 자국 산업의 경쟁력을 높이는데 우리기업과의 제휴 및 다수 투자가들에 의한 직접적인 투자유치를 요구하는 상황이다. 우리도 임박한 유라시아철로 시대를 앞당기고, 러시아의 저렴한 군사장비의 구매, 수출시장의 확대, 수송비 절감에 따른 저가 원자재 확보, 특히 에너지 및 철강자원의 안정적 확보, 그리고 영사문제로서의 유랑 중인 55만 여명의 고려인 정착 목적에서 다수의 과제를 안고 있다. 문제는 러시아와의 미래지향적 관계강화를 위한 새로운 접근 모색의 필요성이다. 이는 문화적 접근방법을 말하는 것으로 새로운 시각과 사고로 국제관계를 재정립해야만 민족의 생존과 번영을 보장받을 수 있다는 점에서 문화적 이해의 중요성이 있다.

첫째, 러시아는 세계에서 가장 큰 영토를 갖고 있는 나라이다. 따라서 해결해야 할 문제도 많고, 이러한 문제들을 보다 효율적으로 통제 및 관리하기 위해 전제주의가 발달한 나라이기도 하지만, 두 번째로 지적될 수 있는 특징은 다양한 종류의 풍부한 자원 보유국이란 점이다. 철, 석유, 천연가스, 석탄, 목재, 금, 아연, 한약재 등의 자원이 가까운 대륙에 널려 있다. 세 번째로 들 수 있는 특징은 정신문명이 발달한 나라라는 점이다. 세계 최대의 독서 인구를 보유한 나라로써 서구와는 대조적으로 교양과 인격을 갖춘 나라이다. 따라서 종교적 성화 및 자연과 조화된 철학의 생활화로 개인주의적 물질중시보다는 공동체 정신과 우정을 최고 가치로 삼고 있는 나라라는 점에서 차원 높은 우호협력이 가능한 나라이다. 네 번째로는 첨단 과학문명보유국 이란 점이다. 물리, 화학, 생물분야와 우주항공분야가 증명하듯이 기초과학이 잘 다져진 국가라는 점에서 우리와 보완관계를 맺고 있다. 다섯째로는 시장경제도입에 따른 혼란과 국가역량의 한계상황 속에서 국제적 자본 및 투자협력을 필요로 하는 나라이다. 따라서 국가 간의 관계도약을 이룰 수 있는 기회를 맞고 있다는 점도 중시하고 연구해야 할 것이다.

### 1) 국기를 통해 본 러시아의 상징성

어느 나라나 자신의 정체성을 상징화하여 국기로 나타내고 있다. 러시아의 경우도 마찬가지이다. 자신들이 국기를 통해 부각시키려는 점이 무엇인지? 그리고 이를 면밀히 살펴보고 이해하려는 노력이 바로 상호간 공감대를 형성시킬 수 있는 첩경이라는 견지에서 소개하고자 한다. 러시아의 공식적 국명은 '러시아연방 또는 러시아'(Russian Federation or Russia)이다. 그리고 러시아의 국기는 화면을 통해 보시는 바와 같이 백, 청, 적, 3색으로 형성되어 있다. 소연방체제하에서 붉은 바탕에 낫과 망치를 넣어 노동자와 농민이 주인으로써 혁명적 전투를 수행하는 국가임을 나타냈던 형상이 3색으로 변모한 것이다. 3색은 결코 근거 없이 갑자기 나타난 산물이 아니다. 이는 공산주의 청산 및 과거와 연계된 전통으로의 복귀를 의미한다. 물론 과거로의 완전한 복귀를 의미하지는 않는다. 이는 색의 우선순위 배열로서도 알 수 있다. 적, 청, 백색의 깃발은 1668년 최초로 러시아 함대의 사령관이 탑승한 선두기함에 게양했다. 여기서 적색은 용감성을 의미하는 색으로서 전투의 필승신념을 의미했으며, 청색은 성모마리아의 색으로서 신앙과 믿음을, 흰색은 황제 짜르의 색으로서 조국을 의미했다.

그 후 뾰뜨르 1세가 1705년 1월 20일 공식적으로 무역목적의 상선에 사용함으로써 3색의 공식적 생일이 되었다. 그 후 1883년 알렉싼드르 III세는 특별협의회를 통해 민족통합과 통치상의 목적으로 3색을 '러시아제국의 민족과 국가의 깃발'로 그 의미와 상징성을 바꾸었다. 이는 역사적으로 3색이 "대러시아, 소러시아, 백러시아 전체"를 통괄하는 황제들의 작위를 표현해 온 근거에 의한 것이었다. 여기서 적색은 대 러시아, 청색은 소러시아, 백색은 백러시아와 일치해 왔다. 이 같은 역사성에 근거하면서 재 표출된 3색의 '민주 러시아'의 3색 국기는 의미를 달리하고 있다. 즉, 흰색은 깨끗하고 청결한 국가를 상징하고 있다. 러시아는 전통적으로 정교신앙을 토대로 성스럽고 경건한 국민성으로 대변되는 국가이다. 이들의 신앙심은 70여년의 공산통치로써도 제거할 수 없는 견고한 민족정체성의 일부임을 증명한 것이다. 본인의 러시아 거주체험을 통해서도 천진난만한 순수성을 지닌 다수 시민들로 구성된 나라임을 직접 확인 할 수 있었다. 이는 자랑할 만한 성화의 결과인 것이다. 청색은 러시아영토의 지형적 특징을 상징하는 색이다. 광활한 푸른 유라시아평원이 이를 대표하고 있다. 따라서 아름다운 자연경관과 천진난만한 인간이 어울리는 국가임을 나타낸다. 홍색은 과거의 전투

및 혁명과는 달리 아름다움을 상징하는 색이다. 러시아를 방문해 본 여행객들은 한결같이 모두 러시아인들의 미모를 부러워한다. 빼어난 미모는 눈 같이 흰 피부와 금발머리 및 뚜렷한 윤곽과 날씬한 몸매에서 오는 것이지만 너그럽고 마음씨 착한 심성의 발로라고 확신한다. 다음은 일반성에 기초한 러시아의 인상에 대한 내용이다. 첫째, 동양적 오리엔탈리즘이 숨 쉬는 나라라는 인상이다. 수줍고, 겸손하며 커피가 아닌 홍차문화가 이의 증거이다. 둘째, 기독교적 신비주의가 배어 있는 나라라는 인상이다. 서구의 실용주의에 입각한 사무적이고, 이성적 풍토와는 너무도 대조적 면모를 보이고 있다. 셋째, 전제와 권위적 정치문화를 지닌 나라라는 인상이다. 이로 인해 다수 농민이 헐벗고 굶주림에 시달리는 뼈아픈 역사성 속에서 혁명의 나라가 된 것이다. 좀 더 구체적으로 역사적 맥락 속에서 민족적 특징을 알아보도록 하겠다.

## 2) 러시아의 민족적 특성

우리가 어떤 사람과 사귀고 교제를 시작하게 될 때, 먼저 그 사람이 어떤 사람인지에 대해 궁금증을 갖는다. 이는 교제 및 관계의 수위를 정하기 위함이다. 국가 간의 관계도 마찬가지이다. 관심의 초점은 민족성에 관한 것이다. 이 같은 맥락에서 러시아인들의 민족성 형성에 심대한 영향을 미친 사실들을 소개함으로써 우선 개략적인 패턴을 추정토록 하겠다.

첫째로 러시아인들은 9세기 중반까지 민족국가를 형성하지 못한 채 이민족의 연속적 지배를 받아 온 민족이다. 유럽 국가들 중 후발주자인 러시아가 스칸디나비아에서 온 바란진족의 도움으로 국가를 건설하고 흑해를 거쳐 비잔틴제국과 교역을 하면서 비잔틴제국의 문화 전반을 도입하게 되었다. 이는 종교, 통치형태 및 방법, 문자에 이르기까지 실로 지대한 것이었다. 더욱이 비잔틴제국이 동양에 위치했다는 점에서 오리엔탈리즘의 영향도 피할 수 없었다.

둘째로는 러시아가 건국이후 몽고의 일개 부족인 따따르족의 지배를 약 250년간 받았다는 사실이다. 따라서 몽고문화의 침투가 불가피했던 상황에서 아직도 러시아인들의 의식구조와 관습에 동양적 요소가 많다는 점을 지적한다.

셋째로는 16세기 중엽부터 시작된 시베리아정복 결과로 러시아는 동서 양 대륙에 걸친 영토를 소유함에 따라 대조적인 양방향의 문화국이 되었다는 점이다. 따라서 생김새와 모습은 서양인이지만 의식과 심리 및 생활에 있어 동양적인 면모가 많다는 점이다.

넷째로는 농업중심사회에서의 동양적 전제주의체제로 인한 사회적 모순이 수동적인 국민성과 비민주성으로 인한 일원주의(monism)적 사고방식을 갖게 되었다는 점이다.

다섯째로는 세계최초로 서구모델에 의한 인위적 근대화를 추진함에 따라 과학적 사고와 능력을 갖춘 민족이란 점이다. 따라서 우리나라보다 약 200년 앞서 근대화를 추진한 경험과 성과가 우리의 젊은 학도들에게 관심의 대상이 되고 있는 것이다.

### 3) 한국인에게 심어준 러시아인들의 인상

우리민족과의 접촉은 제정러시아가 1860년대 이래 만주로 진출한 후 연해주 일대를 점령하고 군사적 항구로써의 블라지보스톡을 건설하는 과정에서였다. 그 후 구한말기에 서양 세력들의 주도권 장악을 위한 쟁탈전이 벌어졌을 때 발생한 '아관파천' 사건은 러시아에 대한 상대적 의사소통과 신뢰의 결과로 보인다. 다시 말해 러시아인들이 소유한 기독교 정신과 동양적 사고의 결과라고 본다. 당시 고종황제는 분명히 러시아인들에게 상대적 호감을 나타낸 것이다.

다음으로는 일본제국주의의 패전과 일본군에 대한 한반도에서의 무장해제 명분으로 미·소간의 합의에 따라 미국보다 약 한 달 앞서 청진항에 입국함에 따라 러시아인들을 대할 수 있었다. 병력이 부족한 상황에서 시베리아에서 유형중인 죄수들을 무장시켜 한반도에 투입시킨 군인들이 우리에게 러시아의 인상을 각인시켜 주었다. 당시 그들이 보여 준 행태는 기인(奇人)에 가까운 것이었다.

그러나 해방 후 우리문단을 압도한 계몽주의는 일본을 통해 전수된 러시아 사조였다. 이광수, 심훈과 같은 작가들의 작품에 감화된 젊은 지식인들의 헌신적 농촌활동 및 문맹퇴치운동을 통해 우리는 러시아와의 지적 관계를 맺고 있었던 것이다.

다음은 비극적이며 묵과할 수 없는 민족상쟁의 후원자가 되어 상호 적대적 관계 속에 빠져든 시기가 50여 년간 이어졌다. 이 과정에서 가세된 동서간의 냉전 상황과 소비에트체제 내에서 자행된 공포정치와 인권탄압 및 군사대국으로의 발전 면모들이 우리를 두렵게 했던 것이다.

스딸린 통치기에 고조된 전체주의도 시대정신과 상황에 따라 변화를 겪게 되었고, 급기야 발전의 한계상황 속에서 맺게 된 양국정부간의 수교와 소비에트체제 붕괴가 새로운 차원의 관계로 향하게 되었으며, 아울러 관계증진의 필요성에서 심도 깊은 연구가 요구되는 상황에 이르게 된 것이다.

## 2. 유용성을 통해 본 러시아학습의 필요성

1) 한민족의 통일의 측면에서 러시아는 한반도분단의 당사자이며, 북한과는 전통적으로 군사 및 경제부문의 동맹 국가였다. 옐찐체제 하에서 러시아는 북한과 다소 소원한 관계를 유지해 왔지만 근래 한반도문제를 다룸에 있어 강력한 참여를 요구해 왔다. 그러나 우리의 미온적 태도에 대한 반발로써 러시아는 2000년 이후 등거리외교를 가시화하고 있다. 2000년을 기점으로 러시아는 외무장관을 비롯하여, 뿌찐대통령의 북한방문이 말해 주듯이 한반도문제의 이해당사자임을 실증하고 있다. 따라서 이를 교훈 삼아 대 러시아 관계를 긴밀히 하고 우리의 평화적 통일의지를 납득시켜야 할 입장에 있다는 점을 강조하고 싶다. 말로는 양자 간의 평화적 통일

을 지지한다고 하지만 자신의 이해관계를 중시하고 방해를 한다면 또 다른 불행을 맞을 수도 있기 때문이다.

2) 경제협력과 시장 확대의 측면에서 한국과 러시아는 상호 보완적 관계에 있다. 러시아는 시장경제구축을 위해 사기업의 육성이 시급한 상황에서 제국주의적 수탈의 염려가 적은 선진도상의 국가들과 협력파트너를 구하고 있으며, 러시아의 천연자원과 인적자원을 외국자본과 경영의 합작형식으로써 경제적 돌파구를 열어 가는 중이다.

일반 무역에 있어서도 러시아와의 관계는 우리의 전자제품, 잡화 및 자동차 수출에 지대한 성과를 올리고 있으며, 러시아로부터는 비철금속 및 목재수입실적의 증가추세에 있다. 이 같은 추세로 보아 교역부문에 있어서도 충분히 보완적 관계임이 이미 입증된 상태라는 점과 더욱이 러시아는 2000년대 들어 정치와 경제적 혼란의 진정국면에 들어섬에 따라 보다 적극적 자세로 협력과 시장 확보에 나서야 할 입장임을 알아야 할 것이다.

3) 자원수급의 입장에서 우리는 거리상으로 먼 중동지역에서 석유 및 가스와 같은 에너지자원을 수급하며, 철과 석탄은 오스트레일리아나 캐나다로부터 조달받고 있다. 거리상의 조건으로 인한 원자재 가격의 고비용으로 산품의 생산코스트가 높을 수밖에 없기 때문에 국제경쟁력확보에 상당한 어려움을 감수하고 있는 상황에 있다. 그러나 거리상으로 가까운 러시아에서 풍부한 자원을 육로로 운반해 올 때 얻을 수 있는 이익이 과연 어느 정도인지 가히 짐작할 수 있을 것이다. 러시아는 세계최대 산유국이며, 석유매장량에 있어 세계 제2위를 차지하고 있지만 아직도 찾아내지 못한 유전이 시베리아에 상당량 묻혀 있을 것으로 추정하고 있다. 천연가스 또한 세계 매장량의 30%를 점하고 있는 실정이며, 우리와 인접한 극동의 이르꾸뜨스끄 및 야꾸뜨스끄에 있다는 점에 유의할 필요가 있다. 이 밖에 석탄, 철 및 비철금속에 있어서도 세계적 보유국이며, 생산 대국이다. 남북한 간의 관계개선이 바로 이들 자원의 용이한 교류를 가능케 함으로써 상호 국가발전에 지대한 효과를 줄 수

있다는 점이다.

4) 학문적 교류의 측면에서도 러시아는 우리에게 긴요한 파트너이다. 지금까지 우리는 서방학문에 일방적 편향현상을 보여 왔다. 가까운 일본의 경우 주요 거리에서 러시아책방을 쉽게 발견할 수 있다. 이는 러시아의 학문적 성과와 문예적 중요성 인식에 기인된 국민적 결과라고 본다.

러시아는 18세기 근대화 시작과 더불어 '과학아카데미'를 창설했으며, 이를 통해 시대적 요구에 따라 연구된 결과를 토대로 국가발전을 주도해 왔다. 따라서 물리, 화학, 생물과 같은 기초과학을 비롯하여 우주항공과학에서 선두지위를 누리고 있는 중이다. 따라서 러시아의 많은 이공계통의 학자들이 우리나라에 초빙되어 활동중에 있으며, 군사부문에서도 간헐적이나마 교류가 이루어지고 있는 상태에 있으며, 상업목적의 민간부문협력도 점진적 발전추세를 보이고 있는 상태이다.

이에 더하여 러시아는 서구문화와 질적으로 다른 고양된 정신문화를 보유하고 있다. 인간은 빵만으로 살수 없다. 정신적 양식의 소비 속에서 진정한 행복을 찾을 수 있으며, 현실적으로 사회질서와 안녕을 유지할 수 있다는 유용성에서 교류가 절실한 실정이다.

5) 유라시아 횡단철도 가동의 측면에서 러시아는 향후 우리의 미래건설에 활력소 역할을 할 것이라는 점을 강조하고 싶다. 우리나라는 극동 대륙의 끝에 위치하며, 주변지역에 산업 및 소비 강국들이 인접함에 따라 유라시아 횡단철로의 가동을 통해 파리와 함부르크로 철로가 연결될 때 우리나라는 동북아의 물류센터로 부상될 수 있다. 뿐만 아니라 인접한 대륙의 에너지, 철 및 비철금속을 손쉽게 수급함으로써 우리 산품의 국제적 경쟁력은 획기적으로 개선되기 때문에 결과적으로 제3의 산업혁명이 예상되고 있는 것이다.

끝으로 예상되는 기회를 확실히 잡을 수 있도록 만반의 준비가 필요하다는 점과 이 준비는 바로 여러분의 몫이라는 사실을 주지시킨다.

제 2 장

# 문화의 개념, 이론 및 접근방법

## 1. 문화의 개념정의

### 1) 교과목 분석

매사 좋은 결과를 얻기 위해서는 출발에 앞서 목표에 대한 구상과 치밀한 계획이 요구된다. 연구 활동에서도 마찬가지이다. 지금 내가 어디로 무엇을 찾아 가는 것인지? 먼저 방향과 목적의식에 관한 사고가 필요할 뿐만 아니라, 더욱이 이를 설명하기 위해 어떤 접근방법을 사용할 것인지 살펴야 한다. 이는 시대정신에 따른 과학화와 체계화된 설명을 얻는데 첩경이기 때문이다. 더욱이 이러한 목적의식 속에서 논제를 구성하고 있는 핵심개념이 무엇인가를 찾고 이들 개념(변수)간의 관계를 규명하는 것이 연구이기 때문에 관계적 입장에서 따져 보아야 한다.

본 교과의 대 주제는 '근대 러시아 문화의 패턴'이다. 이는 근대 러시아에 관한 연구를 대상으로 하며, 보다 구체적으로는 문화패턴을 밝히겠다는 것이다. 따라서 러시아라는 지역적 문화의 특성을 규명함에 있어 연구의 시발은 핵심 개념인 '문화'로부터 이루어질 수밖에 없다.

'문화'라는 말은 복합적 내용을 담고 있으며, 시대적 상황과 과제에 따라 의미가 변모해 왔기 때문에 간단히 처리될 문제도 아니다. 아울러 지역문화의 실체를 언급함에 있어 보편성에 의존할 수밖에 없는 속성으로 인해 '패턴'(pattern)이란 사회과학적 용어를 사용하였다. 패턴은 20세기 이래 과학문명발달의 영향으로 사회적 현상에 대한 보다 정확한 설명과 예측의 필요성이 대두됨에 따라 만들어진 학술적 용어중의 하나이다. 패턴은 사회현상의 불규칙 속에서도 현상을 면밀히 관찰해 보면 일정한 규칙 내지 법칙성이 존재한다. 바로 이 규칙 내지 법칙성을 속성에 따른 범주로 구별하여 놓은 형태를 지칭하는 말이다. 우리말로는 유형(類型), 즉 유사한 모양으로 표현하고 있다. 문제는 본인이 왜 패턴이란 용어를 사용했느냐 이다. 세상에 존재하는 모든 사물들은 동일한 것이 없다. 특히 문화적 입장에서 볼 때 사회구성원 다수의 사고나 행태가 동일한 모습으로 형상화 될 수 없다. 때문에 근래 학자들은 특히 문화적 실체를 설명함에 있어 '유사한 형태'로서의 패턴이란 말을 사용하고 있는 것이다.

### 2) 문화의 개념

인간의 존재와 존엄성은 인간에 의해 창조된 문화에 기인되며, 인간의 외화(外化) 내지 자기실현이라는 인간 활동의 목적과 결과에 비추어 볼 때 개념에 대한 이해는 결코 가볍게 다루어질 성질이 아니다. 특히 21세기를 문화상품의 시대로 보는 사람이 많다. 이는 문명의 발달과 풍요 속에서 개별민족이 창조한 우수 문화가 범세계적 자산으로써 교류 및 활용되는 세상의 도래를 의미하는 것이다. 이러한 상황에서 우리는 러시아의 문화유산을 명백히 유형적으로 파악하고 이를 상호 사회적 발전 및 국민적 공감대 형성에 활용하자는 것이다.

일반적으로 우리사전에 소개된 문화의 개념은 테일러의 견해입니다. 테일러는 "인류학적으로 문화의 개념은 인간사회에서 인간에 의해 획득된 지식, 신념, 예술, 도덕, 법률, 관습 및 그 밖의 제 능력과 습성을 내포하는 복합적 총체이다"라고 정의하고 있다.

최근에 출판된 외국 사전들에 의하면 다소 변화된 용어들을 사용하고 있다. "문화는 인류지식, 신념, 그리고 행태의 통합 패턴이다"라고 간결이 정의한 후, "문화의 구성부분으로써 언어, 제 사상, 신념, 제 관습, 제 금기, 제 법전, 제도적 기관들, 제 도구, 제 기술, 예술 작품들, 제 사회적 의식, 제 공식적 의전, 그리고 기타 관련 구성 요소들"을 들고 있다. 아울러 "문화발전이 지식을 배우고 후세에게 지식을 전달하기 위한 인간들의 능력에 의존하고 있다"고 정의함으로써 인간의 학습과 미래 지향적인 의지의 필요성을 강조하고 있다.

이 정도의 간결한 개념정의로써 실생활을 살아가는데 있어 언어소통상의 큰 어려움은 없다고 여겨진다. 그러나 보다 고양된 사회발전을 지향하기 위한 연구에 관심을 갖는다면, 과거 인류학자들과 철학자들이 인류발전을 위해 고심했던 문화적 관심사가 무엇이었으며, 문화적 측면의 어떠한 요소를 강조함으로써 보다 이상적인 사회로 이끌어 가려고 노력했는지?, 그리고 근세의 자유주의가 낳은 지나친 개인주의적 병패를 치유할 길은 없는지? 심지어 공동체 사회가 최소한 깨어지지 않도록 보존 책으로써의 사회질서유지를 위한 문화적 관심이 절실한 시점임을 지성인들에게 강조하면서 문화의 어원과 개념의 발달에 다소의 시간을 배정하였다.

### 3) 문화의 어원과 개념의 발달

문화의 기원은 인류의 문명화 욕구에 따라 이의 구현의지를 발휘하기 시작한 시대이다. 이에 대한 인류학자들의 공통된 견해는 인류의 시작과 더불어 존재했다는 것이다.

문화의 어원은 고대 라틴어의 "cultura"로써 이는 당시 시대적 중요 관심사인 "토지의 경작"이란 의미로 사용되었다. 그 후 "문화"는 단순개념이 아닌 관계개념으로써 사용되어 세계의 습득과 활용방법을 뜻하는 "좋은 일"과 관계를 형성하며 사용되었다. 이 같은 추세의 발달 속에서 급기야 문화는 총체적으로 개인 및 사회의 창의적 생활원리를 뜻하는 말로 진화되었다.[1)] 따라서 시대적 구분과 함께 개념상의 변화를 살펴보겠다.

첫 번째로는 고대 로마기로서 이 시대의 대표적 학자인 키케로의 정의를 통해 당시의 개념을 알아보겠다. 당시 키케로(Cicero)는 "cultura"의 의미를 "가공 및 경작, 그리고 정신의 완성"으로 확대해석하였다. 다시 말해, 과거 자연적 원인에 의해 야기된 결과적 현상의 표현으로부터 자연적 대상을 인간 및 인간 활동의 영향 하

---

1. Спиркин, А. Г., *Основы философии*, Москва, Издательство политической литературы, 1988, с. 551-552.

에 두고, 이 같은 조건에서 인간에 의해 창조된 모든 것을 cultura로 지칭한 것이다. 따라서 cultura는 자연적 본질 위에 위치한 인간에 의해 창조된 "제2의 본질"을 의미하게 되었다.

두 번째로는 중세 이후기로서 문예 부흥기를 맞아 다양한 논의와 주장이 시작된 시기이다. 볼테르(Voltaire, 1694-1778), 콘보르세(Konborse, 1743-1794)와 같은 "계몽주의자"들은 문화-역사적 맥락에서 인간이성의 발전과 문화를 동일시하고, 문화의 역할을 "야만성"의 투쟁과 "문명화"로 집약시켰다.

"낭만주의자"인 칸트(Kant, 1724-1804)는 '진리', '선', '미',가 이 우주의 기반이며 이상이라는 인식하에 문화를 도덕적으로 인식했다. 또 다른 "낭만주의자" 프레드릭 쉴러(Shiller, 1759-1805)는 문화를 '자연 및 육감적'인 측면과 '도덕적'인 측면의 칸트적 상호모순을 조정 및 타협하는 역할자로 보았다.

"미학주의자"인 쉘링(Shelling, 1775-1829)은 문화의 미학적 인식을 중시하고, 인간내부에 존재하는 야성적 본질과 윤리적 분질의 신학적 극복수단으로써 인간의 예술적 활동을 문화의 핵심내용이라고 인식했다. 더욱이 그는 예술을 세계정신의 완성으로 여겼는데, 그 이유는 예술 내에 주관과 직관적, 정신과 자연, 내연과 외연적, 의식과 비 의식, 필연성과 자유를 끝없는 형식 속에서 통일시키고 있기 때문이라는 것이다.

"관념주의자"로서의 헤겔(Hegel, 1770-1831)은 문화의 계몽적 해석과 낭만적 해석간의 화해를 시도함으로써 인류문화 진보에 공헌했다. 그는 법칙적 발전수단으로써 인간밖에 존재하며, 창조적 역량의 점진적 발휘가 가능한 신과 동일시되는 "세계적 이성"을 제기했다. 따라서 문화의 본질은 인간 내에 존재하는 생물학적 근거의 극복이 아닌, 뛰어난 개성의 창조적 환상도 아닌, 자연과 역사를 포함하는 세계적 총체에 개인의 정신적 참여라는 것이었다. 이 유는 이 총체가 "세계적 이성", "세계적 정신", "절대적 이상"의 산물이며, 이들에 대한 개인의 참여가 오직 세계의 최대 이해와 최대 인식의 형태에서만 가능하기 때문이라는 것이다. 끝으로 "문화의 절대적 가치가 사고의 전체발전을 이루고 있다"고 결론지었다.

"탐미주의자"인 훔볼트(Humboldt, 1767-1835)는 개별 민족문화에 헤겔의 "정신"개념을 적용시킨 사람이다. 그는 인간의 언어구조 차이와 이의 인종적 본성을 강조하면서, 민족의 문화적 습성과의 밀접한 관계 속에서 언어를 연구했다. 그에 의하면 언어는 도구일 뿐만 아니라 "정신"의 활동이라는 것이다. 그는 언어철학의 창시자로서 언어와 문화 간의 유기체적 관계연구에 지대한 영향을 미쳤다.

"맑스주의자"인 모르간(Morgan, Lewis Henry, 1818-1881)은 '원시사회사' 연구에 기초를 놓은 사람으로서 문화적 진보의 주 원동력을 물질적 생산의 발전에서 찾은 점이 특징이다. 그는 일정한 요소의 발전수준에 맞는 물질문화의 개별단위로써 '미개', '야만', '문명'으로 폭 넓게 시기적 구분을 한 뒤, 맑스주의의 관점에서 사유재산의 일시적 성격에 관한 이론, 인류사회발전의 단일방도에 관한 이론, 종족조직의 일반성에 관한 이론을 제공하였다.

세 번째로 근세기인 19세기의 대표적 인류학자인 테일러(Tylor, Edward B., 1832-1917)는 문화를 끊임없이 진보하는 발전과정으로 보고, 문화에 관한 학문을 개혁에 관한 학문이라고 주장했다. 그는 문화의 일반적 정의를 한 사람으로서도 유명하다. 그는 문화를 이념적 관점에서 인간의 도덕, 인간의 역량, 인간의 행복에 대한 발전목표를 지닌 개별 인간과 사회전체를 고도로 조직하여 전반적 개량을 하는 수단으로 보았다.

이상과 같은 문화의 어원 및 개념의 발달결과로 다양한 견해와 관심방향에 따른 분석기준을 제공받게 되었다. 아울러 시대적 환경에 따른 개념적 소통의 차이를 보이고 있으나, 장구한 진화과정 속에서 인류는 보편적 개념을 얻는 성과를 올렸다. 따라서 이를 요약하면 문화는 첫째, 본능적 행위에 어떤 의도나 목적의 산물이 아닌, 학습에 의해 배운 산물로서 객관적 공유물로 자리 잡고 인식될 수 있는 경지에 도달한 대상이란 점이며, 둘째, 일정한 역사, 지리적, 그리고 기회적 요인에 의한 인간의 일치된 결과이며, 셋째, 어떤 민족의 제 성취 및 창조의 총화(지적 활동의 산물이며, 창의력의 결실), 다섯째, 어떤 인간 활동 영역에서의 완성수준, 여섯째, 인간이 부여하는 가치의 구현체, 즉 인간에 의해 가치 부여된 모든 형성물이다.

## 2. 20세기의 문화학파

### 1) 출현배경과 목표

문화학파들의 출현과 이들의 경향은 새로운 과학으로 등장한 경험과학(empirical science)의 방법으로서 전통적인 제 성과로 충족된 이전의 지식 기반 위에서 형성됐다. 이 같은 일반 풍토 속에서 학자들은 문화의 가장 내밀한 기초를 찾으려 노력했으며, 문화의 본질정의, 가장 일반적인 문화의 발전법칙을 밝히려 노력하였을 뿐 아니라 이들은 문화이론 및 학자자신들의 고유한 문화학의 일반이론창조에 대한 권리소유를 주장하기 시작했다. 따라서 전문적 연구관심 반영과 일정한 학문적 '특성'을 지닌 다양한 학파들이 출현하게 되었다.

인류가 창조한 모든 물질적·정신적 세계의 풍요를 흡수한 문화개념의 다양한 측면과 복잡성을 반영하는 문화에 대한 시각의 다양성이 문화의 일반이론 창조 및 독자적 학문으로써의 문화학을 완성하지 못하고 있다. 이 같은 과제는 저명한 미국의 문화학자 화이트(Leslie A. White, 1900-1975)에 의해 최초로 보편적 이론기반을 다질 수 있었다. 그는 1940년대에 이미 형식화된 지식부문에 필연성 근거를 부여함으로써 일부 학문의 보편성 이론의 기반을 놓은 것이다. 화이트는 문화학이 다른 사회과학보다도 질적으로 월등한 인간 성취단계를 제시하고 있음을 확인시켰다. 그는 어떤 통일적 문화를 물질과 정신적 요소의 자동조절장치로 보았으며, 문화발전의 지대한 의의를 증후학 응집력의 영향 하에서 얻은 제 상징에 돌렸다. 화이트는 단순한 기술 및 에너지측면에서의 문명화와 마찬가지로 문화발전의 일반법칙을 거의 이 같은 물질적 공식으로부터 형식화하고 있다. 즉, 문화는 주민의 정신에 질적으로 억제된 에너지를 증대시키듯이 또는 에너지 관리수단 속에서 효율성이나 절약을 증대시키는 방도를 따르던지 아니면 다른 것과 함께 한 방도를 따라 앞으로 전진하고 있다는 것이다. 이 같은 견해 속에서 화이트는 문화를 미래지향적 학문으로 보다 더 폭넓게 구별하였다.[2)]

20세기 중엽에 출현한 문화학적 학파를 거시적으로 분류하면 4개로 집약된다. 이를 구체화하면 다음과 같다.

### 2) 사회-역사적 학파

가장 오랜 고전적 전통을 지닌 사회-역사적 학파는 칸트, 헤겔, 굼볼리트와 같은 역사 및 철학자들로 거슬러 올라가고 있다. 이 학파의 대표적 인물들은 서구의 스펭글러, 토인비, 러시아의 다닐렙스끼(Danilevskii N. Ya.)이다.

스펭글러(Oswald Spengler, 1880-1936)는 독일 철학가이며, 문화사학자로서 "유럽의 종말"(1921-1923년, 2권)의 저작가이다. 이 책에서 그는 문화의 대체물로 역사를 꼽고 있으며, 문화로 된 모든 역사는 내부적 통일로 굳게 결합된 어떤 유기체의 모습으로써 다른 것과 특수하거나 유사한 유기체 형태로 제시되고 있다고 말한다. 따라서 그는 인류 전체적 계승문화의 생존을 부정하고 있다. 그가 인류사에서 분류한 문화의 구분은 총 8종인 이집트, 인도, 바빌론, 중국, 그리스-로마, 비잔틴-이슬람, 서유럽, 마야문화이다. 그는 역사적인 맥락에서 약 1천년 기간 중 온갖 문화적 유기체가 쇠퇴했으며, 문화 유기체들 간의 온갖 깊고 풍부했던 상호협력이 불가능해졌다고 지적하고 있다. 모든 문화가 문명화로 퇴화중인데 이는 창조적 충동으로부터 비결실로, 발전으로부터 정체로, 정신으로부터

---

2. Шеллинг Ф. В. *Философия искусства*. М., 1966. С. 36. Цит. по Мамонтов С. П. Основны *культурологии*, Москва, российский государственн ый лингвистический университет. 1994, С. 13.

지성으로, 영웅적 활동으로부터 실용적 작업으로 이전하고 있다. 이러한 이전은 그리스-로마문화에서 그리스 찬미기(모방기, 기원전 III-I세기)로의 이전, 또한 지난 과거세기의 서유럽문화를 위한 이전이다. 이어서 문명화의 도래와 더불어 대중문화가 우세하기 시작했으며, 예술적이며 문학적인 창작이 본래의 의미를 상실하게 되었고, 비정신적 기술과 스포츠에 지위를 양보하면서 이전하고 있다. 로마제국의 사멸에 대한 유추에 따라, 그의 묵시록에서 밝힌 20세기 "유럽의 몰락" 예측에서처럼 문화가 새로운 야만인들인 나치에 의해 사멸됐다. 스펭글러의 다소 보수-민족적 이상이 독일 파시스트 관념론자들에 의해 폭넓게 이용되었음도 증명되고 있다.[3]

토인비(Arnold Toynbee, 1889-1975)는 영국의 사학자이며, 사회주의자로서 12권의 『역사의 연구』(1934-1961)를 저작했다. 그는 이 저서에서 스펭글러의 영향 없이 동일하게 문명사회라는 용어를 "문화"의 동의어로 사용하면서 문명사회의 끊임없는 변화사고 속에서 인류발전에 의미를 부여하려고 노력했다. 토인비는 처음에 유전적으로 상호 관련성이 적음에도 불구하고 균형적이며 지속적으로 발전하는 "문명사회"의 총체로써 역사를 식별했다. 그러나 모든 문명사회는 고양된 상태로부터 의기소침, 붕괴, 파멸로 가고 있다고 평가했다. 그 후 그는 세계적인 종교(기독교, 이슬람교, 불교 등)에 의해 양육된 제 문화는 일개의 인류사가지의 본체라는 것이다. 이 모든 문화는 통일경향을 가지므로 개별문화는 통일의 작은 조각이다. 따라서 범세계적인 역사발전은 지방문화의 일치로부터 단일 공동 인류문화로의 전진형태 속에 나타나고 있다는 것이다. 8개 문명사회로 분리시킨 스펭글러와는 달리, 보다 더 폭넓고 근대적인 연구에 의존한 토인비는 20개에서 나중에 가장 완전무결한 발전을 이룩한 13개에서 멈추었으나 30개까지로 문명사회를 계산했다.

그리고 신적인 "예견"과는 별도로, 토인비는 개별적으로 특출한 개인과 '창의적 소수'를 역사의 원동력으로 간주했다. 창의적 소수

---

3 *Там же*. С. 14.

는 외부세계와 정신적 필요성에 의해 해당문화에 투입되는 "부름"에 응하고 있으며, 그의 결과로 어느 사회든 진보적 발전을 보장하고 있다. 이때 "창의적 소수"는 자신을 위해, 그리고 훌륭한 지도자들의 고려로 충원되어 그의 조력에 의존하고 있는 수동적 다수를 인도할 것이라는 것이다. 아울러 "창의적 소수"가 자신의 신비적 "생활을 위한 충동"을 실생활로 구현하는데 있어 무능력이 확인될 때, 그리고 역사적 소명에 응답할 수 있는 무능력 확인 시, 창의적 소수는 권위적이 아닌, 무력으로 자신의 권력을 부착하는 "국가엘리트"로 탈바꿈한다. 따라서 소외된 국민다수는 결국 외부적과 공동으로 이 문명사회를 파괴하는 대내적 프롤레타리아트가 된다는 논리다. 토인비는 인류의 점진적 발전을 부정하지 않으면서, 무엇보다도 정신적 완성에서, 향후 단일 공동 인류적 종교가 될 종교에서 발전의 근원을 찾았다. 그는 저서를 통해 인종차별주의와 "유럽중심주의"를 객관적으로 논박하면서, 민족해방운동에 공감을 표시하고, 모든 인민들 간의 상호협력과 상호이해를 지지했다.[4)]

### 3) 자연주의적 학파

자연주의 학파의 특징은 문화를 상당히 과장하면서 문화의 생물학적 구비조건을 강조하는 데에 있다. 이 경향은 원칙적으로 발전을 과소평가하면서, 인간의 심리학적 본질로부터 거리를 두고 문화를 설명하려 노력하는 의사, 심리학자, 생물학자들을 연합시키고 있다. 이들에게 문화는 동물세계에서의 순응성과 동일하게 인간의 주변 환경 적응으로 생각하고 있다. 생물학자들 이외에 자연주의학파 형성에 프로이드학설(정신분석학)과 인성학이 현저한 역할을 했으며, 말리노프스끼(B. Malinovskii)가 창조한 "문화의 기능론"도 자연주의에 합류했다. 보다 구체화된 이해의 목적에서 인간에 대한 생물학적 견해로 연합된 이 학자들의 개념을 숙고한다.

---

4 *Там же*. C.15.

프로이드(Sigmund Freud, 1856-1939)는 오스트리아의 신경병리학자이며, 정신과 의사, 심리학자로서 정신분석학과 프로이드학설의 창시자이다. 프로이드학설은 문화현상과, 창조적인 과정의, 그리고 전체적인 사회발전의 통일을 위한 심리학적 개념들을 적용하려 노력하는 학문적 경향이다. 프로이드와 그의 추종자들은 심리분석을 민속학, 역사, 종교 및 위대한 활동가의 경력영역으로 옮기면서, 사회적 스크린에 개인적 심리의 투영으로 문화를 분별하고 있다.[5)]

프로이드에 따르면, 문화가 "끌어안고 있는 것으로 첫째, 자연의 제 역량획득 및 인간의 필요물 충족을 위한 자연의 복리취득을 위해 인간에게 허용되고 있는 인간에 의해 축적된 모든 지식과 재능이다. 둘째로, 인간적 상호관계 정리를 위한, 특히 획득되고 있는 복리의 분배를 위한 모든 도구들이다.[6)] 이 정의에서 제 생물학적 동기가 우세하다는 것을 쉽게 말하고 있다. 즉, 필요물 충족을 위한 자연의 복리를 획득하는 것과 생존의 제 이해에서 복리를 나누는 것이다. 프로이드는 신념이 강한 무신론자였으며, 집단 노이로제의 "특수형태"로써 종교를 주시하면서 종교를 반대하였다.[7)]

다른 측면에서 프로이드는 문화는 자연적인 욕망의 만족으로부터 창조적 거부로, 개인의 자유로운 내부세계에 대한 사회적 억압의 독특한 매커니즘으로 보았다. "유사하다 … 모든 문화는 갈망의 강요와 금지 속에서 이룩되기를 강요하고 있다. 다시 말해, 강요의 폐지이후 인간적 다수가 생활복리의 자연적 취득을 위해 필요 불가결한 노동의 집약성을 지원할 태세를 갖추게 될지 여부는 더 이상 알지 못한다."[8)] 무자각적 갈망과 현실의 요구 간에 불가피한 타협 결과로써 문화에 대한 유사 시각이 박식한 사람들 및 "이성", "정신"과 "신"에 의한 인간의 생활근거 극복으로써 문화를 사려한 칸

5 *Там же*. С. 16.

6 Фрейд З. Будущее одной иллюзии//Сумерки богов. М., 1990. С. 95, Цит. по Мамонтов С. П. Указ. соч. С. 16.

7 Мамонтов С. П. Собр. соч. С. 16.

8 Фрейд З. Указ. соч. С. 96. Цит. по Мамонтов С. П. Там же. С. 16.

트 및 기타 과거의 철학들을 상기하게 하고 있다.

무자각적 애착 중에 종족보존 본능과 성 본능이 모든 사람의 기본 및 통일적 사항이 된 인류의 원동력을 프로이드는 "리비도"(libido)로 표현했다. 프로이드에 따르면 "리비도"는 인간적 행동의 주 지도력이며, 동시에 발작적 정신이상 성향의 에너지로 정의했으며, "리비도"는 출구를 찾고 있을 뿐 아니라, 성교에서만큼은 아니지만 소위 "승화"방도로 주의를 바꾸면서 개혁된 형태에서 사회활동과 문화 창조를 지향해 가고 있다는 견해이다.[9]

프로이드학설은 자주 다른 문명사회발현을 설명하기 위해서도 이용되고 있다. 즉 이는 "리비도"가 제 기록으로 변형되는 스포츠 및 性的 에너지는 젊은이들에게 무엇보다도 행위의 혁명적 특성에서 출구를 찾고 있는 제 정책으로 작용한다고 말한다. 집단적 승화행위로 간주할 수 있는 경우의 예를 들면, 1968년 프랑스에서 "신좌파"의 출현, 20-30대 연령층에 의해 수행된 쿠바 및 라틴아메리카적 혁명이다. 근래 정치적 극단주의자들이 테러행위를 통해 자신의 "리비도"를 실현시키고 있는 경우도 자주 목격되고 있다. 프로이드에 따르면, 한마디로 생물학적 기반을 갖고 있는 개별인간들의 오랜 심리갈등이 사회적 무대에 왜곡되면서 아주 다양한 문화적 측면(윤리, 예술, 종교, 국가, 법 등)의 주요 원인 및 내용이 되고 있다. 한편 "배제"는 심리적 추이와 정반대의 승화형태이다. 적극적인 유실 속에서 이루어지고 있는 심리의 방어적 매커니즘인 "배제"는 훈육과 자제 속에서 자기표현을 찾아내고 있다. 이 세계에서 많은 위대한 예술가, 배우들, 시인들의 삶이 통상 "승화"속에서의 외적 표현으로 발견되고 있으며, 빈번히 석방, 방종, 허례로 부양시키려는 특색을 이루어 왔음은 우연한 일이 아니다.[10]

프로이드학설은 맑시즘을 가장 진지한 이념적 경쟁관계로 보고 있다. 실로 맑스주의자들이 인간을 사회주의적 현상으로 취급한다면, 프로이드학파는 다수의 관점에서 인간을 생물학적 현상으로 다

9 Мамонтов С. П. *Указ. соч.* С. 17.

10 Там же. С. 17.

루고 있다. 프로이드는 유물론자, 무신론자, 어떤 이념적 신화의 반대자로서 맑스주의에 관계했다. 존경과 비판의 갈림길에서 프로이드는 결국 결별했다. 이에 대해 프로이드는 "맑시즘의 역량은 아마 그의 역사 이해에 있는 것이 아니고 미래예보에 근거를 두고 있음이 분명하다. 그리고 그의 지적이며, 윤리적, 미학적 목표에 인간의 경제적 제 관계가 미치고 있는 불가피한 영향의 명백한 증거 속에서 명백하다"[11]고 단언했다. 이에 더하여 프로이드는 "경제적 제동기가 사회에서 인간의 행위를 유일하게 규명하고 있다고 예측해서는 안 된다. 동일한 경제조건 속에서 다양한 사람들, 인종들, 인민들이 저마다 자신을 이끌고, 경제적 제동기의 독재를 배제하고 있다는 것은 이미 의심의 여지가 없는 사실이다. . ., 사람들은 자신의 원시욕구, 자신의 자기보존본능, 자신의 도전노력, 애정욕구 게임에 빠져들지 않을 수 없으며, 자신의 희망이 채워지지 않을 수 없고, 불만족을 회피할 수 없는 것도 아니다"[12]라고 맑시즘 비판 속에서 프로이드는 다음과 같이 결론을 맺고 있다. 뜻밖에 발견된 샘과 같이 "맑스의 저술들은 보다 오래된 경전들보다 제 모순 및 어두운 곳으로부터 보다 덜 자유롭게 되는 것은 아니지만 성서와 코란의 위치를 점령했다."[13]고 비판했다.

프로이드의 문화개념들이 너무나 융통성이 없고 직선적이며, 과도하게 성욕에 찬 것으로 보는 학자들도 많다. 따라서 비중 있는 프로이드 추종자로써, 스위스의 심리학자이며, 문화이론가인 융(Karl Gustav Jung, 1875-1961)은 그의 저서 "제 변형과 제 상징"에서 프로이드학설적 범섹스를 비난하면서, 통상 심리적 에너지로써의 개념으로 "리비도"를 해석하고 있다. 융은 개인적 무의식심리를 제외한, 인간의 심리 속에는 집단적 무의식 층이 존재하고 있다고 주장했다. 이는 과거 세대의 경험을 반영하여 뇌의 구조에 형성화

11 Фрейд З. *Введение в психоанализ.* М.,1989. С. 413. Цит. по Мамонтов С. П. Там же. С. 18.

12 *Там же.*

13 *Там Же.* С. 414.

된 집단적 무의식 층을 말한다. 아울러 과거세대의 경험은 소위 "문화적 원형(archetype)"들 속에 보존되고 있는데, 이들은 세계에 관한 오랜 옛날부터의 관념, 인류공통심리의 기반 속에 놓여있는 신화들, 신앙들, 꿈, 문학작품들, 그리고 인간정신생활의 다른 다수 영역에서 자신의 표현을 찾고 있는 세계에 관한 오랜 과거부터의 관념들이다.[14]

프로이드와 융이 문화의 제 근원을 인간심리에서 찾으려 한 것과는 달리, 동물세계에 주의를 돌려 보다 심도 깊게 연구를 한 생물학자들이 있다. 오스트리아 동물학자 로렌츠(Konrad Rorents)와 1903년에 네델란드학자 찐베르겐(Tinbergen N.), 독일학자 후리쉬(Karl Von Frisch, 1886-1982)가 공동으로 저작한 자연조건 속에서 "풍습과 동물들의 심리"는 인성학에 의한 인류에 대한 축적된 관찰로 연구방향을 돌리면서 "인류문화의 본능적인 기반"이론을 연구한 것이다. 동물들의 확고한(동요 없는)행위 속에 반영된 동물들의 제 본능은 인류문화의 자연적 원천을 강조하고 있는 인성학자들에 의해 동일시되고 있다. 로렌츠에 의하면, 동물행위의 낡은 관행들은 자연적인 도태결과로 만들어진 문화적 제의전(諸儀典)과 인간의 제 규범이 일치하고 있다는 것이다. 인성학자들 중에서 후리쉬는 동물과 곤충의 개별모습에 의한 정보이전방법에 상당한 주의력을 쏟아 괄목할만한 업적을 남겼다. 즉, 우리가 이해하지 못한 그들의 "언어"를 연구한 것이다. 동물적 근원을 지닌 인류문화의 직접적인 관계가 바로 이것에서 발견되고 있는 것이다. 진화론의 거두 다윈 역시 인간행위의 일정한 제 특성 및 특질이 동물 선조로부터 계승되고 있다고 보았으며, 엥겔스도 이에 동의했다. 다시 말해, "동물계 출생의 인류기원 사실이 동물본래의 특성으로부터 결코 완전히 해방되고 있지 못하다는 것에 근거를 두고 있으며, 따라서 문제는 크거나 적은 등급 속에 이들 속성을 지니고 있는지 여부에 관해서만 말이 될 수 있고, 수심(獸心)이나 인심(人心)의 다양한 등

14 Мамонтов С. П. *Указ. соч.* С. 18, 19.

급에 관해서만 말이 될 수 있다."[15] 특히 인성학은 이 상황을 확인하는 다수 자료를 축적했다. 동물과 인간계를 결합하고 있는 문화의 어떤 노선을 믿기 어려운 만큼, 동물계와 복잡한 인간계간의 분열이 크고 깊다. 때문에 동물에게는 자신의 종개념 문화를 완성 및 확장할 수 있는 능력을 완전히 결하고 있으며, 세대 간에 문화를 창조적으로 이전할 수 있는 능력을 결핍하고 있다.[16]

폴란드 출생의 영국학자 말리노프스끼(Bronislav Kasper Marinovskii, 1884-1942)는 소위 인종학내의 기능적 학파의 창시자로서 "원시적"종족들을 연구한 사람이다. 말리노프스끼의 기본적 주 이념은 문화가 처음에 최소한도의 생물학적 인간의 요구에 응답함으로써 생겨났다는 것이다. 예를 들면, 음식물, 주거, 종족지속과 같은 요구이다. 근대적 문명사회가 말리노프스끼에게 역사적으로 복잡한 조직 및 사회생활의 조절형태인 사회적 institute의 복잡한 조직체계 형태로 나타나고 있다. 여기서 institute는 생리 및 심리적 요구와 같은 일차적 요구와 같이 2차적으로도 특히 정신적 요구의 만족에 따라 정해진 기능을 수행하고 있다. 따라서 말리노프스끼의 주장은 문화의 주요 과제 중 하나가 사회적 경험의 총화로 이루어진 바로 이 2차적 요구들을 강화, 발전시켜 후손들에게 이전하는 것으로 보고 있다. 그리고 문화 간의 차이는 바로 이 제2차적 요구들의 만족방법들 속에서 차이가 생기는 것이란 주장과 함께, 생리 및 심리적 제 요구는 모든 사람들에게 동일한 것으로써 문화와 무관하다는 것이다.[17]

말리노프스끼는 인류문명사회 생존의 기본조건으로써 사회생활 조직화 공식의 "균형" 및 institute의 조화를 중시하고 있다. 따라서 그는 institute개념을 연구한 최초 인물 중 한사람일 뿐만 아니라 인류학과 사회학에서 공히 성공적 업적을 남겼다. 총체적으로 말리

15 Маркс К. Энгельс Ф. *Соч. Т.* 20. С. 120. Цит. по Мамонтов С. П. Там же. С. 19.

16 *Там же*. С. 19, 20.

17 *Там же*. С. 20.

노프스끼가 제기한 단일적 자체조절 오르가니즘(유기체)을 통한 문화의 이해는 문화학내의 자연주의학파와 하기에서 검토될 사회학적 학파를 접속케 하고 있다.[18]

### 4) 사회학적 학파

사회학적 학파는 자연발생적 또는 신에 근거한 인류정신 발전사의 시각에서 문화의 출처를 찾고 설명하려 하지 않을 뿐만 아니라, 인류의 생물학적 과거사와 심리에서도 문화의 근거를 찾고 설명하려 하지 않고, 단지 인류의 사회적 본질과 구조에서 문화의 근거를 찾고 설명하는 학자군을 말한다. 따라서 이들의 문화론적 관심의 핵심에는 바로 사회구조와 사회적 institution들이 자리 잡고 있다.

이 학파의 대표적 인물 중 하나인 엘리오트(T. S. Eliot, 1888-1965)는 영미 시인이며, 데카당스적 경향의 비평가로써 "문화정의를 위한 소고"(1948)를 저술한 분이다. 그는 "문화 밑에서 나는 무엇보다도 먼저 인류학의 용모 속에 소지하고 있는 것을 기억한다. 다시 말해, 한 장소에 살고 있는 해당 인민의 생활모습이다. 우리는 그의 예술 속에서 이 문화의 발휘를, 그의 사회적 체계 속에서 이 문화의 풍습과 관습을, 이 문화의 종교를 본다. 그러나 함께 포착한 이 사물들은 비록 우리가 편의상 장소를 가지고 있는 것처럼 표현하고 있지만 문화를 구성하지 않는다. 부분에 지나지 않는 이 사물들을 해부실에 있는 人體처럼 문화가 절단하는 것이 가능하다. 그러나 인간이 자신의 신체의 다양한 구성부분들의 수집보다 더 큰 어떤 것을 가지고 있는 것과 동일하게 문화도 예술, 관습 및 종교적 신앙의 수집보다 더 큰 것을 가지고 있다"[19]고 말했다.

20세기 중엽 유럽문화의 몰락을 확인하면서, 옛 도덕 및 지적으로 풍부한 문화의 상실을 확인하면서 문화에 의한 보편적 표준화

18 *Там же.*

19 Цит. по С. Н. Артановский. *Некоторые проблемы теории кулитуры*. Л., 1977. С. 13. Цит. по Мамонтов С. П. Там же. С. 21.

및 협소한 실용적 생활로의 접근결과로 이룬 것들이 독특한 근대 "대중문화"의 제 특색이다. 엘리오트는 인류의 건설적인 에너지 소진을 문화적 엘리트의 제 협력방도로 극복될 수 있을 것으로 생각했다. 플라톤(BC427-347)으로 거슬러 올라가는 엘리트이론(무엇보다도 정치적인)은 그 후 이태리의 마키아벨리, 영국의 카르렐리(T. Karlel), 독일의 니체 등과 같은 사상가들에 의해 발전됐다. 20세기 엘리트이론의 최고 옹호자는 이태리사람 팔레토(Vilfredo Paleto, 1848-1923)이다. 그는 역사를 권력지향 엘리트의 항시적 투쟁의 투기장으로 식별하였다. 그는 엘리트에 속해있는 공적을 정치영역에서 뿐만 아니라 문화영역에서도 강조했다. 엘리오트는 토인비와 유사하게 사회를 정신적인 엘리트와 무지한 대중으로 분리했으며, 더욱이 엘리트만이 문화창조에 유능하다는 입장이다. 엘리오트에 의하면, 창의적 엘리트는 절대로 어떤 일정한 계층에 속하지 않고 있으며, 사회적인 "바닥계층"으로부터 항시 보충되어야 한다. 그러나 창조적 엘리트의 생성을 위해 부유층과 특권층에 소속되는 것이 불가피하다. 이렇게 재능 있는 타계층의 대표들이 이 같은 형태로 문화적 과정을 움직이면서 항시적으로 엘리트들에게 새로운 창조적 에너지를 불어넣고 있다는 것이다.[20]

사회학파의 거물중의 한사람으로서 러시아계 미국인 사회학자이며 역사가인 쏘로낀(Pitirim Aleksangrovich Sorokin 1889-1968)은 과거 우경 사회혁명당원으로서 꼐렌스끼의 비서 및 뻬뜨로그라뜨대학 교수를 거쳐 국외로 추방당한 후 미국의 하버드대학에서 세계적으로 인정받는 사회학 권위자가 된 사람이다. 쏘로낀은 사회의 제 지도역량으로서의 정신적 엘리트이론을 다루면서, 문화발전을 지닌 전사회적 과정의 변함없는 관계를 강조했다. 그의 수많은 논문 중에서 "사회와 문화의 역학"(1937-1941)등은 인류사를 일정한 단일 가치와 의미로 결합된 통일적 사회문화적 초 체계의 다양한 단계 내에서의 교체로 보았다. 그리고 그는 역사적 과정을 직선

20 Мамонтов С. П. *Указ. соч.* С. 21

의 전진운동이 아닌, "주기적 순환성의 변동", 즉, 상대의 문화유형으로 흐르는 규칙적인 순환에 의해 진행되는 교체로 보았다. 아울러 문화유형 중 모든 유형은 현실 및 현실인식방법과의 고유관계를 근저에 가지고 있다는 것이다. 쏘로낀이 분리한 문화유형은 첫째, 감각적 문화로써, 특히 현실적이며, 쾌락적 관점을 지닌 현실의 경험 즉, 감각적 지각의 평가가 우세하다. 이는 "감각의 진실과 쾌락의 진실"이 우세하다는 것이다. 둘째로는 관념적 문화로써, 여기서는 초감각적 제 가치가 우세하다는 것으로, 어떤 절대자인 신에게 숭배, 즉, "신앙의 진실"과 자기단념(자기거부)의 진실이 우세하다. 셋째, 어떤 감각과 관념적 유형의 통합을 대표하는 관념적 문화로써, 여기서 감각은 지성으로 균형을 잡고 있으며, 신념은 학문으로, 경험적 지각은 직관으로 균형을 잡고 있다. 이는 "인간의 지혜에 의해 이성의 진리가 지배하게 될 것"[21]이라는 것이다. 따라서 그는 이 같은 문화유형의 독특함이 법, 예술, 철학, 과학, 종교, 사회적 관계의 구조에서 구체화되고 있으며, 급진개혁과 급진개혁의 교체가 위기, 전쟁, 혁명을 수반한다는 것이다. 그는 유럽문화와 예술사를 상세하게 분석하면서, 통계적 방법에 의한 제도를 포함하여, 기원전 3세기부터 붕괴 및 몰락기인 AD 4세기까지의 희랍-그리스문명사회의 "감각적 문화"개화기와 관련시켰다. 그 후 5세기 부흥기로부터 지금까지의 모든 서구문화도 동일하게 연관시켰다. 즉, 서구 그리스도의 중세초기 문화는 이상론적(идеациональный) 유형과 관련시켰고, 부흥기의 문화는 "관념론적"(идеалистический) 유형과 관련시켰다. 그는 절대적 이상, 즉 신을 상실한, 감각적 쾌락과 소비를 지향한 근대문화의 위기를 물질적 이데올로기 발전과 관련시켰으며, 정신가치의 상실 속에서 실험적 학문의 발전과 관련시켰다. 근대문화의 위기 지적과 함께 그가 간파한 탈출구는 절대적 종교관념들이 지닌 "이상론적"(идеациональная) 문화이다.[22]

21 Сорокин П. А. Человек. цивилизация. общество. М., 1992. С. 464. Цит. по Мамонтов С. П. Указ. соч. С. 22.

사회학자로서 쏘로낀은 "사회적 이동성"(социальная мобильность)과 "사회적 형성층"(социальная стратификация)이론을 창설한 사람 중에 한 사람이었다. 그는 "사회적 이동성"을 동의, 사회에서는 한 계층에서 다른 계층으로, 사회적 수준이 낮은 곳에서 높은 곳으로, 그리고 거꾸로 개별적 운동이 항시적으로 일어나고 있고, 이 경우 "상승" 또는 "하향적" 수직 이동성과 수평적 이동성이 있다고 주장했다. 즉, 아주 동일한 사회적 수준으로 개체의 이동(주거장소 및 작업성격의 교체시), "국제적 세대 간의 민족적" 이동 및 "대내적 세대간의 민족적" 이동성도 감지했다. 사회적 이동성의 개념은 어떤 사회의 "개방성"과 "폐쇄성"단계를 특징짓고 있을 뿐 아니라 자유와 민주수준의 지표라는 입장이다.[23)]

사회적 형성층 이론이 다루고 있는 것은 엄격한 적대적 계급이 아닌, 교육, 심리, 보장, 일상생활의 양상 등의 인식에 따라 분리되고, 적대상황에서가 아닌 상호협력의 상태에 있는 사회계층의 동태적 체계를 식별하는 것이다. 따라서 사회이동성 원리와 같이 사회형성층 이론은 본질적으로, 근대사회에서 야기되고 있는 맑스주의적 과정이해에 대립되고 있기 때문에 사적 유물론에 의해 격렬히 거부당하고 있다.[24)]

베버(Alfred Veber, 1868-1958)는 독일 경제학자이며 사학자로서 "역사문화의 사회학"(1927)을 통해 역사분열의 고유이론을 제기했다. 그는 이 이론을 사회적(사회적 기관의 형성), 문명 사회적(진취적인 학문, 기술발전, 문명의 통일로 이끌고 있는), 그리고 문화적(창작, 예술, 종교, 철학) 경로의 다양한 법칙에 따른 상호 관련된 결과로 설명하고 있다. 베버의 논리에 따라 실례를 든다면, 미국에서는 근래 2세기 동안 문화적 손실 속에 사회 및 문명적 과정이 우세했으나, 역으로 19세기 러시아에서는 사회적 보수주의와 과학기술적 후진성의 배경 위에 러시아문화의 황금기가 출현했다. 또한

22 Мамонтов С. П. *Указ. соч.* С. 22.

23 *Там же.*

24 *Там же.* С. 23.

유럽국가 들은 3과정간의 일정한 "균형"을 유지했으나, 일본과 동남아시아의 국가들은 경제발전적 결과 속에서 고작 2차 대전 이후에야 전례 없는 빠른 문명적 과정의 발전을 이룩했다. 베버는 어떤 국가의 경우를 막론하고 시대의 특수한 외모를 본질적으로 국제화된 사회적 또는 문명적 요인이 아닌 문화적 요인과 연계시켰으며, 제 문화운동의 창조자가 불합리하지만 정신적인 지적 엘리트들이라는 것이다.[25]

파슨스(Talcott Parsons, 1902-1979)는 미국의 사학자로서, 사회학부문에서 소위 구조-기능적 유파를 창조한 사람 중 한사람이다. 간결한 그의 문화이론은 다음과 같이 귀결되어 있다. 이는 우리가 "문화"개념으로 통일시키고 있는 사람들의 모든 정신 및 물질적 획득물은 사회와 고유문화적 2체계의 수준에서 사회적으로 조화된 행위의 결과이다. 이들 중 사회적 체계와 더 낮은 사회적 기저에는 일정한 사회적 환경조건 속에서 자신의 생물학적 자기보존 목표들을 지향해 활동하고 있는 사람들의 공동 활동이 자리 잡고 있다. 그리고 여기서 모든 개체는 다음과 같이 노력하고 있다. 첫째로, 목표에 적응하려는 노력, 둘째로, 자신에게 제시된 과제에 도달하려는 노력, 셋째로, 통합하려는 노력, 즉 다른 개체들과의 통일, 넷째로, 이미 찾은 사회적 구조의 재생산 노력, 다섯째로, 야기된 모든 신경 및 신체적 긴장제거를 위해 노력하고 있다. 파슨스에 따르면, 사회에서 이들 모든 목표는 역사적으로 조성된 사회적 institution들과 일치하고 있다. 즉, 경제적 적응의 일치, 정치적 목표달성의 일치, 합법적 institution들과 관습의 통합에서의 일치, 신앙체계의 도덕과 사회화 기관들의 긴장해소를 위한 휴식산업구조의 재생산상의 일치이다.[26]

두 번째로, 생물학적 전제조건을 이미 상실한 보다 상위의 문화체계를 위해 사회체계의 기능적인 속성으로 인한 언어와 같은 매커니즘의 존재인 상징성, 그리고 다른 상징체계들 즉, 보편적으로 인

---

25 *Там же.*

26 *Там же.* С. 23, 24.

정된 가치 및 규범에 인간이 의존하는 규범성, 그리고 결국, 주의성(主意性)이나 또는 주변 환경의 강압으로부터 초래된 인간행위의 불합리성 및 독립성이 사회와의 관계에 따라 조정 및 조절기능을 보이고 있다. 이렇게 문화는 인간에 의해 이들의 완성방향으로 항시 교체되고 있는 상징 및 규범의 복잡한 체계로 제기되고 있다.[27)]

### 5) 상징적 학파

상징학파는 아마 대중정보수단의 눈부신 발전결과로 생긴 근대학파 중에 가장 "새롭고" 가장 영향력 있는 학파일 것이다. 일부 철학자와 사회학자의 견해에 따르면, 이 같은 결과는 근세 과학기술혁명으로의 변화에 기인한 "정보혁명"의 도래로 보고 있다.

실로, 인간재능의 관점에서 문화를 관찰한다면, 언어적 상징 및 다른 제 신호형태로써 표현하기 위한, 적절하게 제시간에 그리고 여러 지역에 과학 및 예술정보를 전달하기 위한 문화적 위력이 발휘되기 시작했다. 원시인은 말로(상징체계로)써 단지 가장 원시적인 단순사고를 표현할 수 있었을 뿐만 아니라 목소리 도달거리 이상을 벗어나지 못하는 지역에서만 표현을 이전할 수 있었을 뿐이다. 더욱이 음각회화의 출현이전까지 원시인은 자신의 정신활동상을 영원히 후세에 전할 수 있는 능력이 없었다. 말의 발달과 표현예술 및 필기의 태동이 급기야 인간의 가능성을 막대하게 증대시켰다. 더욱이 교통수단과 인쇄술의 발달이 인간의 제 가능성을 보다 더 확대시켰다. 그러나 20세기에 전신, 전화, 라디오, 영화, TV, 비디오 등을 폭넓게 이용하기 시작하면서 인간의 사상과 정보의 이전능력은 실로 끝없는 상태가 되었다. 신속한 전달체계의 급격한 변화와 상징적 사물의 전달형태의 풍요가 구두 언어적 전달에서 출판물, 육안, 시청각, 흑백, 유색, 스테레오, 음향기, 팩스, 복사기와 같은 최첨단 기기에 이르기까지 급격히 변화를 가져왔다. 음과 색깔

27 *Там же*. С. 24.

기구 및 양적 지각 움직임의 풍요 속에서 전자수단에 의한 세계적 형의 재생산 완성기를 눈앞에 둔 상태에서 사람들의 물질적 독자성이 "제2의 현실적이며, 실용적인" 측면이 강조되는 가운데 상실할 수 있을 것으로 보고 있다.[28)]

이 같은 방식의 제 진전이 결국 학자들을 사상적 측면의 혼란에 빠뜨리게 했다. 즉, 인류문화의 기원에는 오직 인간에게만 "지식"과 "상징"들을 창조하는, 그리고 이를 인간의 시간과 공간에 전달하는 타고 난 고유의 재능이 있다. 아울러 위에서 열거한 과학문명과 최신과학의 발전도 이 같은 견해를 부추겼다. 예를 들어 정보완성의 일반법칙들, 정보입수 법칙들, 정보보존 법칙들, 정보가공의 일반법칙들, 정보이전의 일반법칙들을 연구하는 증후학, 정보학, 인공두뇌학의 발달이 이것이다. 이 같은 문화학 부문들의 발전을 통해, 과학은 마치 인문과학과 같이 전자계산기와 "예술적 지성" 창조영역에서 실제적인 적응방도를 찾았으며, 기술세계에서도 직접적인 출구를 획득했다.[29)]

상징주의학파의 대표로는 다양한 학문분야에서, 그리고 대중매체 분야에서 종사하고 있는 카시러와 레비-스트라우스를 꼽을 수 있다.

카시러(Ernist Kassirer, 1874-1945)는 독일인 철학가로서, "상징적 제 형태 철학"의 저자이다. 그의 문화개념 기조 내에는 어떤 언어에 의한 대중적이며 체계적인 부단한 상징화의 인간적 재능이 부각되어 있으며, 증후학의 우세한 견지 속에서 문화에 접근하고 있다. 그는 문화의 제 근원을 칸트나 헤겔처럼 어떤 신적 영혼의 깊은 곳에서가 아닌, 프로이드나 인성학자들처럼 인간의 본능에서도 아닌, 말리노프스끼처럼 인간의 필요에서도 아닌, 파슨스처럼 인간의 사회적 조직화에서도 아닌, 일정한 상징들로 현실을 기술하면서, 우리세계를 에워싸는 어떤 인위적 세계 "창조"를 위한 인간의 재능 속에서 문화의 근원을 찾고 있다. 그의 견해에 의하면, 말,

28 *Там Же.* С. 24, 25.
29 *Там же.* С. 25.

과학, 예술, 종교, 신화 등은 인간이 생활하며 고생하고 있는 상징적 영역(사회) 구성체의 본질이다. 동물과 달리 인간이 주변에 그의 상징적 체계를 소유하고 있다는 이 상황이 바로 인간생활의 특성을 이루고 있다. 인간은 다른 생물과 비교하여, 마치 현실의 새로운 차원에 위치하고 있는 것 같으며, 단순히 육체 속에서 생활하지 않고, 상징적인 우주에서 생활하고 있는 것 같다. 언어, 신화, 예술, 종교 등의 모든 인간의 정신적인 발현은 우주의 일부분이다. 이들은 실과같이 빽빽한 상징적 그물(망)속에서 엉켜있다. 그물이 비록 인간의 경험을 축적하지만, 때로는 우리의 현실을 차단한다. 따라서 사고 및 경험에서 우리의 모든 정신적 진보는 단지 자연인의 "상식"을 위해 보다 더 복잡하고 이해할 수 없는 이 망을 만드는 것에 봉사하고 있다. 인간의 상징적 활동은 인간을 위한 물질적 현실성이 증대하는 만큼 제2의 무대로 부상하고 있다. 세계적 범주에서 지각의 엄청난 차이가 존재하고 있지만, 문명화된 인간은 이미 물건을 직접 소지하는 일을 하지 않을 수 있으며, 인위적 수단, 언어형태, 예술적 형상들, 신화적 상징들, 종교적 의식들의 도움과 같은 것들과 상호작용을 하고 있다. 이에 근거하여, 카시러는 인간을 "사고하는 동물"이 아니라 "상징적 동물"로 부르자고 제안하고 있다.[30]

레비-스트라우스(Claude Levi-Straus)는 프랑스의 민속학자 및 사학자로서 구조적 인류학의 창시자이다. 구조적 인류학의 기조에는 원시종족의 문화 및 사회적 구조의 분석 시 구조적인 언어학과 정보학의 일부방법 이용이 밑에 깔려 있다. 레비-스트라우스는 수많은 "제3세계"국가들 내에서 민속학적 연구를 수행하면서, 유럽중심주의와 인종차별주의를 거부하고, 야만인 개념의 모든 허위성을 제시하려고 노력했으며, 신석기 시대에 기술 및 공업적 진보의 기반을 세운 "원시적" 인간 사고의 독특함과 역량을 밝히려고 노력했다. 레비-스트라우스는 "원시적 인민이 인민들에 의한 자신의 발

---

30 *Там же*. С. 25, 26

전에 뒤쳐지거나 정체되고 있지 않다"고 주장했을 뿐 아니라, 그는 "어떤 영역에서 문명화된 인민의 업적을 훨씬 능가하고 있는 발명열이 생활에서의 발명품 구현의 재능을 발휘할 수 있다"[31]고 강변하였다. 그는 근대문명화에 의해 상실된 감성적이며, 합리적인 원리의 통일 및 부흥의 필연성에 관한 사고를 발전시키면서, 루소의 정신 속에 있는 원시사회의 도덕적 기반도 이상화했다. 원시사회에 대한 향수 속에, 진보에 의해 압박을 가하고 있는 과학-기술에 관해 말하면서, 그는 "쪼개진 종은, 시대의 파괴적인 일을 혼자 체험한 종으로써, 결코 과거에 냈던 그 조화로운 화음을 내지 못할 것이다"[32]라는 표현으로 아쉬워했다.

문명화된 사람의 행동에서 자연적인 행동과 사회적인 행동의 전반적인 균형 평가시, 레비-스트라우스는 카시러를 뒤따라, 모든 institution을 생성하는 언어, 의식, 전통, 상징적 형태의 행동에 영향을 미치고 있는 사람들 간의 상호관계 속에서 형식주의와 사회적 관례(제약성)는 상당한 역할을 하고 있음을 인정했다. 따라서 레비-스트라우스, 그리고 그와 견해를 달리하고 있는 인류학자들의 사상은 어떻던, 우리 모두가 사회적 관례(제약)와 현실생활에서 우리를 줄곧 떨어지게 하는 신화에 의해 살고 있다는데 귀결되고 있다.[33]

집단의식의 내용 및 제약적인 사회구조 기반으로서 "신화"에 대한 그의 해석은 레비-스트라우스의 구조적 인류학의 주요 요소이다. 프랑스학자들에 의해 정의되고 있는 신화의 문화형성적 특성은 다음과 같다. "신화는 대등한 발전단계에서 과거처럼 현재 및 미래도 설명하고 있다. . . . 무엇도 정치적 이념처럼 신화학을 닮지 않고 있다."[34]다른 말로 표현하면, 신화학과 이념은 동의어이다. 단지 신화학이 집단의식을 양육함에 따라, 원시 및 고대사람 들은 문화를 양육했다. 그러나 이념(이데올로기)은 우리들의 교육을 고양

31 Леви-Строс К. *Структурная антропология, М., 1983. С. 464*. Цит. по Мамонтов С. П. *Там же*. С. 26.

32 *Там же*. С. 106. Цип. по Мамонтов С. П. *там же*. С. 26.

33 Мамонтов С. П. *Указ. соч*. С. 26, 27.

34 Леви-Строс. *Указ. соч*. С. 186. Цит. по Мамонтов С. П. *там же*. С. 27.

시키고, 보다 정확히 근대인들의 추상적 개념 속에 침몰된 문화를 양육하고 있다. 실로, 원시인의 신화창조와 구별되지 않는 원리 속에서 바로 근대 신화가 아닌 다른 산물이다. 20세기에 이들 신화는 파시스트적 독일인의 "일 천년"에 관한 히틀러적 신화, 프롤레타리아트의 지도적 역할에 관한 신화, "세계혁명"의 불가피성에 관한 신화, 또는 미래 공산주의에 관한 신화, 정확히 인간과 유사한 신의 존재에 관한 가장 폭넓게 확산된 고대신화와 같은 것들이다.[35] 이러한 고대신화적 속성에 학설을 겸비한 근대이념이 문명화된 인간에 의해 문화유산이 되고 있는 것이다.

이상에서 20세기 이래 문화에 대한 시각의 폭 확대와 변화된 환경에 의한 분석방향의 이전 및 다양한 방법론의 발전현상을 확인할 수 있었다. 이같이 문화에 대한 폭넓은 인식에도 불구하고 개별 민족에 대한 구별적이며 일반적 특성을 밝히려는 본 저서의 목적상 인류학적 견지에서 문화학적 접근을 시도한다. 이에 따라 다음절에서는 러시아 민족문화 발생 및 발달에 관한 분석의 토대마련을 위한 인류학적 이론을 살핀다.

## 3. 인류학적 문화이론

테일러(Edward B. Tylor)는 폭넓은 민족지학적 감각을 가지고 문화의 인류학적 개념을 정의했다. 즉, "문화 또는 문명화는 사회성원으로서의 구성원에 의해 획득한 지식, 신념, 예술, 제 도덕, 법률, 관습 및 그밖에 다른 제 능력과 습관이다."[36]이 같은 테일러의 일반 문화개념은 사회조직과 사회적 institution을 구별하지 않고 있다는데 유의할 필요가 있다.

35 Мамонтов С. П. *Там же*. С. 27.

36 Tylor, Edward B., *Primitive Culture: Researches Into the Development of Mythology, Philosophy, Religion, Art and Custom, Volume 1: Origins of Culture*, (Mass. : Smith, 1958) p. 1. Quoted in *International Encyclopedia of the Social Sciences*, p. 527.

이같이 문화개념의 포괄적 의미로의 사용은 보아스(Franz Boas), 말리노프스끼(Bronislaw Malinovskii) 및 기타 인류학자들에 의해서도 지속됐다. 그 후 테일러와는 달리 다른 관점에서 제 지방문화의 다원성을 새롭게 강조하고, 구별적인 제 관습 및 institution의 장기적 진화에 관한 관심의 상실 속에 문화개념이 사용되었다. 이같은 시각으로 인해 19세기 인류학의 3개 원리였던 — 인류의 정신적 통일, 인류사의 통일, 문화의 통일이 — 사라지기 시작했다. 만일 이들 통일체가 상존했다면 많은 구별적 사회 및 문화의 비교적이고 집중적인 연구가 어려웠을 것이다.[37]

"보아스(Franz Boas)혁명"의 산물로 일컬어지고 있는 다원적이며 상대적인 문화의 개념은 약 50년간 적어도 일반적 이론에 대한 관심이 재개된 1950년대 초까지 인류학적 사고를 특징지었다. 이 시기에 라드클리페-브라운(A. R. Radcliffe-Brown)의 지도하에 사회적 인류학이 발달했는데, 이는 "사회적 구조", "민족학" 및 비교 또는 사적으로 문화를 연구한 "문화적 인류학"을 비교 연구하는 것을 말한다. 이러한 구별의 기원은 인류학에서의 유형적인 혈연체계와 서술적인 혈연체계간의 모르간(L. H. Morgan)적 구별의 적절성 여부 해석을 놓고 라드클리페-브라운의 스승인 리버스(L. H. Rivers)와 크로에벌(A. L. Kroeber)간의 유명한 논쟁에서 최초로 극화되었다. 결국 혈연체계의 성격에 관한 논쟁의 결과가 경쟁적인 인류학적 문화이론을 성장시켰다.[38]

이 경쟁관계는 일부 인류학자들의 순화 및 통합노력에도 불구하고 아직까지도 활발한 논쟁을 지속하고 있다. 아울러 이 경쟁관계가 근대 인류학과 사회학에서 주요 분파를 조직케도 했다. 그 결과 영국에서는 말리노프스끼와 그의 추종자들을 문화 및 문화적 인류학도로서 간주하였으며, 동시에 라드클리페-브라운과 그의 추종자들을 사회구조 및 사회인류학도로서 간주하였다. 미국에서는 문화

37 *International Encyclopedia of the Social Sciences*, crowell collier and Macmillan, Inc., 1968, p. 527.

38 *Ibid*. PP. 527-528.

및 사회적 구조간의 대조가 인류학자들과 사회학자들 간의 제도적인(institutional) 경쟁관계를 상징했다. 그러나 1958년까지 미국 인류학자들 중에서 고참신분이 아니었던 크로에벌(A. L. Kroeber)과 고참인 탈코트 파슨스(Talcott Parsons)는 이미 인정된 문화와 사회인류학 양자 간의 비 공격조약에 서명함으로써 상호존중 차원으로 발전했다.[39)]

문화연구에 있어 국가적 분류는 사라지고 있다. 즉, 영국인 라드클리페-브라운이 모르간 및 프랑스 사회학파의 저서에서 유래됐으며, 동시에 미국의 문화적 인류학자들은 독일의 보아스를 거쳐 테일러에게서 유래된 후 국가적 상표의 의미는 상실하였다. 말리노프스끼는 1931년에 출판된 사회과학 대백과사전의 문화란에 "문화와 사회인류학간의 상호관계 속에서, 인간조직의 제 필요물의 관계 속에서, 인간이 조성한 환경 및 자연적 환경의 관계 속에서 institution의 성분으로 분석되어야만 하는 활발하고 효율적으로 잘 조직된 통일체 기능으로써 문화"를 강조했다. 이 문화의 개념은 1930년대와 1940년대 미국 인류학자들의 "상식"이 되었다. 1950년대와 1960년대에는 영국의 많은 사회적 인류학이 미국 인류학계의 젊은 세대에게 상식이 되었다.[40)] 문제는 경쟁관계 배후에 지적 현안이 있다는 사실과 함께 특정 사실을 해석하고 설명하기 위해 사용되는 일반적인 이론 틀이 결정적인 분류기준이라는 사실이다. 따라서 대표적인 이론 틀인 "문화패턴"(culture patterns)론과 "사회적 구조"(social structure)론은 민족문화 분석을 위한 방법의 이해목적에서 지대한 의미를 갖는다.

### 1) 문화의 유형론(the pattern theory of culture)

유형이론은 수많은 문화개념 정의에 대한 크로에벌(A. L. Kroeber)과 클루크혼(Clyde Kluckhohn)의 사적이며 비판적인 평가

39 *Ibid.* p. 528.
40 *Ibid.*

이다. 이들의 영웅적인 노력은 대다수 사회과학자들이 수용할 수 있는 범주 내에서 요약적으로 공식화되었다. 즉, "문화란 인간집단이 만든 가공품 속에 구현된 것들을 포함하여 독특한 성과로 이루어지는 제 상징에 의해 획득 및 이전된 행태를 위한 명백하고 함축적인 유형이다. 다시 말해, 문화의 본질적 핵심에는 역사적으로 유래 및 선택된 전통적인 사상과 특히 이들에 부착된 제 가치가 존재한다. 즉, 제 문화체계는 행태의 산물들로 간주될 수 있으며, 또 다른 측면에서는, 향후 행태의 필요조건이 되는 제 요소로 간주될 수 있다."41)

이는 적어도 1940년대와 50년대 미국 인류학자들의 상당 견해를 반영한 것으로서, 1920년대와 1930년대의 "문화는 당시 아주 만족스런 것으로 여겨지는 행태를 배우는 것이다"라는 공식보다 훨씬 풍부하고 적절한 것이다. 크로에벌과 클루크혼이 관찰한 문화의 논리적 구조는 행태 및 행태적 제산물의 연구에 기초된 것이며, 명료한 행태를 만드는데 기반을 두고 있다. "문화는 모든 문화의 구체적 완성상태에 있는 행태가 아니며, 행태의 조사도 아니다. 문화의 부분은 모범적 행태나 모범적 행태를 위한 규범으로 이루어진다. 그러나 아직도 여전히 어떤 선택한 행동방식들을 정당화하고 합리화하는 이데올로기들 속에서 다른 부분도 존재한다. 궁극적으로 모든 문화는 문화의 내용이 극도로 변한 지역에서 행태의, 행태를 위한, 행태에 관한 유형들이 일반화를 축소할 수 있다는 견지에서 광범한 일반적 선택과 배열원칙들을 내포하고 있다."42)

문화연구에 학문적 이론을 적용한 최초의 인물 중 한사람인 할로웰(A. Irving Hallowell)은 행태적 진화에서 개성, 문화, 사회를 논의함에 따라 다소 근래에 유사한 결론에 도달했다. 이 "문화적 적응은 비록 강조하는 필연적 조건들 중에 하나이지만, 학습된 형태나 사회적으로 이전된 행태와 같을 수는 없다. 행태적 진화에서

41 Kroeber, Alfred L., *The Nature of Culture*, Univ. of Chicago Press, 1952, p. 181. Quoted in *International Encyclopedia of the Social Sciences*, p. 528.

42 *Ibid.* p. 186.

중요한 것은 얼마나 많은 것을 학습했으며, 심리적인 제 능력과 동물의 전반적인 생활적응과 관련하여 무엇을 학습했느냐"라는 말과 통한다.[43] 문제는 "크로에벌과 클루크혼의 문화개념을 받아들일지라도 그들 스스로 언급했듯이, 개념은 중요한 것이지만 이론을 성립시키는 것은 아니다. . . . 인류학에서 현재 우리는 많은 정의들을 가지고 있지만 너무나 적은 이론을 가지고 있다"[44]는 점이다.

문화의 일반 이론에 대한 어렴풋한 윤곽은 보아스(1911), 사피르(1927), 베네딕트(1934), 린튼(1936), 클루크혼(1941), 크로에벌(1948), 화이트(1949), 오플러(1945, 1946, 1959) 등의 저서들에 나타나 있다. 아울러 이들 일반이론이 본질적으로 강조한 것은 추상적인 문화의 특성 및 내용보다 문화에서의 유형, 형태, 구조, 조직 연구이다. 생물학적 유추에 의해 영향을 받은 유형이론 역시 19세기 독일의 문화사학파 및 형태심리학(gestalt psychology)파와 제휴했다. 문화를 유형화하는 것은 생태적이며 자연적인 환경의 제 한계를 초월하는 인간의 창의성을 "부상"시키는 것이다.[45]

다른 사회생활의 제 영역은 민감한 감정에서 유형화를 구별케 하지만, 문화의 제 유형은 의식 및 복합성의 수준과 질에서 구별된다. 아주 단순한 유형들은 의상, 음식, 작업, 인사법의 습관들과 인공물들에서 표출된 명백하고, 다소 실제적인 행태유형이다. 그런데 이곳에는 사회, 정치, 경제조직 및 종교, 언어, 법률, 철학, 과학, 예술체계를 뒷받침 해 주고 있는 보다 복합적인 유형이 있다. 이들 가운데 크로에벌은 알파벳, 경작, 一神論과 같은 기능적 가치를 가진 일치적 속성의 조직으로서 수천 년 동안 지속된 문화와 상이한 분야에서 이 "기본적" 또는 "체계적"유형들과 그리고 상당한 다양

---

43 Hallowell, A. Irving, Personality, *Culture, and Society in Behavioral Evolution*, (New York: McGraw-Hill, 1963), p. 492. Quoted in *International Encyclopedia of the Social Sciences*, pp. 528-529.

44 Kroeber, Alfred L.; and Kluckhohn, Clyde, *Culture: A Critical Review of Concepts and Definitions*, Harvard Univ. Peabody Museum of American Archeology and Ethnology Papers, Vol. 47, No. 1. Cambridge, Mass.: The Museum, 1952, p. 181. Quoted in *International Encyclopedia of the Social Sciences*, p. 529.

45 *International Encyclopedia of the Social Sciences*, p. 529.

성 및 불안상태에 예속되는 공식적인 사회조직 및 사고체계의 "부차적" 유형을 구별했다. 이들 모든 문화유형과 또 다른 것은 구별적 "편향"을 제공하는 문화조직의 質들이다. 이 같은 것은 은연중에 암시되는 것으로서, 베네딕트(Ruth Benedit)가 그의 저서 "문화의 제 유형"(1934)에서 묘사했으며, 크로에벌이 이들 형태를 문체상의 통합을 이룬 이들 문화에서의 "유형중의 유형"으로 본바와 같이 무의식적인 형태이다. 그들이 개성의 제 속성에서 심리적 상호관계를 가질 수 있다는 것을 인정한 크로에벌은 문화 및 역사적 용어로 이 전체 문화적 유형들을 분석하길 좋아했다.[46]

인간문화의 전체성은 개별문화들에 일반적인 틀을 제공하고, 문화의 구체적 역사형태로서 분리된 이들 문화에 역사적인 가산을 나타내는 유형화 요소를 담고 있다. 인간사의 "일반유형"은 아직까지 알려지지 않았지만, 체계적이고 부차적인 원시 및 문명적, 모든 문화에서의 형태적 유형의 비교-역사적 연구를 통해 점차 발견될 수 있을 것이다.[47]

문화유형은 문화내용을 보는 태도변화에도 불구하고 관습의 조직체로써 존속하는 경향이 있다. 개인적 특징의 변화는 문화유형과 일치된 선택 및 거부로써 설명될 수 있다. 그러나 유형 역시 스스로 변화를 당한다. 여기에는 "적어도 일부 문화변화의 방향이 환경적인 압력과 개인적인 가변성에 의해 야기되기보다는 문화의 초기형태에 의해 보다 선결되는 문화적 定向進化가 있다."[48] 사피르(Sapir)는 이를 "문화적 표류"라고 불렀다. 다시 말해, "언제나 인간의 마음은 집단적이며 무의식적으로 일했을 때 인간의 마음은 독특한 형태를 위해 분투하며, 또 이로 인해 자주 독특한 형태에 도달한다. 여기서 중요한 점은 형태의 진화가 한 방향에서 표류하며, 균형을 찾고, 평형을 찾았을 때 조용히 정지해 있다는 것이다."[49]

---

46 *Ibid.*

47 Kroeber, Alfred L. & Kluckhohn, Clyde, op. cit., p. 185. Quoted in *International Encyclopedia of the Social Sciences*, p. 529.

48 *Ibid.* p. 189.

49 *Ibid.*, p. 182.

문화적 지속성과 변화연구를 "문화적 표류"와 관련짓는 것은 타당하다. 에갈(Eggar)은 1963년 필리핀에서 문화적 변화분석에 이를 적용시켰다. 그리고 레드휠드(Redfield)와 신겔(Singer)은 문화적 변화에서 도시의 역할이 "정향 진화적"이며 "자연발생적"과정의 산물로서 해석될 수 있는 방도를 제시했다.50) 유형변화의 중요본질은 크로에벌에 의해 자신의 저서 "문화성장 형태들"에서 분석됐다. 크로에벌은 문명의 진보와 쇠퇴는 문체적 형태의 성장과 실현 속에 있는 단계로 볼 수 있음을 표명했다. 한정된 시간대내에서 모든 문명 속에 있는 문화적 절정기의 창의적 群生은 문화성장 및 혁신과정 속에서 결정적 "원숙"기라는 중요사실을 제시했다.51)

유형이론은 문화가 개인 및 집단에 의해 그리고 그들 상호간의 접촉 및 환경과의 접촉에 의해 창조된다고 가정하고 있다. 그러나 이들 생리, 심리, 지리의 상호작용이 문화적 성장을 위한 조건을 제공하며 출발점이 되고 있으나 문화성장의 결정요인은 아니라는 것이다. 따라서 유형이론은 문화적 성장과정을 역사적 과정으로서 보고 있으며, 보아스가 강조한 바와 같이 역사적 과정에서 제휴된 다른 출처로부터 생성된 문화내용의 끊임없는 제 성분의 성장으로 보고 있다. 주워진 어느 시간대에, 이 역사적 과정의 최종 결과는 바로 특정 집단역사의 제휴된 유형의 틀이며, 이 특정 집단의 과거 선택 및 의식·무의식사의 침전물이다. 문화는 이를 "현 개성 내에서 촉진하고 있으며, 제 사건 및 타인의 인지를 형태화하고, 생리 및 환경적 압력에 의해 전적으로 결정되지 않는 한계상황을 인지하는 형태이다. 문화는 인간 '유기체'와 '환경'간의 화해변수이다."52) 이는 "인간집단의 말, 행동, 가공품들 내에서의 균일성 지향추세의 추상적 표현이다."53)

문화유형이론은 문화수용 연구에서도 역시 사용되어 왔으며

50 *International Encyclopedia of the Social Sciences*, p. 529.
51 *Ibid.*, p. 530.
52 Kroeber, Alfred L.; and Kluckhohn, Clyde, op. cit., p. 186. Quoted in *International Encyclopedia of the Social Sciences*, p. 530.
53 *Ibid.* p. 182.

(Spicer, 1962) 개성구조에 문화유형들을 연계시키려 노력한 연구에서(Singer, 1961) 또는 환경 및 인구학에서의 제 변화에서 사용되어 왔다(Steward).[54]

유형이론의 적용은 인과적 가설을 피하려는 경향이 있다. 이유는 문화가 특별한 문화형태의 외적 근거를 규명하는데 있어서, 그리고 또 결정적 법칙 및 교차ー문화적인 통계적 상관관계 속에서, 지침(point)이 없듯이 너무나 복잡하게 얽혔으며, 다각적이고 누적적이기 때문이다. 유형론자들의 기본적인 연구책무는 문화유형의 윤곽을 그리는 것이며, 이를 넘어 유형형태를 비교 및 분류하며, 부차적이며 변하기 쉬운 것들로부터 가장 기초적이며 지속적인 유형을 구별하는 것이다.[55]

### 2) 사회 구조론(Social structure as a theory of culture)

사회구조 이론은 1930년대와 1940년대에 라드클리페-브라운이 작성한 일련의 논문들에서 최초로 개발되어 그 후 상당히 확대되어 왔다. "사회적 구조"는 영속적인 사회집단과 분화된 사회계급 및 사회적 역할을 내포하는 사회의 조직망 또는 체계로써 라드클리페-브라운에 의해 정의됐다. 라드클리페-브라운의 이론공식에는 아주 밀접한 유기적 공통점이 뒤따르고 있다. 다시 말해 생물학적 유기체간의 비교 사회적 형태학이 다른 사회적 구조 및 사회적 형태학의 유형을 연구하고 분류하는 행위와 관련짓고 있으며, 사회적 구조기능의 특정유형을 어떻게 연구하는지와 연계시키고 있다. 이는 모든 구조적 체계가 자신의 생존 및 지속을 위한 조화방법으로써 모든 구성부문이 기여하는 기능적 통일체라는 작업가설을 가정하는 것이다. 이 가설을 증명하기 위한 모든 종류의 사회현상은ー 도덕, 법률, 예절, 종교, 정부, 경제, 교육, 언어로ー"분리 또는 고립되지 않고, 인간 및 인간집단간의 사회적 관계에 의존 또는 영향

54 *International Encyclopedia of the Social Sciences*, p. 530.
55 *Ibid.*

을 미치는 방도에 관한 사회적 구조에 모든 사회적 현상의 직접·간접적인 관계가 연구되는 것이 필요하다."[56]

사회구조의 특정유형이 어떻게 사회구조이론의 제3의 가지격인 새로운 구조적 유형형태로 변화하는지의 연구로 방향을 바꾼다. 이 연구는 특정 구조적 유형의 형성 및 전환의 실제 과정을 추적하기 위해 역사와 고고학의 도움이 요구되고 있다. 라드클리페-브라운은 "사회적 구조의 광범한 체계가 협소한 체계로 성숙 내지 교체됨에 따른 과정으로서"[57] 정의되어야만 하는 그럴듯한 내용의 사회진보적 가설을 제시했다.

라드클리페-브라운의 사회구조론의 공식화는 일반적 성격을 띠고 있다. 즉, 모든 종류의 사회 및 장소와 시간에 적용시키려 시도된 것이다. 실제로 라드클리페-브라운은 우선 사회 인류학을 사회구조의 비교연구와 현대의 무지 및 단순사회의 사회생리학에 한정시켰다. 원시사회가 역사나 역사적 기록을 갖지 못한다고 간주된 이래, 구조적 변화연구 역시 문명사회와 접촉된 경우로 제한되었다. 이들 제한이 소규모, 무지한 공동체, 또는 원시적으로 고립된 구조적 체계의 집중적 연구를 가능케 하여, 결국 사회적 인류학의 정의를 이끌었다.[58]

사회 인류학의 발전은 이 제한들이 완화된 이래 진척됐으며, 원시적 단순사회의 구조적 변화연구가 구조-기능적 분석을 통한 역사와 고고학을 결합하기 위한 목적에서 (Eggan, Evans-Pritchard, M. G. Smith의 저서들) 또는 상이한 시대에 동일 사회를 재 연구하기 위해(Redfield, Firth, 등) 착수됐다. 다시 말해 단순사회에서의 구조적인 갈등연구가 시작됐으나, 안정의 가정은 사라졌다는 말이다(Leach, Gluckman, Fallers). 아울러 농촌 사회와 근대적 공동체 및 문명화의 사회적 제구조연구도 시작됐다(Redfield, Warner,

56 Radcliffe-Brown, A. R., *Structure and Function in Primitive Society: Essays and Addressess*, (London: Cohen & West, 1952), p. 195.

57 *Ibid.*, p. 182.

58 *International Encyclopedia of the Social Sciences*, p. 530.

Geerts, Firth, Schneider, M. Freedman, E. Wolf 등).[59]

이러한 발전이 사회적 인류학의 영역을 확장시켰으며, 사회적 구조이론의 초기적 한계가 이들 발전과 밀착되는 결과를 가져왔다. 농촌사회와 근대적 공동체, 그리고 문명화의 거시 구조적 연구를 포함시키려는 사회적 인류학의 확장은 사회적 생리학에서보다는 비교 사회적 형태학에서 순조롭게 진행됐다. 이유는 명백했다. 이 같은 거시 구조적 체계가 어떻게 기능하고 통합단위를 이루는 지에 대해 논증하기보다 대규모 사회에서 사회관계의 조직망, 사회계급, 사회집단들을 추적하기가 상대적으로 용이했기 때문이다. 이 같은 기능단위의 존재논증은 경제학, 정치학, 문예연구, 예술사와 같은 것들이 개별적으로 자신의 다소 전문화된 측면이나 전체사회의 하부체계를 만들기 때문에 상이한 접근결과의 고려도 요구되기 때문이다. 한편 구조적 제 변화 역시 보다 더 오랜 시간을 조망해야 하지만 역사 및 고고학적 연구로 제공된 자료라는 점에서 이 정도에서 추적하는 것이 보다 더 용이하다는 현실이다.[60]

사회 인류학이 원시적 고립에서 벗어날 때 문제가 된 것은 연구단위체의 경계설정과 동질성문제였다. 예를 들면 대영제국은 사회인지 아니면 사회들의 집합체인지? 중국의 촌락은 사회인지 또는 중국 공화정의 일개 부분에 지나지 않는지? 실용적인 측면에서 적절한 규모의 어떤 편리한 장소를 취할 수 있다면, 상이한 지역에서 출현하고 있는 구조적인 체계연구를 용이하게 할 수 있다는 것이다. 이렇게 사회의 적절하고 편리한 단위체 발견이 시급한 문제가 되었다. 그러나 비교, 분리, 분류, 일반화 과정을 거치는 집약적인 현지 연구로써만 구조적 유형형태 속에 나타나는 자연적인 단위체를 규명할 수 있었고, 구조분석을 위한 보다 적절한 “자연적” 사회단위체가 없었다.[61]

라드클리페-브라운과 사회구조론의 다른 지지자들은 1930년대

---

59 *Ibid.*, pp. 530-531.

60 *Ibid.*, p. 531.

61 *Ibid.*

초 이후 "문화" 용어사용을 회피하는 경향을 보이게 되었다. 이 같은 회피는 사회적 인류학이 사회구조를 연구하는 것이지 문화를 연구하는 것이 아니라는 주장에 기초된 것이다. 그러나 이 주장은 잘못된 것이다. 실제로, 사회구조론은 명백하고 내포적으로 문화개념을 합체하고 있다. 예를 들면 포티스(Fortes)는 사회구조 및 사회조직이 "문화의 측면만이 아니라 부여된 인간의 전체문화는 이론의 특수 골격 내에서 다루어진 것이라고 기술했다."[62] 포티스는 크로에벌과 클루크혼과 같이 거의 정확한 동일 감각 속에서 "문화"를 사용하고 있다. 이 골격 내에서 "관습적—행하고, 알고, 생각하고, 느끼는—제 사실은 부여된 시간에서 부여된 인간집단 내에서 일반적으로 의무적이며 또한 가치를 부여한 제 사실은" 그때부터 "사회관계를 상징 또는 표현하는 것"처럼 보인다.[63]

이 이론의 특별한 골격은 라드클리페-브라운의 사회적 생리학이다. 라드클리페-브라운은 "문화"라는 용어를 사용하지 않고 사회체계를 "사회적인 관례 내에서 나타나는 구조이며, 사회적인 관례 위에서 사회적 관습의 지속적 생존이 달려있는 사회적인 총계를 의미하는 사회의 전체구조로써" 정의했을 때 이 개념을 인정했다. 이 사회적 관례들은 도덕, 법률, 예절, 종교, 정부, 교육, 그리고 "복합적인 매커니즘의 일부분이며, 또 이에 의해 사회적인 구조가 존재 및 지속되는 모든 종류의 사회환경을 내포시키고 있다. 사회적 생리학은, 다른 말로 문화의 모든 측면과 연계시키려는 이론의 골격이며, 테일러의 감각으로는, 사회적 관계의 조직망으로써 사회구조에 연계시키려는 이론의 골격이다.[64]

사회 구조론에서 명백한 그 문화개념은 사회 인류학이 "실제로 존재하는 사회관계를 다루고, 이러한 추상개념을 문화와 같이 다루지 않는다는 관념으로 인해 통상 소홀히 다루어지고 있다. 이 같은

62 Fortes, Meyer, "The Structure of Unilineal Descent Grouos", *American Anthropologist*, New Series 55, 1953, p. 21. Quoted in *International Encyclopedia of the Social Sciences*, p. 531.

63 *Ibid.*

64 *International Encyclopedia of the Social Sciences*, p. 531.

사고에도 불구하고 라드클리페-브라운은 실제로 존재하는 사회적 관계가 관찰 자료를 제공할 수 있는 한, 사회적인 제 관계는 추출과 일반화를 거쳐 연역된 사회적인 구조로써 실로 동일하지 않다는 것을 명백히 했다.65)

그 후 사회적 구조는 무언가 직접적으로 관찰되지 않으나 관찰될 수 있는 실제 존재하는 제 관계로부터의 구조적인 형태의 추출이다. 이 추출된 "구조적 형태"나 "사회적 제 관계의 표준적 형태"는 문화와의 관계없이 기술될 수도 없고, 이해될 수도 없다. 즉, "사회적 제 관계는 인간이 관계된 상호행위의 준거(참고사항)에 의해 단지 관찰될 뿐이며, 단지 기술될 수 있을 뿐이다. 따라서 사회구조의 형태는 개인 및 집단이 다른 사람들과의 관계에서 순응하기 위해 행태패턴에 의해 기술되는 것을 소지한다."66)

사회구조론의 핵심에서 우리는 제 규율의 틀로써, 명백한 행태와 사고의 표준화된 양상의 문화개념을 발견할 수 있다. 문화개념은 사람들 간의 상호 이해 조정으로써의 라드클리페-브라운적 "사회관계"의 정의에서 역시 명백하다. 다시 말해, 우리는 주체가 객체에 대해 어떤 이해를 가지는 것을 말할 때는 언제나 객체가 주체를 위해 어떤 가치를 갖는다는 사실을 말함으로써 동일한 사실을 언급할 수 있다. 이해와 가치는 불균형 관계의 쌍방을 언급하는 상호연관된 말이다.67)

미국의 철학자 페리(R. B. Perry)로부터 기원한 이 어떤 이해의 어떤 대상으로서 가치의 개념은 라드클리페-브라운에 의해 공동이해의 대상으로서 "사회가치"의 정의로 확대됐다. 이것이 라드클리페-브라운의 제 가치가 — 상호연계 된 제 이해 — 사회적 관계의 결정요소이며, 따라서 사회구조의 결정요소라는 것이다. 사회적 구조이론의 기반은 이와 같이 만질 수 없는 사회적 가치와 심리적

---

65 *Ibid.*

66 Radcliffe-Brown, A. R., op. cit., p. 198. Quoted in *International Encyclopedia of the Social Sciences*, p. 532.

67 *Ibid.*, p. 199.

이해들이다.[68]

이제 사회적 구조이론이 왜 “문화”라는 말을 불필요하게 할 수 있는지를 명백히 하고 있다. 즉, 이는 사회적 구조이론이 단순히 사회적 관계를 다루는 것이 아니라 주어진 사회성원들이 준수하려는 외연적이며 내연적인 법규 속에 사회적으로 인정된 정상적인 형태를 소지한 사람들의 제도화 및 표준화된 행태와 사고의 양태로서 이론의 핵심에 문화의 개념이 병합되어 있다.[69] 따라서 사회구조론에 대해 사회적 가치가 내재된 사회적 관계의 표준적 행태 및 사고양태를 구조·기능적 기반으로 삼고 있다는 사실 인식과 함께 구조·기능적 구조 내에서 문화적 실체를 파악하고 규명하려는 노력이 필요하다.

문화연구에 있어 특히 요구되는 자세는 정적(static)인 개념이해 및 연구방법을 탈피하고, 동적(dynamic)인 연구 자세를 갖추는 일이다. 이는 적극적인 사고로 복합적인 요인의 과학화 및 체계화를 의미한다.

끝으로 러시아의 문화적 실체를 분석함에 있어 사용하게 될 접근방법이다. 첫째, 역사적 맥락에서 발생 및 형성된 집합적 성격을 띤 특이한 사실로써 민족의 생활에 심대한 영향을 미친 사건 내지 집단적 의지를 반영한 사실을 중추적 분석대상으로 삼았다. 둘째로 역사적 사실 속에서 얻은 경험과 교훈, 역사적 과업의 수행 과정에서 보여 준 행태 및 대책 등의 유산과 결과를 민족생존과 사회제도 유지수단으로 보고 이를 문화적 패턴으로 정리하는 방법을 사용한다.

68 *International Encyclopedia of the Social Sciences*, p. 532.
69 *Ibid.*

제3장

# 러시아의 자연적 생존조건과 개성

# 1. 러시아의 지리, 지형 및 기후조건

## 1) 지리적 조건

인간은 주어진 환경에 도전할 수 있는 능력을 가지고 있지만, 이는 미미한 정도에 지나지 않는다. 절대한계의 역량 속에서 자연과 인간간의 조화가 불가피하며, 이에 따라 독특한 개성 및 의식구조의 특징이 형성된다. 이러한 현상의 결과를 우리는 학문적 용어로 문화패턴이라 표현한다.

첫 번째로 지리적 조건에 해당되는 영토의 크기와 위치에 대해 알아보도록 한다. 영토상의 크기는 17,075,400㎢로 한반도의 77배, 캐나다의 25배에 해당한다. 영토의 위치는 북위 35도 8분에서 북위 77도 43분, 서경 19도 38분에서 서경 169도 39분에 이르는 공간에 위치하고 있다. 인구는 약 1억 5천만 명이다.

## 2) 지형

두 번째로는 지형조건에 대해 알아본다. 지형의 일반적 특징은 영토의 절반이 완만한 경사의 대평원으로 이루어 졌으며, 남부지역의 중동 및 중앙아시아 국가들, 그리고 중국과의 국경지대 및 극동지역에 높은 산맥이 존재할 뿐이다.

러시아 영토의 광활성과 거대함은 과거 나폴레옹과 히틀러의 침공시에 "시간을 벌기 위해 공간을 할애"한 사례에서 보았듯이 국가 방어에 중요성을 제공하고 있다. 러시아 영토의 거의 반은 유순하고 경사가 완만한 대평원으로 이루어졌다. 이를 유라시아 평원(Eurasian Plain)으로 호칭하고 있다. 유라시아 대평원은 프랑스의 파리에서 러시아의 모스끄바까지 표고 1000피트를 넘는 산과 같은 장애물이 없는 것이 특징이다. 아울러 이 대평원은 러시아의 유럽지역 전체를 포함하여 동쪽으로 시베리아 중부지역에 위치한 예니쎄이(Yenisei)강까지 뻗어있다.

유라시아 대평원은 농부나 여행자들에게 교통의 용이성을 제공할 수 있지만, 자연적 장애물이 없다는 사실이 많은 심각한 문제를 야기 시키고 있다. 첫 번째로 지적될 수 있는 문제점은 북극에서 남쪽으로 몰아치는 차가운 바람을 막아주고 완화시켜 줄 수 없다는 사실이다. 따라서 러시아의 겨울은 강풍을 동반하는 혹독한 추위가 이어지고 있다. 둘째로 유라시아 대평원의 동·서 방향 공히 방벽과 같은 장애물이 없기 때문에 수많은 침략군들의 통로로 활용되어 왔다. 아시아로부터 따따르족(Tatars), 유럽으로부터 폴란드족(Poles), 리투아니아족(Lithuanians), 스웨덴족(Swedes), 프랑스 및 독일이 러시아 정복 목적으로 이 지역에 침략해 왔다. 이 같은 피침사가 러시아인들에게 외국인에 대한 불신 및 심지어 외국인 공포증(xenophobia)을 야기시켰으며, 러시아인들로 하여금 "완충지대"(buffer zone)갈망의 원인을 제공했다. 한편 거대한 영토는 러시아인들에게 관대한 사고방식도 형성케 했다.

우랄(Ural)산맥과 예니쎄이(Yenisei)강 사이의 유라시아 평원 북부지역은 늪지대가 형성되어 있다. 원인은 예니쎄이 강물이 북빙해 쪽으로 흐르는데 추위가 북쪽으로부터 남쪽으로 남하하는 과정에서 북쪽에 위치한 강물이 먼저 결빙하여 결국 남쪽에서 흐르는 강물이 범람함으로써 늪지대와 수렁을 조성하게 된 것이다. 따라서 이 지역은 여행이 용이치 못 할뿐 아니라 경작도 불가능한 지역이다.

대평원과는 대조적으로 러시아의 북부 시베리아 지역의 극동지방은 다소 높은 산맥들이 존재한다. 이중 대표적인 산맥이 체르스끼 산맥(Chersky Mountains)으로써 10,000피트에 달하는 고도를 지니고 있다. 이 지역은 가혹한 추위와 산악지대로 인해 극소수의 사람만이 생활하고 있을 뿐이다.[1)]

우랄(Ural)산맥은 유라시아 대평원을 아시아와 유럽대륙으로 나누는 역할을 하고 있다. 우랄산맥의 평균고도는 1,500피트에 지나지 않으며, 최고봉도 5,500피트를 넘지 못하고 있다. 따라서 우랄산맥은 효과적인 방어수단이 되지 못했다.[2)] 유라시아 평원(Eurasiam Plain)은 서부 구 러시아 전 지역으로부터 동부방향으로 시베리아에 있는 예니쎄이강까지의 공간이다. 거주조건으로 본 특징은 교통이 용이한 반면 천연적 방벽이 없는 약점을 지니고 있다.

러시아영토 내에 존재하고 있는 산맥들로는 서쪽으로부터 폴란드와의 국경지대에 위치한 카페디안 산맥, 구 러시아와 시베리아지역을 구획하고 있는 우랄산맥, 남부의 중동 국가들과 국경을 이루고 있는 코카사스 산맥, 중국 및 몽고와의 국경지대에 위치한 파미르 산맥, 텐샨 산맥, 극동지방에 위치하며 세계에서 가장 추운 지대에 위치한 베르호얀스끄 산맥, 기타 태평양에 인접한 체르스끼 산맥, 꼴르이마 산맥이 있다.

러시아에서 가장 높은 산맥은 남부 국경지대에 자리 잡고 있다. 이 지대에 위치한 코카사스(Caucasus)산맥은 터키와 이란과의 국경을 형성하고 있다. 이 산맥의 최고봉은 17,000피트에 달하는 쉬

---

1 Milton Jay Belasco, *Soviet Russia: History, Culture, People*, Cambridge book Company, Inc. 1968, p. 5.

2 *Ibid.*

까라(Shkara)와 디흐 따우(Dykh Tau), 그리고 16,000피트에 달하는 까쉬딴 따우(Kashtan Tau), 드장기 따우(Dzhangi Tau), 까즈베흐(Kazbeh)가 있으며, 유럽에서 최고봉인 약 18,481피트에 달하는 엘브르스(Elbrus)산이 있다.[3)]

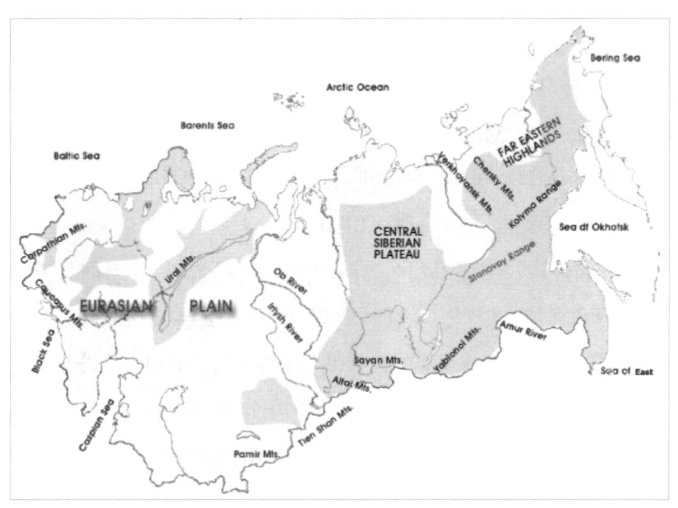


아프가니스탄 및 이란과 국경을 이룬 빠미르(Pamir)산맥은 과거 소련방에서 분리 독립한 뚜르끄멘(Turkmen)에 위치하고 있으나 러시아의 기후 및 강우량에 상당한 영향을 미치고 있다. 이곳에서 최고의 정상은 24,590피트 높이의 커뮤니즘(Communism)산이다.[4)] 카페디안(Carpathian)산맥은 백러시아 및 우끄라이나와 발칸국가들 사이에 위치한 산맥으로 높이나 규모면에서의 중요성보다도 슬라브족의 기원과 연루된 인류학적 의미를 지닌 산맥이다. 이밖에 시베리아 남부에 쩬 샨(Tien Shan)산맥과 알따이(Altai)산맥이 있으며, 이들은 러시아와 아시아국가들 간에 효과적인 방벽구실을 하고 있다.

이상에서 열거한 산맥들을 외세침략에 대한 방어수단과 연결시

3 *Ibid.*
4 *Ibid.*

켜 볼 때 시베리아 북부지역의 체르스끼산맥은 동토대(凍土帶)로 인한 인간부재로 논의의 대상에서 제외되며, 남부의 흑해와 까스삐海 사이의 코카사스산맥, 그리고 중동지역을 구획하는 빠미르산맥, 중국 및 몽고의 일부지역을 차단하고 있는 텐샨(天山)산맥과 알따이산맥은 효과적인 방벽 역할을 하였다. 그러나 유라시아 대평원을 가로지르는 동·서 방향은 거칠 것 없는 지평선의 연장일 뿐이라는 사실이다. 따라서 동·서 방향에 위치한 강대국들의 영향을 받을 수 밖에 없었으며, 또한 이러한 결과가 러시아로 하여금 국방을 최우선정책으로 하는 관행을 낳게 했다.



### 3) 기후 및 식물대

세 번째로 기후와 식물대 형성으로 본 특징을 알아보도록 하겠다. 러시아 남부국경지대의 산맥들이 이미 히말라야(Himalaya)산맥에 의해 방해받은 인도양으로부터의 열대풍을 효과적으로 차단하고 있는 상황에서 유라시아 대평원은 북빙해로부터 개방된 상태에 놓여 있다. 이에 따라 러시아의 기후는 일반적으로 3개의 특징을 갖고 있다. 즉, 대륙성, 균일성, 건조함이다.[5)]

여름과 겨울 간 온도의 폭에 의해 측정된 대륙성 기후의 속성은 바다와 같은 수분공급이 용이치 못한 순수 토지의 양적 과다현상과 위치상으로 북반구에 놓여진 결과로 조성된 현상이다. 일반적으로 태평양으로부터 영향을 받지 않고, 서쪽에서 불어오는 대서양 기류가 남-서 방향에서 북-동쪽으로 흐르며 대륙을 횡단함에 따라 대륙성 기후가 강화되었다. 대륙성 기후의 특색은 겨울에 기온이 급격히 떨어지는 현상으로써 태평양에서 불과 483㎞ 떨어진 오이먀꼰(Oymyakon)의 1월중 평균기온이 섭씨 -16°에 이르는 “극한”상태에 이르고 있다. 러시아에서 겨울은 위압적인 계절이다. 따라서 러시아인들은 가혹한 장애극복을 위하여 곰으로부터 지식을 얻어왔

---

5 Robert Auty(ed.), *op. cit.*, p. 7.

다. 러시아 영토의 절반이상이 1년 중 절반 이상 눈으로 덮여있다. 주로 東시베리아에 위치한 이 거대한 영구동토대는 수백피트 깊숙이 결빙되어 있다. 따라서 건설과 농업에 심대한 장애요인이 되고 있다.[6]

기후의 균일성은 한여름에 러시아 전역이 셔츠차림으로 지낼 수 있으며, 한겨울에는 북빙해에서 까스삐해까지 강에서 스케이트를 탈 수 있고, 쌍뜨 뻬쩨르부르끄에서 블라지보스똑까지 썰매를 탈 수 있는 사실이 이를 예증하고 있다.[7]

기후의 측면에서 소홀히 다루어질 수 있는 건조문제는 다른 요소 못지않게 높은 비중을 갖는 문제이다. 영국전체와 미국의 절반이상은 매년 최소 508mm의 강우량을 보이고 있으나, 러시아는 이의 4분의 1에 해당하는 127mm에 지나지 않는다. 이에 더하여 특히 변두리 지역에서의 강우량은 매년 유동적이며,[8] 대다수 습한 지역은 숲이 우거진 열대지대에 있으나 현재 거의 우크라이나에 귀속된 상태이다.

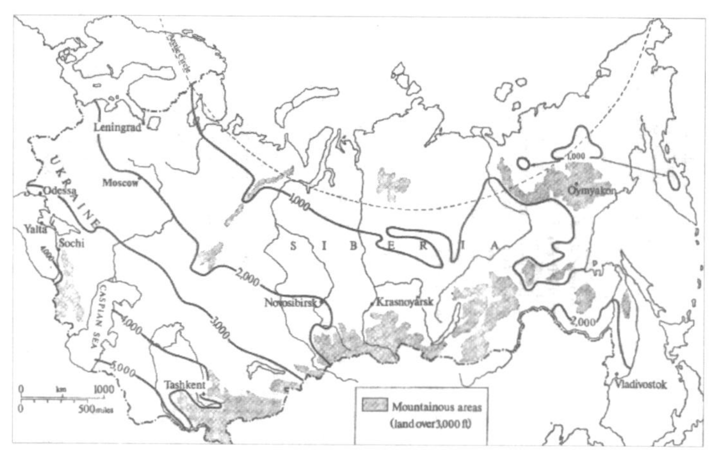


기온 분포도(낮기온 섭씨 10도)

6 *Ibid.*
7 *Ibid.*
8 *Ibid.*

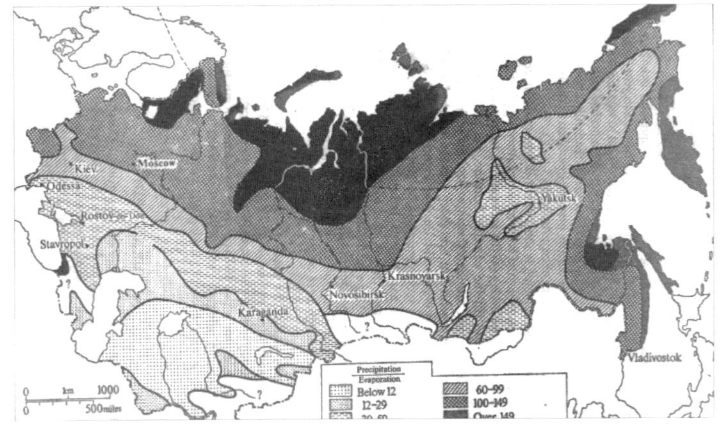


강우량

열과 습기가 부족한 영토는 농산물 성장기의 온도와 증발요인을 감안한 효과적 습도를 고려할 때 북미대륙과 적절히 비교된다. 가장 효과적인 농경지는 우끄라이나 인접지역으로써 미국의 겨울밀 재배지에 해당하며, 이의 변두리 지역은 네브라스카나 미네소타주의 옥수수 재배지에 해당한다. 동시에 西시베리아지역의 처녀지는 모스끄바 지역의 옛 농토가 그러했듯이 캐나다의 목초지에 해당한다. 그러나 이들 지역의 북부지역에 해당하는 러시아 영토의 절반은 경작에 충분한 열량과 적절한 성장기를 갖지 못하고 있다.[9] 이처럼 가혹한 기후적 조건이 러시아인들로 하여금 인내와 겸손의 특성을, 토양과 수목의 상태는 심원성과 평화를 조장하고 있다.

러시아의 기후에서 비극적인 현상은 열량이 부족한 북부지역에서 강우량의 과잉현상이 야기되고 있는 것이다. 반대로, 아제싸(Odessa)에서 끄라스노야르스끄(Krasnoyarsk)에 이르는 선상의 남부는 양질의 토양에도 불구하고 강우량이 부족하여 농업에 제한을 받고 있다. 아울러 열량과 강우량이 적절하고 믿을 만한 지역에는 '수목이 우거진 초지'를 소지한 협소한 지역이다.[10]

9 *Ibid.*
10 *Ibid.*

습기와 열은 토양의 특성을 결정하는 요소이다. 우선 토양의 모체인 바위를 부수고, 그 다음 특수 형 식물의 적절한 성장조건을 제공하기 때문이다. 이렇게 제공된 기후조건에 따라 토양과 식물의 구별적 현상이 나타나고 있다.

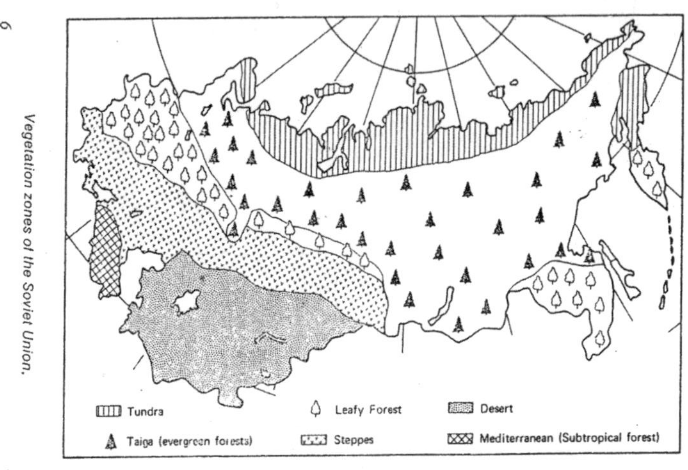


식물대

우끄라이나 서부로부터 예니쎄이江의 끄라스노야르스끄 인접지역까지, 그리고 북부지역은 적절한 강우량을 보유하고 있지만 열량이 부족하고, 토양은 염수(鹽水)가 스며든 산성이며, 수목이 도처에 산재해있다. 그리고 상기 선상에서 남부지역까지는 열량이 충분하지만 강우량이 충분치 못하고, 토양은 상당량의 염수가 공급되는 실정이다. 동시에 이곳에 목초와 건조한 곳에 자생하는 관목이 경관을 이루고 있다.[11]

러시아는 7개의 식물대로 구별된다. 첫째로 '수목이 우거진 초지'는 열과 습기 및 목초와 나무가 최대로 어우러진 지역으로써 가장 인구가 밀집된 농업지역이다. 이곳에서 북쪽방향으로 점차 춥고, 습한 3개 지역이 뻗어있으며, 또 이곳에서 남쪽으로는 보다 덥

11 *Ibid.*, p. 11.

고, 건조한 3개 지역이 있다.

동토대(凍土帶: tundra)는 러시아의 전북빙해(全北氷海)를 따라 형성된 길죽한 조각이다. 이 지역은 가장 긴 겨울과 영구적 동토 및 수분증발이 완만한 특징을 띠고 있다. 아울러 토지는 물에 잠겨 형태를 알 수 없으며, 산성으로써 이끼, 지의류, 왜소한 관목을 지원하고 있다. 이곳에는 여름에 곤충과 조류가 밀집되며, 많은 모피 동물, 원칙적으로는 순록(reindeer)이 살고 있다.[12]

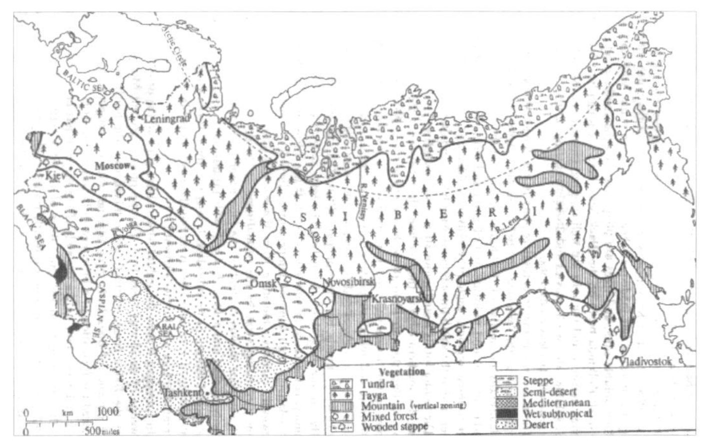


침엽수림지대(tayga)는 러시아 영토의 거의 절반을 차지하고 있는 가장 넓은 지역으로 가시모양의 나뭇잎을 가진 침엽수들이 자라는 지역이다. 이 지대는 길고 혹독한 겨울이 있지만, 비교적 높은 여름 기온으로 인해 나무성장이 가능하다. 그러나 겨울눈으로 인한 지나친 습기가 영구동토 및 솔잎과 솔방울이 부식한 흙이 빈약하고, 심하게 스며든 산성의 염분이 있는 석회질 토양(acid podzol soil)과 결합된 경반층(hardpan layers)으로 인해 땅속으로 깊이 스며드는 것을 방해하고 있다. 따라서 경작을 위해서는 특별한 물질적 자극책이나 보조금이 요구되는 지역이다. 아울러 이곳에는 인간

12 *Ibid.*

을 유인해 온 작은 모피동물들이 살고 있다.[13]

다소 유순한 겨울날씨를 지닌 구(歐)러시아지역인 모스끄바 주변과 발틱해 인근지역에는 북부지역에 자생하는 침엽수와 혼합되어 쐐기형 낙엽수의 침투를 허용했다. 잎이 많은 활엽수가 자생하게 된 근거는 여름철이 길고, 갈색토가 형성되어 있기 때문이다. 이 지역의 토양은 상대적으로 비옥하지 못하고 산성이지만, 침엽수림지대와는 달리 경작이 가능한 온기가 있어 초기 슬라브족의 정착지가 되었다. 혼합수림지역(mixed forest)으로 호칭되고 있는 이곳에는 북에서 남으로 압도적 증가를 보이고 있는 낙엽수들의 이전적 전형을 이루고 있다. 아울러 앞에서 이미 언급한 '수목이 우거진 초지'(wooded steppe)는 주로 오크(oaks)나무를 집단 서식처로 하여 잔디나 초지조각을 점재시킨 가운데 편성되어 있다. 수목이 우거진 초지의 토양은 흑토대(black-earth)이며, 차후에 언급될 초원지대 보다는 훨씬 많은 성장에 효과적인 강우량을 가지고 있다. 따라서 믿을만한 경작지가 조성되고 있다.[14]

초원지대(the steppes)는 기름진 흑토를 토대로 함에 따라 세계에서 가장 생산적인 토양 중에 하나로 꼽히고 있다. 아울러 러시아는 세계 어느 나라보다도 많은 초원지대를 확보중인 상태이며, 현재 경작면적의 절반이상이 초원지대 내에 있다. 흑토는 부엽토의 풍부한 비중을 의미하는 것으로 수세기에 걸친 키가 큰 풀의 지속적 부식과 함께 석회와 다른 토대를 이루고 있는 암석성분과 결합되어 보존 및 농축과정으로 형성된 것이다. 여기서 위기적 요인은 지표에서 점진적으로 영양분의 소멸이 침전을 초과하고 있는 것이다. 더욱이 문제는 기후가 충분한 강우를 제공하지 못하는 경우가 빈번함에 따라 이용이 제한적이다.[15]

13 *Ibid.*
14 *Ibid.*, pp. 12-13.
15 *Ibid.*, p. 13.

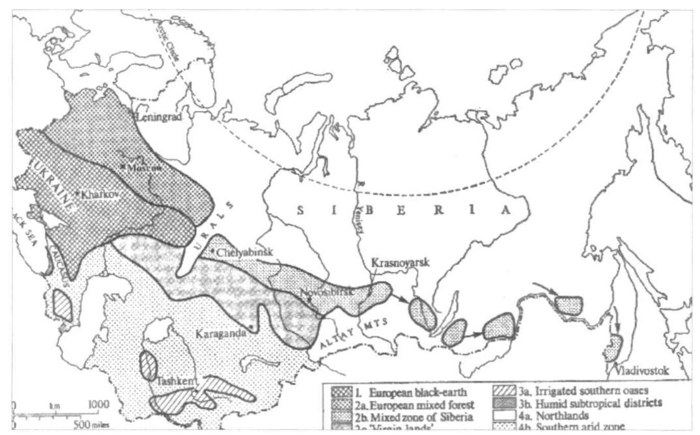


볼가강(Volga)과 시베리아 중앙지역간의 주로 '처녀지'(virgin land)지역이 있는 남부 초원지대는 강우조건의 변덕으로 인해 경작에 있어 투기심이 요구되는 지역이다. 기후가 까스삐-아랄(Caspian-Aral)海 쪽으로 내려가면서 보다 더 건조해짐에 따라 흑토와 풀이 밤색 토양 및 준 사막의 가시덤불로 변하여 유혹의 손길을 멈추게 하고 있다.[16]

종합적으로 북미와 비교할 때, 규모 면에서 러시아는 북미보다 더 많은 툰드라 및 침엽수림대, 그리고 다소 많은 흑토의 초원지대 및 건조지대를 갖고 있다. 모스끄바-발틱지역의 '혼합적 수림지대'도 미국의 북-동 지역과 균형을 이루고 있다. 그러나 강우량과 일조량에 의한 열량 면에서 러시아가 불리한 조건에 놓여 있다.[17]아울러 지역과 기후의 다양성으로 인한 이질적 식물대 형성이 사고의 개방성과 타고난 적응력의 근거가 되고 있다. 한편 부정적인 측면에서 애매 모호성과 독단성의 원인도 제공되고 있다.

### 4) 해안선

러시아는 세계에서 가장 긴 해안선을 갖고 있다. 그러나 유용한

16 *Ibid.*
17 *Ibid.*

해안선은 일부에 지나지 않는다. 북부의 수로 대부분은 결빙과 협소 그리고 짙은 안개로 인해 이용이 제한된 실정이다. 북극해안에서 유일하게 일 년 내내 자유롭게 사용될 수 있는 유일한 항구는 무르만스끄(Murmansk)뿐이다. 무르만스끄는 북극권에서 남으로 321.8㎞ 떨어진 도시이지만 대서양의 만류(gulf currents)가 항구의 개방을 가능케 하고 있다. 러시아는 영하의 겨울날씨에 항해목적으로 특수 제작된 원자력 쇄빙선을 북빙해에서 이용해 오고 있다.[18)]

태평양 연안도 역시 연중 상당기간 얼음에 갇히는 실정이다. 블라지보스똑(Vladivostok)항은 미국의 뉴욕과 위도상으로 거의 동일선상에 위치하고 있음에도 불구하고 겨울에 쇄빙선의 도움으로 항구를 열고 있다. 이에 더하여 블라지보스똑은 모스끄바로부터 약 8,045㎞ 떨어져 있어 항구로써의 기능이 제한적이었으나, 근래 태평양 연안국들의 국제 및 경제력 상승으로 인한 역할의 재평가가 이루어지고 있다.

러시아가 접하고 있는 바다는 북서부에 있는 발틱해(Baltic Sea), 유럽국들과의 남서부 국경을 이루고 있는 흑해(Black Sea), 북부에 있는 북극해(Arctic), 동부의 태평양(Pacific Ocean)이다. 이밖에 중동의 이란과 국경을 이루고 있는 까스삐해(Caspian Sea)가 있다.

이용측면에서 볼 때 발틱해와 흑해는 겨울에 결빙되지 않는 장점을 갖고 있다. 그러나 이들로부터의 출입이 북부에 위치한 스칸디나비아 국가들에 의해, 그리고 남부에서는 터키에 의해 통제 당하고 있어 제한적이다. 발틱해에서의 주요 러시아 항구는 쌍뜨 뻬쩨르부르끄이다. 이 항구로 오는 선박은 노르웨이, 덴마크, 스웨덴이 장악하고 있는 해로를 거쳐야만 한다. 흑해에는 아제싸(Odessa)를 비롯하여 여러 부동항이 있지만 사실상 내해에 지나지 않는다. 이유는 선박의 출입에 있어 터키(Turkey) 영토 내에 속해 있는 극히 비좁은 다다넬스(Dardanelles)해협을 통과해야만 하기 때문이다.

러시아는 과거 수세기 동안 유럽과의 경제·문화적 결속목적으

18 Milton Jay Belasco, *op. cit.*, p. 11.

로 교통이 용이한 해로확보에 고심해왔다. 따라서 18세기 뾰뜨르大帝 이래 부동항 확보는 대외정책의 주요목표가 되고 있다. 근래에는 당사국들과의 입출 허용을 위한 협정체결로 문제를 해결하고 있으나, 군사적 용도의 해로이용은 북대서양 조약(NATO)국들에 의해 제약을 받을 수밖에 없는 실정이다. 이렇게 해로를 통한 국제교류의 차단효과가 선진문화와 기술의 도입은 물론, 상업적 협력마저 불가능하게 했다. 따라서 러시아인들로 하여금 비합리적이며 독단성 조장에도 적지 않게 기여했다.



### 5) 수로

이동 및 교통수단으로써의 강(江)의 역할은 특히 러시아에서 지대했다. 러시아에 존재하는 강의 수는 약 100,000개에 이르며, 이의 특징은 거의 급류나 폭포가 없어 활용도가 높다는 점이며, 더욱이 평원을 가로지르며 흐를 뿐 아니라 강폭이 넓어 교통에 이상적일 수밖에 없다. 따라서 이는 교역, 인구이동, 영토확장 목적에 효과적으로 사용되어 왔다.

구(歐)러시아에 산재해있는 많은 강들은 북으로 흘러 북빙해로 들어가고 있다. 문제는 북빙해가 거의 일연 내내 결빙되어 이용가치가 적을 뿐 아니라 상업적인 활동기회도 극소수로 제공되고 있을 뿐이다. 드비나(Dvina)와 녜바(Neva)와 같은 일부의 강은 서부로 흘러 발틱해로 흘러들고 있다. 아울러 남쪽으로 흐르고 있는 다른 주요 강들은 2,285㎞ 길이의 드녜쁘르(Dnieper)강, 까스삐해로 흘러 들고 있는 3,685㎞ 길이의 볼가(Volga), 아조프(Azov)해로 흐르는 1,947㎞ 길이의 돈(Don)강이 있다. 이들은 교역과 상업에서 대동맥 역할을 해오고 있다.[19]

시베리아에는 4개의 핵심적인 주요 강이 있다. 5,567㎞에 달하는 오비(Ob)와 이의 지류인 이르쯔끄(Irtysk), 3,347㎞ 길이의 예니쎄

19 *Ibid.*, pp. 12-13.

이(Yenisei), 4,312㎞에 달하는 레나(Lena)강들은 모두 북쪽으로 흘러 북빙해로 흘러들고 있다.[20] 따라서 동부로의 교역 및 상업활동을 위해서는 방향을 거슬러 가야하는 이용의 불편으로 제약되어 왔다. 그러나 광범위한 망을 형성하고 있는 지류들이 수륙교통망을 제공함에 따라 시베리아 정복과정에서 군사적으로 널리 활용되었다. 자원적 측면에서도 이들 강은 거대한 수력발전에 활용되고 있다. 네 번째로 시베리아에서 중요한 강은 4,344㎞에 달하는 북동쪽으로 흐르고 있는 아무르(Amur)강으로써 시베리아와 만주(Manchuria)를 구획하는데 기여하고 있다.

호수 역시 중요한 교통수단으로 이용되어 왔다. 구 소련방 당시 호수의 수는 250,000개 정도였으며, 규모가 작은 호수는 여행 및 상업용도에 제한적이었다. 그러나 규모가 큰 호수는 상대적 용도를 갖고 있었는데 이들은 세계에서 가장 큰 호수로 230,972㎦ 용량의 까스삐海, 18,954㎦ 규모의 바이깔호(Lake Baikal), 10,812㎦ 용량의 발하쉬(Lake Balkhash), 10,998㎦ 용량의 라도가(Lake Ladoga)호가 있다. 이밖에 북쪽과 남쪽의 동부 지역에 수많은 소규모 호수들이 있다.[21]

러시아는 이미 바다와 강들을 연결하여 교통망을 조성하기 위한 운하체계를 전국적 범위로 조성시켜 놓고 이용 중에 있다. 이들 중 대표적인 운하가 101㎞에 달하는 돈(Don)과 볼가(Volga)강을 연결한 운하이다. 歐러시아에는 발틱해, 백해(White), 까스삐해, 아조프해(Azov), 흑해를 연결하는 다른 운하들이 건설되어 있다.[22]

이들 수로는 러시아의 주요 교통망을 제공하고 있다. 교역 및 상업활동에 사용되고, 주요 도시 및 깊은 오지에 위치한 도시들을 연결하고 있는 내수로는 약 128,720㎞(소련 통치 시)에 달한다. 바다에서 수백 ㎞ 떨어진 모스끄바는 광범위한 운하와 강들의 교통망에 의해 연결되어있다. 그래서 모스끄바는 5대양(백해, 발틱해, 흑

20 *Ibid.*, p. 13.
21 *Ibid.*
22 *Ibid.*

해, 까스삐해, 아조프해)의 항구로 호칭되기도 한다.[23] 결론적으로 수로를 이용한 교통망의 형성조건이 특히 시베리아로의 영토 확장에 크게 기여했다.

### 6) 천연자원

지형적 특성으로서 여섯 번째로 천연자원 현황을 알아본다. 먼저 석탄에 관한 내용이다. 러시아에 매장된 석탄의 양은 세계 총 매장량의 8%정도이며, 근래의 생산실적은 약 5억5천만 톤이다. 주요 탄전으로는 동 시베리아의 뚠구스까 탄전, 극동의 레나 탄전, 서 시베리아의 꾸즈녜쯔끄, 깐스끄-아친스끄, 체렘호보, 남 야꾸뜨 및 다수의 소규모 탄전이 있다.

석유자원은 매장량이 총 800억 배럴로 세계 총 매장량의 17%를 차지함으로써 사우디아라비아에 이어 2위의 석유자원 보유국이다. 석유의 생산실적은 연간 약3억 톤으로 세계 최대 산유국이다.

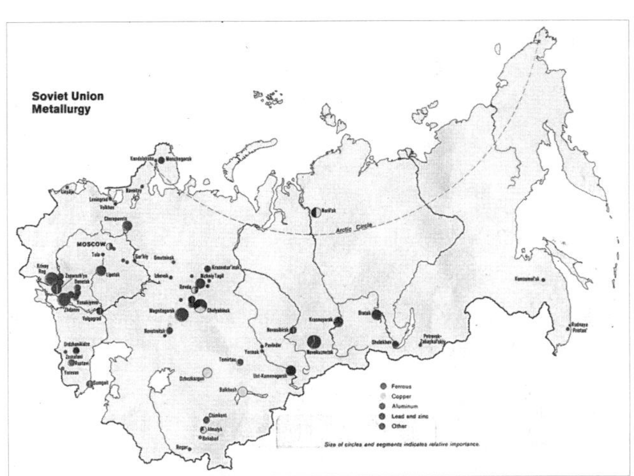


23 *Ibid.*

천연가스자원은 매장량이 48조 입방미터로써 세계 총 매장량의 30%를 차지하고 있다. 최대 석유 및 가스전은 서 시베리아에 위치하고 있으며, 주요 유전은 볼가-우랄지역, 꼬미-우흐따지역, 북 코카사스지역에 위치하고 있다.

철광석 자원은 매장량에 있어 세계 총 매장량의 14%를 차지하고 있으며, 근래의 연간 생산실적은 약 7천 5백만 톤이다. 탄전으로는 꾸르스끄 자력원점, 꼴라반도, 우랄 및 시베리아지역에 존재하며, 가공은 주로 우랄, 중앙 흑토지역, 꾸즈네쯔끄 유역이다.

비철금속자원으로는 코발트, 크롬, 구리, 금, 납, 망간, 니켈, 플래티윰, 텅스텐, 바나듐, 아연, 알미늄 자원이 풍부하며, 이들 자원은 세계 총 매장량의 약 30%를 보유하고 있다.

전력자원은 근래 연간 생산실적이 약 8천40억 키로와트/시(時)이다. 이중 약 3/4이 석유 및 가스 화력발전소에서 생산되며, 나머지 생산은 수력과 핵발전소에서 생산된다. 주요 수력 발전소들은 볼가, 까마, 오비, 예니쎄이, 안가라, 제야강에 설비되어 있다.

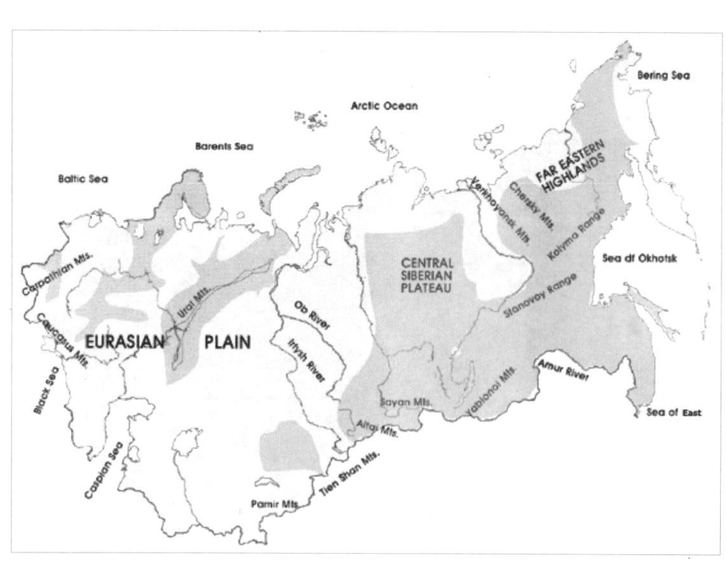

### 7) 농업

일곱 번째 사항으로써 농업에 관한 사항이다. 러시아는 자연환경의 가혹성이 농지이용을 방해하고 있다. 러시아의 농지는 전 영토의 약 1/6을 차지하고 있다. 이중 경작지의 약 3/5는 곡물재배에 이용되며, 나머지는 목초지로 이용되고 있다. 아울러 러시아에서 생산되는 주요작물 중 대표적 작물은 밀이며, 그 다음이 보리, 호밀, 귀리이다. 아울러 경작지의 1/3은 사료용 작물로써 풀, 클로버, 근체작물(당근, 고구마, 무), 옥수수(남부지역)를 재배하고 있다. 나머지 경작지에서는 산업용 해바라기, 사탕 무, 아마, 그리고 감자와 야채들이 재배되고 있다. 근래 러시아의 곡물생산량은 약 8천 9백만 톤이다.

### 8) 임업

여덟 번째로 임업에 관한 사항이다. 러시아는 세계 최대 산림자원 보유국으로서 목재, 펄프, 제지 및 목공 산업이 발달된 나라이다. 러시아 임산물의 주종을 이루는 침엽수목은 세계 침엽수 목재의 1/5을 생산하고 있다. 근래 원목생산 실적은 약 5만 8천 입방미터이다.

### 9) 어업

아홉 번째로 어업에 관한 사항이다. 러시아는 대서양과 태평양에 접함에 따라 해양어업이 발달한 나라로서 경제에 주요 역할을 담당하고 있다. 어로활동의 특징은 원양어업 형태를 이루고 있다. 따라서 이를 지원하기 위한 주요 어항은 발틱해 상에 깔리닌그라드와 뻬쩨르부르끄 및 북극의 무르만스끄와 아르한겔리스끄이며, 태평양에서는 블라지보스똑, 사할린, 깜차뜨까이다.

기타 아조프해, 흑해, 카스피해에서도 소규모 조업이 이루어지고 있으나 강물의 유입량 감소, 농업 및 공업에 기인된 오염과 생활 하수 투기로 인해 감소 중이다. 이 밖의 호수나 강에서도 상당량의 조업이 이루어지고 있다.

### 10) 민족

민족성이란 혈연관계에서의 공통된 출처와 공통 언어, 전통, 습관에 의해 통일된 인간집단을 말한다. 러시아는 국가명칭이 말해주고 있듯이 다민족으로 조직 및 구성된 연방 국가이다. 연방주의 원칙은 이미 구 소련체제로부터 물려받은 유산으로써 이의 구조적 특징은 일개 국가를 구성하고 있는 연방의 단위 내지 주체들이 지역적, 경제적, 역사적 구별보다는 민족성에 기반을 두고 있는 점이다. 따라서 연방적 주체들은 민족단위를 의미해 왔다. 그러나 소연방 해체이후 상황은 많이 바뀌었다. 즉, 러시아연방 내에서 러시아인의 비율이 과거와는 달리 압도적으로 많은 82%를 차지하는 상황에서 민족적 요소 존중과 함께 지역적 관리중심으로 행정단위를 구획하고 있는 것이다.

러시아연방을 구성하고 있는 주체들은 현행 헌법에 의하면 공화국(共和國) (республика) 규모의 수준에 21개, 지방(地方(край) 수준에 6개, 주(州)(область) 수준에 49개, 연방적 시(市) 수준에 2개(모스끄바, 쌍뜨 뻬쩨르부르끄), 자치주(自治州)(автоно-мная область) 수준에 1개, 자치관구(自治管區)(авто-номный округ) 수준에 10개로써 총 89개이다(헌법 65조 참조). 이들 중 슬라브족에 기초한 연방적 성격의 2개 市 및 모스끄바州등 일부 중복된 주체를 발견할 수 있다. 따라서 이들을 배제할 때 약 80여개 민족을 공식 구성원으로 하고 있음을 알 수 있다. 그러나 비공식적으로 구성된 민족도 상당수에 이루고 있다. 즉, 고려인, 게르만인, 그리스인들이 상당수 거주하고 있음에도 불구하고 국가구성 주체가 되지 못하고 있는 것이다. 이 같은 요인을 감안하여 러시아정부가 공식집계하고 있는 민족은 131개, 그리고 극소수 성원으로 인해 기타 민족으로 분류하고 있는 민족을 모두 포함시킨다면 구 소련통치시의 통계수치와 같은 175개 정도로 추정하고 있다.

러시아는 다수 민족이 공존하며, 미국과 같이 민족을 일개 미국인으로 통합시키려는 노력, 즉 합중국(United States)의 성격과는 달리 러시아는 연방(Soviet Union or Russian Federation)을 표방하고 민족적 독자성과 개성 및 자율성을 보장하겠다는 의지가 담겨짐에 따라 다민족 국가체제를 이루게 되었다. 러시아가 다민족을 보유하게 된 발단은 유라시아 대평원의 지형적 조건에 따른 민족이동의 용이성 결과, 따따르족의 침략시에 폴란드 지주들에 의한 남서부(현재 우끄라이나 주변)지방의 유린 결과로 인한 東슬라브족의 이질화와, 로마노프(Romanov)왕조의 제국주의 정책 결과로 얻은 영토에 기인했다. 그 후 집권한 소비에트 정권은 세계 공산화 목표 속에 민족해방투쟁 지원을 표방함에 따라 소련 내에 거주하는 제민족들을 강압적으로 러시아화 할 수 없는 처지에 빠지고 말았다. 따라서 이민족들에게 기본적으로 언어와 관습유지를 허용했으며, 정치적으로는 최고 입법기관으로써의 "민족 소비에트"를 창설하고 이민족의 의사 구현을 제도화시켜 주었고, 또한 이민족의 대표성 허용이란 명분 속에 민족 집단성격의 가맹 "공화국"으로부터 밑으로는 "민족관구"에 이르는 행정단위를 창설시켰다. 이러한 정책의 기본 목표는 공산사회 발전에 있어 모스끄바의 중앙 통제하에 이민족을 통합시키기 위한 것이었다. 이러한 정신과 원리는 공산당 몰락 이후에도 지속되고 있다. 그러나 Union에서 Federation으로의 조직원칙을 바꾼 것은 중앙집권적 통제성 완화 및 자율성 신장의지를 충분히 읽을 수 있다. 아울러 양원제 채택과 함께 上院을 두고 있는 것도 구체제의 "소비에트" 및 "민족 소비에트"제도와 근본 원리를 같이 하고 있다. 문제는 옐친 정부가 시대정신을 반영하여 민족적 화합 및 조화노력을 보이고 있으나, 체첸공화국의 분리 독립이 전쟁으로 비화된 사건에서 볼 수 있듯이 난제중의 난제이다. 고르바쵸프 집권기에 본격 해체 내지 분열현상을 보이게 된 러시아의 민족문제는 중앙정부의 통제력 정도에 따라 표면화 여부의 차이가 있을 뿐이다. 따라서 갈등의 구조적 측면에서 이를 다룬다. 러시아연방의 주도 세력은 역사와 인구비례에 의거 논의의 여지가 없이 러시아민족이다. 러시아민족의 뿌리는 東슬라브족[24]이다. 동슬라브족은 소연방 체제 하에서 전체 인구의 약 75%로 지형적으로 가장 생활조건이 좋은 유라시아 평원에 거주하면서 국가를 주도했다. 그러나 1980년대 말 동슬라브족의 일원이었던 우끄라이나공화국과 백러시아공화국이 분리 독립함에 따라 82%의 압도적 인구비례에 의해 러시아연방의 주도권을 러시아인이 단독으로 수행할 수밖에 없는 상황이 되었다. 따라서 민족적 구성인원과 비율을 1989년 기준의 통계자료에 의거하여 공식적인 통계대상이 된 민족으로써 10만 명을 넘는 민족만을 열거하였다. 민족구성에 관한 국가통계위원회의 자료 중 최신자료가 1989년 자료이므로 불가피하게 이를 인용했으나 1989년의 총인구 147,022천명과 1995년의 총인구 147,938천 명과 비교할 때 약 900천 명 증가했을 뿐이다. 따라서 민족구성 비율에도 큰 차이가 없을 것으로 확신한다.

러시아연방은 상기한 민족비율로 예지 할 수 있듯이 과거 소연방 당시와는 비교할 수도 없게 민족문제를 용이하게 처리할 수 있는 입지조건을 갖게 되었다.

이는 과거와는 달리 민족 집단에 절대 의존한 행정적 관할체계로 분리되어있지 않다. 이는 러시아인들이 수적으로 절대우세하기 때문이다. 그러나 심각한 민족문제 발생가능성에서 완전히 벗어난 것은 결코 아니다. 단지 과거에 비해 비교우위의 입장에 있을 뿐이다. 특히 민족분규의 우려지역은 민족규모 보다는 일정지역에 밀집되어 살고 있는 지역으로써 정치·경제·사회적 이해의 불일치 및 불평등, 그리고 심리적 가치문제로 언제든지 충돌할 수 있는 조건을 가지고 있다.

24 東슬라브족에는 현재 러시아인으로 호칭되고 있는 大러시아인, 우끄라이나인으로 불리고 있는 小러시아인, 벨로루시로 불리는 白러시아인이 이에 속하며, 이들은 거의 유사한 언어를 갖고 있으나, 역사와 문화면에서 상호 이질성을 지니고 있다.

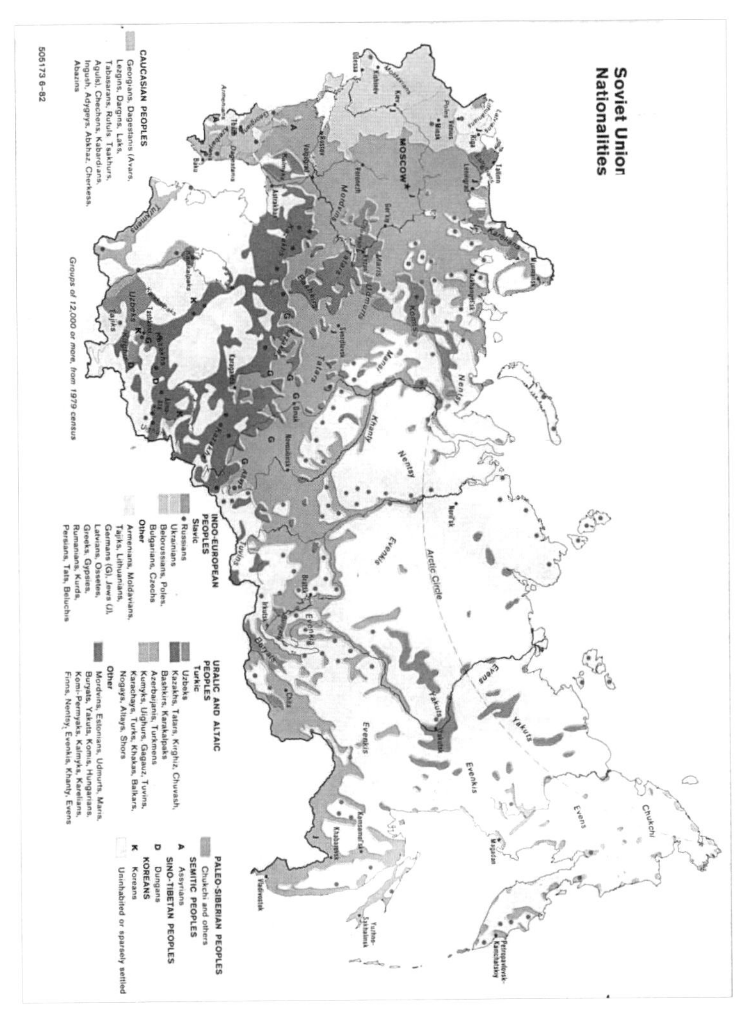
Soviet Union
Nationalities
MOSCOW
Leningrad
Tallinn
Riga
Vilnius
Minsk
Kiev
Kishinëv
Odessa
Voronezh
Gor'kiy
Kazan
Rostov
Volgograd
Astrakhan
Tbilisi
Baku
Murmansk
Arkhangel'sk
Sverdlovsk
Omsk
Novosibirsk
Karaganda
Tashkent
Noril'sk
Bratsk
Irkutsk
Chita
Yakutsk
Magadan
Khabarovsk
Komsomol'sk
Vladivostok
Yuzhno-Sakhalinsk
Petropavlovsk-Kamchatskiy
Arctic Circle
Latvians
Lithuanians
Estonians
Poles
Moldavians
Karelians
Komis
Maris
Udmurts
Chuvash
Mordvins
Tatars
Bashkirs
Kalmyks
Georgians
Dagestanis
Armenians
Azerbaijanis
Kazakhs
Karakalpaks
Turkmens
Uzbeks
Tajiks
Kirghiz
Nentsy
Mansi
Khanty
Evenkis
Yakuts
Evens
Chukchi
Buryats
Tuvins
Altays
CAUCASIAN PEOPLES
Georgians, Dagestanis (Avars, Lezgins, Dargins, Laks, Tabasarans, Rutuls, Tsakhurs, Aguls), Chechens, Kabardians, Ingush, Adygeys, Abkhaz, Cherkess, Abazins
Groups of 12,000 or more, from 1979 census
INDO-EUROPEAN PEOPLES
Slavic
• Russians
Ukrainians
Belorussians, Poles, Bulgarians, Czechs
Other
Armenians, Moldavians, Tajiks, Lithuanians, Germans (G), Jews (J), Latvians, Ossetes, Greeks, Gypsies, Rumanians, Kurds, Persians, Tats, Beluchis
URALIC AND ALTAIC PEOPLES
Turkic
Uzbeks
Kazakhs, Tatars, Kirghiz, Chuvash, Bashkirs, Karakalpaks
Azerbaijanis, Turkmens
Kumyks, Uighurs, Gagauz, Tuvins, Karachays, Turks, Khakas, Balkars, Nogays, Altays, Shors
Other
Mordvins, Estonians, Udmurts, Maris, Buryats, Yakuts, Komis, Hungarians, Komi-Permyaks, Kalmyks, Karelians, Finns, Nentsy, Evenkis, Khanty, Evens
PALEO-SIBERIAN PEOPLES
Chukchi and others
SEMITIC PEOPLES
A Assyrians
SINO-TIBETAN PEOPLES
D Dungans
KOREANS
K Koreans
Uninhabited or sparsely settled
505173 6-82

## ■ 1989년의 러시아의 민족구성[25]

(단위: 천명)

| 인 구 | 비율 | 인구 | 비율 | | |
|---|---|---|---|---|---|
| 전체인구 | 147,022 | | | | |
| 러시아 | 119,866 | 82% | 다르긴 | 353 | 0.2% |
| 따따르 | 522 | 4% | 꼬미 | 336 | 0.2% |
| 우끄라이나 | 4,363 | 3% | 아제르바이쟌 | 336 | 0.2% |
| 추바쉬 | 1,774 | 1% | 꾸미끄 | 277 | 0.2% |
| 바쉬끼르 | 1,345 | 0.9% | 례즈긴 | 257 | 0.2% |
| 벨로루시 | 1,206 | 0.8% | 인구쉬 | 215 | 0.1% |
| 모르드바 | 1,073 | 0.7% | 뚜빈 | 206 | 0.1% |
| 체첸 | 899 | 0.6% | 북부 인민들 | 199 | 0.1% |
| 녜메쯔(독일) | 842 | 0.6% | 몰다비아 | 173 | |
| 우드무르뜨 | 714 | 0.5% | 깔뮈끄 | 166 | |
| 마리쯔 | 644 | 0.4% | 쬐간 | 153 | |
| 까자흐 | 636 | 0.4% | 까라차예프 | 150 | |
| 아바례쯔 | 544 | 0.4% | 꼬미-뻬르먀끄 | 147 | |
| 예브레이 | 537 | 0.4% | 그루진 | 131 | |
| 아르마녜 | 532 | 0.4% | 우즈벡 | 127 | |
| 부랴뜨 | 417 | 0.3% | 까렐 | 125 | |
| 아쎄찐 | 402 | 0.3% | 아듸게이 | 123 | |
| 까바르진 | 386 | 0.3% | 까레이(고려인) | 107 | |
| 싸하(야꾸뜨) | 380 | 0.3% | 라끄 | 106 | |

25 Госкомстат России *Указ. соч.* стр. 21. 22. 23.

## 2. 지리적 조건하의 문화유형

러시아의 지리적 특수성이 문화적 유형형성에 미친 영향력은 역사적 과정과 더불어 지대했다. 첫째, 구러시아(European Russia)의 남-서부에 걸쳐 살아온 슬라브족은 자연적 장해물의 부재 속에 수많은 이민족의 피침을 받아왔다. 북빙해로부터 태평양으로 향해있는 광활한 대평원이 이민족의 침투를 용이하게 만든 것이다. 아울러 이 대평원은 4개의 식물대, 즉 동토대(tundra), 침엽수림대(taiga), 초원지대(steppe), 사막지대(desert)를 형성시켜 러시아인의 개성 및 자원형성, 그리고 생활양식 형성에 지대한 영향을 미쳤다. 둘째, 산맥이 부재한 광활한 평원 내에서 1,000피트 내외의 지형적 고도가 제공한 수로로 인해 편리한 교통체계를 형성케 했다. 특히 우랄산맥의 평균고도가 1,500피트에 지나지 않아 유럽과 아시아를 연결하는데 용이했다. 셋째, 러시아의 엄청난 규모의 숲은 풍부한 목재자원 제공으로 인해 정치적 동맹관계에서 흥정대상이 됐으며, 경제적 자원의 보고 역할을 했다. 넷째로 무수한 강은 교역활동을 촉진케 했으며, 교통수단으로써의 허리 역할을 유감없이 발휘했다. 다섯째로 러시아는 19세기에 북빙해를 제외한 해양 접근이 불가능한 대륙국이었다. 이 같은 지리적 조건이 영토 확장의 동기제공에 기여했다. 여섯째로 구 러시아 북부와 시베리아에 몰아치는 가혹한 추위, 중부지역에 조성되는 대륙성 기후가 제공하는 추운 겨울과 더운 여름기후가 생활의 어려움을 야기 시키고 있다. 우끄라이나 및 인근의 비옥한 흑토지역을 제외한 숲과 강변지역 및 강우량이 적은 지역에서의 농업은 극히 제한적이다. 그러나 많은 지역에 천연자원이 풍부히 매장되어있어 경제적으로 유용하게 이용되고 있다. 특히 석유, 석탄, 천연가스, 철광석, 금, 백금, 목재, 모피는 러시아의 주요 수출자원이다.

지리, 기후 및 경관은 러시아인들의 개성을 해석하는 시발점이 되어 작가 및 사가들에 의해 자주 인용되고 있다. 영토상의 거대함이 러시아인들의 관대한 성격을 설명하는데 사용되어왔다. 가혹한 기후는 인내와 겸손의 특성을, 토양과 숲이 제공하는 자연은 심원함과 평화를, 지역 및 기후의 다양성이 개방성과 타고난 적응력을 조장시키기에 충분했다.[26)]

제정(帝政)러시아와 구소련(舊 蘇聯)을 계승한 "러시아 연방"(또는 러시아)은 근세에 가장 의미 있는 지리적 현상을 소지한 국가이다. 러시아는 영토가 넓은 어느 다른 국가보다 2배 이상의 광활한 지역을 소유하고 있다. 따라서 어느 다른 국가보다도 더 많은 세계적 경관 및 문화지대를 담고 있다. 아울러 러시아의 상당한 지역이 기후조건 및 이주민의 속성측면에서 보면 세계의 어느 지역보다 충만한 "개척정신"과 자원 및 잠재력을 가진 인구가 희박하다는 점에서 북미대륙과 유사성을 가지고 있다. 러시아는 과거 제국주의 정책 추진결과로 얻은 영토의 광활성과 다수민족이 공존하고 있음에도 불구하고 전체적 시각에서 볼 때 지배적인 영향력과 출생 및 토지 이용방법에 있어서 유럽 국가이다.[27)] 즉, 우랄산맥 以西을 가리키는 歐러시아 지역에 인구 및 산업시설이 집중되어 있으며, 우랄산맥 以東를 가리키는 시베리아지역에는 유럽태생의 이주민들이 거주해 있고, 경작방법에 있어서도 집약농법이 아닌 유럽식의 윤작법을 사용하고 있는 점에서 유럽지역에 속한다.

26 Walther Kirchner(ed.), *Russian History*, HarperCollins Publishers, 1991, p. 6.

27 Robert Auty & Dimitri Obolensky(ed.), *An Introduction to Russian History*, Cambridge University Press 1980, p. 1.

제4장

# 러시아사의 시작과 토대

# 1. 유라시아지역의 인류기원과 문화

## 1) 유라시아지역의 거주민

유라시아지역의 인류사적 기원과 거주민의 변화에 대해 알아본다. 고고학적 근거에 의하면 현 유라시아지역의 최초 인류 생존기는 약 40만 년 전이다. 그 후 약 10만 년 전에 북으로부터 남하한 한파 및 결빙결과에 의해 인류의 생존이 정지되었으나, 지금으로부터 약 1만5천 년 전에 시작된 해빙의 덕으로 인해 또 다시 이곳에서 인류사가 재개될 수 있었다.

특히 동유럽을 중심으로 한 북부와 남부지대에서 인류사가 본격적으로 전개될 수 있었다. 이는 북부지대의 경우 유럽평원의 서부지대까지 울창한 원시림이 조성됨에 따라, 수렵과 어업 및 소규모 농경생활이 가능했기 때문이다. 아울러 남부지대의 경우는 초원지대 형성 덕분으로 유목민들에게 거주조건을 제공했기 때문이다.

실증적인 근거에 따른 인류생존 시기와 지역 및 문화수준에 초점을 맞춘다.

건국이전 오늘날의 유라시아 지역에서 발견된 가장 오래된 인류생활의 흔적은 신석기시대(the early Stone Age)이다. 이 같은 흔적이 발견된 지역은 끼예프(Kiev), 크리미아(Crimea), 돈(Don)江 유역이다. 후 석기 시대에는 인류가 개를 동반한 흔적이 발견됐으며, 보다 더 북쪽으로 진출하여 오까(Oka)江, 라도가(Ladoga)호수 주변, 그리고 심지어 북빙해 상의 현재 아르한겔리(Archangel)까지 진출하였다. 당시 이들이 사용한 생활용구로 보아, 이들의 문화수준은 인접 북부 유럽지역에서 널리 사용된 것들과 유사한 점에서 동일수준으로 짐작된다.[1]

이어진 청동기 시대의 용구들은 서구에서 발견된 것보다 디자인에서 열등한 면을 보였다. B. C. 7세기이후, 後철기시대의 유물들은 당시 동구(東歐)에 살고 있던 사람들의 발명품으로 볼 수 없는 독자적인 작품들이다. 당시 이들은 교역활동을 통해 장인들이 만들지 못하는 제품을 보충 받았다.

교역지역은 다뉴브(Danube), 지중해(Mediterranean), 이란(Persia), 이라크(Babylon), 이집트(Egypt)였다. 아울러 모피, 말, 그리고 흑해 북부해안 지대의 일부 농산물과 타국의 포도주, 직물류, 그리고 지중해 주변의 고도 문명화 결과로 생산된 제품들이 교류되었다.[2]

이 지역에 살고 있던 사람들의 역사적 근거는 後철기시대부터 보다 명확성을 띠기 시작했다. 흑해 북부지역 주민들이 연속적으로 조우한 민족들은 키메리안족(Cimmerians), 스키디안족(Scythians), 살마티안족 (Sarmatians), 그리고 초기 기독교 시대에 이곳에서 생활하기 시작한 알란족(Alans)이다. 이들은 땅을 갈고, 농사를 지음으로써 토착민들의 일손을 보충한 것으로 보이지만, 거의 대다수가 사냥을 하고, 고기를 낚으며, 전투를 하는 유목민들이었다. 당시 스키디안족이 전투장비와 가정용구 제작에 흥미를 보였지만, 이들의 제품수준은 그리스인과 로마인들의 눈에서 볼 때 조잡한 "야만인들"의 수준에 지나지 않았다. 이들의 관습은 원시적이었으며, 이들은 유동적 생활을 했다. 이들에 대한 아시아적 영향은 예상보다 강했지만, 그리스 이주민을 통해 들어온 그리스 사상의 침투 역시 이

1 Walther Kirchner(ed.), *op. cit.*, p. 2.

2 *Ibid.*

들의 문화적 발전에 지울 수 없는 흔적을 남겼다.[3)]

흑해 북부지역에 아직 국가형태를 갖추지 못한 상황에서 이민현상은 빈번했다. 이중 이 지역에 상당한 변화를 초래시킨 게르만족이 A.D. 1세기와 2세기에 도착했다. 이들은 고트족(Goths)에게 밀려나 이곳으로 이주해온 사람들이었다. 이주한 게르만인 들은 게르만식의 지역행정체계를 도입시켰으며, 군사적 재조직 및 개선책을 독려했다. 끼예프(Kiev)는 이들의 주도 하에 4세기에 번영된 것으로 추정된다. 이들은 후에 러시아가 받아들인 기독교의 최초 신자들이다. 선진 게르만족의 제 업적은 4세기에 이들을 몰아낸 훈족(Huns)에 의해 파괴됐다. 훈족은 6세기에 아발족(Avars)에 의해 대체됐으며, 이들은 또 마갸르족(Magyars)에 의해 대체됐다. 마침내 8세기에는 터키종족중 하나인 하자르족(Khazars)이 도착하여, 볼가강 하구주변과 원거리의 서부에 정착하였다. 하자르족의 상부계급은 유태교를 믿고 있었으며, 하부계층은 모하메드교도(Mohammedan)들이였으나 일부는 기독교인이 되기도 했다.[4)]

하자르족의 이동은 아리안 언어(Aryan language)를 사용하며, 이 지역 동부와 북부에 흩어져 살고 있는 슬라브인들(Slavic peoples)과 조우함으로써 정지됐다. 발틱해 인근지역에서 슬라브족은 토착민인 리투아니안족(Lithuanians)을 급습했으며, 핀족(Fins)이 침투하고 있었던 먼 거리의 동쪽으로 진출했다. 8세기에 하자르족과 맞설 수 있는 역량을 갖춘 슬라브족의 최초 정착지가 어디인지 정확히 알 수는 없다. 일부 학자들은 현재의 우끄라이나로 보고 있으나, 또 다른 학자군은 카페디안 산맥(Carpathian Mountains)으로 보고 있다. 이밖에 다뉴브(Danube)하류지역으로 보는 사람들도 있다. 분명한 것은 타 종족들과 마찬가지로 동쪽으로 배회했으며, 반복적인 아시아인들의 침략으로 인해 서쪽으로 밀려났다.[5)]

---

3 *Ibid.*

4 *Ibid.*, p. 3.

5 *Ibid*

## 2. 슬라브족의 기원, 이주 및 바란진족과의 제휴

### 1) 슬라브족의 기원 및 이주

동슬라브족은 3개 집단으로 분리되었다. 즉, 현재 북부 및 유라시아에 중심을 두고 있는 大러시아인(the Great Russians), 우끄라이나에 살고 있는 小러시아인(the Little Russians), 우끄라이나 북부지역과 폴란드 동부에 살고 있는 白러시아인(the White Russians)이다. 기타 슬라브종족 들은 서부지역을 장악한 웬드족(Wends), 체코족(Czechs), 폴족(Poles), 슬로바크족(Slovaks)이 있다. 이외의 슬라브족들은 세르비아(Serbia), 불가리아(Bulgaria), 루마니아(Rumania)에 정착했다.[6)]

보다 구체적인 이주 및 생활상을 알아보도록 하겠다. 여기서 다루어지는 슬라브족의 이주사는 우리가 연구대상으로 하고 있는 러시아연방을 구성 시킨 '동슬라브족'에 국한시킨다.

포괄적 의미의 슬라브족은 A.D. 1세기경 다뉴브강 연안으로 이주했다. 이중 '동슬라브족'은 A.D. 3-4세기에 안테족이란 부족을 형성하며 최초로 결집하기 시작했다. 이들은 드녜쁘르 강과 드녜스뜨르 강의 중간지대에 거주했다. 그러나 이 지역에 침입한 고트족, 훈족, 아바르족에 의해 격퇴당하는 신세가 되었다. 그 후 6세기 후반에는 하자르족에 의해 동슬라브족의 일부인 쎄베랸, 라지미치, 비야찌치, 뾜랸 등의 부족이 예속당하는 상황을 맞게 되었다.

9세기 중엽 이 후에는 터키계인 헝가리와 뻬체넥족이 초원지대를 장악함에 따라 북부지역에 정착한 슬라브족이 흑해연안과의 교류를 차단당하는 상황을 맞기도 했다. 이렇게 동슬라브족은 민족적으로 단일적 규합을 못했을 뿐만 아니라 지속적인 이민족의 거주지 침입 및 영향력 행사로 인해 고난을 받아 왔음을 확인할 수 있었다.

9세기 중엽은 농경민족으로써 부족들 간의 동맹기였으며, 당시

6 *Ibid.*

드녜쁘르 강 중류지역에 거주했던 뾜랸족이 동슬라브족 가운데 가장 개화된 종족이었다.

한편 러시아 자료에 따르면, 슬라브족은 6세기에서 7세기 기간 중 독일의 엘베(Эльба)강과 오데르(Одер)강에서 도네츠(Дон-ец)강, 오까(Ока)강과 볼가(Верхняя Волга)강 상류까지, 그리고 발틱해변에서 다뉴브(Дуная) 중·하류까지 진출하여 3개 집단으로 분리되었다.[7)]

동슬라브족은 6세기에서 9세기 중 원시공산체의 분할과정이 국가 구성 및 봉건적 관계발전의 양상으로 진행됐다. 아울러 8세기부터 9세기 기간 중 북부상의 아르한겔리 인근의 아네가(Онежское)호수 및 라도가(Ладожское)호수에서 남부의 뿌루뜨(Прут), 드녜스뜨르(Днестр), 유즈느이 부뜨까지(Южный Бут), 서부의 까르빠뜨(Карпат)산기슭에서 동부의 오까(Ока)강과 볼가 (Волга)강 사이의 영토를 장악했다. 그러나 이 영토는 동슬라브족 단독으로 장악한 것은 아니었다. 동(東)슬라브족이 6세기부터 가입한 “15개 종족동맹”에 의해 장악한 영토였다.[8)]

결과적으로 흑해 북부지역에 거주하게 된 동슬라브족은 지형적 이동의 용이성과 자연적 생활조건의 풍요 속에서 이민자들 또는 침입자들과의 연속적인 관계설정이 불가피했다. 이에 따라 인종적 혼혈현상뿐만 아니라 문화적 영향이 뒤따랐다. 그리스인이나 게르만족과 같은 서구 선진민족들은 발달된 문명을 전달했음에 반해, 아시아 및 중동에서 침입한 민족들은 문명의 파괴 및 야만적 만행을 저질렀다. 특히 4세기 이후의 수탈피해는 이 지역 거주민들로 하여금 건국의 필요성을 절감케 했다.

지금까지 지속되어 온 야만적인 종족들의 침입과는 달리 문명의 수준에서 상대적으로 높은 새로운 침입자들이 북부로부터 모습을 드러내기 시작했다. 이들은 스웨덴족과 루씨 또는 바란진족으로서

---

7 М. В. Ломоносова, В. И. Моряков, *Пособие по истории россии для поступающихв ВУЗы, Том 1*, Москва, Независимое издательство “МАНУСКРИПТ”, 1993, с. 4.

8 *Там же*.

9세기 초에 러시아 거주지에 출현하여 슬라브족을 지배하며 새로운 부족국가 형태를 건설하기 시작한 것이다.

## 3. 동슬라브족의 문명화 사건

### 1) 슬라브어 자모의 제작 및 건국

9세기에 발생한 두 사건이 러시아사에 중대한 의미를 부여했다. 즉, 비잔틴(Byzantium)에서 선교목적으로 파견된 선교사 끼릴(Cyril)과 메호지(Methodius)의 슬라브 알파벳(字母)제작과 보급, 그리고 스칸디나비아 태생의 북부인(Northmen) 또는 바란진족(Varangians)의 통치가 시작된 사건이다.

끼릴과 메호지가 활동하던 시기의 콘스탄티노플(Constantinople)의 기독교는 일개 통일된 가톨릭교회의 일개 부분으로써 형성되어 있었다. 두 선교사는 자신들의 선교책무를 수행하기 위해 西슬라브족 언어를 기록할 수 있는 알파벳을 만들었다. 두 선교사의 알파벳 제작은 알파벳을 통한 슬라브인들의 연계 및 자국어 복음서를 만들어 주기 위한 목적에 있었다. 869년에 사망한 끼릴은 기독교 신앙전파에 성공한 크리미아(Crimea)와 뜨무또로깐(Tmutorokan)에까지 진출하며, 다양한 슬라브족들에게 선교활동을 전개했다. 메호지는 서부지역에서 활동했다. 그는 독일군주가 파견한 바바리안(Bavarian)목사들에 의해 시작된 선교활동과 경쟁하기 위해 로마교황에 의해 보내졌으며, 체코중부지방인 모라비아(Moravia)에서 활동했다. 885년에 사망한 메호지는 모라비아에서 기독교를 폐지시키려 침입한 마갸르족(Magyars)에 대항해 괄목할만한 업적을 기록치는 못했다.[9] 그러나 이들이 만든 알파벳은 슬라브족의 민족적 규합을 유도할 수 있는 토대를 마련해 주었다는데 지대한 의미가

9 Walther Kirchner(ed.), *op. cit.*, pp. 8-9.

있을 뿐만 아니라 문화적으로 기독교 전파를 통한 선진문화 수용의 계기를 마련케 한 것이다.

제2의 사건은 스칸디나비아 북부인 들의 러시아 진출 및 동슬라브족을 위한 최초의 국가인 "끼예프 공국"을 건설한 일이다. 러시아의 옛 연대기는 바란진족(Varangians)의 러시아 통치에 관해 기술하고 있다. 당시 슬리브 종족들은 분열되어 있었다. 이러한 상황에서 이들은 평화, 질서, 번영을 갈망했다. 지속적인 이민족 침입에 따른 위협과 피해로부터 평화를, 대내적으로 다민족과의 공존생활에서 파생된 어려움과 공동생활에 필수적인 질서 확립을 위한 공권력을, 그리고 경제 목적의 수로이용 교역로 확보 및 안전을 통한 번영이란 과제를 지니고 있었다. 이에 따라 슬라브족이 강력한 군사능력과 조직 및 관리능력, 그리고 아시아 이민족과는 달리 신사적 면모를 갖추고 있었던 스칸디나비아 북부인들에게 자발적으로 통치해줄 것을 부탁한 사실에 대해 기술하고 있다.

녜스또르가 쓴 연대기(Nestor Chronicle)에 담겨진 이 사건 묘사는 전적으로 받아들일 수는 없지만 부인 할 수도 없는 것은 슬라브족들의 분열, 외부침입자들에 의해 이들의 생존위협, 그리고 불리한 지리 및 경제조건에 의해 위협받았다. 교역요건도 폭넓은 접촉

이 필연적인 상황이었지만 소규모 집단으로써 독자적 생존이 불가능한 상태였다. 따라서 광활한 평원과 긴 수로들에서의 안전보장과 이를 통한 교역의 활성화를 위해 슬라브 민족들 간의 통일문제가 제기된 것이다. 고고학적 근거로 밝혀진 사실은 7세기 초와 8세기에 슬라브족은 요새화 된 도시, 상당한 수준의 장인들, 상당 규모의 교역뿐만 아니라 국가발전의 기반이 될 수 있는 정치적 조직을 다양한 지역에 소지하고 있었다. 따라서 바란진족이 통치한 "러시아 최초의 국가"는 과거 제 경험으로부터 완전히 이탈된 것이 아닌 당시 추세의 논리적 지속에 불과한 것으로 평가할 수 있다.[10]

바란진족이 슬라브족과 접촉하게 된 시기는 8세기로, 이들은 라도가(Ladoga)호수를 따라 남하했으며, 볼가강을 따라 까스삐해로의 침투 및 돈강과 드녜쁘르(Dnieper)강을 따라 흑해로 침투했다. 이들은 유럽에서 이미 증명된 바와 같이 용맹스런 전사였으며, 뛰어난 항해술, 영리한 상인, 유능한 조직 및 행정가들이었다. 따라서 이들은 러시아에 침투하여 평화로운 접촉 및 군사적 동맹관계를 수립했다. 당시 러시아에 침투한 바란진족의 지도자는 류릭(Rurik)이다. 류릭은 노브고로뜨(Novgorod)에 물며, 쁘스꼬프(Pskov), 로스또프(Rostov) 및 기타 북부 촌락들을 자신의 친척들이 관리하도록 했다. 아울러 전략적으로 수림지대와 초원지대의 경계선상에 위치해 있으며, 북부와 남부 수로의 중심지일 뿐 아니라 문명도시인 콘스탄티노플에 쉽게 도달하기 위해 끼예프 장악에 나섰다. 이를 위해 자신의 동료 아스꼴드(Askold)와 지르(Dir)를 끼예프에 보냈다. 그러나 아스꼴드와 지르는 끼예프의 중요성을 깨달은 류릭의 후계자 알례끄(Oleg)에 의해 882년 살해당했다. 북부와 남부지역을 통합한 알례끄는 그 후 본격적으로 기대한 과업들을 수행하게 되었다. 이에 따라 그는 인구면에서나 교역을 위한 전략적 측면에서 긴요한 끼예프를 병합시킴으로써 명실 공히 러시아의 건국자로 간주되고 있다.[11]

10 *Ibid.*, p. 9.
11 *Ibid.*, pp. 9-10.

## 2) 역사적 의미

바란진족과의 공조체제가 갖는 역사적 의미로서 첫 번째 결과는 아시아 및 중동지역의 야만세력에 대한 안보조치를 강화할 수 있게 된 점이다. 다시 말해, 8세기부터 하자르족이 남부지역을 장악한 상태에서 피해를 보고 있었던 슬라브족은 상대적 용맹성과 조직 및 무기체계를 갖춘 바란진족의 도움으로 비참한 상황을 극복할 수 있는 기회를 부여 받게 된 것이다.

두 번째로 갖게 된 역사적 의미는 뿔뿔이 흩어져 생활해 온 슬라브족의 민족적 통합기반을 강화할 수 있게 되었다. 8세기에 동슬라브족은 북동지역에 거주했으며, 거주형태는 소규모 집단의 씨족 및 부족형태였다. 따라서 끼예프공국이란 국가형태를 갖게 됨에 따른 강력한 보호대책 마련으로 통합적 리더쉽 발휘가 가능하게 된 것이다.

세 번째 의미는 문명화의 계기를 마련하게 된 점으로서, 바란진족은 이미 서구로의 해상진출 결과로 영국민족의 조상이 되었으며, 나아가 이제 이들은 대륙을 경유하여 중국 및 중동진출을 시도하는 과정에서 슬라브족 거주지에 출현하게 된 것이다. 바란진족은 다각적인 면에서 선진민족이란 점과 향후 이들의 활약상에 의한 선진문명권과의 문호개척이 문명화의 초석이 된 것이다.

네 번째로 지적될 수 있는 것은 남부로의 영토확장이 가능했다는 사실과 이로 인한 부수적 결과로써 비잔틴제국과의 접촉으로 인한 문물도입을 가능케 한 것이다.

다섯째로 갖는 의의는 민족국가 건설을 본격적으로 진행 할 수 있게 된 점이다. 바란진 족의 리더쉽에 의해 진행된 슬라브족의 민족적 통합은 처음에 노브고로드를 중심으로 한 발틱해 주변지역에서 통합에 이어, 다음에는 드녜쁘르 강을 따라 남하하여 끼예프 일대의 슬라브족을 통일할 수 있었던 것이다.

제5장

# 끼예프공국의 건설과 흥망성쇠

# 1. 끼예프공국의 출범과 활동

## 1) 고유대명사 '러시아'(Russia)의 생성

국가명칭인 "러시아"(Russia)의 어원은 다소 불투명하다. 어근은 그리스인들에게서, 남부 러시아에 살았던 종족의 이름에서, 독일인 마을에서, 핀란드어 루오찌(ruotsi)에서, 또는 독일어 루데레르(Ruderer)에서 유래된 것으로 추정된다. 본래 "끼예프 루씨의 법률"(the law of Kievan Rus')에서 루씨의 의미는 궁극적으로 국가전체를 가리키는데 사용되었다. 따라서 사람을 언급하고 있는 루씨(Rus')라는 말은 슬라브 선조의 러시아인들에게 적용되었을 뿐만 아니라 러시아에서 생활하며 통치하고 있던 바란진인들에게도 적용된 말이다.[1]다시 말해 "루씨"에 기초한 "러시아"란 말은 슬라브족을 구성원으로 한 영토를 바란진족이 통치하는 국가라는 의미가 된다.

스칸디나비아에 거주한 바란진족은 자신의 능력과 역할에 기초하여 국가 및 사회의 상부구조를 형성했으나 수적 열세로 인해 슬라브족에 곧 동화될 수밖에 없었다. 따라서 이들은 장구한 흔적을 남기지 못한 채 일반구조에 흡수되고 말았다.

## 2) 국가적 활동

류릭(Rurik)을 계승한 알레끄(Oleg)는 노브고로뜨로부터 끼예프로 정치역량을 옮긴 후 흑해상의 초원지대에 침입한 아시아종족들을 몰아내지는 못했지만 드네쁘르강 하구를 장악하고 콘스탄티노플 및 볼가지역과의 교역로를 열었다. 이로써 향후 3세기동안 "끼예프公國"형태로 유지된 대내적 통합, 교역 및 영토의 확장으로 요약되는 주요 책무수행이 본격화된 것이다.

---

1 *Ibid.*, p. 10.

통합책무 수행은 발틱해에서 흑해에 이르는 다양한 슬라브족의 결속을 전제로 하고 있었다. 당시 이의 최대 걸림돌은 침입자 드례블랴녜(Drevlyane)와 동부 인접지역에 살고 있던 뻬체녜끄족(Pechenegs)이였다. 그러나 이들의 위협은 결과적으로 슬라브족들로 하여금 세력을 규합할 수 있는 계기를 만들어주었다. 더욱이 전쟁과 조약을 반복하며 이룩한 콘스탄티노플과의 성공적 관계형성과 함께 대내분규를 종결하고 정치적 통합과제를 이룩하였다.[2)]

교역의 확장은 슬라브족과 바란진족 공히 일치된 이해문제였다. 대내교역은 도시들의 성장과 더불어, 도시의 장인들이 제작한 산품과 교외의 산품이 확대교류 되고 있었음에도 불구하고 상대적으로 중요성을 띠지 못했다. 당시 대내교역의 핵심은 남부의 농산물과 북부의 임산물간의 교류였다. 한편 수출입과 수송을 기본사업으로 하는 대외교역은 특별한 의미를 갖게 되었다. 당시 교역은 본질적으로 콘스탄티노플을 지향한 남부방향과 까스삐해 지역을 겨냥한 남동쪽으로 이루어졌다.[3)]

영토확장은 교역방향과 일치되어 이루어졌으나, 미미한 성과를 거두었을 뿐이다. 무수한 군사적 원정이 까스삐해안 방면으로 이루

2. *Ibid.*, p. 11.
3. *Ibid.*

어졌지만, 콘스탄티노플을 관장하고 있는 東로마제국으로도 빈번히 이루어졌다. 수천 명이 동원된 東로마제국으로의 원정은 860년, 907년, 940년에 수행됐으며, 940년에는 해상공격을 감행하여 콘스탄티노플을 위기에 몰아넣는 성과를 보이기까지 하였다. 그리고 모든 원정의 결과로 무역협정이 체결되었는데, 특히 911년의 협정은 러시아에 유리한 상태로 체결됐다. 이렇게 러시아와 콘스탄티노플간의 활발한 교역과정에서 부수적으로 기독교 신앙이 침투할 수 있었고, 코카사스지역 아랍세계와의 접촉이 마호멧 사상을 침투케 했다.[4] 東로마제국과의 상호관계 진전 속에서 러시아가 받은 문화적 영향은 엄청나다. 종교부문에서 사상, 문자, 지식, 관습, 의상, 건축, 음악, 회화, 의식행사 등등 생활전반에 부수적 영향을 미쳤으며, 정치적으로는 중앙집권적 관리체제, 일사불란한 동양적 전제주의 문화유형을 답습하게 되었다.

슬라브족인 끼(Kii)가 건국한 후 스칸디나비아인 알례끄에 의해 국가적 토대를 보강한 러시아 최초의 국가는 "끼예프공국"(Kieven Rus')으로 호칭된다. 알례끄가 세우고 기틀을 잡은 끼예프공국은 이고리(Igor', 912-945), 이고리의 처 올가(Olga), 타고난 용맹성을 바탕으로 남서부 다뉴브지역까지 원정에 나섰던 올가의 아들 스뱌또슬라프(Svyatoslav, 960-972), 희랍정교를 국교로 정하고 선진문화도입에 공헌한 블라지미르(Vladimir, 980-1015), 러시아 최초의 법전 편찬과 더불어 끼예프공국의 번영을 절정기로 끌어올린 야로슬라프(Yaroslav, 1019-1054)가 계승했다.[5]

---

4 *Ibid.*

5 D. M. Sturlry, *A Short History of Russia*, (New York: Harper & Row, 1964), pp. 13-16.

## 2. 끼예프공국(公國)의 구조 및 기능

### 1) 정치구조 및 문화유형

정치구조적인 면에서 끼예프공국은 민족국가라기보다는 상업적 연합국(동맹국)이였다. 개별 동맹집단은 주요 도시와 주변 소도시들을 지닌 州로 세분화된 구조적 형태를 취하고 있었다. 따라서 大公(Grand Duke)은 임명제 지사를 통해 이들 州를 장악하는 방식으로 국가를 통치했다. 당시 공국의 주요 州는 북부에 뽈로쯔끄(Polotsk), 노브고로뜨(Novgorod), 로스또프-수즈달(Rostov-Suzdal)이 있었으며, 남부에는 끼예프(Kiev), 체르니고프(Chernigov), 볼호이니아(Volhynia), 갈리찌야(Galicia)가 있었다. 개개의 公은 드르즈이나(druzhina)로 호칭된 사적인 軍을 갖고 있었으며, 바야르

(boyar)로 호칭된 귀족들이 협의체로써 의회와 유사한 기능을 수행하는 두마(duma)를 소지하고 있었다. 아울러 하부구조인 도시(town)에는 통상 협의체 기능을 수행하는 베체(veche)가 있었다.[6]

끼예프공국의 통치 및 정치구조는 시대적 상황에서 볼 때 상당 수준의 민주제도였음을 인정받고 있다. 특히 귀족소유의 두마와 일반시민이 참여하는 베체 간에 권력투쟁이 빈번했으며, 블라지미르(Vladimir)와 갈리찌야에서는 전권을 수행하는 公이 귀족들에게서 배출되었음에 대조적으로 노브고로뜨에서는 베체에서 公이 나왔다. 즉, 베체가 자신의 公과 主教를 선출했다.[7] 이는 민주적 운영실태를 보여주는 좋은 예이다.

끼예프공국의 민주제도는 폭넓은 시민의 의사를 반영했다는 사실로 긍정적 평가를 받고 있다. 그러나 국력결집을 통한 外侵에 효율적으로 대처함에 있어 극히 취약한 면모를 보였다. 특히 최고통치자의 통수권 확립의 어려움과 함께, 결국 한계상황에 놓이고 말았다. 권력승계시의 가혹한 투쟁, 公들 간의 첨예한 이해싸움이 무질서를 야기했고 결국 국가분열을 초래했다. 주민이 합세한 지역간의 이해분기 양상은 노브고로드를 포함한 발틱지역 주민들, 끼예프를 포함한 흑해지역, 갈리찌야를 포함시킨 서부지역, 볼가강 상부유역을 포함하는 북동지역(뒤늦게 서서히 부상했음)으로 나타났다.[8] 이렇게 확대된 분열이 국력약화의 결정적 요인으로 작용했다.

### 2) 경제구조 및 문화유형

러시아가 역사에 진입한 시기의 경제조직은 당시의 독일이나 로마의 경제조직에 비해 훨씬 더 원시적이었던 것 같다. 이 같은 평가는 고문서에 의존해야함에도 불구하고 문서로 기록된 자료가 극히 희귀할 뿐만 아니라 그리스나 로마의 자료들마저 러시아의 경제구

6 *Ibid.*, pp. 16-17.
7 *Ibid.*
8 Walther Kirchner(ed.), *op. cit.*, p. 20.

조를 대충 보았기 때문에 정확한 답변을 얻기 힘들다. 더욱이 러시아인에 의해 집필한 끼예프공국에 관한 연대기가 12세기 이전에 쓰여 진 것이 없기 때문이기도 하다.

건국 초기 러시아에는 생산수단의 공동소유 및 작업체계가 널리 행해지고 있었다. 마을에서 소수의 수공예 업자들이 영업을 했으며, 어느 정도의 사유재산이 존재했다. 그러나 토지의 사적소유는 미미했던 것으로 알려지고 있다. 토지의 경작은 폭넓게 확대되어 행해졌고, 주요 경작물은 호밀, 밀, 보리, 삼, 아마였다. 그러나 이 같은 경작의 확산에도 불구하고 국가경제는 산림 속에서 얻어지는 물품인 모피, 꿀, 왁스, 목재에 있었다. 어업 역시 주요 역할을 했다. 물고기 및 산림자원의 풍부한 공급 덕분으로 대외무역이 활기를 띠었다. 당시 수입품들은 소금, 금속, 무기 및 소수 사치품이었다.[9)]

끼예프공국 기의 사회구조는 경제구조와의 상관관계 속에서 상부구조에 귀족 및 소 지주, 중산층에 도시의 중산시민과 농민, 하부구조에 노예로 구성되어 있었다. 경제적으로 귀족 및 소 지주들은 교역사업과 고리대금업, 그리고 농민들과의 계약을 통한 농지관리업에 의존하고 있었다. 도시의 중산계층은 주로 수공업자들로 군주 및 귀족, 그리고 이들의 신변보호역할을 하고 있던 소위 사병인 드루주이나(druzhina)에 필요한 무기, 의류, 생활필수품을 제작 및 공급하는 역할을 한 사람들이다. 아울러 농민은 농촌의 토지를 임대차 형식으로 지주들로부터 경작권을 부여받아 살아온 사람들이다. 하부구조의 노예들은 주로 외부세력과의 전투에서 잡힌 포로들이었다. 이 같은 사회·경제구조 하에서 경제의 주도권을 잡고 가장 활발히 움직인 계층과 산업은 귀족 및 지주귀족이 수행한 대외 무역업이었다. 따라서 도시는 상업을 매개수단으로 활기와 번영을 누렸으며, 교역목적의 산업이 발달할 수 있었다. 당시 발달한 산업은 가공 산업으로서 보석가공업, 조각기술업, 봉제업 등이었다.

끼예프공국의 경제적 기반은 대내적으로 농업과 임업 및 목축업



9 *Ibid.*, pp. 6-7.

에 크게 의존하고 있었으며, 대외적으론 교역이었다. 특히 교역활동의 결과로 얻은 부(富) 덕분에 끼예프와 노브고로뜨의 경제적 생활수준은 선진 서구(西歐)도시와 대등한 상태였다. 끼예프공국의 수출품은 농산물, 목재, 모피, 아마, 꿀이었으며, 수입품은 직물류, 술, 향료와 같은 사치품이 주종을 이루고 있었다. 이 같은 교역활동과 품목을 통해 우리는 당시 교역이 점한 경제적 비중과 함께 도시 생활상을 충분히 짐작할 수 있다.



### 3) 사회구조 및 문화유형

사회구조적 측면에서 끼예프공국은 사회적 계층화가 발달한 나라였다. 이 같은 원인은 정치적으로 쇠퇴된 통합결과와 무역을 통한 경제적 부흥 속에서 정치적 예속을 벗어난 시민의 수가 증가된 것이다.

계층의 구조는 수많은 지배가문의 후손으로 형성된 귀족과 귀족의 신변보호를 목적으로 고용된 귀족의 동료들이 한 집단을 이루며 형성된 소위 바야르(boyar)로 호칭된 귀족계급, 소지주 출신으로써 충원된 중간 계층의 귀족, 그리고 도시의 중산계급시민, 이렇게 네 계층으로 나뉘어있었다. 농민은 그들 내에서 더욱 세분화되었는데 이는 일부 소수의 자유농민, 계약서로 약정된 신분의 半자유농민, 노예에 가까운 상태의 농민이었다. 특히 半노예신분의 농민이 점차 수적 증가추세를 보였으며, 소규모 농장들이 公의 토지로 변모하기도 하였다.[10]

통치계급인 류릭(Rurik)의 가문은 11-12세기 기간 중 가문의 분열에도 불구하고 다양한 지역에서 자신들의 왕권을 유지했다. 그러나 통치자로써의 지위는 처음과 달리 상당히 손상된 상태에 있었다. 그들의 통치권은 그들이 지휘하는 軍의 지도력에서 생성되었으며, 그들의 동료 및 신변보호자(druzhina)의 지원에서 나왔다. 아울

10 *Ibid.*, p. 22.

러 그들의 세금 징수권에서, 교역을 통해 얻은 富에서 나왔다. 문제는 이러한 요인에 의해 생성된 통치권이 권력투쟁으로 인해, 그리고 끼예프의 경제적 상황쇠퇴로 인해 약화된 것이다. 이 같은 결과로 자율적인 귀족계급이 그들의 협의체인 두마(duma)를 통해 公이 누린 특권을 행사하게 되었으며, 안정적 토지, 군사 지휘권, 독립적 사법권을 확보하게 되었다.11)

통치권 약화 추세 속에 슬라브 혈통을 지닌 소규모 토지소유 귀족들의 수중에 독립성과 권력증대 현상이 야기됐다. 과거에 그들은 公에 대한 행정 내지 군사적 봉사의 대가로 토지를 얻었으며, 마찬가지의 결과로 고위 귀족이 되어 세습적으로 토지를 소유하였다. 보뜨치나(votchina)로 호칭되는 이 세습 토지는 특별한 봉사책무를 지고 있지는 않았다. 公이 왕권을 잃게 되면 하위 귀족들은 자신들의 봉사책무를 벗게 되었으며, 하사 받은 토지는 보뜨치나로 전환되어 부담 없이 소유할 수 있었을 뿐만 아니라 소유지 내에서 살고 있는 농민에 대한 사법권도 관장할 수 있었다. 이에 더하여 귀족들의 영향력은 사업 활동을 통해 더욱 증대됐다. 러시아의 귀족들은 그들 소유의 토지관리뿐만 아니라 교역이나 은행활동과 같은 상업에도 몰두했다.12)

농민들은 토지를 세 부분으로 나눈 후 한 부분씩 번갈아 농사를 짓는 윤작제도(three-field system)를 도입한 후 상당한 개선결과를 얻었음에도 불구하고 점차 과거의 지위를 잃어갔다. 중앙정부의 강력한 보호결핍 속에 농민들은 사유 내지 공동재산권을 침해받게 되었는데, 이는 단순한 토지경작권이 완전히 소유권으로 점차 대체됨으로써 침해받게 된 것이다. 세금은 무거웠다. 따라서 부채가 빈번히 자유를 상실 당하는 결과를 초래시켰다.13)

도시민들의 지위에도 약간의 변화가 일어났다. 끼예프공국은 오랜 기간 도시를 골간으로 국가를 형성하고 있었다. 때문에 인구가

11 *Ibid.*
12 *Ibid.*
13 *Ibid.*

집중된 도시에서 자유 시민들은 장인활동(craftsmanship) 내지 산업 활동으로 富를 얻을 수 있었다. 끼예프공국의 번영기반은 대내외 무역과 경유무역 그리고 농업, 목축업뿐만이 아니라 이에 더하여 채광, 금속 및 목재가공, 방직공업도 포함된다. 도시에서의 화폐는 대내외적으로 사용된 은전(silver coins)과 모피(kuna)가 사용되었다.[14)]



### 4) 끼예프공국의 몰락과 문화적 유산

대공(大公) 블라지미르 II세(1113-25) 사망이후 야기된 정치적 혼란이 도시의 생활조건을 위협했다. 그러나 여전히 교외의 시골보다는 우월한 질서유지 속에서 도시민들은 자신들의 지위를 보존하고 있었다. 도시민들은 모든 도시자유민들의 집회인 베체(Vieche)를 통해 결정적인 영향력을 행사했다. 결과적으로 시민들의 의지를 公에게 부과할 수 있었다.[15)] 이렇게 도시와 교외의 생활이 다소 대조적인 면모를 보였으나 농촌 교외의 생활도 당시 서구제국과 비교할 때 결코 뒤떨어진 수준은 아니었다. 끝으로 끼예프공국은 교역과 상공업의 발달결과로 분화된 사회구조를 갖추었으며, 이를 기반으로 민주적 정치문화를 구축하였다.

그러나 민주적 권력구조 및 세습적 토지제도에 기인하여 세월의 흐름과 더불어 지도세력간의 치열한 권력투쟁 및 분열현상이 가속화 되었다. 그리고 급기야 국가몰락으로 이어졌다. 이 같은 토대위에서 끼예프공국이 몰락하게 된 원인을 보다 구체화하면 첫째, 탐욕스런 외국인들의 내습으로써, 특히 끼예프의 무역업자들을 약탈한 뽈로베쯔이(Polovtzy) 종족이었다. 둘째, 경쟁관계에 있는 公들의 분쟁대상이 끼예프를 연루시킨 내전으로 비화되어 파괴와 기아 및 약탈을 초래시켰다. 셋째, 전쟁의 결과로 인한, 그리고 쇠퇴된 경기로 인한 주민들의 이탈, 넷째, 끼예프의 보호와 富를 박탈시

---

14 *Ibid.*, p. 23.

15 *Ibid.*

키고 있는 산림의 황폐화, 다섯째, 교역 파트너이며 문화적 지원역할을 담당해온 콘스탄티노플의 쇠퇴로 인한 교역방향의 재설정 및 서구 교역센터의 부상이었다.[16]

끼예프공국의 민주적 정치문화가 근대 공화정 및 시민사회 건설의 측면에서 긍정적 산물임에 틀림없다. 그러나 통치자들의 정치철학 부재에 의한 본능적 욕구분출과 민중의 교육수준 낙후로 인한 국력쇠퇴라는 부정적 결과를 낳기도 했다. 그러나 러시아 민주주의의 유일한 유산으로 기록될 수 있었다는데 큰 의미가 있다.

문화사적으로 끼예프공국 통치기에 남긴 가장 위대한 유산은 언어 및 문자와 희랍정교로 통칭되는 기독교의 도입이다. 언어와 종교는 유용성의 입장에서 중요한 의미를 지닐 뿐만 아니라 민족적 정통성을 형성시킨 요인으로써의 중요성이 있다.

끼예프공국이 희랍정교(the Greek Orthodox Church)를 국교로 채택한 시기는 988년이며, 동기는 대공(大公)의 숨겨진 계산에 따른 것이었다. 정교(正教)는 로만 가톨릭과 달리 군주권이 교권에 우월함에 따라 군주가 교권을 예속시켜 일사 분란한 국가 통제가 가능했기 때문이다. 아울러 슬라브민족을 규합하고, 나아가 이들에게 질서체계를 세워주는데 있어 교회의 역할도 필요했던 것이다.

러시아의 희랍정교 도입은 결과적으로 서구세계와 이질적인 문화형성으로 인해 고립을 자초케 했다. 이러한 결과는 1054년 동서 교회간의 분열이 근거를 제공했지만, 러시아에 이식된 희랍정교의 러시아화 과정에서 초래된 이질성이 결정적 역할을 했다. 러시아에서의 정교는 국가와 용해되어 있었을 뿐만 아니라 국민과도 밀접한 관계를 맺고 있었다. 따라서 서방 교회권에서 볼 수 있었던 교권과 국가 세속권과의 불화는 존재치 않았다. 더욱이 교권이 국민의 응집력을 제공하는데 있어 결정적 역할을 했다.

---

16 *Ibid.*

제6장

# 희랍정교의 국교화

## 1. 교회의 분열과 동서교회의 속성

### 1) 희랍정교의 속성과 신비주의

희랍정교의 속성을 열거하면 다음과 같다. 첫째, 희랍정교는 1054년 로마교황 레오IX세(Leo IX)의 대사가 콘스탄티노플의 총주교를 이단으로 몰아 파문함으로써 로마교회와 분열된 교회이다. 둘째, 분열 후 이슬람교도들이 장악한 성지탈환 목적으로 시행된 제4차 십자군이 콘스탄티노플을 공격한 후, 동방교회로 하여금 로마교황으로의 예속을 강요함에 따라 분열의 심화가 초래됐으며, 셋째, 신학적으로는 3세기에 부활축일, 4세기에 그리스도의 신성, 7세기에는 그리스도의 이중 또는 단일속성, 8-9세기에는 이미지 사용, 하위성직자의 독신생활, 사순절 첫 주일 미사에 우유 및 누룩 없는 빵 사용, 원죄 없음과 구원, 세례예식, 성호를 그을 때 두 손가락 사용과 세 손가락 사용여부, 하느님만을 유일신으로 보는 동방교회와 그리스도를 포함시키는 서방교회간의 논쟁이 끈기지 않았으며. 넷째, 심리학적으로 동방교회는 사색적이며, 철학적 태도에 비해 서방교회는 실행적이며, 합리적 태도를 지녔으며. 동방교회는 “정적인 경향”(stationary tendency)을, 서방교회는 진보주의(progressivism)를, 동방교회는 아시아적인 지적 평온과 냉담(intellectual repose and apathy of Asia)을, 서방교회는 야만적 힘(savage energy)과 유럽의 자유(freedom of Europe)가치를 지님으로서 두드러진 속성상의 차이를 보여 왔다. 다섯째로는 교회와 세속군주와의 권위적 관계에서 동방교회는 교권이 군주에 예속되며, 서방교회는 교권이 군주를 예속시킴에 따라 서방 교회권은 다원주의 및 민주주의 문화가 발전할 수 있었으며, 동방 교회권은 일원주의 및 전제주의가 발달되는 결과를 초래하게 되었다.[1)]

러시아에 도입된 희랍정교가 정치적 용도 속에 종교적 이질성을

---

1) *Ibid.*, pp. 14-15

보이며 신앙적 차원에서 문제가 된 것은 교리중심 보다 외적인 경건, 우아함, 신비성에 사로잡혀 맹종적 기복신앙에 치우친 점이다. 더욱이 전례상의 오류로 인해 '말씀의 전례'가 부재했으며, 성서의 오역, 교구 본당 성직자들의 문맹현상이 올바른 신앙생활을 방해하였고, 서구(西歐) 로만 가톨릭권과는 너무나 대조적인 비이성적 내지 신비주의적 종교문화를 태동시켰다.

끼예프公國 통치기에 국교가 된 正敎는 국가의 진흥정책에 힘입어 대대적인 수도원 및 교회건축은 말할 것도 없었고, 전 국민적 영세강요와 귀족들의 허세적 추종으로 시작되었다. 물론 이 과정에서 국가적 유용성이 크게 작용할 수 있었다. 그리고 기독교 문헌 및 교리서가 점차 보급됐으나 극소수의 고위성직자와 귀족만이 혜

택을 보았을 뿐이다. 교리서 보급에 있어 가장 큰 장애요인은 해독 능력의 부재에 있었다. 더욱이 대다수 서민들은 기독교 교리 이해 능력 및 시간적 여유에 있어 귀족들과 비교될 수 없는 악조건에 있었다. 이에 따라 성서의 주요내용을 목판에 회화형식을 빌려 상징적으로 처리한 이꼰(icon)이 보편적 전교 수단이 되었다. 이렇게 무지로 인한 지적 판단능력의 부족뿐만 아니라 미신숭배(pagan)에 빠진 사람들이 국가강요에 의해 신봉하게 됨으로써, 그리고 선진종교가 갖는 지위에 힘입어 맹목적인 숭배와 섬김 속에서 신비주의적 기복신앙(祈福信仰)이 발전할 수밖에 없었다.

인간의 의식을 초월하여 이성적 인식이 이룰 수 없는 불가지한 영적 존재로써 신을 의식하는 것, 더 나아가 직접적, 내면적 경험이나 직관에 의해서만 신을 포착할 수 있다는 종교적 경향 및 사고방식이 신비주의이다. 문제는 신이 현실과 동떨어진 세계에 존재하고 있음에도 실존적 현실로 변화시키려는데 있다. 정교(正敎)가 로만 가톨릭에 비해 초대교회의 원리에 충실하고 응용을 배격함에 따라 로만 가톨릭보다 더 신비스런 존재일 수밖에 없다. 그러나 현실을 현실로 받아들이지 않고 신비주의 적용으로 해결하려할 때 이성은 존재가치를 상실하고 만다. 신앙은 마음의 양식이며, 정의, 질서, 평화의 원동력으로써 최상의 것을 추구하고 닮으려 노력함으로써 영생을 얻게 되는 대상이다. 러시아의 종교적 신비주의는 결국 현실적 합리성을 상실함으로써 서구(西歐)와 다른 이질적 사회를 창조했다. 즉, 서구사회가 주변의 생활환경을 극복 및 개선하기 위해 현실적 접근을 함으로써 신의 영역으로 간주되어온 한계영역을 과감히 침범하고, 과학문명과 인간중심사상을 발전시켜 가고 있을 때, 러시아 사회는 신비주의에 빠져 비이성적 생활을 일관하고 있었다. 물론 러시아의 종교적 신비주의가 부정적인 것만은 아니다. 자연적이며, 순수하고 인간적인 면에서 가치가 있다. 그러나 무지의 국면을 벗어나지 못했다는데 현실적 심각성이 있는 것이다.

러시아에서 정교는 지적수준 낙후로 인해 모국어 사용을 통한 설교가 불가피했다. 이에 따라 교회에서 공식적으로 사용된 교회슬라브어가 신비주의를 보강시키는데 일역을 담당했다. 이에 더하여 러시아 정교가 일상화한 '묵상'도 신비주의에 일조 했다. 따라서 세속적 유혹을 극복하고 자신들의 세계에서 구원에 충실한 생활을 할 수 있었다. 다시 말해 순수하고 올바른 내면생활을 관습화시킨 점에서 러시아정교의 특징적 장점을 보였다. 그러나 서방교회와 비교할 때 러시아 정교가 신비주의와 묵상에 치중한 반면 학술 서적과 같은 지적활동에 미미한 성과를 거둠에 따라 사회발전에 견인차 역할을 수행치 못한 점이다. 이는 성직자들에 대한 훈련부족과 무지의 소치에 따른 것으로서 이 같은 현실적 문제들은 18세기까지 잔존했다.

러시아정교가 감상적이고 근본적 속성을 보이며 실생활과 일치되어 의식구조 형성에 지대한 역할을 했다. 농민들의 '종 된 모습', 가난, 겸손, 소박한 삶, 자기희생, 온화함은 러시아 정교의 결과이다. 특히 러시아 정교는 선과 악의 소재를 분명히 하여 양심의 가치체계를 바로 세우고 자유의 세계를 지향하는데 절대적 역할을 했다. 더욱이 교의보다 생활 속에서 그리스도 정신을 실천함으로써 구도적 수단으로 삼은 것이다. 그러나 반이성적인 자세로 현실을 신앙으로 타개하려는 기복신앙이 현실사회 발전에 한계성을 드러낸 것이다.

"러시아인의 특성"을 집필한 로스끼에 따르면 러시아인들에게는 오블로모프쉬나(수동적이며 게으른 생활태도)의 일면도 존재한다고 지적하면서 이의 주된 원인을 정교에서 찾고 있다. 즉 기후조건에 의해 조성된 강한 의지력과는 대조적으로 게으름과 수동성은 농노제도 하에서 농노에게 발생할 수 있는 현상이기도 하지만, 농노계층 이외에 상류계층에게도 확산되어 있다는 것이다. 이에 대한 해명은 인간이 본래 이기적이고 불완전한 본성을 지닌 존재로써 인간이 몰두하는 목표를 이루기 위해서는 고통스러운 수단적 과정의 극복의지가 필요하다는 것이다. 그런데 문제는 신앙세계에 목표와 수단 간의 구분이 없다는 것이다. 다시 말해, 신앙인은 절대가치와 흥미 있는 것만을 창조하고, 또한 창조능력을 가지고 있다고 보기 때문에 창조적 시도 및 독창적 삶이 무가치해지고 무시되어지고 있다는 것이다. 그래서 결국 삶을 위한 투쟁을 포기하고 게으름과 무관심에 빠지게 되었다는 설명이다.[2]

정교가 미친 반대적 국부는 정치체계에서도 두드러졌다. 열렬한 민족적 신앙심이 황제의 권위숭상에 이용되어 통치의 절대주의를 낳게 한 것이다. 따라서 황제에 의한 종교권의 예속이 일원주의(一元主義: monism)와 중앙집권주의(centralism)를 낳았다.



## 2) 민족주의적 속성

정교와 민족주의와의 밀접한 관계는 이미 앞에서 지적한 바와 같이 흩어진 민족의 규합 및 결속, 그리고 구원을 전제로 한 사회적 질서목적의 규범을 세우기 위한 도입배경이 이를 충분히 설명하고 있다. 군주의 이익을 우선 목표로 정하고, 상부로부터의 명령 형태로써 국교로 공식화 한 후 강요된 정교는 시간의 경과와 더불어 군주·신민·민족 간의 융합 성과를 보다 굳건히 할 수 있었다.

러시아에서 정교가 민족적 색채를 띠게 된 시기와 동기는 도입 초기부터 명백히 드러났다. 끼예프공국 군주들은 종교적 계서체계(階序體系)와 관리방식을 무시한 채 비잔틴제국과의 분리 및 자주성 확보를 통한 민족 간의 예속 우려를 사전에 차단하려 노력했다. 이 같은 군주들의 노력과 의도가 러시아에서 정교에 대한 우위권 확보 및 유지를 목표로 한 비잔틴제국과 갈등관계를 보였다. 비잔틴제국과의 첫 갈등관계는 992년 주교청이 설립되고, 1037년에 그리스인 주교가 끼예프에 공인된 첫 번째 대주교로 임명되었을 때 나타났다. 즉, 그리스인 임명이 끼예프 관구의 자치를 무시한 결과로 보고 갈등을 보인 것이다. 이 같은 결과가 1051년 러시아인인 힐라리온(Hilarion)이 콘스탄틴의 총주교 동의 없이 대주교가 되었을 시, 결국 그는 2년을 버티지 못하고 물러났다.[3] 이렇게 끼예프

---

2 Лосский Н. О., *Характер русского народа*, (Посев, 1957), с. 11.

3 *Ibid.*, p. 16.

공국의 종교적 자주성 확보노력은 민족주의에 기초한 것으로서 갈등관계를 넘어 다양한 투쟁 형태로 발전하여 끼예프공국의 쇠퇴에 지대한 역할을 했다. 즉, 비잔틴제국은 북부의 잠재적 적(끼예프 공국)을 와해시킬 목적으로 노브고로드에 별개의 대주교관구를 설립하는 행위를 보이기까지 한 것이다.[4]

정교와 민족주의간의 결속관계는 몽고족의 침략 하에서 국민들간에 더욱 밀착된 면모를 갖추게 되었다. 몽고족의 피침 하에서 수난기를 보낼 시 정교가 유지되었을 뿐만 아니라 정교의 지위가 괄목할만하게 증가된 것이다. 몽고족에 대한 초기의 적대에도 불구하고, 정교가 보인 순종과 협조덕분에 교회는 관용의 대상이 되었고, 이에 더하여 면세특권까지 받게 된 상태에서 국가유지 및 독립이란 희망을 가꿀 수 있는 터전을 확보한 것이다.[5]

우리는 러시아 민족국가가 위기에 처하고 붕괴의 질곡에 당도했을 때마다 정교가 앞장서서 구원역할을 수행해온 사례를 무수히 보아왔다. 이의 대표적 사례는 이반 IV세 사후의 정통성 문제와 가뭄으로 인한 기근 및 외세의 개입으로 야기된 국가적 존폐의 위기에서 당시 정교의 총주교 지도력 하에 수행된 대 폴란드항전 사건이다.

### 3) 니꼰의 종교개혁과 러시아정교의 태동

통상 종교개혁은 교회내의 잘못된 것을 바로잡기 위한 목적에서 대두되는 것이다. 당시 교회의 실상은 긍정적인 면과 부정적인 면의 양면성을 띠고 있었다. 보다 구체적으로 긍정적인 면에서 지적될 수 있는 사항은 첫째, 외침으로부터의 헌신적 조국수호와 국가구원이 가능했다는 점과, 둘째로, 러시아 민족주의 형성에 기여할 수 있었다는 점이다. 그러나 부정적인 면이 향후 종교발전에 심각한 저해요인으로 작용함에 따라 개혁이 불가피했던 것이다.

4 *Ibid.*, p. 21.
5 *Ibid.* p. 31.

개혁의 주체는 니꼰(Nikon) 총주교였으며, 개혁의 핵심은 신학적으로 그리스계율에 입각한 일부 새로운 의식의 도입에 있었다. 여기서 개혁에 포함된 내용들은 두 손가락 대신 세 손가락으로 성호 긋기, 동쪽방향으로의 행렬, 턱수염 면도금지, 예수(Jesus)에 대한 러시아어 표기를 바로 잡고, 할렐루야(Hallelujah) 용어의 노래하기, 성서의 오역부분을 정정하는 것이었다. 그러나 개혁의 본질에는 무식한 교구 목사들이 감당할 수 없는 합창(choirs)과 설교(sermons)도입에 있었다. 그러나 개혁은 예상치 못한 심각한 여러 문제들을 야기 시켰다. 즉, 판단능력이 부족한 신자들이 교구 목사들을 무조건 추종하는 상황이 연출됐으며, 정부와 일체화된 종교권의 강행노력에 의해 결국 사회적 혼란이 야기된 것이다. 정부는 과세와 차별대우로 구교도(Old Believers or Raskolniki) 들을 박해했으며, 결과적으로 사회는 분열되었을 뿐만 아니라, 국외탈출로까지 비화되어, 결국 5백만-1천만 명으로 추정되는 엄청난 인력손실을 입게 된 것이다. 당시 인력이 국력의 주요 자산이었던 점을 고려할 때, 종교개혁이 치른 대가는 상상을 초월했다.

러시아에서 정교가 러시아민족주의의 색조를 결정함에 있어 신앙을 전교 및 관리해야 할 위치에 있었던 하위성직자들의 저질적 자질이 사회의 분열을 초래하는 결과를 보여주었다. 1652년 로마노프(Romanov)왕조기(王祖期)에 니꼰(Nikon) 총주교가 단행한 종교개혁과 그 결과가 우리에게 이 같은 원인에 의해 조성된 러시아적 이질신앙을 파악하는데 상당한 도움을 줄 것으로 확신한다. 니꼰의 개혁은 사실상 경미한 수준에 지나지 않는 것으로써 희랍정교 교리와 다른 제 원리를 바로잡는데 한정되어 있었다. 그러나 개혁의 결과는 대소동과 격렬한 반대를 낳았다. 소동을 일으킨 사람들은 교구목사를 비롯한 대다수의 신도들이었다. 아울러 격렬히 반대한 사람들은 러시아 성직자들로써 그 원인은 니꼰 총주교가 개혁을 추진하는데 있어 그의 理想에 동조했던 그리스인들을 교회 관료로 임명함에 따른 부수적 결과였다. 즉, 당시 출세를 탐냈던 러시아 성직자들이 반발한 것이다. 문제의 심각성은 성직자들과 합세한 러

시아인들의 반발이 종교에서의 독특한 "민족주의"의 색채를 대변하고 있다.[6)]

종교적 민족주의가 대외적 관계에서 보강될 수 있었던 계기 마련은 그리스정교의 메카(Mecca)였던 콘스탄티노플이 1453년에 터키수중에 들어간 사건의 발생 이후이다. 이 사건 이후 이반 III세는 비잔틴제국의 마지막 황제의 조카딸과 결혼한 사건이 발생했다. 이반 III세는 그녀의 요구에 따라 콘스틴티노플의 종주권을 행사하기 시작했다. 이는 황제의 전제권(專制權) 강화목적에서 황제를 호칭하는 권위적인 용어인 "짜리"(Tsar)가 도입된 시기였으며, 끼예프공국 멸망 이후 교권은 비잔틴제국에 독립되어 있었을 뿐만 아니라 끼예프와 분리되어 있었던 러시아정교에 대한 통제권을 행사하기 시작했다. 이에 따라 1458년 모스끄바에 주교청(metropolitan)이 인가됐으며, 이태리 예술가들이 대거 초청되어 모스끄바 단장에 나섬으로써 명실 공히 "제3의 로마"로 모스끄바를 격상시켰다.[7)] 그 후 보리스 가두노프가 자신의 계승으로 발생한 정통성 문제를 해소할 목적으로 1590년대에 총 대주교 청(patriarchate)을 유치함에 따라[8)] "제3의 로마"건립과제를 완성하였다. 이렇게 비잔틴제국의 패망과 모스끄바공국의 몰락이 몰고 온 과정에서 종교적 계승과 종주권을 획득한 이후의 과제는 그리스사람인 니꼰 총주교의 종교개혁과정에서 제기됐다.

러시아정교의 민족주의는 교회의 상부구조와 하부구조간의 분열을 초래했으며, 이 결과 교권이 세속군주에 완전히 압도 내지 종속당하는 러시아적 특성을 보였다. 뾰뜨르대제(大帝)(Peter, 1682-1725) 통치기에 교회 및 목사는 국가와 완전히 동질화된 것이다. 1721년에 뾰뜨르는 총 대주교 아바꿈(Avvakum) 사후 21년간 총대주교를 공석으로 비워둔 후 마침내 총 대주교직 폐지와 함께 신성종무회의(Holy Synod)라는 명칭의 위원회를 태동시켜 대체시키는 조치를

6 *Ibid.*, pp. 78-79.
7 *Ibid.*, p. 40.
8 *Ibid.*, p. 58.

취했다. 이에 따라 과거 로마노프왕조를 태동시킨 미하일 로마노프(Michael Romanov)의 아버지인 필라레뜨(Philaret) 및 니꼰과 같은 총대주교가 누렸던 정치적인 영향력은 상실되었다. 오히려 교회의 재산과 토지를 몰수당한 채 국가의 감독 하에 들게 되었다. 위원회는 황제가 임명하는 사람들로써 성직자뿐만 아니라 평신도들이 다수 참여하여 교회를 관리토록 했다.[9] 이렇게 변화된 이후 그리스정교가 러시아정교로 명칭과 내용이 탈바꿈된 것이다. 따라서 러시아의 종교적 민족주의는 전제주의의 일개 구성성분이 되었다.



러시아에서 교회는 서구(西歐)에서와 같이 러시아인들의 생활에서도 중요한 위치를 차지하고 있었다. 그러나 西歐에 비해 너무나 대조적으로 독립성을 유지하지 못한 채 국가에 예속됨에 따라 일원주의(一元主義)를 조장시켰다. 특히 독립을 위한 기본요소인 경제권확립에서도 국가의 통제와 예속은 강화되었다. 러시아의 초기교회, 특히 수도원은 막대한 토지를 소유하고 제한적이지만 교회와 관련된 분야에서 막강한 영향력을 행사하고 있었다. 따라서 황제는 교회재산의 세속화로 인한 자신의 권위침해 가능성에 경계를 게을리 하지 않았다. 뾰뜨르大帝가 "신성 종무회의"에 교회관련 행정을 접수한 이유도 사실은 재산권 감독을 위한 것이었다. 그러나 이때에도 교회는 재산권행사를 통한 사회적 영향력 행사가 가능한 상태였다. 단지 권위손상과 정치적 영향력이 약화되었을 뿐이다. 그러나 예까쩨리나 II세 집권 시인 1762년 교회재산이 거의 몰수당하는 형국으로 갔다. 즉, 국가예산에 의거 교회가 유지되는 상태로 바뀜에 따라 교회는 정부의 직접적인 지휘를 받는 계서체계(階序體系)에 빠져들고 말았다.[10]

18세기 하위직에 머물러있던 교구성직자들의 사회적 역할과 지위는 고위성직자들과 너무나 대조적 차이를 보이고 있었다. 교구목사들은 농민과 같이 귀족들의 멸시와 경멸의 대상이었다. 이들에 대한 교육은 빈약하기 이를 데 없었다. 나폴레옹이 침략하기 이전

9 *Ibid.*, p. 90.
10 *Ibid.*, p. 105.

까지 신학교육에 관한 규정조차 없었다. 따라서 이들이 교리를 가르치고 설교 및 빛과 소금의 역할을 할 수 있는 처지도 못 되었다. 이러한 조건 속에서 이들에게 맡겨진 업무는 포교활동보다는 국가의 유용한 도구로써 봉사(때로는 경찰업무에 종사)하는 것이었다. 이들은 1738년 이후부터 인두세를 면제받는 국가적 배려를 받았으나 1796년까지 체벌과 매질을 당하는 수모를 받기까지 하였다.[11]

러시아정교의 완전한 국가예속 및 수단화 그리고 교구목사들의 가혹한 수모상황 속에서 찾을 수 있는 진실은 정교자체의 권위손상에도 불구하고 교회를 등지고 배교하는 일이 없었다는 사실이다. 단지 농노들이 받은 탄압이 교구목사들에게도 가해진 결과로 인해 공동운명체로서의 공감대형성을 통한 민족 신앙의 토대를 굳건히 하는데 기여했을 뿐이다. 정교에 대한 국민적 신뢰는 1905년에 발생한 "피의 일요일"사건을 통해서도 충분히 짐작할 수 있다.

니꼰의 종교개혁이 몰고 온 또 다른 결과는 교회권의 분열이었으며, 나아가 사회적 분열로 이어졌다. 니꼰의 개혁은 1666-67년의 교회위원회에 의해 본질적으로 지지됐지만 심각한 결과를 초래했다. 교회의 광범위한 개혁안이 교회의 존립을 위협하는 상황으로 몰고 갔다. 유서 깊은 러시아전통에 매달린 라스꼴리니끼(Raskol'niki) 또는 구교도들(Old Believers)로 호칭되는 반대자들이 니꼰을 反그리스도교도로 몰아 세웠을 뿐만 아니라 반정부를 부르짖으며 폭동을 일으킨 것이다.[12]

라스꼴리니끼는 개혁가들에 의해 분쇄된 자신의 사도직을 계승할 목적으로 새로운 종파들을 만들었다. 이는 무승파(Bespopovtsi), 성령부정파(Dukhobors)등으로 스스로 종교적 합법성을 부여받기 위한 몸부림으로 볼 수 있겠다.[13]

라스꼴리니끼들의 반정부폭동 선동과 종교적 분파활동은 정부의 탄압을 받을 수밖에 없었다. 따라서 상당수의 라스꼴리니끼들이

11 *Ibid.*, pp. 105-106.
12 *Ibid.*, pp. 79-80.
13 *Ibid.*, p. 80.

박해를 피해 이민했으며, 국외의 다뉴브(Danube)지역, 합스부르그 제국(Hapsburg empire)에서 수백 년 동안 살아야했다. 이들은 국가적으로 노동인력 수급의 증대 목적에서 단행된 예까쩨리나 II세 통치기에 가서야 평온한 생활보장을 약속 받고 귀국했으며, 국가가 제공한 볼가(Volga)동부지역에 정착했다. 그러나 19세기에 성령부정파(Dukhobors)에 대한 새로운 박해사건으로 이 종파의 다수 신도가 캐나다로 이민하는 사태가 재발했다. 이렇게 19세기 중반 중 5백만 명에서 1천만 명 정도로 추산되어온 라스꼴리니끼는 1917년 임시정부 출현 기까지 완전한 권리가 주어지지 않은 상태로 살아야했다.[14)]

니꼰의 종교개혁으로 인한 교회 및 사회적 분열현상에서 볼 수 있듯이 교회와 사회 간의 구조적 동질화가 급기야는 종교적 민족주의로 발전하였음을 보여주고 있다. 이성적 판단에 앞선 맹목적 억지가 결국 러시아 정교도들로 하여금 러시아적 독자성을 띠고 이질적 문화유형을 창조한 것이다. 정부의 힘으로도 결국 이를 바로잡는데 실패한 라스꼴리니끼 문제는 러시아정교의 취약점을 노정시켰을 뿐만 아니라 아직도 살아 숨 쉬고 있다.

## 2. 정교가 미친 문화적 영향

어느 나라에서나 자국의 생활과 제 조건은 물질 및 비물질적 매체에 의해 표현된다. 즉, 사람에 의해 만들어진 그들의 여가선용을 통해, 그들이 살고 있는 환경에서 만들어진 예술작품을 통해, 그들의 문예 속에서 표현된 사상을 통해, 생활조건의 관습, 춤, 음악, 연극을 통해 표현된다. 인간은 이러한 활동의 서술 없이 만족할 수 없다. 그러나 모든 활동은 기재나 서술 보다 보이고, 듣고, 느껴야만 하는 그들 자신의 고유 표현수단을 가지고 있다.

---

14 *Ibid.*, pp. 80-82.

러시아 문화에서 예술적 감각표현의 구체적 최초 형태는 건축에서 이루어졌다. 러시아의 초기 건축은 서방에서와 같이 기독교가 감동적 충격을 주었으며, 북부러시아를 제외한 전역이 비잔틴의 우세한 영향력 하에 있었다.15)

희랍정교가 미친 문화적 영향을 요약하면, 첫째, 정교가 세속 군주에 예속 및 권위를 지원함에 따라 정치적으로 전제주의(despotism)를 태동케 했다. 두 번째로는 국교화를 통한 단일 신앙을 믿음에 따라 사회적으로 민족적 정체성 형성케 했다. 셋째로는 당시 수용한 정교가 내용보다는 외형과 형식에 치우쳤으며 종교적 신비주의에 빠짐에 따라 사회적 우민화를 결과한 것이다. 넷째로는 종교로 인한 문자보급, 관습, 예식, 의전, 의복, 건축, 회화, 민요에 직접적 영향을 미칠 수 있었으며. 다섯째로는 실생활과 일치된 의식구조 형성. 즉, '종 된 모습', 가난, 겸손, 소박한 삶, 자기희생, 온화함 등의 생활규범을 토착화함에 따라 문화적 소양개발에 지대한 영향을 미쳤다.

### 1) 건축

건축에 있어 비잔틴의 영향력 구현은 989년에 노브고로드에 건립된 최초의 아주 정교한 목재 대성당이었다. 당시 전국적으로 모방된 이 건축물은 전쟁, 침략, 화재로 인해 파괴됐다. 러시아 최초의 석재 교회건물은 991년 끼예프에서 시작되었는데, 이들 건축물은 비잔틴의 영향 하에 그리스 예술가들의 도움을 받아 건축된 것이다. 이들 중 대표적인 건물이 11세기 초에 건축된 성 쏘피아 대성당이다. 이 건축물의 특징은 여러 개의 돔(dome)을 갖추고, 모자이크(mosaic)와 회화(painting)로 치장된 것이 특징이다. 아울러 성 쏘피아 대성당은 러시아적 요소가 가미된 "강건한 북부의 힘, 신비적 비잔틴의 경건, 끊임없는 동양성"을 갖춘 미래 건축물의 모델로 기

15 *Ibid.*, p. 173.

여했다.[16)]

끼예프 몰락 이후 러시아의 국력이 북동으로 이동함으로서 수즈달-블라지미르(Suzdal-Vladimir)지역에 수많은 교회가 건립됐다. 아울러 지역적 환경변화에 발맞춰 일부교회가 외벽을 사암(sandstone)의 합성물로 사용함으로써 따뜻하고 아름다우면서 정교성을 증대시킨 변화가 나타났다. 12세기에는 서구의 장인들에 의해 건축된 일부 교회에서 로마네스크(Romanesque)양식 접목현상이 나타나기 시작했다. 서구(西歐)와 근접한 노브고로드는 서양의 영향이 두드려졌음에도 미소한 흔적을 남겼을 뿐이다. 끼예프와 마찬가지로 노브고로드는 본질적으로 비잔틴의 건축패턴이 지방의 토착적 산물과 결합되어 나타났으나 여러 겹의 경사진 지붕으로 교회를 치장하고 있는 점이 차이이다. 그 후 12, 13, 14세기에 가서 피라밋을 갖춘 반구(半球)형의 지붕과 결합된 둥근 형의 돔이 개발되어 치장된 것이 특징이다.[17)]

14, 15세기에 모스끄바大公의 세력증대와 더불어 수도를 미화하기 시작했다. 본래모스끄바의 건축물은 목재구조물이었다. 석재 건물로 축조하기 시작한 시기는 이반 III세 통치기로 로마에서 르네상스 교육을 받은 그리스인 쏘피아(Sophia)의 절대적 영향의 결과였다. 이후 모스끄바는 이반(Ivan)이 건축 장인들의 기술을 소중히 여기고 후원함에 따라 유명한 휘오라벤티(A. Fioraventi), 쏠라리(P. Solari), 알레비씨오 후리이신(Alevisio Friasin)과 같은 건축예술가들이 당도하여, 예술분야에 선두주자가 되었다.[18)]

러시아전통에 익숙한 유럽건축가들은 그들의 지도하에 있는 러시아인들과 함께 다양한 석재 대성당 건축 작업을 시작했다. 이때 끄레믈리에 성모승천(Assumption)과 성수태고지(Annunciation)를 포함한 유명한 교회들이 건설됐다. 이 같은 건축물들을 통해서 확인할 수 있는 사실은 외국인들이 르네상스를 전파한 흔적을 찾기

---

16 *Ibid.*

17 *Ibid.*

18 *Ibid.*, pp. 173-174.

어렵다는 사실이다. 외국 건축가들은 러시아스타일과 정교권의 통치에 일치하는 건축물을 축조한 것이다. 그리고 전통적 스타일의 목재건물 우세상황을 유지시켰다는 점도 르네상스운동의 강력한 정신을 이질화시킨 결과이다. 16세기 중엽에는 타워와 돔을 갖춘 다양한 채색의 성 바실(St. Basil)교회가 끄레믈리 외부에 건립됐다.[19]

세속적인 건축물에 있어서는 13세기에 정교한 가옥, 궁전, 방벽들이 건축 및 구축됐다. 방벽을 갖춘 궁전이나 가옥을 건설하게 된 배경은 따따르족의 침공으로 받은 영향과 다수 公들의 안전과 영광을 위해 건축한 궁전건축양식에 영향을 받은 것으로써 결국 러시아의 전통이 되었다. 아울러 르네상스 외국건축가들의 초기 활동과는 달리 변화가 일기 시작했는데 이는 석재 끄레믈리 벽, 끄레믈리 타워를 갖춘 새로운 궁전으로서 전통적인 러시아 건축스타일을 이탈한 현상이다.[20]

17세기말부터 시작하여 18세기에 이르러 비로소 제2의 포괄적 변화가 야기됐다. 뾰뜨르대제의 영향력 하에서 서구의 예술적 개념이 본격적으로 소개됨에 따라 전통으로부터의 이탈현상이 급

19 *Ibid.*, p. 174.
20 *Ibid.*

격히 진행됐다. 과거의 러시아적 전통이 무시된 채 바로크(baroque)와 로코코(rococo)양식의 건축이 이 분야 전문가들의 초빙으로 새롭게 쌍뜨 뻬쩨르부르끄(St. Petersburg)에 집중적으로 이루어졌다. 쌍뜨 뻬쩨르부르끄市는 독일 패턴에 따라 계획됐으며, 이태리, 독일, 특히 프랑스의 감각으로 서방 예술가들에 의해 치장됐다. 1758년 조형예술 아카데미(Academy of Fine Arts)가 쌍뜨 뻬쩨르부르끄에 설립되어 러시아의 토착 예술가들을 배출하기 시작했다.[21]

19세기는 독일의 고전적 건축 스타일이 지배했다. 이 같은 경향에도 불구하고 다른 나라들과 마찬가지로 19세기의 건축양식은 본질적인 요소가 적었다. 이전의 정신과 창의적 충동이 주로 상업적, 군사적, 자기 찬미적 용도에 기인한 영감으로 보충된 것이 특징이다.[22]

러시아의 건축양식은 비잔틴으로부터 시작하여 중세에는 서구의 르네상스, 18세기에는 서구의 바로크와 로코코, 19세기에는 독일의 고전풍에 상업 및 군사적 용도가 가미되어 나타났다. 그러나 이는 황제와 귀족들이 머물렀던 끼예프, 모스끄바, 쌍뜨 뻬쩨르부르끄의 세속적 건축물을 대상으로 설명한 것이다. 그러나 교회건물들은 비잔틴 양식과 전통이 합체된 본래의 모습을 유지하고 있다. 따라서 건축양식은 2원화하여 이해할 필요가 있다.

---

21 *Ibid.*
22 *Ibid.*, p. 175.

## 2) 회화, 조각, 음악, 발레

회화: 11세기 중 그리스장인들의 프레스코(fresco)를 통해 도입됐다. 끼예프공국 기에 러시아 제자들은 비잔틴의 형식과 스타일을 그대로 준엄하게 따랐다. 이들이 제작한 작품들은 정교에서 사용하는 이꼰(icon)이였다. 그리스도, 동정 마리아, 성인들의 상을 담은 판화인 이꼰은 일반적으로 금 바탕에 고도 형상화 및 상징적 형상으로 처리, 배열된 용모를 특징으로 하고 있다. 이꼰 이외에 사용된 회화형식으로써 교회내의 벽에 칠한 회반죽이 마르기 전에 그리는 수채화법인 프레스코(fresco), 조개껍질이나 유색 금속가루 등을 부착하여 작품화하는 모자이크(mosaic)가 있었으나 그리스인들이 독점한 상태에서 제작됐을 뿐이다.[23] 이꼰, 프레스코, 모자이크 속에서 화가의 개성은 규정된 패턴에 묻혀버렸다. 그래서 작가는 새로운 형태를 고안하는 대신 자신의 선배들이 정한 양식을 지속하는데서 긍지를 찾았다. 자연주의가 시각을 현혹하고 명확한 인식의 혼을 박탈해야만 했기 때문에 예술가는 사실이 아닌 추상적 표현에 특징을 두었다. 아울러 예술가는 그리스인들의 늘어난 형상을 모방하고, 관례화 되어온 심벌을 사용함으로써 교육받지 못한 숭배자들조차 이해할 수 있도록 했다. 예술가는 성스럽고 숭고함을 표현하려고 노력했다. 아울러 관객을 세속적인 영역이 아닌 구원의 길로 이끌려고 노력했다. 순수한 색상과 금색 및 청색을 띤 이꼰은 비범한 아름다움과 심원성, 단순성, 우아함을 보여주고 있다.[24] 끼예프가 몰락함으로써 이꼰 회화는 비잔틴과 원거리에 위치한 노브고로드(Novgorod)와 수즈달(Suzdal)에서 특히 발달했다. 토착적인 지방전통이 가미된 이꼰은 붉고, 노란, 녹색이 본래의 금색과 청색을 보충하게 되었다. 이러한 예술은 14세기 노브고로드에 어려서부터 살아온 그리스인 디오파니(Theophanes)와 더불어 절정에 달했다. 15세기에는 새로운 비잔틴의 영향이 노브고로드의 예술에 기여한

23 *Ibid.*
24 *Ibid.*, pp. 175-176.

시기로 프레스코의 중요성이 축소된 가운데 주로 이꼰제작이 이루어졌다.[25]

모스끄바의 예술은 노브고로드와 같은 14세기에 번창했다. 비록 모스끄바 예술이 다소 뒤늦게 시작됐고, 외국의 지배를 받으며 경제적 불운도 있었지만 일찍이 문화적 중심이 되었다. 그 후 따따르족의 침략과 서방의 영향에도 불구하고 번창하였으나 15세기와 16세기에는 진보에 실패했다. 15세기중엽 디오니시우스(Dionysius)와 같은 유명한 화가의 출현에도 불구하고 인습성과 돈에 집착함에 따라 작품성이 손상되었다. 이에 더하여, 西歐상황과는 대조적으로 교회가 세속적인 주제의 그림을 반대함에 따라 가 일층의 회화발전을 저해했다.[26]

17세기에 들어서서 세속적인 주제들이 증가추세를 보였다. 외국인 교사들의 주도 하에 당시 해외에서 유행하고 있던 자연주의 개념을 다수 소개하였고, 특히 인물묘사 예술이 확산되는 계기가 되었다. 회화기술에 있어서도 조망도입과 배경에 대한 관심으로 기울었다. 18세기 이후에는 “조형예술 아카데미”(the Academy of Fine Arts)설립으로 탁월한 화가를 배출할 수 있었다. 당시 구 교회예술이 잔존해 있었고, 특히 라스꼴리니끼 화가들의 해외여행 및 공부를 통한 확장된 시야로 세속적인 주제들을 도입했으나 회화의 본질 결여와 프랑스와 이태리회화의 모방에 지나지 않았다는 평가를 받고 있다.[27]

러시아적 독자성을 띤 최초의 명인들은 18세기 중엽에 가서야

25 *Ibid.*, p. 176.
26 *Ibid.*
27 *Ibid.*, p. 177.

출현했다. 1800년 이후 낭만기에 례비뜨스끼(D. Levitsky), 브률로프(K. P. Bryulov), 알렉스 이바노프(Alex Ivanov)가 두드러진 활동을 했으며, 19세기에는 베네찌야노프(A. Venetsianov)와 같은 풍속화가가 러시아 무대에 출현하기 시작했다.[28]

예술발전에 영향력을 갖고 있던 조형예술 아카데미가 독단적 성격을 띠고 외국의 멋을 모방함에 따라 1863년 반발이 일어났고, 이로써 새롭게 변모했다. 새로워진 학교는 일상생활에서 영감을 찾았으며, 사회의식에 대한 정신교양을 지향했다. 19세기중엽 이의 추종자들인 가이(N. Gay), 례삔(I. Repin), 쑤리꼬프(Surikov)가 당대의 명인들이다. 예술가들의 지속적 사회설교는 사회를 분노케 하는데 일조하여, 러시아혁명에도 영향을 주었다. 아울러 이들의 순수 미학적 개념으로의 귀환은 제1차 세계대전 전반기였다.[29]

회화도 건축과 마찬가지로 비잔틴의 영향하에 초석을 쌓은 뒤 서구의 영향과 모방 속에서 19세기 중엽 이후에 가서야 독자적 면모를 보이기 시작했다. 그러나 쌍뜨 뻬쩨르부르끄의 회화가 러시아인의 미각을 담지 못하고 서구 미각의 색채를 띠고 있음을 볼 때 러시아적 독창성의 미흡함을 시사 받을 수 있다.

조각: 그리스정교는 로만가톨릭과는 달리 입체적 용모를 가진 상을 거부하고 있다. 따라서 정교국인 러시아에서 인간용모의 조소상 제작이 전통적으로 거부됨에 따라 조각발전을 이룰 수 없었다. 단지 조각으로 분류한다면 얕은 양각처리가 된 작품이 있을 뿐이다. 이같은 상황 속에서 서구화 추진과 더불어 조각이 시작되어 서구 명인들의 작품수준을 넘는 성과를 보이게 되었다. 대표적인 작가는 기념비 장르에서 유명한 라스뜨렐리(B. Rastrelli)와 뾰뜨르 상을 제작한 활꼬네뜨(E. M. Falconet)이다.[30]

음악: 러시아음악의 토대는 민속음악이다. 러시아 민속음악은 단순한 가운데 자연적인 힘이 넘치고, 부드러우면서, 깊은 영감을

---

28 *Ibid.*
29 *Ibid.*
30 *Ibid.*

차이꼽스끼

지닌 음악적 특징을 지니고 있다. 이러한 특성의 주제와 리듬이 후기 음악의 걸작품들 속에 반영되었다. 성스런 음악은 비잔틴의 전통에 기반을 둔 것이며, 변화도 적었다. 때문에 장엄한 중세 라틴찬송가나 르네상스와 종교개혁의 작곡과 같은 개인적 작품이 만들어지지는 않았다.[31)]

그 후 18세기에 이태리로부터 오페라가 도입됐다. 러시아 최초 필하모니가 바하(Bach), 하이든(Haydn), 모짜르트(Mozart), 베토벤(Beethoven) 등이 영감을 불어넣은 결과 1802년에 창설됐다. 그러나 다른 분야보다 신속하게 외국의 영향에서 해방됐다. 러시아인들은 국경을 초월한 의미를 지닌 정신을 작곡에 불어넣는데 성공하였다. 1857년 "황제를 위한 삶"을 작곡한 글린까(M. I. Glinka)가 러시아인의 음악시대를 열었다. 민족적인 여망과 사회적 문제가 예술가들의 감정을 자극했던 해방 및 개혁기에는 무쏘르스끼 (M. P. Mussorgsky, 1839- 81)가 "바리스 가두노프"(Boris Godunov)를, 차이꼽스끼 (Peter I. Tchaikovsky, 1840-93)가 심포니 "1812년 서곡"을, 림스끼-꼴싸꼬프 (Nikolai Rimsky-Korsakov, 1844-1908)가 1888년 교양조곡 "셰헤라자드"(Scheherazade)를 창작했다. 20세기에는 쎄르게이 라치마니노프(Sergey Rachmaninoff)와 "근대주의자들"인 알렉싼드르 쉬리아빈(Alexandr Schriabin), 이고리 스뜨라빈스끼(Igor Stravinsky), 쎄르게이 쁘

31 *Ibid.*, p. 178.

로꼬피예프(Sergey Prokofiev)등이 러시아인들이 성취한 전통, 다재 다능성, 사회적 의식을 지속시켰다.[32)]

서방에서 기원하여 뒤늦게 러시아에 도입된 발레가 독자적으로 개발될 수 있었던 것은 러시아의 민속춤과 민족전통을 서구의 예술적 개념과 융화시키는데 성공했기 때문이다. 극장예술인 발레의 도입과정은 1672년 독일 순회공연단의 최초 연극공연으로 시작됐다. 이는 성서적 주제를 다룬 것으로서 구약성서의 "에스더記"(Esther)였다. 그런데 이것이 "오르데우스와 유리디케"(Orpheus and Eurydice)로, 그리고 다른 성서적 연극 "홀로페르니와 유디스"(Holofernes and Judith)로 속개됐다. 알렉쎄이 로마노프 황제의 사망이후 반동적 흐름 속에서 무대는 사적인 경우에만 허용됐다. 그 후 뾰뜨르에 의해 극장이 되살아남에 따라 외국 공연단이 정규적으로 러시아를 찾았다. 러시아 최초의 발레가 상연된 것은 1735년 안나女帝 앞에서 군사아카데미 소속의 춤 명인 란데(Lande')에 의한 것이었다. 그 후 "여황제 폐하의 춤 학교"가 설립되어 7세 이상의 유년들을 받아들였다. 이에 따라 발레공연도 곧 유행하게 되었는데, 주제는 주로 외국작품이었으며, 신화적 기원이었다.

32 *Ibid.*

19세기에 가서야 발레는 자리를 잡게 되었다. 정부가 춤 학교를 감독하고 자금지원을 하게 된 것이다. 농노의 자제들이 주로 춤 학교에 등록됐는데, 이들은 10년이 경과하기 이전에 이곳을 떠날 수 없는 규정으로 교육훈련에 전념케 했다. 러시아발레의 특징은 앙상블보다 스타(주요인물, 거물 배우)가 강조되고, 음악작품, 모방, 판토마임(무언극)이 상당량 증가된 점이다. 러시아발레의 명성을 높이는데 공헌한 사람은 칼 디다이오뜨(Karl Dideiot)감독과 걸출한 연기자들이었다.[33]

칼 디다이오뜨 이후 1850년까지는 비효율적 행정, 관례에 의한 인습성, 낮은 교육수준, 도덕적 기준저하로 인해 춤 학교가 위협받았다. 1850년에 도입된 개혁 속에 2명의 프랑스감독과 최고수준의 발레리나들의 도움으로 과거의 명성을 되찾았다. 이로써 발레는 최상의 창의성과 감화방법으로 각광을 받게 되었다. 특히 뻬쩨르부르끄 발레는 곡예적인 것에 반해 우아함을 통해 세계적인 명성과 평가를 받았다. 지속적인 진보, 개혁, 구식 전통에 대한 저항을 뒷받침한 재능의 결과로 세계적 명성을 유지했다. 그리고 1890년대에 러시아 발레는 전성기에 도달했다. 쎄르게이 지아그힐레프(Sergei Diaghilev)와 미하일 호끼녜(Michel Fokine)는 음악가와 공훈화가, 그리고 발레구성 훈련에 의해, 위대한 발레리나 안나 빠블로바(Anna Pavlova), 아돌프 볼므(Adolph Bolm), 바슬라프 니진스끼(Vaslav Nijinsky)등의 지원을 받아 러시아 발레예술을 새로운 경지에 올려놓았다.[34]

### 3) 문학

다른 예술과 마찬가지로 러시아는 18세기까지 이태리, 독일, 프랑스, 벨기에, 룩셈부르그, 스페인 등등의 지역에서 당대에 특징화한 문학적 식견, 다양성, 독특한 예술적 재능을 제공받지 못하고

---

33 *Ibid*., pp. 178-179.

34 *Ibid*., p. 179.

있었다. 아마 이러한 이유는 따따르족의 침략, 정치·사회적 동요기, 다양한 혁명기와 같은 긴 고충기에 주요 작품들을 상실한 데서 찾을 수도 있을 것 같다.

슬라브 자모(字母)가 없었던 9세기 이전에 문학이 존재했다고 보기는 어렵다. 알파벳 창조이후 초기 작품은 종교적 성격의 외국 작품 번역서 였다. 최초의 역사문헌인 네스토르 연대기(Nestor Chronicle)가 11세기부터 역사적 주요 사실을 기록하기 시작했으며, 그후 노브고로드와 쁘스꼬프(Pskov)와 같은 연대기로 이어졌다. 아울러 거의 동시기에 성인들의 "생활"과 교회문헌들이 편찬됐으며, 12세기에 수즈달(Suzdal)에서 교회문헌이 제작됐다. 동기간 중 중세 러시아문학의 가장 걸출한 작품인 "이고리 왕의 일"이란 서사시가 창작됐다. 러시아 표현예술의 주요 부문은 우화, 민속음악, 서사시로 구성됐으며, 이들 부문의 작품들은 대부분 세대 간 구전으로 이어져, 18, 19세기까지 수집되어 집필되지 못했다. 15세기말과 16세기에 동·서 교회 통합을 위한 논의, 그리고 서방과의 접촉증대가 문학 활동을 강화시켰다. 그러나 16세기 중엽까지 출판소 도입이 이루어지지 못했고, 또한 향후 200년간 미미한 역할을 했을 뿐이다.[35]

뿌쉬낀

니꼰 총대주교, 알렉쎄이 황제, 뾰뜨르大帝가 외국작품에 상당한 관심을 가짐에 따라 많은 모방과 번역물이 출판될 수 있었다. 엘리자베따(Elizabeth)여제 통치시에는 토착문학을 지원 받게 되었고, 예까쩨리나 II세 통치기에는 계몽적 활동의 결과로 노비꼬프(Novikov)의 "수벌"(Drone)과 라지셰프(Radishchev)의 "뻬쩨르부르끄에

35 *Ibid.*, p. 179-180.

서 모스끄바까지의 여행"(Journey from St. Petersburg to Moscow)과 같은 걸출한 문인을 배출하기에 이르렀다. 그러나 졔르쟈빈(G. Derzhavin)과 같은 당대의 대표적 시인은 유럽 시(詩) 수준에 오르는 데에는 실패했다. 이유는 러시아 작가들이 국가의 감독과 검열을 받아야 했고, 또한 쓰고 말하는 매체인 알파벳과 문법의 복잡성으로 인해 상당한 제약을 받았기 때문인 것 같다. 무엇보다 언어연구와 함께 시적 문학표현을 위한 장애물들을 제거해야만 했다. 이러한 과제를 해결한 사람들은 과학아카데미 교수이며 박식한 철학가, 시인, 역사가, 물리 및 화학자였던 로모노쏘프(M. V. Lomonosov, 1711-65), 역사가이며 시인이었던 까람진(Karamzin, 1766-26), 문법과 번역으로 유명했던 쥬꼽프스끼(Alex Zhukovsky, 1783-1852)였다.[36]

새로운 문예기반이 조성됨에 따라 재능과 깊이 있는 작가들이 부상하기 시작했다. 19세기 정신을 담은 문예문제나 환상적인 작품보다는 종교, 철학, 심리, 사회적 문제를 다룬 작품들이 지배적이었다. 당시 러시아 작가들은 독일의 관념주의와 낭만주의를 상당히 찬미함에 따라 영향을 받았음에도 불구하고 러시아에서 폭넓은 호감을 얻지 못했다. 당시의 지배정신은 문예비평가 벨린스끼(Belinsky)와 게르쩬(Herzen)이 말한 "사람은 논리(이치)만을 위해 태어나지 않고—또한 도덕적 자유와 긍정적 행위의 사회·역사적 세계를 위하여 태어난다"로 반영됐다. 이러한 정신과 국가적 인간환경 속에서 러시아 문학작품은 뿌쉬낀(A. S. Pushkin, 1799-1837)에 의해 유명한 詩들과 『보리스 가두노프』(*Boris Godunov*), 『예브계니 아녜긴』(*Eugene Onegin*)같은 작품을 창출했으며, 례르몬또프(M. Y. Lermontov)는 『우리시대의 영웅』(*A Hero of Our Time*)을, 고골리(N. V. Gogol, 1809-52)는 『죽은 혼』(*Dead Souls*)과 『검찰관』(*Inspector General*)을, 뚜르계녜프(I. S. Turgenev, 1818-83)는 『아버지와 아들』(*Fathers and Sons*)을, 이반 곤차로프(Ivan

36 *Ibid*., p. 180.

똘스또이

Goncharov, 1812-91)는 『오블로모프』(*Oblomov*)를, 도스또예프스끼(Feodor M. Dostoyevsky, 1821-81)는 『죄와 벌』(*Crime and Punishment*), 『백치』(*The Idiot*), 『까라마조프의 형제들』(*The Brothers Karamazov*)을, 레오 똘스또이(Leo Tolstoy, 1825-1910)는 『안나 까레니나』(*Anna Karenina*), 『전쟁과 평화』(*War and Peace*), 『이반 일리치의 사망』(*The Death of Ivan Ilyich*)을 창작했다. 이들 작품의 이야기 배경은 낭만적 환경에서 야기될 수 있는 이야기라기보다는 보다 현실적인 민족주의와 광적 신앙의 상호작용 속에 바탕을 둔 것이다. 아울러 이들 작품들은 러시아인 민속에, 러시아 운명 속에 깊은 신뢰를 표한 점이 공통된 특징이다.[37]

이들의 문예적 전통은 다음 세대에서 안톤 체홉(Anton Chekov, 1860-1904), 메레즈꼬프스끼(D. Merezhkovsky, 1865-1941), 안드레예프(V. L. Andreyev, 1871-1919), 그리고 새로운 혁명적 세계를 위한 투사가 된 막심 고리끼(Maxim Gorky, 1868-1936)에 의해 지속됐다.[38]

러시아는 1812년 프랑스 침략자들을 격퇴한 후 19세기 초에 시작된 자유화 정책이 활발한 진척을 보이지 못했다. 대외정책 수행에 있어서도 역시 보수적 행보를 보였다. 이에 따라 혁명운동도 강도 있게 심화됐다. 이 같은 추세 속에서 러시아는 크리미아전쟁 패배이후 정부를 개혁의 길로 강요함에 따라 "상부로부터의 개혁"이 본격적으로 추진됐다. 농민은 농노로부터 해방됐으며, 사법·행정적 개혁과 변화가 따랐다. 그러나 개혁은 충분치 못했다. 이에 따라

37 *Ibid.*, pp. 180-181.
38 *Ibid.*, p. 181.

농민은 실망했고, 인쩰리겐찌야의 성장과 더불어 점차 정치·사회적 불안이 고조됐다. 산업화는 외국기업가, 기술자, 재정가 및 기타 전문 숙련기술자들의 도움으로 추진되었으나, 결과적으로 산업화가 사회적 분열에도 기여했다. 이 같은 시대적 격변상황에서 러시아 예술과 문학은 크나큰 번창을 이루었다.[39]

문화적 유형의 측면에서 러시아 문학은 현실주의(realism)로 요약된다. 문학은 낭만적이고 이상적인 면을 추구하기보다는 현실을 고발하고, 정교적(正教的) 척도로 이를 평가하고 개선토록 유도할 뿐만 아니라 인민이 지닌 국가·사회적 역량 인정과 함께 이들의 해방 및 권리의 당위성을 일깨우는데 주력했다. 그리고 러시아 문학의 현실주의는 기독교적 인도주의(christian humanism)를 기본적 목표로 삼고 있다는 점에서 순수성과 함께 사회발전 수준의 후진성을 반영하고 있었다.

### 4) 러시아정교의 문화 유형

러시아정교에 의해 형성된 문화유형을 알아본다. 첫째, 동양에 위치한 비잔틴제국의 종교를 수용함에 따라, 종교외적 오리엔탈이즘(Orientalism)문명이 러시아에 일반화될 수 있었으며, 둘째, 내용보다는 형식을 답습함에 따라, 종교적 신비주의 및 기복신앙(祈福信仰)의 범주를 넘지 못했으며, 셋째, 종교가 세속군주에 예속되어, 군주의 권위를 지원하는 역할을 담당함에 따라, 전제주의의 보강수단이 되었으며, 넷째, 기득권 보존과 현상유지에 치중된 보수주의를 지원했으며, 다섯째, 슬라브 숭배주의(Slavophils)를 부추김으로써 민족주의 확산과 제국주의 보강에 일역을 담당한 것이다. 여섯째, 정교교리에 입각한 공동체 정신과 나눔의 실행가치 강조, 그리고 러시아적 농촌공동체 유형의 발전과 맞물려 공산 및 사회주의를 보편적 가치로 토착화할 수 있게 했다.

---

39 *Ibid.*

제7장

# 몽고족의 침략과 그 영향

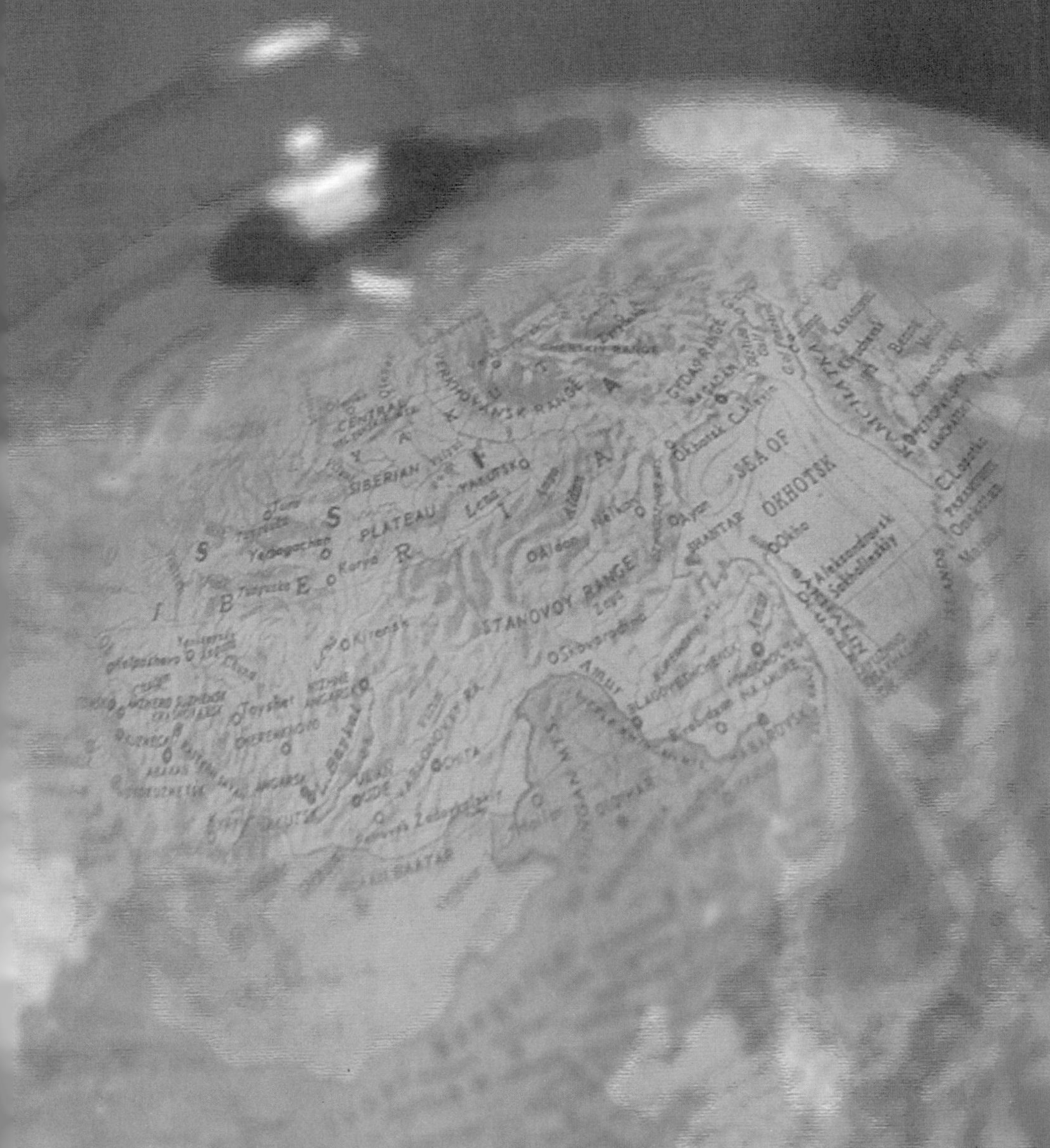

## 1. 따따르족의 침략과 통치과정 및 방법

### 1) 따따르족(Tartars)의 침략

끼예프공국의 몰락과정에서 치명적 결과를 미친 사건은 따따르족(Tartars)의 침입이다. 따따르족은 몽고족의 일개 부족으로 러시아와 인접지역에서 생활해온 종족이다. 이들의 끼예프공국 침공은 2차에 걸쳐 이루어졌는데, 제2차 침공기인 1240년부터 끼예프가 함락됨에 따라 러시아는 몽고의 통치기로 기록되기 시작한 것이다. 그 후 1480년에 몽고에 대한 조공을 공식적으로 거부함으로서 통치기를 마감하게 되었다. 침략당시 몽고의 지도자는 징기스 한(Genghis Khan)의 손자 바투 한(Batu Khan)이며, 따따르족이 수립한 나라의 이름은 금장한국(金張汗國, Golden Horde)이며, 수도는 볼가강 하류인 싸라이(Sarai)에 두었다.

침략과정을 요약하면, 1223년 따따르족은 아시아에서의 통치영역을 확장한 후 서부로 방향을 돌리기 시작하여 유럽에 진입했으나, 사실상 유라시아 평원에 국한된 침입이었다. 이들이 유라시아 평원으로의 진입과정에서 일차적으로 조우한 민족은 러시아에 자주 침투하고 있었던 뽈로베쯔이인들이었다. 이들은 러시아의 입장에서 볼 때 효과적인 완충지대(Buffer) 역할을 수행함에 따라 러시아의 지원을 받았다. 러시아와 뽈로베쯔이 간의 연합군이 아조프(Azov)海 북부 깔까(Kalka)강에서 1223년에 벌인 전투는 따따르족의 승리로 끝났다. 그러나 따따르족은 깔까에서의 승리에도 불구하고 후퇴하여 아시아로 돌아갔다. 하지만 계속해서 러시아의 위험은 상존해 있었으며, 이에 대한 준비와 대내적 통일을 간청한 교회의 노력은 결실을 맺지 못했다.[1)]

징기스 한(Genghis Khan)이 사망한 후 12년 뒤 따따르의 재침공이 징기스 한의 손자 바투 한(Batu Khan)에 의해 이루어졌다. 블라

---

1 Walther Kirchner(ed.), *Russian History*, Harper Collins Publishers, 1991, pp. 27-28.

지미르(Vladimir), 뻬레슬라블리(Pereslavl), 체미고프(Chemigov)가 1238년에 함락됐으며, 1240년에 끼예프(Kiev)가 함락 당했다. 이어서 갈리찌아(Galicia)를 장악한 따따르족은 폴란드에 진입했으며, 실레시아(Silesia)를 거쳐 독일을 침략했다. 이 와중에서 유일하게 노브고로드는 북부의 울창한 숲과 늪지대로 인한 진입의 효과적 방해덕분에 화를 면할 수 있었다. 이에 따른 노브고로드의 지속적 성장과 발전이 나중에 러시아 부흥에 있어서 중요한 역할을 수행할 수 있게 되었다.[2)]

### 2) 따따르족의 통치방법과 제도적 유산

점령지에서 보인 따따르족의 주 관심대상 및 강요사항은 과중한 인두세 부과(조공)와 따따르 군(軍)에 충원할 병력 차출이었다. 따라서 따따르족의 통치방법은 아시아적 전제주의를 견지하며, 피지배 민족에 대한 자율권 부여로 간접통치를 하였다. 이는 광활한 영토를 직접 통치할 수 없는 불가피한 상황에 따른 결과였다. 그러나 공포분위기 조성과 비협조 내지 반항세력에 대한 무자비한 보복을 자행함으로서 절대권을 유지했다. 아울러 간접통치권 행사자에 대한 자격심사를 강화하고, 이들에 대한 면허제를 시행한 것이 특징이다.

따따르족과 정교와의 관계이다. 러시아에서 정교는 러시아인들의 민족적 정체성 형성요인이다. 따라서 따따르족의 러시아점령 초기에 나타난 적대 및 반목 현상은 극히 당연한 결과였다. 그러나 불가항력적인 현실을 인정할 수밖에 없다는 판단 하에 정교권은 따따르족과 협조체제를 구축하게 되었다. 아울러 따따르족은 이에 대한 답례로 종교의 자유를 허용했다. 더욱이 교회에 대한 면세특권 허용으로 교회는 부를 축적할 수 있는 기회를 얻기도 했다.

따따르족은 본래 동양에서 거주해온 민족으로써 항시 말을 타고

2 *Ibid.*, p.28.

이동과 정복을 반복적으로 일삼아온 집단이다. 따라서 전투적 기질과 규율이 존중되었고 상하의 종속체계가 엄격한 사회구조 속에서 전제주의는 이들의 전통적 가치였다. 문제는 따따르족의 전제주의 문화가 좋고 나쁘다는 평가 및 선택이전에 지배자에게 호감을 보여야만 했고, 또한 그들의 지배체제에 적응하는 과정에서 자연히 익숙 과정을 거쳐 동화될 수밖에 없었다는 사실이다.

전제주의는 끼예프공국의 몰락 이래 효율적인 국가통합목표 실현방법으로써 충분한 타당성을 부여받을 수 있었다. 첫째, 이는 따따르의 피침으로 흩어진 민족을 규합하는 데에 있어서도 과거에 형성되어 온 도시국가형태가 본래 독자적 발전을 인정해왔기 때문에 합리적이고 순리적 논리로 설득될 리 없었기 때문이다. 더욱이 독자적 노력으로 민주적 번영과 富를 축척한 노브고로드의 경우 모스끄바의 통합조치에 완강히 반발하고 나섰으며, 따따르 침공이래 폴란드-리투아니아의 지배를 받아온 우끄라이나 서부지역의 까작끄(cossack)[3]들도 순순히 응하지 않았다. 이렇게 과거의 전통을 바꾸는데 겪어야했던 진통이 필연적 과정이었음에도 불구하고 대부분의 내륙지방에서는 순조롭게 통합을 이룰 수 있었다. 이는 따따르족이 러시아의 모스끄바公에게 허락한 대규모 영역에 대한 조공징수권 부여 덕분이었다.

둘째, 1480년 이반 III세(Ivan III, 1462-1505)에 의해 조공납부를 공식 거부한 이래 모스끄바공국은 따따르족 축출목적과 병행하여 영토 확장에 본격 돌입하게 되었다. 당시 정벌지역은 볼가강 하류에 밀집되어 정착했던 까잔(Kazan), 이스뜨라하니(Astrakhan)를 시작으로 결국 우랄산맥을 넘어 시베리아지역으로 확대됐다. 시베리아지역 정벌은 상인들과 까작끄 무리들에 의해 수행됐으나, 까잔,

3 러시아인들로써 주로 정치, 경제, 종교적 이유로 러시아변방 국경지대에서 무리를 이루며 약탈로 생활해온 용맹스런 사람들이다. 이들은 뛰어난 전투력과 애국심으로 인해 시베리아 정복에 용병으로 참여하여 지대한 업적을 세웠으며, 나폴레옹군과의 전투를 비롯하여 수많은 국가적 위기에서 헌신적 공헌을 했다. 생활방식도 점차 변하여 약탈과 배회를 탈피하고 일정한 곳에 정착하여 농업과 목축업으로 생계를 해결했다.

이스뜨라하니 정벌은 정부 주도의 대규모 전투를 통해 이루어졌다. 따라서 전쟁에 필수적인 인적, 물적 자원을 동원함에 있어 전제주의는 효율적일 수밖에 없었다. 아울러 국가방어 차원에서도 타당성을 찾을 수 있었다.

셋째, 전제주의는 비잔틴제국과 따따르족이 이미 채택해 온 제도로써 후진 및 피지배상황에서 비잔틴의 영향이 자연스럽게 파고들 수 있었으며, 또한 따따르족의 문화유산이 거부될 수 없는 현실 속에서 알게 모르게 흡수되었다.

넷째, 관리방식으로써 러시아 영토의 거대성과 광활함이 중앙집권적 관리방식의 효율성을 인정함과 동시에 전제주의 체제와의 조화에도 무리가 없었다는 점이다. 따라서 비잔틴제국의 고유상표인 중앙집권적 관리방식이 러시아에 쉽게 전수될 수 있었으며, 상부로부터의 일원적 명령과 지시가 하부로 하달되고, 이의 이행여부가 확인·감독되는 관리상의 속성으로 인해 전제주의를 보강할 수 있었다.

다섯째, 러시아의 근대화 조건에서도 전제주의는 속도와 효율면에서 초기에 정당성을 인정받을만한 요인이 충분했다. 러시아의 근대화 필요성은 희랍정교와 로만가톨릭 간의 분열로 인한 제반분야에서의 교류차단 및 고립의 결과가 핵심요인이 된 것으로써 전반적 영역에서 근대화가 요구된 것이다. 따라서 백성의 무지로 인해 "위로부터의 전제적 개혁"이 타당성을 얻을 수밖에 없었다.

러시아의 전제주의는 사회구조적 이해관계를 전적으로 무시한 이기적이며, 독선적 유형을 창출했다. 농민 대다수를 노예화했고, 고위귀족들마저 일방적으로 종속됨에 따라 궁중 쿠테타가 빈발해

온 사료들이 말해주듯이 대등한 사회구조를 갖지 못했다. 오로지 통치자가 단독으로 국가의 모든 자원을 독점적으로 소유 및 관장해 온 가산제(家産制)국가로써 황제의 이익과 영광만이 주워졌을 뿐이다.

러시아에서 사회주의가 자연스럽게 뿌리내려 현재까지 확고한 사상 및 제도로써 자리 잡게 된 배경도 외세의 영향에 의한 것이다. 따따르족은 피지배지역에서 주민들과 최대한 마찰을 줄이면서 최대의 조공을 징수하는 것이 그들의 전략이었다. 이에 따라 피지배지역에 이식시킨 제도가 동양적 농촌공동체(mir)였다. 미르는 공동으로 경작하여 공동으로 분배하고, 마을의 공동관심사를 공동으로 해결하는 준 자율적 결사체이다. 따따르족의 입장에서 미르는 러시아인들로부터 누락 없이 세금을 징수하는데 효과적이었다. 한편 러시아인들은 미르제도에 익숙해짐에 따라 토지의 共개념과 분배의 평등사고를 자신들의 뇌리에 정착시킬 수 있었다.

## 2. 몽고지배의 종식과 평가 및 문화적 유산

### 1) 따따르족의 배제와 이들이 미친 문화적 결과들

러시아가 가혹한 몽고의 지배로부터 벗어날 수 있었던 동인을 열거하면, 첫 번째로 모스끄바 통치자들의 탁월한 역량을 꼽을 수 있다. 특히 이반 I세(Ivan I)와 같은 통치자는 몽고의 한에 대한 신임을 근거로 징세지역을 확장 시킨 후, 이를 토대로 독립자금 축적과 군사력을 육성시킬 수 있었다. 아울러 이반 III세와 같은 통치자의 투쟁의지가 결정적으로 예속관계를 청산시켰다. 이에 더하여 노브고로드 상인들이 제공한 서구의 선진무기 동원이 몽고세력을 몰아내도록 허용했다. 부가적으로 징기스 한의 사망 후 몽고 내에서 벌어진 지도층 내의 주도권 쟁탈이 국력의 분열을 결과한 여파에도 힘입었었다.

따따르족 지배에 대한 종합적 평가이다. 부정적인 측면에서 러시아가 받은 가장 큰 피해는 동-서간 경제 및 문화적 교류를 차단시킴에 따라 암흑기를 조성했다는 점이다. 다음으로는 경제적인 면에서 교역이 차단됨에 따라 수공업을 황폐시키는 결과를 가져왔으며, 세 번째로는 몽고족의 지배 하에서 자행된 만행으로부터 주민들이 안전지역으로 이동함으로서 발생한 영토상실과 인력손실을 지적할 수 있다. 끝으로 러시아가 르네상스(Renaissance)로부터 격리됨에 따른 후진성이다. 즉 르네상스는 근대 유럽개념을 형성시킨 인도주의 경향, 자연적이며 과학적 태도, 정부의 대의적 형태, 개인주의 원리, 자본주의적 조직의 발달과 무관하게 되었기 때문이다.

문화적 결과로서 따따르족 지배가 조성한 문화적 유형을 열거하면, 첫째, 러시아인들은 동양인에 대한 공포감을 갖게 되었으며, 둘째, 몽고문화에 근거한 동양적 전제주의 통치문화가 조성됐으며, 셋째, 병리적 현상으로서의 외국인에 대한 불신 및 공포증(xenophobia)을 생성시켰다. 네 번째로는 외세로부터의 보호 및 준비의 필요성에서 완충지대(buffer zone) 갈구함에 따라 지금까지 대외정책의 기조를 이루게 되었다. 끝으로 방위의 중요성 인식에 의한 강병정책이 향후 러시아에서 지속적 산물로 잔존될 수 있었다는 점이다.

이밖에 상대적 선진 문화를 보유했던 따따르족이 러시아에 미친 결과들은 지대했으며, 미친 영역도 광범위했다. 우선 따따르족이 조공에 지대한 관심을 가졌기 때문에 조공관리 목적으로 사용된 행정기술이 러시아인들에게 전수될 수 있었다. 아울러 몽고의 우수한 전술 및 전투방법과 무기제조 기술도 전수될 수 있었다. 제도적인 면에서는 미르(Mir)라는 농촌공동체 이식을 통한 징세의 효율성을 가르쳐주었으며, 통치방법으로서의 동양적 전제주의, 여성의 사회활동 금지와 가내 은둔생활을 조장한 풍속으로서의 쩨렘[4])을 보급시켰다. 그리고 의류에서의 긴 옷자락 의상과 만두, 순대, 국물이 많은 수프, 보드카 등의 음식문화 보급에 영향을 미쳤다. 아울러 전통적 러시아인의 용모를 결정시켜준 턱 수염 기르기 풍습도 몽고풍이다.

몽고지배 하에서 보인 러시아문예의 실태이다. 종교적 자유가 허용된 상황에서 비잔틴과 먼 거리에 위치한 수즈달(Suzdal)과 노브고로드에서 이꼰회화 예술이 토착적 지방전통으로 반영되어 발달될 수 있었다. 따라서 이꼰의 색채사용은 과거의 전통적 금색과 푸른색 사용에 더하여 붉은색, 노란색, 초록색을 추가적으로 사용했다는 점이 차이이다. 더욱이 15세기에 노브고로드에서는 새로운 비잔틴의 예술적 영향을 받아 특히 이꼰부문에 걸작품 생산을 가능케 했으나, 프레스코 회화의 중요성은 축소되는 결과를 낳기도 했다.

## 2) 노브고로드의 침략모면과 발달

따따르족의 러시아침략 및 압제기에 유일하게 침략을 모면한 도시가 바로 발틱해와 인접한 곳에 위치한 노브고로드 시(市)이다. 당시 노브고로드의 상황은, 타 지역과 유사하게 1240년대에 따따

4. 부녀자들이 사회와 격리되어 집안에서 격리생활을 하던 공간을 말한다.

르와 스웨덴, 독일인, 폴란드의 빈번한 침공이 있었다. 그럼에도 불구하고, 따따르의 침략으로부터 자유로울 수 있었던 것은 자연적으로 노브고로드 주변지역이 늪과 울창한 산림으로 조성되어 있어 침공 시 엄청난 손실이 따를 수밖에 없었으며, 알렉산드르 녜프스끼(Alexander Nevsky)와 같은 유능한 지도자가 도시를 방어할 수 있었으며, 더욱이 발틱해와 인접한 입지조건에서 상업과 민주주의 발달로 인해 시민들의 자의적 단결과 일치가 가능했기 때문이다.

노브고로드가 번영할 수 있었던 것은 첫째, 류벡(Lübeck)과 기타의 한자 도시들(Hanseatic towns)의 독일인들과 상업관계를 형성함에 따라 중세 유럽의 중요 상업도시가 될 수 있었다. 둘째로는 상업발달로 인한 시민권 확립과 민주주의 발달이 이루어 졌으며. 넷째로 유럽의 발달된 문물도입이 가능했으며. 다섯째로 부유한 상인계급 형성을 통해 번영의 길을 열었다.

### 3) 서부(西部)로부터의 침공

외세에 의한 러시아 침략은 따따르족 이외에 서부(西部)로부터 1240년에 스웨덴의 침공이 있었다. 이때 노브고로뜨의 알렉싼드르 녜프스끼(Alexander Nevsky)공(公)이 네바(Neva)강변에서 가까스로 돌려보낸 침공사건이 발생했다. 그 후 2년 뒤에는 리보니아(Livonia)에 정착해있던 독일계통의 튜톤 기사들(Teutonic Knights)이 자신들의 통치영역을 확대할 목적으로 러시아에 침입했다. 이때도 노브고로드의 알렉싼드르公이 뻬이뻐스(Peipus)호수에서 이들을 타격하고 돌려보냈다. 1243년부터 1245년까지 리투아니아인(Lithuanians)들도 노브고로드 영토에 군대를 반복적으로 파견하였다. 이 같은 결과로 노브고로드는 극심한 자원 난에 시달리게 되었고, 결국 더 이상의 전쟁을 피할 목적에서 따따르의 주권을 인정해야만 했다.[5] 따라서 스웨덴과 튜톤족의 영향은 받지 않았으나 이들

5 *Ibid.*

로 인해 따따르의 영향을 받게 된 것이다.

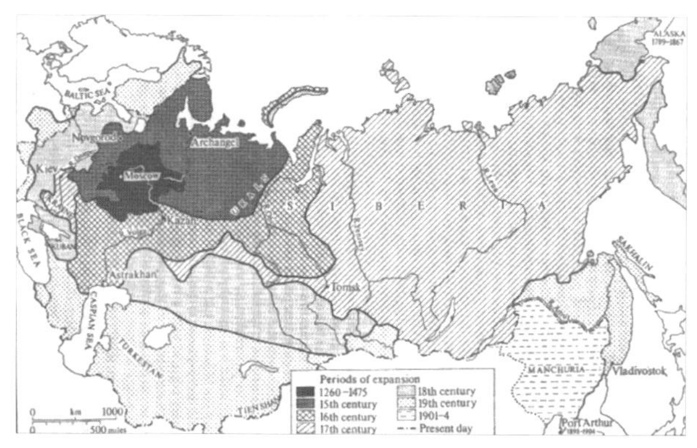


국력약화시 찾아드는 외세의 물결은 끼예프가 몰락한 후 모스끄바가 주축이 되어 러시아인들을 재규합 및 통합한 모스끄바공국기(公國期)에도 동일한 패턴으로 나타났다. 이 같은 패턴은 모스끄바공국을 확고한 전제주의 체제로 전환한 후 강력한 전제권을 행사해 온 이반 IV세(Ivan IV, 1530-1584)사망 후 재현되었다. 이반 IV세가 사망하자 보리스 가두노프(Boris Godunov)가 간질병과 병약한 이반4세의 아들 효도르(Feodor, 1584-1598)를 대신하여 섭정정치를 하였다. 이 과정에서 왕권에 대한 가두노프의 탐욕으로 저질러진 향후.계승권자인 이반 4세의 일곱 번째 부인에게서 태어난 드미뜨리(Dimitry)살해는 정통성 시비를 발생시켰다. 그리고 1601-1603까지 지속된 한발이 빚은 극심한 기아현상 속에서 러시아는 대혼란에 빠져들었다. 바로 이 시기에 西部로부터 폴란드와 스웨덴이 러시아에 침공하는 사건이 발생한 것이다. 당시 폴란드는 모스끄바까지 진주하여 괴뢰정부를 세우는 성과를 올리기까지 하였다. 폴란드의 왕 씨기스문드(Sigismund)는 혼란기에 자신의 가족에게 러시아 왕권을 넘겨주기 위해 전통적인 영토확장 정책을 추진했다. 여기에 그는 가톨릭과의 재통합 논리를 적용했다. 이 같은 구상과 논리 속에 1904년에 가두노프의 왕권찬탈을 노려 등장한 “가짜 드미뜨리”(false Dimitri)에게 군사지원을 한 것이다. 지원 대가는 영토, 종

교, 정치적 약속을 비공식으로 하고 있었다. 결국 1605-1606년 간 가짜 드미뜨리는 왕권을 장악한 후 폴란드에게 편애정책을 통한 이익을 제공하였고, 폴란드는 러시아의 관습과 예절을 경멸한 가톨릭 여신도와의 계략적 결혼을 통해 왕권찬탈을 노렸다. 이에 더하여 민족의 자존심을 자극한 총대주교 모욕행위와 결부되어 마침내 귀족들의 반발과 노여움을 사게 되었고, 이로 인해 제1차 가짜 드미뜨리는 몰락했다. 그 후 1608년에 재발된 제 2차 "가짜 드미뜨리"사건에서도 폴란드는 군사지원을 아끼지 않았으며, 모스끄바 탈환시도 및 약탈도 서슴치 않았다. 결국 제2차 "가짜 드미뜨리"가 사적 불화로 살해당했지만 폴란드의 야심은 포기되지 않았다. 폴란드는 사치와 허영심 많은 하위귀족들을 적극지원하며, 목적달성을 노렸다. 모스끄바에 군대를 진주시키고, 교외 주택가에 불을 질렀을 뿐만 아니라 끄레믈리 장악은 물론 총대주교가 머물렀던 유명한 삼위일체 수도원(Trinity Monas- tery)을 1년 반 동안 포위하며 배교를 강요하였다. 국가와 교회의 위기가 결국 국민적 결속을 유도하여 1612년 모스끄바와 끄레믈리를 탈환함으로써 이를 극복하였으나 국가의 생존과 직결된 문제로써 러시아사의 최대 위기로 기록되었다.[6] 따라서 이 침공사건을 계기로 폴란드의 신앙인 가톨릭을 적대시하게 되었을 뿐만 아니라, 정교회가 국가의 중추적 지위확보와 역할 수행자로써의 영향력을 확대하게 되었다.



6 *Ibid.*, pp. 60-61.

제8장

# 모스끄바공국의 건설

## 1. 모스끄바의 독립과 이반 III(Ivan III)세의 치적

### 1) 건국 시 고려된 새로운 발상

모스끄바 시를 중심으로 러시아인들이 민족국가를 건설하면서 고려한 새로운 발상은 첫째, 지배층의 분열이 국력을 약화시켰다는 자각, 둘째, 세습적 토지제도가 중앙집권적 통치력을 분열시킨 주요원인이었다는 사실의 인지, 셋째, 과거의 영토 및 주민 재통합을 위한 대책강구의 필요성, 넷째, 몽고세력의 잔재를 완전히 소탕해야 할 필요성, 다섯째, 군사적 방위조치로써 영토 확장정책의 필요성 인식으로 요약될 수 있다.

### 2) 이반 I세(Ivan I, 1328-41)의 통치력

모스끄바가 따따르족을 격퇴시키고, 독립국가로 부상하는 과정에서 제일 먼저 토대를 마련해준 군주는 이반 I세(Ivan I)였다. 따라서 이반 I세(1328-41)의 역할과 통치술에 초점을 맞추면, 첫째, 그는 따따르족의 주 관심대상과 착취성향을 올바로 파악했으며, 둘째, 남달리 성실한 조공실적 조기달성으로 두터운 신임을 얻었고. 셋째, 성실성을 바탕으로 따따르족의 지도자로부터 조세징수의 영역권을 확대할 수 있었으며. 넷째, 독립에 필요한 자금을 비축할 수 있었다. 다섯째, 민족세력 규합 및 군사적 준비태세 강화를 통한 독립의 터전을 마련했다는 점에서 유능한 통찰력을 지닌 군주로 평가 받고 있다.

### 3) 이반 III세의 치적

모스끄바공국의 독립과 국가체계의 틀을 실행적으로 갖추어 준 통치자는 이반 III세이다. 따라서 그의 건국노력을 알아보는 것은 향후 러시아의 정치적 속성을 파악하는데 긴요하다. 이반 III세는 과거의 교훈을 토대로 절대적인 국가건설을 목표로 이웃 공(princes)들에 대한 그의 통제력을 확대하여 중앙집권적 통치체계를 구축해 나갔으며, 나아가 자신을 절대적이며 도전 받지 않는 지배자로 옹립하는 목표를 세우고 이를 실행에 옮겼다.

이에 따른 구체적 실행 결과를 살피면, 첫째, 그는 1480년 몽고족에게 더 이상의 조공지불을 거부하고 해방을 선언한 군주이다. 둘째, 전제주의체제 확립목적으로 새로운 토지 제도인 뽀메스찌예 체제(Pomestie)를 도입했다. 이는 과거 왕족의 특권과 품위유지 성격의 보뜨치나 제도와는 달리 현직에 복무중인 군인과 행정 관료들에게 복무기간에만 봉사 대가로 하사하는 토지제도이다. 이로써 왕권을 확립할 수 있었으나, 토지를 경작할 수 있는 농민이 확보되어야만 토지의 유용성이 발휘됨에 따라, 반대 급부적인 농노제도(serfdom)가 성장할 수 있는 토대를 만들어 준 것이다. 셋째, 전제적 지도자가 되기 위한 목표는 1453년 터키에 의해 멸망한 동 로마제국의 마지막 황제의 조카딸 죠(Zoë)와의 결혼으로 "절대군주"(autocrat)의 위업을 달성했으며, 넷째, 비잔틴으로부터 도입된 기타 사상으로 모스끄바는 "제3의 로마"가 되었다. 기독교의 제1수도는 로마(Rome)이다, 그 후 5세기경 게르만족의 이주에 의한 로마 함락으로 인해, 로마 교황청이 정교의 중심인 콘스탄티노플로 수도를 이전했다, 그리고 그 후, 터키에 의한 콘스탄티노플 함락으로 기독교의 수도를 모스끄바로 이전하게 된 것이다. 다섯째, 국가적 통합노력은 그의 아들 바실(Vasily, 1505-1533)에 의해 지속됨으로써 아버지의 건국사업은 지속될 수 있었다.

러시아가 종교적 원인으로 인해 서구세계와 분열 내지 차단된 상황에서도 현실적 필요성에 의해 이루어진 대규모 인적교류는 이반 III세의 처 죠(Zoë) — 러시아이름으로 쏘피아(Sophia) — 가 1492년 이반 III세와 결혼한 이후 이태리의 르네상스 건축가들을 대거 초청하여 모스끄바의 끄레믈리(Kremlin)를 재건했을 때 이루어졌다. 그러나 당시 교육받은 귀족과 중산층이 없어 르네상스의

영향을 받지는 못했다.[1])

### 4) 이반 III세의 문화적 업적

이반 III세 이후 모스끄바공국의 건설과 병행된 문예적 결과에 대해 알아본다. 먼저 건축부문으로서, 첫째, 르네상스 로마에서 교육 받은 이반 III세의 처 죠의 영향으로 모스끄바가 아름답게 단장되기 시작했으며, 둘째, 건축기술과 토목공학의 필요성에서 많은 유럽의 건축가들을 초빙하였다. 이중 유명 인사들로는 A. Fioraventi, P. Solari, Alevisio Friasin가 있다. 셋째, 유럽 건축가들은 러시아 전통을 익힌 후, 다양한 대규모 석재 건축물들을 축조했다. 이는 끄레믈리 내의 성모승천(Assumption)교회와 성수태고지 성당(Annunciation)의 창건이다. 르네상스와 러시아 스타일 및 정교적 권위의 지배현실을 조화했다는 평가를 받고 있다. 넷째, 16세기 중엽에는 다수의 채색된 타워(tower)와 돔(dome)을 갖춘 성 바실(St. Basil)교회가 끄레믈리 성 외부에 건축되어 유일무이한 특성을 표현케 했다. 다섯째, 기타 이미 13세기에 건립된 세속적 건물들과 궁전 및 요새들도 르네상스 예술가들에 의해 개축되는 성과를 올렸다.

다음은 회화에 미친 결과이다. 모스끄바는 따따르족의 지배와 경제적 역경에도 불구하고 초기에 러시아의 문화중심이 되었다. 특히 르네상스 초기의 Giotto와 견줄 만한 러시아 이꼰화가 루블레프(Andrew Rublev)가 창작활동을 했으며, 따따르족의 점령과 서구의 영향 속에서도 회화가 번창했다. 그러나 15세기 중반 이후 판에 박힌 형식 및 돈벌이 추구정신에 의해 성화주제가 퇴조하기 시작한 서구에서의 상황과는 대조적으로 러시아는 세속적 주제의 그림을 거부한 것이 두드러진 차이이다.

다음은 음악에 관한 사항이다. 러시아의 민속음악은 자연력(elemental power), 표현의 부드러움(expression of tenderness), 우울

1 *Ibid.*, p. 40.

함(melancholy)으로 깊고 감동적 가치를 지니고 있음이 특징이다. 이는 러시아의 자연현상 및 사회적 현실 속에서 발전된 것이다. 따라서 향후 서구 고전음악의 토착화 과정에서 이 같은 러시아의 민속 음악적 요소들이 영향을 미치게 되었다.

다음은 문화적 업적의 측면에서 종합해 보겠다. 첫째, 이태리에서 성장한 죠의 권유로 르네상스 문물이 상당량 도입되었으며, 둘째, 이로 인한 로마네스크 양식의 건축물들이 대거 모스끄바에 건립되었고, 셋째, 목책이었던 끄레믈리를 석재로 개축했을 뿐만 아니라, 아름다운 타워와 돔을 갖춘 교회들, 그리고 궁전 및 귀족의 대저택들도 창건되었으며. 넷째, 전통적인 이꼰 회화가 지속적으로 발달했음을 강조한다.

## 2. 이반 IV세의 전제권 확립과 치적

### 1) 이반 IV세의 국가건설

이반 IV세는 폭군으로서 강력한 전제권을 확립했을 뿐만 아니라, 대중적 정치로 주민들의 환심을 정치에 이용한 황제였으며, 따따르의 잔재소탕 및 서구 발틱해로의 영토 확장, 시베리아정복사업 착수를 비롯하여 국가 재정 확보책으로써 대외교역에 지대한 관심을 보인 점으로 보아 미래지향적 선견지명을 갖춘 지도자였다.

이반 4세

내치의 측면에서 보인 그의 발자취를 살피면, 첫째, 짜르(czar)칭호를 러시아에서 최초로 공식 사용한 통치자이며, 둘째, 오쁘리치니나(oprichnina)로 호칭 된 비밀경찰을 창설하여 과거의 세습귀족들을 척결했으며, 셋째, 전제주의체제 수립을 확립하고 자신의 수중에 권력을 집중시켜 일사불란한 방식으로 국가건설을 수행했다. 아울러, 넷째로 토지를 봉급형태로 하사하며 운영된 새로운 봉사귀족체제를 형성시켰으며, 이로 인해 농노제도가 확산되는 결과를 초래하기도 하였다. 다섯째로는 새로운 법전편찬을 통해 사회질서체계를 확립 시켰으며, 여섯째로는 교회의 재산권 박탈을 통한 새로운 교회체제 수립으로 교권을 황제에 예속토록 했으며, 일곱 번째로는 지방행정의 개혁을 통해 보다 효율적으로 국가통제를 강화하는 면모를 보여 주었다.



### 2) 대외적 성취

따따르족의 속박에서 벗어난 이후 러시아는 군사력 사용을 슬라브족 거주지 통합 및 대내적 통치수단으로 활용했다. 당시 모스끄바공국의 과제는 첫째, 따따르족의 잔재소탕, 둘째, 과거 끼예프공국이 통치한 영토 및 슬라브족의 재통합, 셋째, 전제주의 확립을 통한 국가건설이었다.

이 세 가지 주요 당면과제는 모두 강력한 군사력을 요구하고 있었다. 아울러 이 과제들을 정책화하여 제시한 군주는 이반 III세(1462-1505)였으며, 이를 확고히 뿌리내리게 한 군주는 이반 IV세(1533-1584)였다. 이반 III세가 단행하여 이반 IV세가 마무리한 대표적 개혁이 '보뜨치나'를 '뽀메스찌예'체제로 바꾼 토지개혁이다. 이 토지개혁이 구 귀족의 재산인 자체 영지 내에서의 사법권 및 행정적 권한 수행을 박탈 및 몰락시키고, 새로운 군주에게 충성을 바치고 아울러 앞장서서 시대를 이끌 능력을 지닌 하위 귀족 및 자신에게 충성스런 사회세력을 주축으로 한 권력개편을 단행했다. 여기서 군주는 봉사의 대가로 재직기간에 한하여 소지 가능한 토지를 하사하였다. 문제는 이 제도시행 초기 구 귀족이 소유한 토지몰수로 새로운 봉사귀족에게 하사가 가능하였으나 시간의 흐름과 더불어 퇴직 및 사임한 봉사귀족들, 왕손들, 전사 및 행정가들에 대한 노고의 대가로 토지를 하사하지 않을 수 없었다. 이러한 토지의 새로운 수요를 위해 이반4세는 대외로의 영토 확장을 불가피하게 했다.[2)]

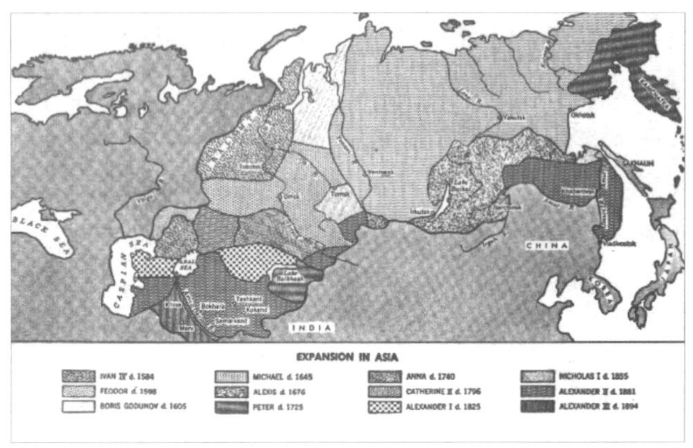


이반 IV세는 군사력을 동원한 발틱해 진출을 시도했으며, 볼가강 중·하류의 몽고잔재 소탕작전 수행, 그리고 시베리아 원정에 착수했다. 이 사건들은 군사력 사용에 있어서의 일대 전환점을 맞게 되었다는데서 의미가 있다. 러시아는 이반4세 통치기를 기점으로 강력한 군주권을 확립한 후 군사력 사용을 공세로 전환시킨 것이다. 노브고로드의 대 서방 경제협력이 번영을 가져왔을 뿐만 아니라 노브고로드 상인들을 통해 도입된 서방의 총기류, 화포 및 화약이 따따르족의 잔재를 섬멸하는데 결정적 역할을 한 사실을 몰이해 할 리가 만무하다.

서구의 장인, 의사 및 과학자를 필요로 한 시기에 영국의 북빙해로를 통한 러시아진입로 개척에 힘입어 서구와의 경제교류를 확대할 수 있게 되었다. 더욱이 서구세계와의 직 교류가 발틱해로의 영토 확장의 동기를 제공하였다. 이반4세는 발틱해상에 있는 리보니아(Livonia)와의 경제교류 중요성 인식 하에 리보니아 영토내의 항구 확보를 위해 군사력을 동원시켰다. 그러나 리보니아가 독일군주

2 *Ibid.*, pp. 36-37.

의 영향력 하에 있었으며, 또한 발틱해가 폴란드와 스웨덴에 의해 전통적으로 장악된 상태에서 힘겨운 싸움이 될 수밖에 없었다. 결국 이반4세는 리가(Riga)와 레발(Reval)항을 획득하기 위해 전쟁을 벌였으나 폴란드-스웨덴 연합군에 의해 실패하였다. 그러나 이 전쟁의 결과로 규모는 작지만 네르바(Nerva)항을 획득함에 따라 경제교류에 도움을 받게 되었다.[3)]

서부지역으로의 진출이 좌절된 후 이반 IV세는 동부시베리아로 진로를 돌렸다. 시베리아 정복사업이 노브고로드의 부호인 스뜨로가노프家의 사업적 목적과 까자끄 무장병력 동원에 의해 이루어졌지만 국가적 의도와 계획의 결과임에 틀림없다. 1580년대에 본격화되어 1689년 청나라와 네르친스끄(Nerchinsk)조약으로 더 이상의 동진(東進)이 아무르강(Amur River)이북에서 저지되기까지 100여 년 간의 일사철리 진행은 완강한 저지세력 부재 및 국가의 전폭적 지원에 따른 영토 확장 노력임에 틀림없다. 그러나 초기에 보인 영토 확장 노력이 점차 제국주의 형태로 진화되는 계기가 된 것이다.

### 3) 경제 및 사회적 실상

#### (1) 토지제도

러시아에서 토지가 사회 전 분야에서 중추적 지위를 차지하게 된 시기는 모스끄바公國 時부터이다. 끼예프公國 時에도 토지의 중요성이 무시되지는 않았으나, 교역과 상공업의 상대적 발전으로 인해 토지의존도 역시 상대적으로 낮았다. 그러나 토지를 근거로 국가체제를 수립했으며, 교역과 상공업도 토지에 기초했을 뿐만 아니라 상호 보완관계에 있었으므로 중요성이 상실된 것은 결코 아니다.

러시아 최초의 토지제도는 보뜨치나(votchina)로써 국가창설과

3 *Ibid.*, pp. 48-50.

더불어 大公이 자신의 관할권내에 있는 통치지역을 분할하여, 자신의 자손이나 동료들로 배치함에 따라 생성된 세습적 성격을 띤 토지제도를 말한다. 보뜨치나 체제의 문제점은 세월의 흐름과 더불어 분할된 통치지역에서의 계승세대가 늘어남에 따라 보뜨치나의 위력이 빛을 발한 결과로 중앙집권적 권력행사가 점점 더 어려워졌다는데 있다. 통치권의 누수현상 및 분열양상은 외세침공 시에 두드러졌다. 즉, 러시아 남동쪽으로부터 뻬체네끄족(Pechenegs)이 11-13세기 기간 중 지속적으로 침략함에 따라 大公이 지역별로 병력파견을 요청하고 연합군을 편성할 때 거의 절반에 달하는 도시들이 불참한 사례가 발생한 것이다. 이처럼 보뜨치나 체제 하에서 국가조직자들이 점차 대공의 통치력에서 벗어났을 뿐만 아니라 이기주의의 난무로 인해 심지어 중앙에 도전하는 사태까지 빚게 되었다. 끼예프공국의 분열양상은 결국 몰락을 초래했고, 이 같은 몰락이 제공한 값진 교훈이 결국 모스끄바公國期에 와서 제도개편을 단행하는 결과를 낳았다.

개편된 토지제도는 뽀메스찌예 체제(pomestie system)로써 이반 III세가 도입했다. 이반 III세는 따따르족의 멍에로부터 러시아를 구원하고 전제주의체제를 확립한 군주이다. 뽀메스찌예 제도는 왕족의 특권과 품위유지 성격을 띤, 과거의 보뜨치나 제도와는 달리 현직에 복무하는 군인이나 행정 관료들에게 복무기간동안만 봉사대가로 하사하는 토지제도이다.[4] 이반 III세는 농업에 전적으로 의존된 경제구조 속에서 이 토지제도를 전제주의 확립수단으로 삼았다. 그러나 뽀메스찌예 확립과정은 순탄치 않았다. 수백 년 동안 지속되어 온 상태에서 이미 관례화 됐고, 또한 이들은 자신들을 방어 및 보호받을 목적에서 사병들을 보유하고 있었다. 시행상의 어려움 속에 이 제도 확립과제는 결국 이반4세(일명 雷帝)의 몫으로 넘어갔으며, 이반 IV세가 황제 직속으로 특수 조직한 오쁘리치니나(Oprichnina)라는 경찰군을 동원하여 이 제도를 확립했다.

4 *Ibid.*, pp. 36-37.

보뜨치나와는 대조적으로 소유와 봉사를 결합한 토지소유패턴이 향후 수세기 동안 러시아를 지배하게 되었고, 이로 인해 황제들은 귀족들에 대한 황제권을 수립할 수 있게 되었다. 결국 이반 IV세는 뽀메스찌예 체제 확립을 통해 강력한 전제주의 통치권을 구축할 수 있었으나, 상대적으로 사회구조는 일원적으로 단순화되었고 활기 없는 역학관계 조성으로 창의력을 상실함에 따라 국가발전을 저해하는 결과를 초래했다. 특히 뽀메스찌예 체제가 농노제도를 확대시킨 동인으로 작용되어 러시아를 어둠의 수렁으로 몰고 갔다.

### (2) 농노제도

토지의 소유와 봉사책무를 결합한 제도 속에서 심각한 사회적 문제는 토지 관리에 있었다. 즉, 왕권의 수중에 있던 사법 및 행정 기능이 착취적인 지주의 수중으로 넘어간 것이다. 아울러 대내외적 요인에 의한 체제 확립목적에서 제기된 토지의 지속적 필요성이 大公으로 하여금 전쟁과 정복의 길을 택하도록 독려하는 결과를 낳았다. 뽀메스찌예 체제가 기본적으로 침해한 사회계층은 자유농민층이었다. 과거의 보뜨치나 체제에서 비록 자유농민들이 자신의 토지를 소유한 것은 결코 아니었지만, 그들이 누렸던 토지 활용권은 특별한 부담이 강요되고 있지 않았다. 그러나 뽀메스찌예체제 도입이후 활용권리가 축소되어 자유농민들은 곡물과 노동력의 일부 몫을 강요당하는 상태로 바뀐 것이다. 따라서 자유농민들은 새로운 지주가 강요한 부담을 피하기 위해 인적이 드문 한적한 지역으로 피신하는 방법을 택했으며, 뽀메스찌예體制 도입초기에는 이 방법이 법적으로 가능했다. 그러나 시간이 경과함에 따라 이들에게 피난처를 제공한 북부지역에 더 이상의 자유농민을 받아들일 수 없는 상태가 되고 말았다. 더욱이 지주들은 농민이탈로 인한 경작의 어려움을 호소함에 따라 농민들의 이탈로에 장애물을 설치하기 시작했다. 이에 더하여 일 년 중 가을에 2주일간을 제외한 어떠한 이동도 허용치 않는 법적 조치를 강구하게 되었다. 재정적 부담 역시 이동을 방해하는 요소였다. 즉, 갚아야할 부채로 인해 이동이 용이치 못했다. 더군다나 빚을 얻어 다소 비옥한 지역으로 이주할 수 있는 처지도 못되었다.[5]

농촌공동체인 미르(Mir) 역시 농민의 이주를 막는 장애요소 역할을 했다. 미르는 따따르족의 유물로써 경작지의 공동관리 방식을 통한 노동력과 세금의 효율적 확립책이었다. 따따르족이 물러난 이후에도 러시아의 많은 지역에서 미르가 존속되어 운영되고 있었다. 농민들은 미르의 공동운영방식으로 인해 도피성 이주를 사실상 자율적으로 차단하고 있었다. 이주가 차단된 상태에서 미르생활의 고통은 세금부담에서 야기됐다. 토지의 생산성에 준하여 부과된 세금이 과중했기 때문이다. 이로 인해 수확량이 적은 해에도 농민들은 납부능력을 초과하여 세금을 납부해야만 했다. 따라서 속박 및 자유를 위협할 수 있는 계절성 대여를 물색할 수밖에 없었다. 아울러 미르의 농민들은 명기된 수의 군 충원 책무를 지고 있었다. 이 같은 부담과 제 요구에 대한 법적 개인 보호 장치가 부재한 무방비상태에서 농민들은 수탈을 당할 수밖에 없었다.[6]

5 *Ibid.*, p. 37.
6 *Ibid.*, p. 38.

농민의 과중한 부담과 희생을 강요한 제도적 모순이 결국 시대의 흐름과 함께 대다수 농민을 농노로 만드는 민족적 누를 범하고 만 것이다. 유라시아의 비옥한 모든 땅은 국가, 국가봉사 귀족, 수도원이 소유하게 되었다. 이러한 결과로 18세기 중엽에 이르러서는 소작인으로 변모한 농민의 수가 약 1천 6백만 명에 달했다. 단지 극소수의 농민만이 예외로 외딴 시베리아나 새로 점령한 땅에서 자유를 누리며 살았을 뿐이다.[7]

농노의 지위는 지역에 따라 속박형태와 신분에 있어 상당한 차이를 이루고 있었다. 속박형태는 공유지 농노와 사유지 농노, 그리고 가사(家事)노예로 대별할 수 있다. 공유지는 국가, 수도원, 황제 개인소유의 영토를 말한다. 공유지에 속박되어있던 농노들은 사유지에 속박되어 있던 농노보다 상대적으로 나은 생활을 하였다. 원인은 관료들이 대신 토지를 관리했기 때문이다. 아울러 법적으로도 보호를 받을 수 있는 여건이 조성되어 있었다. 즉, 토지 소유주의 이익추구만을 노린 자의적 의지가 배제된 토지에 관한 제 법률이 적용되고 있었기 때문이다. 그러나 공유지에 소속된 농노들은 사용권이 부여된 영역에서 제한되어 살아야 했으며, 거친 관료들에 시달리는 경우도 빈번했고, 당시 열악한 환경에 놓여있던 공장으로 내몰릴 가능성 속에서 항상 심리적 압박을 받으며 살았다.

농노의 대다수가 사유지에 소속된 농노들로써 이들은 절망적 상태에 맡겨진 신분이었다. 지주는 이들의 생활을 통제하고, 결혼을 조정하며, 이들에 대한 사법권 행사, 처벌 및 추방, 심지어 개인적 소유물을 통제하기조차 했다. 이들은 정부의 조건개선을 위한 제 규정이 이행되지 못하는 사각지대에서 가혹한 생활로 살아야 했다. 사유지에 소속된 농노들은 그들의 노력봉사 및 소작료 지불방식에 의거 다음과 같이 구별된 신분을 갖고 있었다. 세습적인 신분의 농노는 소작료(Obrok)를 지불하는 농노와 부역(Barshchina)봉사 농노로 구분됐다. 이들 중에 소작료를 지불하는 농노가 18세기 기간 중

7 *Ibid.*

다수를 차지했다. 특히 이들은 토양과 기후가 부적절하여 소득이 적은 북부지방에 많이 살았다. 따라서 소작료 지불 농노들은 일반적으로 기술과 장비부족, 가족부양에 미치지 못하는 소규모 토지경작, 소작료의 지속적 상승으로 고통을 받았다. 이들은 절대적으로 부업이 필요한 상태에서 농한기에는 머나먼 도시의 공장으로 일자리를 찾아 나서지 않으면 안 되는 생활을 했다. 부역봉사 농노 역시 악화일로의 생활을 했다. 이들은 주당 3일을 주인이 요구한 봉사에 응해야했기 때문에 수입증대 목적으로 도시에 위치한 공장에 갈 수 있는 자유조차 없었다. 특히 수확기에는 지주의 지나친 노동 강요로 자신의 경작물 수확기를 놓치는 경우가 허다했다.[8)]

세습적 농노들의 예속형태 및 생활실태로써 제3의 방식은 농촌공동체(mir)생활이다. 이는 소작료 방식과 부역봉사 방식의 보완적 성격을 띠고 있다. 사유지 내에서 야기된 비참한 결과를 피하기 위해 협동이 강조된 상태에서 공동기업 형태로 토지를 운영하는 제도이다. 미르는 지주에게 책임지는 관료를 선출하여 운영 및 대표성을 띠게 했으며, 국가세금과 소작료 지불은 미르의 이름으로 관료가 처리했다. 환자보호와 교육후원도 미르에 의해 행해졌다.[9)] 이렇게 공동체 의식과 사회적 의식 강화 속에 개선된 생활을 할 수 있었으나 이들의 생활이 결코 만족한 수준에 도달한 것은 아니었으며 단지 소작료 및 부역농노에 비해 상대적이었을 뿐이다. 이들의 소망은 자신의 사유지를 갖는 것이었다.

토지에서 노동을 하지 않고 지주의 집안일을 도우며 봉사하는 신분의 가사노예는 보모 역, 특별교육 후에는 가사지원(방직, 바느질, 음악, 가정교사 등) 역할을 수행했다. 이들 중에는 특별 공교육을 받은 저명한 작가, 예술가, 과학자들이 있었다.[10)] 가사노예 중 성공한 사람은 사회적 신분도 변할 수밖에 없었다. 그러나 수적으로 극소수에 지나지 않았기 때문에 일반적인 평가에서 의미를 지닐

8 *Ibid.*, pp. 103-104.
9 *Ibid.* p. 104.
10 *Ibid.*, p. 105.

수는 없다.

이상과 같이 절대적 전제주의 구축을 위한 노력의 일환으로 도입된 봉사귀족 및 토지제도로 인해 사회는 암흑으로 급변하는 결과를 초래했다. 사회적 노예화는 결국 근대에서 조차 권위주의를 조장하고 민주주의 발전을 지체시키는 요인으로 작용하고 있다.



## 3. 모스끄바공국이 낳은 문화유형

결론적으로 모스끄바공국이 역사적 과정을 통해 생성한 문화적 유형을 정리하면, 첫째, 절대적 전제주의 체제를 확립함으로서 근세에 표출되고 있는 권위자에 대한 무조건적인 순종 및 권위를 인정하는 정치문화를 낳도록 했다. 둘째, 봉사귀족(service-nobility)체제를 수립함으로서 상향식 보고체제보다는 하향식 명령체계를 일반화했으며, 사회적 속박을 조장하는 결과를 낳게 했다. 셋째, 농업중심사회의 조직 및 관리방식으로써의 농노제도를 정착시킴으로서 사회주의적 의식과 생활태도를 갖도록 했다. 넷째, 교역의 국가독점을 통해 얻은 재정적 수익을 전제체제 강화 목적에 사용함으로서 개인적 사업 및 상업의 발달을 저해했다. 다섯째, 지배층의 분열상이 고질병과 같이 끼예프공국에 이어 모스끄바공국에서도 재발함으로서 통치체제의 불안정을 조성할 수밖에 없었다. 이 같은 결과는 체제운영의 비민주성을 일반화하는데 결정적 요소가 되었다.

### 1) 정치문화 유형

러시아 정치문화의 특징은 '분열'로 대표되고 있다. 모스끄바公國의 출현 이후 농업에 의존한 사회구조적 재편 속에 전제주의 체제가 확립되었다. 이렇게 일원적인 체제 구축에도 불구하고 정치에 관여한 상부구조내의 분열상이 끊임없이 극렬한 양상을 보여 왔다.

러시아의 분열상은 끼예프公國期로부터 시작되어 지금까지 이어지고 있다. 특히 권력계승 시에 벌어지는 형제들 간의 치열한 싸움을 동반한 분열현상이 일반적이다.

이 같은 분열의 원인은 지리적 악조건과 외세의 빈번한 수탈 경험 속에서 형성된 안보의식의 산물이며, 교육결핍 속에 형성된 본능적 행태의 결과로 보인다. 더욱이 분열현상이 향후 러시아사에서도 지속되고 있음은 상기에 지적한 원인이 제거되지 못했기 때문이다. 따라서 러시아에서 강력한 통합능력을 갖춘 군주는 공통적으로 힘에 바탕을 둔 폭군들이었다. 때문에 지도력에 틈과 취약점이 보이면 귀족들 간에 암투를 동반한 권력투쟁의 노골화 현상이 관례화되어왔다.

모스끄바公國期는 전제주의로 인한 대공(大公:grand prince) 내지 짜리(황제)의 권한이 강화된 시대였다. 전제주의는 분명 외세의 영향이다. 그러나 이를 러시아에 정착시키는 데는 상당한 진통이 뒤따랐다. 원인은 위에서 언급한 바와 같이 분열이 일반화되어 있었기 때문이다. 따라서 외세배격이 국가적 최대 과업인 상황에서 불가피했던 통합목적을 달성하기 위해 무력에 의존한 토지제도 개편에 착수했다. 즉, 끼예프공국기부터 분열의 온상이었으며 세습적 사유지인 보뜨취나(votchina)를 폐지하고 국가에 봉사하는 대가의 봉급형식으로 배분되는 뽀메스찌예(pomestie) 방법을 채택했다. 그러나 구 귀족들의 반발도 컸기 때문에 결국 이반4세가 오쁘리치니나(Oprichnina)라는 황제의 특수한 사적 경찰력을 동원하여 무자비하게 분열세력을 배제하고 통합을 이룬 것이다.

### 2) 모스끄바공국의 붕괴와 민족적 위기

이반 IV세 사후 야기된 모스끄바공국의 붕괴와 민족적 존폐의 위기상황과 극복에 대해 알아본다. 첫째, 이의 원인은 이반 IV세 사후 계승권자의 나약성과 어린 나이로 인해 불가피했던 섭정정치 과정에서 표출된 섭정자의 과욕과 귀족들 간의 파벌싸움에 의한 정통성문제 유발, 연속적인 한발로 인해 야기된 극심한 기아현상, 농노제도 확산에 따른 사회적 불안요소 폭발, 사회적 혼란을 틈탄 폴란드의 내정개입 및 침략, 귀족간의 내분이었다.

대내적 분열과 혼란 속에 외세의 개입 및 침략현상은 모스끄바 公國期에도 재발되었다. 이반 IV세(Ivan IV, 1530-1584)가 사망하자 바리스 가두노프(Boris Godunov)가 간질병과 병약한 이반4세의 아들 효도르(Feodor, 1584-1598)를 대신하여 섭정정치를 하였다. 이 과정에서 왕권에 대한 가두노프의 탐욕으로 저질러진 향후 계승권자인 이반 4세의 일곱 번째 부인에게서 태어난 드미뜨리(Dimitry)살해는 정통성 시비를 발생시켰다. 그리고 1601-1603까지 지속된 한발이 빚은 극심한 기아현상 속에서 러시아는 대혼란에 빠져들었다. 바로 이 시기에 西部로부터 폴란드와 스웨덴이 러시아에 침공하는 사건이 발생한 것이다. 당시 폴란드는 모스끄바까지 진주하여 괴뢰정부를 세우는 성과를 올리기까지 하였다. 폴란드의 왕 씨기스문드(Sigismund)는 혼란기에 자신의 가족에게 러시아 왕권을 넘겨주기 위해 전통적인 영토 확장정책을 추진했다. 여기에 그는 가톨릭과의 재통합 논리를 적용했다. 이 같은 구상과 논리 속에 1904년에 가두노프의 왕권찬탈을 노려 등장한 “가짜 드미뜨리”(false Dimitri)에게 군사지원을 한 것이다. 지원 대가는 영토, 종교, 정치적 약속을 비공식으로 하고 있었다. 결국 1605-1606년 간 가짜 드미뜨리는 왕권을 장악한 후 폴란드에게 편애정책을 통한 이익을 제공하였고, 폴란드는 러시아의 관습과 예절을 경멸한 가톨릭 여신도와의 계략적 결혼을 통해 왕권찬탈을 노렸다. 이에 더하여 민족의 자존심을 자극한 총대주교 모욕행위와 결부되어 마침내 귀족들의 반발과 노여움을 사게 되었고, 이로 인해 제1차 가짜 드미뜨리는 몰락했다. 그 후 1608년에 재발된 제 2차 “가짜 드미뜨리”사건에서도 폴란드는 군사지원을 아끼지 않았으며, 모스끄바 탈환시도 및 약탈도 주저하지 않았다. 결국 제2차 “가짜 드미뜨리”가 사적 불화로 살해당했지만 폴란드의 야심은 포기되지 않았다. 폴란드는 사치와 허영심 많은 하위귀족들을 적극지원하며, 목적달성을 노렸다. 모스끄바에 군대를 진주시키고, 교외 주택가에 불을 질렀을 뿐만 아니라 끄레믈리 장악은 물론 총대주교가 머물렀던 유명한 삼위일체 수도원(Trinity Monastery)을 1년 반 동안 포위하며 배교를 강요하였다. 국가와 교회의 위기가 결국 국민적 결속을 유도하여 1612년 모스끄바와 끄레믈리를 탈환함으로써 이를 극복하였으나 국가의 생존과 직결된 문제로써 러시아사의 최대 위기로 기록되었다.[11] 이 같은 위기를 극복할 수 있었던 원동력은 외세에 대한 러시아인들, 특히 정교권을 구심점으로 한 민족정신 발현. 노브고로드 상인들에 의한 애국심발휘 결과로 표출된 경제적 지원, 애국적 주민들에 의해 조성된 거국적 지원병 형성으로 외세를 몰아내고, 위기의 나라를 구원할 수 있었다.

11 *Ibid.*, pp. 60-61.

제9장

# 시베리아의 정복

CENTRAL
SIBERIAN
PLATEAU
SEA OF
OKHOTSK
STANOVOY RANGE
Amur

## 1. 시베리아정복의 동기, 주도력, 정복과정

### 1) 시베리아 정복

16세기에 시베리아는 러시아인들에게 결코 알려지지 않은 영토였다. 비록 11세기경에 노브고로드 교역업자들이 시베리아를 여행했으며, 중국으로 가는 선교사들이 시베리아에 관한 보고서를 제출한바 있으나, 무지의 상태였다. 그 후 1499년에 오비강 유역에 대한 정복이 있었으며, 그곳에 거주했던 따따르 지도자에게 조공을 받았으나, 더 이상의 관심과 정복의 필요성을 갖지 못했다. 그럼에도 불구하고 러시아에서처럼 16세기 말에 시베리아 정착민들이 발생했다. 정착민의 수가 1천 5백만 정도에 지나지 않았으나, 본질적으로 러시아인들의 정착은 미래의 정치 및 경제적 활용을 위한 침투였다. 실로 5백만 평방마일로 대륙의 절반에 해당하는 영토가 러시아의 수중에 들어오게 된 계기를 만든 것이다. 시베리아 원정대는 주로 까자끄(Cossacks)로 구성된 크게는 800명 내지 적게는 50명 단위의 부대였다. 이들은 강인한 체력과 정교 신앙이 투철한 전사들로서 남부 국경지대를 배회하며 생활했던 러시아인들이며, '복음, 황금, 영광'을 추구하였다.[1)]

#### (1) 정복의 동기 및 방법

시베리아로의 영토 확장은 노브고로드 출신의 부유한 상인 스뜨로가노프(Grigory Stroganov)에 의해 개시되었다. 그는 1558년 모스끄바의 까마강(Kama River) 동부지역 토지 사용권을 획득하게 되었고, 이를 계기로 시베리아 진출에 관심을 갖게 되었다. 당시 스뜨로가노프가 정부로부터 받은 개발특권은 20년간 면세조치였다. 그러나 면세 대가로 소금공장 건설 및 운영, 그리고 농업용 토

---

1) Walther Kirchner(ed.), *Russian History*, HarperCollins Publishers, 1991, p. 52

지 개간, 보호적 용도의 소규모 군대 장착, 예상되는 탄광발견에 대한 광산 소유권 포기의 조건이었다.

스뜨로가노프는 정부 개발에 관한 허가가 수익성이 높다는 것을 발견하고, 우랄산맥을 넘어 시베리아로 확대된 추가적 허가를 획득해 나아갔다. 아울러 자신의 소유지를 보호할 목적으로 까자끄 무리를 고용했다. 까자끄 지도자들 가운데 대표적인 인물은 과거 강도 및 해적으로 활동한바 있는 예르마끄(Yermark Timofeyev)가 있다. 그는 1581년 우랄산맥 동부지역으로 원정하여 지대한 성과를 기록했다. 그의 대표적 공적은 오비강 유역에 거주했던 따따르족을 제압하고 씨비르(Sibir) 시를 장악한 것이다. 황제는 예르마크의 공적에 보답하여, 과거의 범행을 면해주고, 엄청난 선물을 하사하였다. 예르마끄는 서(西)시베리아 뿐만 아니라 보다 문명화된 싸마르칸트(Samarkand) 와 보하라(Bokhra) 주변의 중앙아시아와 교역소를 설립해 나갔으며, 소총으로 무장하고 획득지역을 방어하는 역할을 수행했다.

한편 정부는 과거 따따르족의 침략사를 염두에 둔 완충지대 확보 및 아시아민족의 침투에 대비한 방어적 이해관계 속에서 민간인들에게 면세특권을 부여한 것이다. 이렇게 시베리아원정에 이은 정복은 정부의 면세특권 부여, 상인들의 돈벌이 사업목적, 그리고 용맹스런 까자끄 무리들에 의한 용병 역할의 결과였다. 이는 시베리아 정복을 위한 정부의 여력 미진 상태에서 보인 불가피한 조치였다. 그러나 영토 확장에 따른 제국주의적 속성을 드러내는 단초가 되었다는데 주목할 필요가 있다.

### (2) 정복의 진행연표

시베리아정복 목적으로 시베리아에 침투한 과정은 다음과 같다. ① 1581년 우랄산맥 이동으로 본격진출, ② 1582년 씨비리한국(汗國) 정복 및 씨비리에 요새와 교역소 건립, ③ 1587년 따볼스끄(Tobolsk)점령, ④ 1604년 또므스끄(Tomsk)점령, ⑤ 1628년 끄라스노야르스끄(Krasnoyarsk)점령, ⑥ 1632년 야꾸뜨스끄(Yakutsk)점령, ⑦ 1644년 아무르(Amur)강, 북극의 꼴르이마(Kolyma)에 도달, ⑧ 1648년 태평양상의 아호뜨스끄(Okhotsk), 베링해(Bering)도달, ⑨ 1651년 이르꾸뜨스끄(Irkutsk)점령, ⑩ 1697년 깜차뜨까(Kamchatka)점령, ⑪ 1689년 청나라와 네르친스끄(Nerchinsk)조약 체결, ⑫ 1860년 아무르강 횡단 및 블라지보스똑(Vladivostok)을 건설하는데 성공하였다.



코삭크 무리에 의한 정벌과정에서 나타난 특징은 피지배 민족에 대하여 극심한 피해와 박해를 가했으며, 조공과 정교로의 개종에 있어 비협조한 사람들에게 무자비행위를 가한 것이다.

## 2. 정부의 시베리아관리 및 문화유형

### 1) 정부의 행정관리 과정

시베리아정복으로 획득된 영토에 대한 정부의 관리가 뒤늦게 시행되었다. 이는 정부의 재정적 지원 능력 미흡이 가장 큰 원인으로 추정된다. 1581년 우랄산맥을 넘어 본격적으로 시베리아 정복이 시작된 이래 56년이 된 1637년에 이르러 모스끄바에 시베리아 과(Siberian Department)가 설치되었으며, 1670년에 따볼스끄(Tobolsk)에 행정센터를 개설 하고, 시베리아단위 행정기관 들을 중앙집권화함으로서 본격적인 관리에 들어갔다.

### 2) 정부의 주요 관심사 및 이민정책

시베리아지역을 중앙집권적으로 관리하며, 표출된 중앙정부의 관심사는 피지배 민족에 대한 코삭크 무리의 약탈을 후원하고, 피지배민들에 대한 세금부과, 러시아 상인들에 대한 교역후원, 종교적 후원이었다.

아울러 정부차원의 식민지화 정책이 적극 추진되었다. 이는 시베리아지역의 가혹한 기후조건과 부적절한 농지조건으로 인해 획기적인 유인책 도입으로 추진되었다. 즉, 정부의 이민정책은 면세특권 부여를 통한 영토 확장효과 극대책으로 식민을 유도했으며, 나아가 1980년대에 시베리아 횡단 철도부설로 가일층 촉진되었다. 그리고 1891-1892년 중에 발생한 최악의 기아현상 발생과 이의 극복책으로 식량과 이민 수송이 촉진되는 효과를 획득했다. 이어진 유인책은 1894-1903년간에 추진된 정책으로 정부가 토지제공 및 대여금 혜택 제공으로 대대적 이민을 가능토록 함에 따라 년 평균 11만 5천명이 이주하는 성과를 보였다.

### 3) 상인들의 자원개발과 교역사업

상인들의 사업적 기대와는 달리 시베리아지역에서 금광과 은(銀)광을 발견하지 못했다. 때문에 개발 속도가 늦어질 수밖에 없었으나 다행히도 풍부한 모피자원이 보상효과를 제공함으로서 교역사업을 펼칠 수 있었다. 교역은 중국과 행해졌으며, 교역상품으로는 중국의 금, 은, 직물류와 비단. 러시아의 모피와 식품류였다.

### 4) 군사 및 외교적 조치

러시아가 아무르(Amur)강에 도달한 후 만주(Manchuria)로 침투할 시 청나라가 개입하였다. 당시 청나라는 만주에 큰 관심을 보이지 않았으나, 원주민에 대한 러시아인들의 극악무도한 만행이 민원을 폭증시켜 결국 청나라가 군대를 파견하게된 것이다.

양국 간의 군사적 충돌은 1689년 8월 네르친스끄(Nerchinsk)조약을 채결하게 되었다. 이 조약에 의거 러시아의 만주진출은 아무르강을 경계로 저지당했다. 그러나 몽고는 러시아의 영향권에 두었다. 네르친스끄 조약문의 초안은 청나라에 상주했던 예수회 수사들

(Jesuits)에 의해 라틴어로 작성되었다. 이유는 청나라가 러시아인들을 처음 상면하게 되었고, 더욱이 러시아에 대한 지식이 없었기 때문이었다.

국경을 설정한 네르친스끄조약 체결이후 외교 및 교역관계를 정상화하는 꺄흐따(Kyakhta)조약이 1727년에 체결되었다. 이로써 러시아는 중국의 비단, 은제 식기류 및 홍차를 유럽에 경유무역을 할 수 있는 계기를 마련하게 되었다.

### 5) 시베리아정복으로 결과 된 문화유형

시베리아 정복이 낳은 대표적 문화유형은 제국주의로 집약된다. 이는 완충지대 확보를 위한 초기의 원정과 침투활동 범위를 벗어났기 때문이다. 1582년 '씨비리 한국'정복 이후 방위적 성격을 초월한 제국주의 노선이 표출되었다. 따라서 식민정책을 통해 획득한 영토를 자국화 했기 때문이다. 이어서 민족적 동질화를 목표로 원주민에 대한 정교도화를 통해 러시아화를 시도했다. 아울러 시베리아 영토를 얻은 러시아는 중국과 유럽 제국간의 경유무역으로 수익을 달성했으며, 마침내 1860년대 이후 결국 아무르강을 넘어 만주와 사할린 섬을 점령함으로서 제국주의를 유감없이 입증했다.

## 제10장

# 로마노프왕조의 국가재건

## 1. 로마노프왕조의 태동과 체제개편

### 1) 로마노프 왕조(Michael Romanov, 1613-1645)의 태동

이반 IV세 사후 계승권 투쟁으로 시발된 혼란 속에 민족국가 상실의 위기를 고난기로 표현되며, 이는 1597년에서 1613년간 지속되었다. 보다 구체적으로 고난기의 원인과 결과를 언급한다.

이반 IV세 사후 그의 아들 효도르 I세(Feodor I, 1584-98)가 계승하였으나, 효도르 I세는 무능하며, 심약한 속성으로 인해, 그의 삼촌인 보리스 가두노프(Boris Godunov)가 섭정정치를 수행했다. 그러나 보리스 가두노프의 황제권 승계야욕으로 인한 정통성 문제와 지속적 가뭄에 의한 천재지변 발생, 사회적으로 농노들의 불만폭발, 폴란드의 모스끄바 지배욕에 의한 반란군 지원 및 괴뢰정부수립으로 야기된 러시아의 국가적 종말위기가 발생했다. 이 같은 국가존폐의 위기에도 불구하고, 러시아인들이 국가를 새로이 태동시킬 수 있었던 것은 정교도들의 민족정신 자극과 노브고로드 상인들의 헌금 및 주민들의 민병대 참여로 외세를 몰아냄으로서 가능했다.

외세를 몰아낸 후, 공석중인 황제의 선출은 전국적 규모의 지방유지로 구성된 지방의회인 젬스끼 싸보르(Zemsky Sobor)에서 1613년 행해졌다. 여기서 황제로 선출된 미하일 로마노프는 성직자이며, 전쟁포로로써 폴란드에 감금되어 있었던 필라레뜨(Philaret)의 아들이었다. 아울러 로마노프 왕조의 탄생은 러시아황족의 혈통이 바란진족으로부터 슬라브족으로 옮겨졌다는 데에 또 다른 의미가 있다.

### 2) 알렉쎄이 I세(Alexis I)의 개혁

로마노프 왕조의 개성은 미하일 로마노프의 아들, 알렉쎄이 I세(Alexis I)가 계승한 후 나타났다. 그는 황제권 강화를 목적으로 한

구조적 재조직을 단행했다. 이의 추진과정은 첫째, 젬스끼 싸보르의 무용화로 시작됐다. 미하일 로마노프통치 시 권력의 중심 기관이었던 젬스끼 싸보르를 알렉쎄이 I세는 점진적으로 봉사귀족의 수적 증대를 통해 변질 및 약화시키고 자신의 권한을 상대적으로 강화 시켰다. 이는 1649년에 편찬한 새로운 법전을 통해 젬스끼 싸보르의 약화된 역할을 법적으로 명문화 한 후, 1653년 이후부터는 이를 더 이상 소집하지 않음으로써 무용화되었다. 둘째, 새로운 법전편찬을 들 수 있다. 법전편찬은 황제의 전제권 강화를 목표로 한 것이었다. 개편된 법전은 비잔틴제국과 리투아니아 공국(grand duchy)의 법전에 기초했으며, 이의 근본 원리는 왕권 신수설(divine right of kings)을 담고 있었다. 아울러 법전 속에 국가의 조세 권 확립, 상업의 국가 종속, 외국인의 교역특권 축소, 교회의 관할권을 재산습득 권에 한정시켰으며, 모든 사유재산에 대한 국가통제 분량의 명시, 농노의 작업과 과세책무 명시 및 지주의 농노소유권 영구화 명시를 주 내용으로 하고 있었다.

### 3) 로마노프왕조 초기의 산업

러시아의 경제구조가 농업중심에서 다양한 산업 및 교역부문의 확대로 다기능 구조를 갖게 된 시기는 이반 IV세 사후 내전과 폴란드의 침입이란 사활적 격동기를 겪고 난 후 태동한 미하일 로마노프(1613-1645)왕조기이다. 그는 황폐된 경제복구를 위한 국고의 확충, 식량 및 인력을 절실히 필요로 하였다. 이의 해결책으로 받아들인 시책이 교역재개였으며, 결과적으로 영국 및 독일의 교역업자들에게 특권과 독과점을 허용함으로써 교역을 활성화 시켰다. 이들의 수출입상점 개업으로 인해 얻은 부수적 효과는 이들의 기술뿐만 아니라 생활방도와 관습이었다. 청결, 질서, 검소한 생활방식이 평가받을 수 있었던 대상이었다. 그러나 이들의 진출로 인해 잡다한 계층으로 러시아교역업자들을 형성시킬 수 있었으나, 아울러 이들로 하여금 부수입을 얻으려는 노력에 지나지 않는 업종으로 전락시킴에 따라 경제적 침체를 벗는데 도움을 주지 못한 것이다. 이 같은 상황에도 불구하고 17세기 기간 중 우랄(Urals)탄광지대에서의 성장과 성공이 러시아산업을 급속도로 발전시킬 수 있는 계기를 마련하였다. 원시적 시각을 가진 정치인들의 진보적이며 자유로운 외국 수출업자들을 적극 활용하게 되었고, 독일과 영국의 엔지니어 및 사업가 초빙으로 보다 진보된 경제구조를 수립하는데 기여케 했다. 철강공장 건립, 무기 및 공구공장 설립, 우편제도 시행, 유리, 방직, 기계 제작공장이 설립되었다. 이에 더하여 인쇄공, 과학자, 교사, 군 장교들이 서구의 지식을 이전시키는 역할을 수행하였다.[1)]

## 2. 로마노프 왕조하의 정치·사회적 실태와 문화유형

### 1) 로마노프왕조 초기의 정책노선과 농노제도의 발달

초기 로마노프왕조의 정책노선에 따르면, 첫째, 국가재건 목적의 전제주의권 확대를 정책의 기본으로 삼았으며, 둘째, 지방귀족들을 기초로 하여 국가의 권력구조를 봉사귀족으로 개편했으며, 봉사귀족에 대한 국가의 후원 강화책으로써 농노들에 대한 속박이 강화되었고, 국가재정의 수입 확대책을 적극 강구하는 노선이 표출되었다. 따라서 농노제도의 발달과 이로 인한 민란의 쇄도로 사회적 혼란상을 연출시켰다.

당시 농노의 신분은 지주의 소지품과 다를 바 없었다. 농노의 결혼문제를 포함한 관할권 문제, 법적 처벌 및 유형문제, 소유권을 지주가 통제하고 있었으며, 더욱이 알렉쎄이 I세의 새로운 법전에 의거 농노들은 주거지 등록을 의무화 시켰으며, 과세책무를 지우고, 도주금지를 법제화함으로써 지주의 도구적 재산으로 변질시켰다.

---

1 *Ibid.*, pp. 64-66.

농노제도(Serfdom)가 성장하게 된 근거는 끼예프공국시의 토지제도인 보뜨취나(Votchina)와는 대조적으로 소유와 봉사를 결합한 토지소유 패턴이 도입됨에 따른 결과였다. 이로 인해 황제들은 귀족에 대한 황제권을 수립할 수 있게 되었다. 그러나 토지소유와 결부된 봉사책무로 인해 사법 및 행정기능이 왕권의 수중에서 착취적 지주의 수중으로 넘어갔다. 더욱이 부가적 토지의 지속적 필요로 인해 대공(大公)은 전쟁 및 정복의 길을 택하게 되었다.

뽀메스찌예 체제(Pomestie system)의 성장이 자유농민의 입지를 침해했다. 비록 자유농민들이 과거에 자신의 토지를 소유한 것은 결코 아니었지만, 토지의 활용권은 소지하고 있었다. 그러나 현 뽀메스찌예 체제에서 이 활용권이 축소되었다. 즉, 새로운 지주계급이 자유농민들에게 곡물과 노동력의 일부 몫을 요구하는 상태로 바뀐 것이다. 따라서 새로운 부담으로부터 피하길 원하는 농민은, 사람이 살지 않는 지역으로 도주해갔다. 제도이행 초기에는 법적으로 도망이 가능했다.

우끄라이나인들을 매료시켰으며, 이들에게 자유의 피난처를 제공해온 북부지역(Suzdal, Moscow)에서의 식민화가 마침내 토지의 부족현상을 야기했다. 더욱이 자신의 경작지 관리가 미흡하다고 판단한 지주들은 농민의 도주로에 장애물을 설치하기 시작했다. 결국 농민들은 가을에 2주일간을 제외하고, 이동 자체를 완전히 금지 당했다. 아울러 많은 농민들은 이동하기에 앞서 갚아야 할 부채로 인해 이동이 방해되었다.

농민의 이주를 막은 또 다른 요인은, 많은 지역에서 농민들이 농촌공동체인 미르(mir)를 조직하여 공동경작과 함께 농산물 공동분배 및 세금 공동납부 형식으로 생활했기 때문이다. 이는 따따르족의 유산으로써 공동관리 방식을 통한 노동력과 세금의 효율적 확립책이었다. 따라서 이주의 제약을 받았다. 그러나 미르제도 시행에 따른 문제의 심각성은 세금부담에 있었다. 토지의 생산성에 따라 부과된 세금은 과중했다. 문제는 수확량이 적은 해에도 농민들은 지불능력을 초과해서 세금을 내야했다. 때문에 자유를 위협한 계절적 대여를 필요하게 되었다. 더욱이 농민들은 정부가 요구한 수의 군 충원책무를 지고 있었다. 이 모든 부담들에 대한 법적 개인 보호 장치결여로 인해 농노들은 이중부담으로 시달렸다. 농민에 대한 과중한 부담과 희생을 강요한 제도적 모순이 결국 시대의 흐름과 함께 대다수 농민을 농노로 만드는 누를 범했다. 구(歐)러시아의 모든 토지가 국가, 귀족, 수도원이 소유하게 됨에 따라 18세기 중엽에 이르러 소작인의 신분으로 변모한 농민의 수는 약 1천6백만에 이르게 되었다. 단지 극소수의 농민만이 예외로 외딴 시베리아나 신 점령지에서 자유를 누리고 살았을 뿐이다.



### 2) 농노의 속박형태

농민에 대한 속박형태와 지위는 지역에 따라 상당한 차이를 이루었다. 먼저 공유지에 예속되었던 농노들의 속박상태이다. 국가, 수도원, 황제 개인소유의 영토에서 생활하며 일해 온 농노들은 개인소유지의 농노들보다 상대적으로 나은 조건에서 살았다. 이곳에서는 소유주(所有主)의 이익추구를 목표로 한 자의적 의지가 아닌 토지의 제 법률이 적용되었다. 그러나 이들은 사용권을 누린 토지에 제한되어 살아야만했으며, 거친 관료들에 시달리는 경우와 제반 조건이 열악한 공장에 할당 될 가능성에 직면하기도 했다.

다음은 사유지에 예속되었던 농노들의 속박상태이다. 수적으로 다수의 농노들이 사유지에 예속되어 있었다. 이들 사적 및 세습적 농노는 절망적 상태에 맡겨져 있었다. 이유는 이들의 생활 통제, 결혼 조정, 사법권 행사, 처벌, 추방, 심지어 이들의 개인적 소유물 통제유지가 지주의 책무였기 때문이다. 보다 구체적인 속박형태를 열거하면, 첫째, 소작료(Obrok) 형식이다. 세습적인 농노는 소작료를 지불하는 농노와 부역으로 보답하는 농노로 구분되었다. 그러나 18세기 중 다수가 소작료 지불 농노로 변질되었다. 이 같은 현상은 비옥하지 못한 농토가 산재한 북부지방에서 주로 나타났다. 지주의 입장에서 이는 노동력 보다 금전요구가 유리했기 때문이다. 농작물 수확과 가축사육 결과는 빈번히 불만족 수준이었다. 주요원인은 기술과 장비부족, 그리고 가족유지에 적절치 못한 적은 경작, 소작료의 지속적 상승 때문이었다. 이로 인해 농한기에 머나먼 도시에 위치한 공장에서 부업활동을 할 수밖에 없었다. 따라서 농업이 피해를 봄에 따라, 정부는 소작료체제 확대를 반대하게 되었다.

둘째, 부역(Barshchina) 형식이다. 부역봉사 농노 역시 악화일로의 생활에 시달렸다. 이들은 주당 거의 3일을 주인이 요구했기 때문에 공장에 가거나 수입증대 목적의 일을 할 수 없었다. 특히 수확기에 지주의 지나친 노동강요로 인해 그들 자신의 위급한 수확도 무시당하기 일쑤였다.

셋째, 농촌공동체(Mir) 형식이다. 상기와 같은 체제의 비참한 결과를 피하기 위해 협동이 강조되었고, 농노들이 보유한 토지를 공동기업으로 다루어진 미르가 널리 행해 졌다. 미르는 자연히 사회적 의식을 강화시켰다. 미르는 지주에게 책임지는 관료를 선출해서 운영했다. 국가세금과 소작료 지불은 미르에 의해 처리됐다. 그리고 환자보호와 교육후원도 미르에 의해 수행되었다.

넷째, 가사농노(households) 형식이다. 18세기에 상이한 농노계급이 생성되었다. 이는 농노들 중에서 선발된 일부 농노들이 지주의 의도에 따른 특별훈련과 교육을 통해 방직, 바느질, 음악가, 교사역할을 수행함에 따른 결과였다.

### 3) 농민의 반란

농업중심국가에서 주민다수가 농노신분으로 수탈과 부자유로 인해 처절한 삶을 살 수밖에 없었던 상황에서 농민의 반란은 필연적이었다. 반란의 동인을 열거하면, 첫째, 16세기와 17세기 초의 사회적 폭동을 법률 입안자들이 고려치 않았으며, 둘째, 국가의 재정증대 책의 일환으로 강화된 농노제도로 인한 농민의 빈곤가중 및 자유로운 정착과 토지경작이 방해 받았으며, 셋째, 1662년 은화에 동을 혼합하여 화폐가치를 저하시킴으로써, 결국 통화팽창을 유발한데 대한 저항은 불가피했다. 넷째, 이 같은 원인에 의거 1667년 볼가강의 남부지역을 무대로 삼고 있던 까자끄인 스쩨빤 라진(Stenka Razin)이 농민의 자유를 약속하며 난을 일으켰다. 다섯째, 그러나 라진이 주도한 난은 부유한 지주에 대해 저항했을 뿐, 황제와 황제체제에 대한 충성은 확고했다는 점이 특징이 다. 이 같은 독특한 결과는 정교신앙의 내면화 결과로 나타난 것이다. 여섯 번째로 지적될 수 있는 특이 사항은, 라진의 난 실패의 결정적 원인이 잔인성에 의한 민심 이반이란 사실이다. 이 또한 정교신앙의 결과였다.

스쩨빤 라진의 난이 주는 러시아적 의식구조는 특이하다. 정교가 뿌리내린 러시아에서 황제의 위상이 신과 동일한 존재로 내면화되었다는 사실발견과 함께 이 같은 풍토가 전제주의의 영속화를 부추길 수밖에 없었다는 사실의 인지이다.

### 4) 로마노프왕조 초기의 통치가 낳은 문화유형

로마노프 왕조 초기의 역사적 결과로 얻은 문화적 유형을 정리하면, 첫 번째로 전제주의(despotism) 유형을 들 수 있다. 이는 이반 IV세 사후 사회적 혼란을 극복한 후, 강력한 국가재건의 정당성과 맞물려 확고히 자리 잡고 성장할 수 있었다. 여기에 정교주의가 황제의 권위를 절대화하는데 결정적 역할을 했으며, 더욱이 잔인성을 띤 폭동과 민란은 죄악시되었으며, 농민의 기아와 자유회복 문제조차 황제권에 도전치 못함으로써, 전제주의의 성장을 호조건으로 만든 것이다.

두 번째로 산출시킨 유형은 국가주의 및 집단주의이다. 이는 국가재정 확보책으로 상업 및 대외교역을 국가가 관장했으며, 농촌공동체 보급 및 확산을 통한 집단주의를 습득시켰고, 농노제도가 보여 준 바와 같이 개인의 희생 속에 국가건설을 강행함에 따른 결과이다.

스쩨빤 라진의 난 이후, 로마노프왕조는 남부지역의 까자끄 무리를 진압하여 대규모 소요의 재발을 막고, 과거 끼예프 공국기의 영토와 주민을 재 흡수해야 할 책무를 인식케 했으며. 폴란드 수중에 있었던 우크라이나와 백러시아를 재통합하는 과업을 수행하게 되었다. 문제는 이 같은 과업수행의 희생재물로 농민이 바쳐질 수 밖에 없다는 사실이다. 따라서 실패한 민란의 결과가 농민에게 부메랑이 되어 보다 착취적 생활을 조성한 것이다.

## 제11장

# 러시아의 근대화

## 1. 뾰뜨르(Peter)대제의 근대화 목표와 결과

### 1) 뾰뜨르(1682-1725)의 계승과 진취적 행보

1682년 정상적 계승자인 이반 V세(Ivan V)가 심약하고 장님이란 조건하에서 총주교의 선동으로 서자출신인 10세의 뾰뜨르와 함께 공동짜리(황제)가 되었다. 그러나 이반 V세와 뾰뜨르를 옹립하는 귀족들 간의 권력암투 와중에서 신변의 위협을 받고 궁전 밖에서 유년생활을 보냈다. 그 후 1689년 그의 어머니와 스뜨렐레쯔이(Streltsi)의 후원에 의한 궁중 쿠테타(coup d'etat)로 17세에 단독짜리가 되었다.

뾰뜨르는 6.5 피트(feet)의 거인으로써 강건한 인물이었다. 그는 권력암투의 와중에서 정상적 교육을 받지 못했다. 그러나 당시 모스끄바에 존재한 외국인 촌락(German suburb)에서 다양한 기술을 습득했으며, 외국의 관습과 성취물들에 대한 깊은 고찰기회를 가질 수 있었다.

그는 타고난 천재성과 지적 호기심 및 비범한 손재주 능력을 소지한 인물이었다. 그리고 그의 천재성과 호기심을 채워줄 수 있는 유능한 개인교수 겸 고문인 스코틀랜드인 Patrick Gordon과 스위스인 Francois Lefort를 발굴했다. 그는 어려서 전쟁놀이를 즐겼으며, 군사문제에 지대한 관심을 보였다. 그는 유럽문명 학습을 위해 다수의 젊은이들을 유럽에 파견했으며, 자신도 서구문화이해에 주력했다.

황제가 된 뾰뜨르는 당시의 국정과제였던 터키와의 전쟁을 수행했다. 이는 흑해상의 크리미아 따따르족을 터키가 지원함에 따라 빈번히 러시아를 침략했기 때문이었다. 그러나 1695년에 수행된 전쟁에서 러시아군은 아조프(Azov) 요새를 포위했지만 해군력 부재로 인해 이를 장악하는데 실패했다. 이 같은 결과로 인해 뾰뜨르는 회교국인 터키에 대항 기독교국들과의 동맹결성 목적의 대규모 사절단을 서구에 파견하게 되었다. 이때 뾰뜨르 자신도 하급관료로 신분을 위장하고 유럽여행에 동참함으로써 서구의 번영방도와 노선을 학습했다. 이 여행에서 뾰뜨르는 독일, 네델란드, 영국방문을 통해 병기공장, 조선소, 대학, 의사당, 도서관을 주로 관찰했다. 터키와 그리스여행계획은 국내에서 스뜨렐레쯔이(Streltsi)난 발생으로 중단하고 즉시 귀국했다. 당시 발생한 스뜨렐레쯔이난은 근위대에서 일어난 사건이며, 원인은 장교들의 학대와 황제의 외국학습으로 도입될 근대 병기체제에 대한 반항형태의 난이었다. 난을 진압 후 뾰뜨르는 근대적 방법에 따른 훈련과 최신 병기로 무장한 새로운 분견대를 창설함으로서 자신의 지위 및 영향력 확대를 통한 근대화의 계기를 마련할 수 있었다.

### 2) 근대화 개혁의 정책노선과 내용

뾰뜨르개혁의 기본정책노선 및 방침은 첫째, 부국강병책(富國强兵策)으로서 국가를 부강하게 만들기 위해 군사력을 우선적으로 육성하는 정책노선을 채택했다. 이는 한마디로 이미 서구에서 보인 제국주의 노선 본격화를 의미한다. 둘째, 중상주의(重商主義)정책으로서 상업육성에 비중을 두어, 근대화 정책 수행에 필요한 재정 확보책의 일환이었다. 셋째, 국가에 대한 전 국민의 복무책무를 명령함으로서 귀족을 포함한 모든 구성원이 놀고먹지 못하게 하였다. 결과적으로 인적 요소를 최대로 활용하여 근대화의 효과를 높이기 위한 목적이라 평가된다.

개혁내용은 첫째, 정치적으로 귀족회의를 폐지하고, 하위귀족 중 전문기능 수행자들을 대상으로 관료화함으로써 아성구축을 위한 세력개편을 단행했다. 둘째, 군사적으로 정규군제도 도입으로 상비군을 확보했으며, 연대편제로 군을 근대화하고, 화력도 대폭 확충하여 대포로 중무장하였으며, 러시아 최초로 해군을 창설함으로서 터키와의 전쟁에서 얻은 교훈에 대비했다. 셋째, 종교적으로 총주교제를 폐지하고 신성 종무원(Holy Synod)을 신설함으로써 교권을 완전 장악하는 조치를 취했다. 넷째, 상업적으로 상인계급에게 군인과 같은 계급부여를 통해 상업을 진흥시켰으며, 다섯째, 농업에서 농민에 대한 지주의 관할권 확대 및 지에 대한 속령확대를 통해 국고를 확대했으며, 도주방지를 위한 농노 법 보강 및 농노에 대한 새로운 군의 충원체계 도입, 그리고 인두세(人頭稅)도입으로 농노의 수단화를 단행했다.

행정적 개편사항은 첫째, 정부의 행정구조를 절대주의 및 전제 체제를 유지하기 위한 목적에서 주(provinces)와 지구(districts)로 구분하고, 8개의 주에 각각 집정관(governor), 사법관(judicial officer), 재무관(financial officer)설치했으며, 이들의 하부구조에 재무과, 상업과, 사법과, 제조과를 설치함으로서 행정관리체계의 근대화를 단행했다. 둘째, 쌍뜨 뻬쩨르부르그(St. Petersburg)창건하고, 궁전·교회 ·교량·조각상들의 바로크(baroque)양식으로의 단장을 통한 미화와 이의 수도화를 통해 서구의 선진문명 도입을 용이하게 했으며, 서구와의 국제적 관계 강화의 계기를 마련했다. 셋째, 교육적 조치로서 학교설립과 귀족 자제들의 의무 교육화. 과학아카데미 창설을 통한 서양달력도입, 알파벳 단순화, 지도제작에 공헌토록 했으며, 예절개선을 위한 기관설립을 통해 노동에 효율적인 의상과 청결한 용모(수염)를 보급토록 했다. 넷째, 경제적 조치로서 대외교역을 강조한 중상주의 정책과 교회토지의 몰수, 교역업 독점, 다양한 세금개발, 우랄지역의 탄광개발, 산업적 공장건설, 그리고 도로, 교량, 운하와 같은 토목건설을 단행했다.

### 3) 대북 전쟁(Great Northern War)과 대 페르시아 전쟁

뾰뜨르는 반 터키연합국이 영국과 독일의 음모로 대 터키전을 포기한 후 1700년 아죠프 요새 확보에 만족하고 터키와 평화협정을 체결하였다. 이는 발틱해로의 진출을 위한 전략적 조치였다. 1700년 뾰뜨르의 스웨덴(Sweden)침공으로 시작된 대북전쟁은 21년간 지속되었다. 대북전쟁의 승리로 러시아는 북유럽의 강국으로 부상했으며, 1721년 스웨덴과의 니스타드(Nystad)조약체결로 리보니아(Livonia), 인그리아(Ingria), 갈레리아(Finnish Karelia)를 병합함으로서 발틱해 주변의 엄청난 영토를 확보하게 되었다.

뾰뜨르의 전쟁수행은 대 페르시아(Persia, 현재의 이란)로 이어졌다. 이 전쟁에서 영국이 개입에도 불구하고, 대북 전쟁 이후 2년간의 전쟁결과로 카스피해(Caspian Sea)의 대규모 서해안 영토를 병합(Derbent와 석유자원을 지닌 Baku포함)하는 업적을 올렸다.

### 4) 뾰뜨르가 남긴 문화유산

뾰뜨르의 개혁 및 근대화 과정에서 보인 특징은 첫째, 절대적 전제주의에 의한 절대적 전제주의 확립을 위한 근대화 노력으로 평가할 수 있다. 이유는 농민을 위한 근대화가 아닌, 농민의 희생위에 수행되었기 때문이다. 더욱이 근대화 결과를 통해 통치자의 위상이 절대화되었으며, 전제주의가 확립되어 러시아적 산물로 자리 잡도록 한 것이다. 둘째, 상부로부터 강요된 혁명적 특성을 유감없이 발휘하였다. 셋째, 군의 중요성 인식과 팽창주의가 만연하여, 제국주의를 확립할 수 있었다. 넷째, 중상주의 및 상업의 국가독점을 통한 국가의 재정확충에 목적을 두었다. 따라서 근대화 과정에서 르네상스의 산물인 자본주의의 발달 근거를 말살했다는데 특징이 있다. 다섯째, 종교 권의 국가예속을 통한 일원주의 확립으로 민주주의의 토대인 다원주의 생성근거를 배제시킬 수 있었다. 여섯째, 근대화가 황제권 강화 및 국력신장에 두었기 때문에 이에 긴요한 과학진흥에 기여할 수 있었다. 일곱 번째, 목표달성을 위해 수단이 정당화된 상태에서 민중의 노예화가 거부감 없이 자행될 수 있다는 유산을 남겼다.

## 2. 예까쩨리나 II세(Catherine II:1762-1796)의 근대화

### 1) 개성

예까쩨리나 II세는 독일태생의 여인으로서 로마노프왕조의 황제가 된 특이한 인물이다. 러시아황실에 입성하게 된 경과는 뾰뜨르 대제의 사망 이후 합당한 계승자를 찾는 과정에서 프러시아에 거주하고 있었던 뾰뜨르 대제의 손자인 뾰뜨르 III세를 발탁하였다. 그러나 프러시아에서 유년기를 보낸 뾰뜨르 III세가 러시아 황실에서 제대로 적응하지 못함에 따라 프러시아의 소귀족의 딸인 소피아(Sophia Augusta)와 1745년에 결혼시켰다. 소피아는 정교를 받아들이고 예까쩨리나(Catherine)로 개명했으며, 러시아생활에 신속히 적응하였다. 대조적으로 뾰뜨르 III세는 방탕한 생활을 지속하며, 러시아 생활에 적응하지 못한 상태에서 결국 결혼은 실패로 끝났다. 1762년 뾰뜨르 III세는 즉위 직후 프러시아(Prussia) 왕을 존경한 결과로 대 프러시아전쟁을 종결하고, 프러시아 점령지와 포로들을 일방적으로 석방하였으며, 귀족들의 국가봉사책무 면제, 재산권 박탈 형태로 교회를 공격하였다. 이에 분노한 귀족들은 즉위 6개월 후 궁중 쿠테타를 일으키고, 뾰뜨르 III세를 살해하였다.

예까쩨리나는 성실성, 정치 및 외교, 어학, 조각, 회화, 독서, 서신왕래에 흥미를 가진 학도였다. 한편 예까쩨리나는 아첨, 쾌락, 화려한 의상을 좋아했으며, 정치, 외교, 어학적 재능, 조각과 회화, 서신교류, 독서광, 염문으로도 유명하다. 더욱이 예까쩨리나는 몽테스큐(Montesquieu), 베싸리아(Beccaria), 볼테르(Voltaire) 등의 자유주의적 작가들의 저서를 주로 독파함으로서 개혁적 사고를 갖게 되었다. 특히『법의 정신』(*The Spirit of the Law*)에 감동했다. 예까쩨리나와 독서를 통해 교감을 나눈 볼테르(Voltaire)는 종교에 반대하고, 순수한 이성과 윤리에 의한 사회개혁을 주장함으로서 프랑스혁명에 기여한 사상가라는 점이다. 이같이 예까쩨리나 II는 서구의 계몽주의 사상을 받아들임으로써 사가들은 그녀를 계몽군주(An enlightened benevolent)로 호칭하게 되었다.

### 2) 예까쩨리나 II세의 개혁

예까쩨리나 II세는 뾰뜨르대제의 개혁정책을 답습하고 대내개혁에 박차를 가했다. 집권 초기에 단행된 개혁은 첫째, 농노제도에 대한 개혁의 시도였다. 예까쩨리나 II세는 1767년 농노를 제외한 각 계층으로 위원회 구성하고, 일반지침을 하달 및 심의에 붙였으나, 결국 봉사귀족의 양보를 얻어 내는데 실패함으로서 이 개혁안은 1969년에 포기로 종결되었다. 이어진 두 번째 개혁은 1775년 제한적 행정체계 개편이다. 이는 전 영토를 51개 현(gubernia)으로 구획하고, 각 현에 지방귀족이 장악한 의회·법원·행정부를 설치함으로서 정부의 효율적 관리와 인권을 배려한 점이 특징이다. 셋째, 서구의 근대 교육제도를 도입한 개혁이었다. 여제는 새로운 초등학교 300개를 설립하는데 그쳤으나 교육에 대한 배려는 지대했다. 넷째, 의약품과 과학연구를 지원했으며, 다섯째, 프랑스 문화에 지대한 관심표명 속에 문학과 예술을 지원했다. 따라서 쌍뜨 뻬쩨르부르끄(St. Petersburg)가 프랑스의 베르사유(Versailles)에 맞먹는 전시장으로 변모하는 결과를 낳게 했다. 여섯째, 이슬람교(Moslems)와 같은 제국내의 다양한 종교집단에 대해 예배의 자유를 허용하는 조치를 취함으로서 개방사회 건설에 기여했다. 일곱번째, 자유주의의 구현으로써 1785년 상인계급의 완전해방과 종교개혁의 희생자들인 구교도들에 대한 귀환조치를 단행했다. 따라서 종교의 자유를 위해 주로 발칸지역으로 이주한 러시아인들에게 볼가강 하류 유역에 토지의 무상제공 방식으로 받아 들였다.

### 3) 예까쩨리나 II세의 치적

뾰뜨르대제 이후 최대의 영토 확장을 이룩했다. 이는 대터키전쟁을 통해 크리미아(Crimea)를 획득하는 성과를 올렸으며, 나아가 러시아선박의 보스포로스(Bosporus)와 다다넬스(Dardanelles)해협 통과권을 인정받는데 성공했다. 아울러 프러시아·오스트리아와 함께 폴란드(Poland) 영토를 분할(1772, 1793, 1795) 및 통치하는 공을 세웠으며, 백러시아(Byelorussia), 리투아니아(Lithuania), 우크라이나(Ukraine) 영토를 획득했다.

선진 농업 기술도입목적으로 시행된 1762, 1763년의 식민정책으로 볼가강 하류 신점령지에 스위스와 독일인에게 토지와 자유를 약속하고 선진 외국인들에 대한 이주 유도를 통해 1764-1770년에 약 22,800명, 그리고 1890년에 31만 342명의 인력을 유입시키는 성과를 올렸다.

예까쩨리나 II세의 치적 중에서 유럽사상 도입과 교육시설 확증은 문화발전에 지대한 영향을 미친 결과였으며, 계몽군주로서의 근대화 실적을 기록케 했다. 근대화의 맥락에서 평가할 수 있는 실적으로서, 1775년 40만 명 단위의 51개 현(gubernia)으로의 지방행정체계 개편은 부정적 측면도 고려되어 있었다. 여기서 지적된 부정적 측면은 농노제도에 따른 학정으로 유발된 민란을 미연에 방지하기 위한 수단으로서의 역할이었다.

### 4) 대내외적 사건

#### (1) 뿌가쵸프(Pugachev)의 난

절대적 전제주의와 농노제도의 확산에 따른 결과들이 무수한 민란을 유발시켰다. 이 같은 현상은 계몽군주의 통치하에서도 예외가 될 수 없었다. 예까쩨리나 II세의 통치기에 발발한 최대의 대내적 사건이 뿌가쵸프(Pugachev)의 난이다. 뿌가쵸프의 난은 1772년 코삭크 무리(Cossacks)에 대한 군복무강요, 관료들의 부패, 수많은 이견자들에 대한 박해, 까자끄 무리의 수령 선택권 종결에 대한 반발로 터키와의 전쟁시기에 발생했다. 반란자들은 뾰뜨르 III세가 사망치 않았다는 소문유포로 합법적 투쟁형식 갖추었다. 난이 위력을 발휘하며 확대되자 반란자들은 농노해방과 종교자유 및 군복무 폐지를 주장하며 농민을 선동했다. 결국 정부는 터키와의 전쟁을 조급히 종결하고 대량의 병력을 투입하여 민란을 진압했다. 문제는 뿌가쵸프의 난 진압 후 1785년 "귀족의 권리장전"을 발표하고 농노들에 대한 추가부담을 통해 농노제도를 강화한 것이다.

전제권 강화조치의 배경에는 뿌가쵸프의 처형에도 불구하고, 자유사상의 보급결과에 따라 노비꼬프(Novikov)의 잡지 숫벌(Drone)이 출판되어 무위도식하는 귀족들을 고발하였고, 라지쉬체프(Radishchev)의 『뻬쩨르부르그로부터 모스끄바까지』(*Journey from St. Petersburg to Moscow*)라는 기행문을 통해 농노들의 비참한 사회상을 고발하여 충격을 가한 사건이 발생했다.

대외적으로는 1789년 프랑스혁명과 1776년에 미국이 독립하는 사건발생으로 전제주의에 심대한 타격을 가해왔다. 이에 대한 반응은 전제주의 강화조치였으며, 초기에 보급된 자유주의적 사조의 퇴조를 유발시켰다.

### 5) 근대적 문예의 도입과 발전

#### (1) 건축

17세기말과 18세기 뾰뜨르대제의 영향하에 전통의 급진적 이탈과 전반적인 서구의 예술적 개념이 도입되었다. 서구식 건축 사업에는 바로크(baroque)와 로코코(rococo)건축가들이 초빙되었으며, 초빙된 건축가들은 세계적 명성을 가진 Domenico Trezzini, G. Schädel, J. B. A. LeBlond와 19세기말 Bartolomeo Rastrelli, Giacomo Quarenghi 등이다. 서구식 건축공사가 행해진 도시는 끼예프, 노브고로드, 모스끄바, 뻬쩨르부르그이며, 뻬쩨르부르그는 네바(Neva)강변을 따른 도이치(Dutch)패턴에 의거 이태리, 독일 및 프랑스 취향의 건물로 치장되었다. 한편 이 시기에 정부는 러시아 예술가 교육훈련 및 양성의 필요성을 절감하고 1758년 조형예술아카데미(the Academy of Fine Arts)창설하는 진척을 보였다.

#### (2) 회화

근대화 결과로 17세기부터 세속적 주제의 작품의 증가현상을 보였다. 특히 외국인 교사들에 의해 서구의 자연주의적 개념이 도입되에 따라 초상화예술이 확산되었다. 아울러 조망도입과 배경에 대한 배려로 예술적 기교의 증진을 결과했으며, '조형예술아카데미' 출신의 예술가들에 의한 독창성 표출이 두드러졌다.



(3) 조각

뾰뜨르 대제기 저명한 조각가 B. Rastrelli 초빙하였으며, E. M. Falconet이 뾰뜨르대제의 입상을 조각함으로서 조각의 보급이 확산되었다. 특히 뾰뜨르그라드의 궁전, 교량, 정문, 거리들이 조각으로 치장되는 결과를 낳았다.

(4) 음악

18세기에 이태리로부터 오페라(opera)도입되어 귀족들을 위안하게 되었으며, 1802년 Bach, Haydn, Mozart, Beethoven의 작품에 대한 감화 결과로 인해 필하모니 회(會)(the Philharmonic Society)가 창설되기에 이르렀다.

(5) 발레

1672년 독일 발레단에 의한 최초의 공연이 행해졌으며, 그 후 뾰뜨르에 의한 극장부활 및 외국인 공연 상설화를 단행했다. 이어서 1738년 안나(Anna)여제에 의해 '여황폐하의 춤 학교'(Her Majesty's Dancing School)를 창설하여 토착화 시켰다.

(6) 문학

로마노프왕조 초기와 뾰뜨르대제 통치기에 외국작품에 대한 관심 증대로 외국작품의 모방과 번역서 다수가 출판되는 성과가 있었다. 이 같은 와중에서 뾰뜨르대제의 토착문학 격려가 러시아문학의 발전에 기여하는 효과를 제공함으로써 예까쩨리나 II세기에 노비꼬프(Novikov), 라지쉬체프(Radishchev), 제르좌빈(G. Derzhavin)과 같은 문학가를 배출하였다. 그 후 로모노쏘프(M. V. Lomonosov, 1811-65), 까람진(N. M. Karamzin, 1766-1826), 쥬꼽프스끼(Alex Zhukovsky, 1783-1852)와 같은 학자들이 언어학적 개혁을 통해 러시아문학의 발전 토대를 공고히 했다.

### (7) 문화적 유형

뾰뜨르대제 이래 예까쩨리나 II세가 주도한 근대화의 결과로 얻은 가치의 구현체를 요약하면, 첫째, 서구주의로서 서구의 과학기술 문명이 낙후된 러시아를 부국강병국으로 건설할 수 있다는 신념을 갖도록 했다. 따라서 군의 상비군화와 해군의 창설, 그리고 군의 편제 서구화, 화력의 대폭 증강으로 구 러시아 서부와 남부로의 영토 확장을 결과했으며, 제국주의적 세계관을 확립하게 되었다. 둘째로는 전제주의로서, 근대화의 목적성에 있어 다수 인민으로서의 농민에 혜택이 가도록 하기에 앞서 전제군주의 통치력 강화 수단으로 활용했다는 사실이다. 때문에 전제주의 강화로 인한 농민의 속박 및 착취의 심화현상이 구축될 수 있었다. 셋째, 팽창주의로서 서구 열강과 동일한 노선을 쫓아 근대화를 제국주의 정책 수행에 활용한 것이다. 당시 인력이 국력을 형성함에 있어 가장 중요한 요소라는 점에서 제국주의에 의한 이민족의 예속 및 수단화가 일반화된 서구를 추종한 것이다. 넷째, 중상주의로서 이는 근대화 추진에 필요한 재정적 수요를 확충하는 수단으로써 상업을 적극 장려했다. 그러나 상업을 통해 얻은 소득을 국가가 독차지함에 따라 사기업 및 자본주의를 꽃피울 수 없는 러시아식 중상주의를 창조하는 문제점을 낳고 말았다.

## 제12장

# 나폴레옹의 침입과 대내외적 영향

## 1. 나폴레옹의 침략과 러시아의 국제적 역할

### 1) 배경

나폴레옹의 침략 배경은 첫째, 나폴레옹이 영국과의 대결구도에서 '대륙체계'(Continental System)확립을 통해 대륙에 위치한 국가들을 통합하여 영국을 고립시키려는 대외정책 전개에 있으며, 둘째, 프랑스와 동맹관계에 있던 러시아가 경제적으로 유리한 친 영국정책으로의 전환이 경제구조에 의해 불가피했으며, 셋째, 영국은 러시아의 목재, 아마, 철, 곡물을 수입함으로써 러시아경제에 지대한 공헌을 해옴에 따라 러시아의 부와 영향력을 지닌 귀족계층이 방향전환을 모색함에 따른 결과였으며, 넷째, 나폴레옹의 자유, 평등, 박애적 이상이 러시아 전제주의에 부담으로 작용된 것도 국가간의 관계를 소원 내지 단절케 한 주요 원인이 될 수 있었다.

### 2) 전투상황

다음은 러시아와 프랑스와의 전투상황 및 결과이다. 첫째, 나폴레옹이 오스트리아와 프러시아를 정복하고 영토를 확장하기 시작했으며, 둘째, 이에 따라 러시아군이 참전했으나, 1805년과 1807년 프랑스군에 참패를 당했고, 셋째, 1807년 틸지트(Tilsit)조약체결로 프랑스가 서구 및 중 구라파를 장악하며, 러시아는 발칸(Balkan)지역을 지배하기로 합의하였다. 넷째, 따라서 러시아는 대륙체계에 가입하게 되었고, 영국에 대한 무역봉쇄에 합의했다. 다섯째, 틸지트조약 체결 5년 후, 러시아는 영국 상선의 입항을 허용하였다. 여섯째, 이에 나폴레옹이 분노하여, 1812년 6월에, 프랑스군 65만 명을 이끌고 러시아국경을 횡단함으로써 전쟁이 시작되었다. 일곱째, 러시아군의 후퇴작전과 예외적 한파인 동장군의 덕에 의해 프랑스군은 10월 중순에 철수하기 시작했다. 이때 러시아군은 급습과 매복에 의해 프랑스군에 치명타를 가했다. 여덟째, 1814년 7월 러시아군은 연합군과 함께 파리에 입성하였으며, 나폴레옹에게 퇴진 압력을 가했다. 아홉째, 1815년 프러시아와 영국군이 합세한 월터루(Waterloo)전투에서 나폴레옹을 제압할 수 있었다.

### 3) 전투결과 및 전후 러시아의 국제적 역할

전투결과는 전후처리문제를 다룬 비엔나회의 결과로 러시아는 핀란드(Finland), 베싸라비아(Bessarabia)와 추가적으로 폴란드 영토를 획득하게 되었다. 이어서 러시아는 전후의 위세를 등에 업고 페르시아를 압박한 결과와 국제적 묵인에 의해 바꾸(Baku)의 영유권을 유지하는 결과를 얻었다

나폴레옹과의 전쟁 후 러시아는 군사대국으로서의 위상을 높일 수 있었다. 그리고 이에 상응하는 국제적 역할을 맡게 되었다. 이는 전후문제 처리가 논의된 비엔나회의(1814-1815)에서였다. 이 회의에 참석한 러시아의 황제 알렉싼드르 I세(Alexander I)는 기독교 형제국 강조를 통해 '신성동맹'(Holy Alliance)국 채택을 유도하는데 성공했다. 이어서 러시아는 오스트리아, 프러시아, 영국과 함께 4자 동맹(Quadruple Alliance)의 회원국이 되었다. 이에 부가하여 러시아는 국제적 '헌병'(Gendarme)이란 칭호와 함께 유럽의 전제권 옹호역할을 수행하게 되었다. 여기서 헌병이란 말은 평화를 위한 경찰국과는 대조적으로 입헌민주주의를 탄압하는 전제주의의 기수임을 과시하게 된 것이다.

## 2. 12월 당원의 난 실태와 크리미아전쟁의 패배

### 1) 12월 당원의 난

#### (1) 배경과 발생 경위

나폴레옹전쟁 시 서유럽과 파리를 목격한 교육받은 젊은 장교들은 파리를 목격하고 엄청난 충격을 받았다. 이유는 서유럽과 러시아간의 현격한 문명화의 차이에 따른 것이었다. 이를 계기로 엘리트 장교들이 갖게 된 문제점은 전제주의와 공화정의 차이에서 발생한 결과들을 어떻게 해결해야할 것인가로 집약될 수밖에 없었다. 해결의 실마리를 찾을 수 있는 기회가 왔다. 알렉싼더 I세가 사망한 것이다. 황제계승은 꼰스딴찐(Constantine)과 니꼴라이 I세(Nicholas I)간의 선택문제였다. 이 때 나폴레옹과의 전투 시 파리에 입성했던 젊은 장교들이 주축이 되어 1825년 12월에 자유주의자인 꼰스딴찐을 옹립하려고 나선 것이다. 그러나 탐욕스런 니꼴라이의 추종세력들이 이를 무력으로 저지함에 따라 발생한 사건이 12월 당원의 난이다.

#### (2) 목표 및 특징

이 난의 목표와 특징 및 의미를 살피면, 12월 당원들이 입헌군주제를 요구하며, 헌법제정을 통해 황제의 권력을 제한하자고 주장했다. 이는 농노해방을 통해 인권을 보호하자는 것으로써, 프랑스의 민주정신에 입각한 것이었다. 여기서 일부 12월주의자들은 공화정을 수립하자고 주장했으나, 아직은 성숙되지 못한 과도한 요구였다. 그러나 개혁이 아닌 혁명을 주장함으로써 대대적인 변모를 보였다. 이 같은 주장은 러시아 최초로 전제주의를 벗고 정치적 민주화를 주장하고 나섰다는 점에서 높이 평가되며, 향후 몰고 올 파란을 예고하는 사건이었다.

### (3) 결과

이 난으로 인해 초래된 결과들이다. 첫째, 절대적 통치모델로서의 니꼴라이체제를 출범시키고 반동정치로 일관하는 계기를 마련케 했다. 둘째, 니꼴라이체제가 강조한 3개 교의(triple doctrine)중 하나는 정교주의(orthodoxy)로서, 정교회는 황제에 충성토록 설교해야 하며, 또 다른 하나는 전제체제(autocracy)로서, 황제자신과 황제의 경찰지배에 헌신토록 강요했으며, 세 번째로는 민족주의(nationalism)로서, '조국 러시아'에 대한 애국주의와 사랑이 강조된 법적 지위의 원칙들이었다. 셋째, 제3부(Third Section)의 창설이었다. 이 기관은 전 인민을 감독하기 위해 창설된 정부의 기관으로써 비밀경찰의 역할을 맡고 있었다.

## 2) 크리미아전쟁(1853-56)상황

니꼴라이 I세 통치기에 국가의 운명과 직결된 대규모 사건으로서의 크리미아전쟁(1853-1856)이 발발했다. 전쟁 발발의 원인은 니꼴라이가 뾰뜨르대제 이래 숙원 사업인 콘스탄티노플의 부동항을 확보하기 위한 시도에 있었다. 대터키 전쟁의 명분은 오토만(Ottoman)제국 내의 정교도를 보호할 권리가 있다는 것이었다. 그리고 전투는 흑해 상에서 터키함정을 파괴하는데 성공했으나, 영국과 프랑스가 러시아의 대서양진출을 막기 위해 터키를 도움에 따라 새로운 면모로 발전 및 확대된 전쟁이었다. 아울러 대다수 전투는 러시아의 요새가 있는 크리미아 반도에서 전개됨으로서 러시아에 절대 유리한 전투였다. 그러나 러시아가 쎄바스또뽈리(Sevastopol') 요새의 대패로 전쟁을 결말짓는 이변이 발생했다.

### (1) 크리미아 패전의 여파

크리미아전쟁의 패전이 몰고 온 여파는 지대했다. 이 전쟁으로 영국의 테니슨 경(Lord Tennyson)에 대한 영웅담이 주목을 받게 되었으며, 영국출신의 나이팅게일(Florence Nightingale)이 행한 활동이 세계인의 감동을 불러 일으켰다, 이의 결과로써 1864년 국제적십자사가 설립되는 기반을 조성시켰다.

한편 러시아에서는 전쟁 중 러시아황제 니꼴라이 1세가 갑자기 사망하는 사건이 발생했다. 더욱이 이 전쟁결과로 인해 러시아의 지도층은 러시아영토 내에서 전개된 전투에서 패배했다는 점에 지대한 충격을 받고, 이를 분석하기에 이르렀다. 결국 12월 당원들의 주장을 반영해야만 강력한 러시아건설이 가능하다는 결론을 얻을 수 있었고, 또한 실행적인 측면에서 니꼴라이 1세의 사망으로 이행도 가능했다.

### 3) 나폴레옹의 침략사가 낳은 문화적 유형

첫째, 나폴레옹을 추격하여 유럽에 진주함으로서 국제적으로 공인된 영토화장을 목표로 한, 제국주의 표출(Imperialism & Pan-Slavism)로 나타났다.

둘째, 비엔나회의 이후 러시아가 국제적 역할 분담에서 헌병 역을 맡아 수행함으로서, 국제적으로 전제주의를 옹호하는 체제로 발전하게 되었다.

셋째, 12월 당원들에 의해 표출된 민주주주의 이념의 태동결과를 낳았다.

넷째, 니꼴라이 I세 유형의 전제체제가 러시아의 전형적 전제주의 모델로 정립되는 계기를 만들어 주었다.

다섯째, 전제체제에 반한 저항주의도 태동하기 시작함으로서 러시아의 정치발전에 기여하게 되었다.

제13장

# 체제개혁과 지성인 운동

## 1. 슬라브주의자와 서구주의자간의 발전논쟁

### 1) 슬라브주의자와 서구주의자

근대화로 결과한 정치·사회적 조건의 진보가 정신적 기반 및 현행상태, 그리고 미래의 방향을 진단해보려는 보다 사려 깊은 사상가들이 19세기 초에 출현했다. 이들은 슬라브주의와 서구주의자로 대별되며, 이념적으로 슬라브주의자들은 러시아구원을 위한 방도로 슬라브 정신('Slavic soul')을 중시했다. 한편 서구주의자들은 러시아구원을 서구의 방법에서 찾으려했다는데 차이가 있었다. 이 같은 차이에도 불구하고 양자 간의 공통점은 서구철학가들에 의존하고 있었다는 점이다. 즉, David Hume, Voltaire, Saint-Simon, Proudhon, Kant, Goethe, Schiller, Schelling, Hegel, Feuerbach, Stimer, Karl Mark의 견해 수용 및 반대로 자신들의 견해를 표출하고 있었다.

### 2) 공통점과 차이점

양자 간의 공통점은 모두 러시아에 대한 깊은 애정을 가지고 있었다는 점이다. 그리고 러시아농민을 이상화했으며, 특히 미르(Mir: 농촌 공동체)를 제도적 측면에서 과거의 건전기반으로 보고 새로운 러시아사회를 위한 바람직한 기초로 보았다. 아울러 분별없는 개인주의적 자유 부르죠아 사회에 적대하고, '러시아의 개성'과 이의 지속적인 조화를 희망했다. 나아가 문명화로 야기된 공업과 농업의 보다 나은 균형을 조성하길 바랐다.

양자 간의 차이점은 기본적으로 정치적 목표에서 나타났다. 슬라브주의자들은 스스로 비정치적 활동가로 간주함으로서, 차후에 다수가 보수주의자가 되었다. 한편 서구주의자들은 급진주의자들로서 일부는 계급투쟁의 필요성을 신념화하고 있었다. 그러나 상대적으로 샤토부리앙(Chateaubriand)의 기독교낭만주의에 영향을 받은 슬라브주의자들은 러시아인의 정신개혁에 몰두하고 있었다.

서구주의자들은 국가의 실체를 도덕적이 아닌 개인의 안녕을 위해 기능하는 순수 정치기관으로 간주하고 있었다. 이에 반해 슬라브주의자들은 정교도들로서 신앙에 기초한 견해를 피력했다. 즉, 신성한 의지와 영구한 진리를 표출했다. 그러나 서구주의자들은 무신론자로서 개인의 제 권리를 신앙했다는 점이 차이점이다.

정부에 대한 견해 차이도 대조적이었다. 슬라브주의자들은 뾰뜨르의 업적평가에서 뾰뜨르 이전의 러시아식 방도를 극찬하며, 뾰뜨르의 개혁이 건강하고 자연적인 발전을 저해함에 따라, 교육으로 인한 세속적 구분으로 계급간의 장벽을 창조했다고 주장했다. 이와는 대조적으로 서구주의자들은 러시아를 단지 유럽의 일부로써 보았으며 뾰뜨르의 사업을 높이 평가했다.

### 3) 논쟁에 대한 정부의 태도

슬라브주의자와 서구주의자간의 논쟁에 대해 정부는 검열과 추방으로 양자를 공히 배격했다. 아울러 정부는 서구주의자들의 혁명적 경향을 문책했으며, 또한 슬라브주의자들의 사상이 비 정교도들에 대한 러시아화를 방해하며, 민족적 실체를 붕괴한다고 우려함으로써 양자 모두를 배격했다. 그러나 진리의 문제는 시간상의 문제일 뿐, 결코 배격대상이 될 수 없음이 이들의 끈질긴 실천의지에 의해 구현되었다.

## 2. 농노해방과 기타개혁 및 지적활동

### 1) 농노해방과 평가

#### (1) 과정 및 결과

제정 러시아는 크리마아전쟁(Crimean War)의 패배를 통해 서방국가에 대한 열세를 확인함으로서 체제의 효율성을 모색하는 계기를 갖게 되었다. 문제는 체제의 효율성 증진을 위해 농노해방의 필요성을 인정하면서도 이에 따른 불확실성과 두려움으로 지체되어 왔다. 부정적 입장에서 농노해방에 의거 독재주의(Autocracy), 정교주의(Orthodoxy), 민족주의(Nationalism)의 행동원리 방해를 억제할 것이란 판단과 수천만이 연루된 해방은 연속적 부수 변화를 요구할 것이란 예측이었다.

부정적 견해와 우려에도 불구하고 농노해방은 1861년 알렉싼드르 II세(Alexander II: 1855-1881)에 의해 결행되었다. 정부는 크리미아 전쟁의 교훈을 통해 다수농민의 이익과 유리된 체제는 결코 힘을 발휘할 수 없음을 확인했다. 따라서 농노해방은 정부의 독재구조 보존책의 일환이 될 수 있었다. 아울러 농노해방은 새로운 근대적 방법에 의한 노동력 착취방도로 평가될 수도 있었다.

러시아에서의 농노해방은 고위공무원들의 헌신적 노력, 지주위원회결성을 통한 사법·행정·경제적 소위원회의 치밀한 계획의 결과로 유혈사태 없이 평화로이 진행되었다. 방법에 있어 정부는 지주에게 보상금보장 내지 가불조치를 하고, 농민들은 미르(Mir)를 통한 토지상환금을 정부에 50년간 분할 상환토록 했다. 마침내 1861년 2월 9일에 장엄한 해방이 선언되어, 2천 2백 5십만 명이 해방되었다. 이어서 1863년 국가 및 황실령 농노들도 해방되었다.

### (2) 농노해방의 부정적 여파

농노해방을 통한 대지주의 사법권과 독단성 종결에도 불구하고 완전한 시민권이 불인정되었다. 그리고 토지대금 상환이 끝난 50년 후에도 농민들은 미르에 여전히 결속되어 있었다. 아울러 농민들에게 사적 소유권이 인정되지 않았으며, 인두세 부과 등의 형태로 세금부담이 무거웠다. 더욱이 농토 할당량의 불충분으로 인해 농민들은 실망과 낭패감으로 분노했으며, 부담을 거부하기 조차 했다. 그리고 마을목사 및 부농의 영향력 하에 있던 미르가 장애물이란 공감대를 형성하기에 이르렀다.

지주들 역시 농노해방으로 인해 정치·경제 및 영향력 축소로 인한 불만족에 빠졌다. 결국 토지경작보다 매각으로 생활했다. 따라서 1861-1905년간 농민소유로 넘어간 토지는 거의 1/2에 달했다. 더욱이 지주에 대한 정부의 상환금은 새로운 사업시작에 불충분했다. 때문에 밑지고 매각하는 추세를 보였으며, 다수 귀족이 부를 상실함에 따라, 지주귀족간의 차별이 심화되었다.

농노해방 후 조성된 사회적 불온상황에서 폭동진압목적으로 정부는 평화 조정역(Peace Mediators)을 임명하는 조치를 보였다. 그러나 많은 결함과 불만에도 불구하고 해방의 대사업은 조용히 성공적으로 수행되었다.

## 2) 일련의 근대적 개혁

### (1) 재정 개혁

스뻬란스끼(Speransky)의 제안에 따라 1862년에 재정구조를 조정했으며, 재무성과 국영은행을 창설했다. 아울러 재무성에 의해 감독 되는 정규 예산제도를 도입했다. 아울러 세금수납업무를 사적 금융업자들로부터 새로 조직된 대규모 정부 관료들에게 이양하는 조치들을 실행했다.

### (2) 교육 개혁

1863년 제2의 대규모 개혁으로써의 교육체계개혁이 단행되었다. 이는 민중교육의 확대를 목표로 삼음으로서, 시골에 다수의 교육시설을 설립하겠다는 의지 표명을 명백히 했다. 이에 더하여 여성에게 중등학교 입학을 허용하고, 이들에게 문호를 개방 시켰으며, 대학에 보다 많은 자치를 허용했다. 그러나 1870년대 혁명적 소요가 발생한 이후 국가감독을 통한 자치권 제한조치가 취해졌다.

### (3) 사법 및 행정 개혁

사법 및 행정개혁(Judicial and administrative reforms)은 유능한 판사결여, 공명성 결여, 고통과 타락으로 고통 받던 상황이 고려된 행보였다. 1864년에 단행된 개혁은 부적절한 행정적 규정 내에 있던 사법제도를 재조직하고, 농노제도 폐지로 인한 지주의 관할권을 국가로 이전함으로서 비밀심문 폐지, 법 앞에 공정성 법제화, 배심원을 갖춘 법원으로의 개혁, 농민을 위한 특별 지방법원의 개설을 결과했다. 이울러 관료적 간섭으로부터 사법기관의 독립, 재판의 가속화, 사법과정의 고문이 제한되는 획기적 성과를 담고 있었다.

### (4) 지방자치제도의 개혁

지방자치제도의 개혁(Municipal reform)은 지방자치회(zemstvo)를 통한 지방자치정부를 제도화하기 위해 1864년에 단행되었다. 지방자치회는 지주, 농촌 공동체, 도시민들의 선거를 통한 대표로 구성했으며, 지방자치회가 지방자치정부에 참여함으로써 운영되는 지방에서의 민주화가 제한적으로 도입됐다. 아울러 지방자치정부의 관할사항으로서 교육, 번영, 보건문제, 의사전달체계의 조직, 산업시설 건립을 허용했으며, 지방자치정부는 지방세 징세권을 보유토록 했다. 그러나 재원의 불충분상태에서 사실상 토지소유 귀족이 재정적으로 기여하는 결과를 낳기도 했다. 또한 지방자치정부의 교육적 기능이 향후 정치지도자 양성에 기여하는 긍정적 결과를 가져왔다.

(5) 검열제도의 개혁

검열제도의 개정(Revising of Censorship)은 1865년 검열축소에 관한 칙령발표로 시행되었다.

(6) 군 복무제도의 개혁

군 복무제도 개혁(Military service reform)의 내용은 1874년 일반 군 복무제도 도입, 군복무기간에 있어 25년에서 6년으로의 단축, 잔인한 형태의 신체적 처벌의 폐지 및 광범위한 프로그램의 군 교육기관 설립을 주된 내용으로 했다. 이로 인해 1917년까지 군이 농민들의 문맹퇴치에 크게 기여하는 역할과 공헌을 했다.

### 3) 개혁의 한계와 지성인들의 사회운동

획기적이며 전반적 개혁에도 불구하고 황제권은 전혀 변하지 않았으며, 관료체제에서 발생한 시행상의 지체현상, 급속한 산업발전과 월등히 앞선 행정개혁에도 불구하고, 낡은 구식의 농사방법이 농노해방 후에도 지속되었다. 더욱이 입헌 통치나 인민에 의한 통치의사가 전혀 없는 온정주의 정권에 대한 지식인들의 불만이 '반동적 추세'로 변모했다.

이 같은 추세 속에 혁명적 지성인들은 정치적 변혁을 위한 다수 농민의 역량개발이 절대적으로 필요하다는 인식을 갖게 되었다. 바로 이 혁명적 인식이 실행으로 옮겨져 1870년대 도시의 전문 직업인들(교사, 작가, 의사 등)과 대학생들을 주축으로 '브 나로드'(v napod: to the people)운동이 전개됨으로써 지성인들의 사회참여가 본격화되었다.

### 4) 산업 환경의 변화

국가적 진보에 병행하여 산업적 면모도 급격히 변하였다. 이는 농노해방으로 인한 강제노동력 이탈과 자본결핍으로 한때 고통을 겪었으나 점차 새로운 상황에 조화되어 주식회사설립, 임금인상, 생활수준 향상책으로 활기를 띠게 되었다. 활기의 원동력은 외국상사들로써 독일은 기계공장·전기설비·화학공장설립, 스웨덴은 코카사스에서 유전개발·전화체계설비 및 이용, 영국은 선박건조·석유산업확장사업·군수산업, 프랑스는 석탄과 철강의 채굴산업을 위한 비용제공, 미국은 씨 뿌리고 수확하는 기계공장설립, 발틱해 지역의 나르바(Narva)에 대규모 방직공장이 설립되었다. 이로서 산업 노동자의 필요에 따른 도시의 발달로 이어졌다.

## 3. 19세기의 문예

### 1) 문학

18세기의 언어학적 개선에 의한 문학적 토대마련 속에 19세기 정신으로 무장되는 조건 형성과 외국문학의 영향에 의거 거족적 발전을 보였다. 당시 러시아작가들은 독일의 이상주의(idealism)자, Schiller, Goethe, 그리고 낭만주의자들인 Schlegel, Fichte에 영향을 받았다.

러시아의 문학평론가 벨린스끼(V. G. Belinsky)에 따르면 “예술은 주어진 시대의 사회정신과 경향의 표현이며”, 게르젠(Alexander Herzen)이 부가한 바와 같이 “사람은 논리만을 위해 태어난 것이 아니라 도덕적 자유와 긍정적 행위의 사회·역사적 세계를 위해 태어났다”는 것이다. 이것이 바로 당시 러시아 작가들의 진로를 대변한 사항이었다.

뿌쉬낀(A. S. Pushkin, 1799-1837) 레르몬또프(M. Y. Lermontov, 1814-41), 고골리(N. V. Gogol', 1809-52), 뚜르게녜프(I. S. Turgenev, 1818-83), 곤차로프(Ivan Goncharov, 1812-91), 도스또예프스끼(Feodor M. Dostoyevsky, (1821-1881), 똘스또이(Leo Tolstoy, 1825-1910)가 작품 활동을 했으며, 이들의 작품은 민족주의와 낭만주의라기보다는 보다 현실적인 실행적 신앙심을 담고 있었다.

문학적 전통을 달리하고 있는 차세대의 작가들로써 체홉(Anton Chekhov, 1860-1904), 메레즈꼬프스끼(D. Merezhkovsky, 1865-1914), 안드레예프(V. L. Andreyev, 1871-1919), 그리고 새로운 혁명적 세계를 위한 투사역할을 했던 막심 고리끼(Maxim Gorky, 1868-1936)가 활동했다.

### 2) 음악

19세기 러시아 음악가들은 외국의 영향력으로부터 해방되어 그들의 작곡이 국경을 넘는 성과를 올렸다. 당시 글린까(M. I. Glinka, 1857년 사망)는 '황제를 위한 생활'을 작곡하여 러시아 음악시대를 열게 했으며, 민족적 여망과 사회적 문제들이 모든 예술가의 감정을 사로잡고 있던 해방과 개혁의 선동기에 무쏘르그스끼(M. P. Mussorgsky, 1839-81), 차이꼽프스끼(Pyotr Ilyich Tchaikovsky, 1840-93), 림스끼-꼴사꼬프(Nikolai Rimsky-Korsakov, 1844-1908) 등의 음악가들이 활동했다. 20세기에 배출된 근대주의자들(modernists)도 러시아의 성취, 변덕, 사회의식을 표현해 온 전통을 유지시킨 점이 특징이다.

### 3) 발레

19세기 초에 러시아발레는 확고한 발판을 구축하게 되었다. 주제는 주로 외국 및 신화에 근거를 두고 있었으나, 점차 민속춤과 러시아적 주제의 중요성을 인식해 나아가며 가미되는 특징을 보였다. 발레진흥은 정부의 감독과 지원으로 춤 학교를 운영했으며, 학교에 등록된 농노의 자녀들은 10년이 경과되기 이전에 학교를 떠날 수 없도록 규제했다. 아울러 스파르타식 교육훈련 방법의 도입 및 적용을 통해 세계적 수준으로 유도했다.

러시아발레의 특징은 앙상블(ensemble)보다 스타(star)를 강조하고 있으며, 음악작품, 흉내 내기, 판토마임을 상당히 개량하여 서구와 차별화 시켰다는데 있다.

러시아의 발레 발전에 공헌한 인물로서 위대한 감독 칼 지젤로뜨(Karl Didelot)와 탁월한 연출가를 배출시키는데 성공했으며, 지젤로뜨 이후 저질행정, 인습, 낮은 교육, 저급한 도덕기준으로 위기를 맞기도 했으나, 1850년대에 개혁이 단행되어, 두 프랑스인 감독 영입과 최상의 연기자들의 도움으로 명성을 재수립하는데 성공함으로서 오늘날 세계적 수준의 독특한 발레를 연출케 했다.



## 4. 문화적 유형

### 1) 가부장주의(patrialism)

전제주의 고수 목적의 가부장주의(patrialism) 유형을 태동시켰다. 이는 황제가 사회적 저항을 의식하고, 보다 적극적으로 가장으로써의 역할을 함으로써 자신의 지위를 고수하려는 방법을 말한다. 황제가 베푼 일련의 개혁이 가부장주의 확립에 기여했을 뿐이다.

### 2) 인도주의(humanism)

인도주의(humanism)유형으로써 당시 러시아 지성들에 의해 일깨워진 결과였으나, 사실상 기독교문화에 근거를 둔 것이다. 인도주의의 대표적 인물은 똘스또이로서 그는 기독교적 무정부주의자였으며, 동양에서 그의 사상을 본받아 실행에 옮긴 인도의 간디를 통해 보다 실증적으로 이해할 수 있다.

#### 3) 인민주의(populism)

인민주의(populism)유형으로서 1870년대 젊은 직업적 전문가들이 농촌에 대거 들어가게 된 것은 바로 인민 대중에 대한 사랑의 발로였다. 다수 인민을 구원해야 한다는 사조가 러시아에 아직도 팽배하다는 점을 문화적 유형에 근거하여 이해할 필요가 있다.

#### 4) 근대적 서구주의

근대적 서구주의유형으로써 이는 후진성 극복과 부강한 국가건설을 목적으로 서구사회가 행한 방법과 결과의 답습을 의미한다. 그러나 러시아적 서구주의가 개인적 부(富)와는 상당한 거리가 있음을 강조해 둔다.

## 제14장

# 정당의 출현 및 공산혁명

# 1. 지성인들의 사회운동과 정당 활동

## 1) 인민주의 운동

### (1) 동기, 신념, 목적 및 평가

19세기 중 실시된 일련의 개혁확보의 어려움과 대중 불만을 치유할 수 있는 제도적 경로의 결핍이 지식인들로 하여금 혁명운동에 본격적으로 뛰어들게 했다. 혁명운동의 발단은 농민에 대한 애정으로 출발한 '인민주의 운동'으로서 인민주의자들 대다수는 서구의 초기자본주의에서 발생하고 있던 병폐를 피해, 보다 진보된 독특한 러시아 사화발전 방법을 모색하고 있었다. 인민주의자들은 혁명엘리트의 노력에 의해서만 농민민중의 우둔성을 극복하고, 이상사회의 실현이 가능하다고 확신하고 있었으며. 농민민중에 대한 후진성 인식교육과 사회주의 신념화 교육을 통해 농민해방을 강요해야 하며 러시아의 사회주의는 자본주의 단계를 거치지 않고 농촌 공동체인 미르를 통해 이룩될 수 있다는 신념을 가지고 있었다.

인민주의자들은 농민민중의 사회주의 의식교육에 목적을 두었으며, 미래사회의 기반인 농촌 공동체를 선점할 목적으로 농촌에 뛰어들었다. 그러나 농민민중의 지나친 무지로 인한 이해부족과 이들에 의해 고발당하는 예상치 못한 상황이 벌어졌다. 따라서 다수가 당국에 체포당하고 유형에 처해짐으로서 실패의 아픔을 겪어야만 했다. 이 같은 절망적 상황에서도 인민주의자들은 혁명엘리트가 기필코 실현해야 한다는 사명감에 따라 테러활동으로 급선회하는 결과를 낳게 되었다. 결국 개혁을 단행한 황제 알렉싼드르 II세가 암살당하는 극한 상황이 발생하였다.

## 2) 혁명적 사조의 진화와 정당의 형성

### (1) 사조의 진화

혁명적 인쩰리겐찌야의 사조는 반동정치의 탄압과 맞물려 급격한 진화현상을 보였다. 이를 차례로 열거하면, 1870년대에 운동 형태로 부상하였으나, 결국 정부의 탄압으로 실패한 인민주의(Populism or Narodnism), 그리고 인민주의자들에 의해 발견한 사조로서, 이는 1840년대 프랑스의 프르동이 집필한 '부란 무엇인가?'에 의해 체계화된 것으로, 정부의 존재를 사악한 것으로 보고, 이를 부정하는 무정부주의(Anarchism), 정부와 혁명적 인쩰리겐찌야간의 감정격화에 의해 진화된 산물로서, 현재를 기점으로 과거의 모든 유산과 가치를 거부하는 허무주의(Nihilism), 목적을 달성하기 위해 수단을 정당화하며, 죄의식 없이 테러를 일삼는 폭력주의(Terrorism), 좌절과 무력감 속에서 정부가 추진 중인 산업화의 결과를 기다리면 결국 무산자와 유산자간의 모순에 의해 혁명이 가능하다는 희망을 안겨 준 공산주의(Communism)로 변모하게 되었다.

### (2) 정당의 형성

격동의 소용돌이 속에서 결국 인쩰리겐찌야들은 자신들의 신념과 이상을 구현하기 위한 목적에서 의사를 같이하는 사람들끼리 조직체를 형성하기 시작했다. 이 조직체가 바로 러시아의 근대적 정당으로 발전하였다.

자유주의적 정당들(Liberal Parties)로서 합법적 수단에 의한 자유주의자들이 사회주의정부 구성을 염원하여 조직한 한 정당이 사회혁명당(Social Revolutionary party)이다.

자유 부르죠아 세력이 결성한 정당이 입헌민주당(Constitutional Democrats or Kadets)이며, 1898년 민스끄에서 창당된 맑스주의 정당이 혁명적 정당(Revolutionary Parties)으로서, 향후 1917년 10월 혁명을 통해 정권을 잡게 되는 사회민주당(Social Democrats)이다.

러시아사회민주당(Russia's Social Democratic party)은 러시아 최초의 맑스주의 집단이며 정당으로서 1883년 쁠레하노프(Plekhanov, G. V.)가 해외에서 최초의 맑스주의 집단인 '노동자 해방'집단 조직으로 시작되었다. 따라서 쁠레하노프는 러시아 맑스주의의 아버지로 평가받고 있다. 그 후 1898년 민스끄(Minsk)에서 '러시아 사회민주노동당'이 창당되었다.

러시아 사회민주노동당은 1903년에 개최된 제2차 런던 당 대회에서 볼셰비끼와 멘셰비끼로 분열되었다. 분열의 원인은 혁명수행에 주도적 역할자인 당의 조직 원리와 이념적 해석에 따른 차이에서 유발되었다. 볼셰비끼의 지도자 레닌(Lenin)은 이념적으로 즉각적인 혁명을 목표로 맑스주의를 러시아상황에 맞게 변형시켰으며, 당의 조직 원리에 있어 소수의 정예, 비밀 결사체로써의 엘리트 정당(Elite Party Theory)을 조직하자는 주장을 폈다. 상대적으로 멘셰비끼의 지도자 마르또프(Martov)는 이념적으로 정통 맑스주의를 견지하고 있었으며, 당의 조직 원리로써 대중정당(Mass Party Theory)을 표방하고, 당의 문호 개방을 주장했다. 이렇게 당의 분열로 각기 분리된 행적을 보였으며, 이들 양파는 1917년 혁명 전까지 국가와 인민을 위한 두드러진 활동과 업적을 기록치는 못했다.

### 3) 레닌이즘

레닌이 주장한 혁명논리를 개념화한 레닌이즘은 엘리트정당의 당위성과 혁명엘리트에 의한 노동계급에 대한 지도로써만 진정한 계급투쟁이 가능하다는 것이다. 다시 말해, 서구에서 노동자들 스스로 노동조합을 만들고, 입법화하는데 성공했지만, 노동자들은 돈에 의해 조합 활동이 좌우되는 결과를 초래하여, 결국 부르죠아지의 수중에서 놀아나고 있다는 분석이다. 따라서 엘리트의 지도로써만 진정한 혁명이 가능하다며, 엘리트의 역할을 강조했다. 이어서 러시아는 광범위한 부르죠아 자본주의단계를 거치지 않고도 지금 즉시 사회주의가 가능하다는 상황논리를 폈으며, 끝으로, 혁명엘리트는 전제체제를 붕괴할 수 있는 거국적 소요창조를 위해 농민을 포함한 전 인민의 지도가 필요하다는 논리로서, 맑스가 혁명의 주동 세력으로 삼은 산업노동자와 차이를 이루고 있다.

### 4) 1905년 혁명의 배경과 결과

1905년 혁명의 배경은 1890년대 이래 활기를 띠었던 산업화 과정에서 발생했다. 당시 정부를 관리한 지도자들의 성향은 정치적으로 보수주의자였지만 경제적으로는 진보주의자들이였다. 따라서 이들은 무역협정, 산업부문에 대한 보조금 지급, 보호관세 도입, 철도부설, 외국자본유치, 금본위제 도입, 도네츠(Donets)에 새로운 산업센터 개발, 끼예프 인근지역 드녜쁘르(Dnieper)에 대규모 수력발전소를 건설하며 산업화에 박차를 가했다. 산업화 결과로써, 석탄생산은 10배 증가했으며, 철 생산은 6배로 세계 제3위를 차지하였다. 그리고 모스끄바와 나르바(Narva)에 대규모 공장이 건립되는 성과를 올렸으며, 방직공업의 급신장으로 세계 4위 생산국이 되었으며, 중앙아시아에서의 목화생산량 급증으로 50%의 수입대체 효과를 얻었다. 아울러 바꾸(Baku)지역의 석유생산은 2배, 백금은 세계 공급량의 9/10담당. 제지산업 확대, 동, 은, 금, 납, 망간채굴의 급증현상을 보였다. 비록 국민 소득은 미미했으나 1차 대전 직전까지 년 8%의 경제성장을 기록하는 호조건을 만들어 가고 있었다. 이처럼 경제적 호조건으로 인해 사회적 안정을 누릴 수 있는 상황 속에서, 프랑스로부터의 대규모 차관도입이 세계 제1차 대전에 연루되는 운명을 맞게 된 것이다.

한편 러시아 지성들은 서구의 민주적 자유주의개념에서 개인주의 보다는 공동체 정신(communal spirit)을, 서구사상이 아닌 러시아사상에 기초 된 미래 사회건설을 열망하고 있었다. 이의 결과로 1904년 11월 지방자치회(Zemstvos)대표들이 '민중 대표제'와 '시민적 자유'를 요구하는 사태를 맞게 되었다.

혁명적 상황은 1905년 노-일전쟁의 패배로 전제체제의 허약성이

드러난 상황에서 발발했다. 사건의 모태는 1월 22일 황제에게 민중의 고통을 진언하기 위해 가폰(George Gapon)신부를 선두로 행한 동궁(Winter palace)으로의 평화적 시위대에 가한 무차별 사격 사건이었다. 이것이 바로 '피의 일요일'(Bloody Sunday)사건이다.

정부의 만행을 규탄하는 시위가 순식간에 전국적 규모로 확산되었으며, 이로 인해 사회활동이 전면 마비되었다. 이 혼란기에 자신들의 이익표출 수단으로써 노동자 소비에트(soviet)와 병사 소비에트가 최초로 출현하게 되었다. 결국 황제는 심각한 사태 수습을 위해 1905년 10월에 10월 선언(The October Manifesto)을 선포하고, 언론, 출판 및 두마(duma: 의회)설립을 약속하는 양보를 할 수밖에 없었다. 그러나 두마의 결의사항에 대한 황제의 절대 거부권과 두마의 해산권을 가진 상태에서 제한적 민주화 조치에 지나지 않았다.

10월 선언에 의거 설립된 두마의 활동은 황제의 해산권 행사로 인해 순조롭지 못했다. 제1차 두마(1906)는 자유주의자들이 다수 선출되었다. 그러나 제1차 두마는 정부와 자유 프로그램의 타협실패로 인해 황제가 두마를 해산시킴에 따라 단명으로 끝났다. 이어진 제2차 두마 (1906-1907)에서도 자유주의자들이 다수의석을 차지했으나, 사회주의자들의 약진현상을 보였다. 제2차 두마 역시 보다 폭 넓은 변화 요구로 인해 단명하고 말았다. 제3차 두마(1907. 11-1912)는 황제의 자의적인 선거법 개정으로 농민, 노동자, 소수민족대표들의 감소로 인해 보수적이며 온건주의 부유층이 다수가 되는 특징을 보였다. 활동사항으로는 민족과 국제적 관계에 지대한 영향력 발휘가 두드러졌으며, 아울러 신문과 도서의 검열제도를 개선하는 성과를 보였다. 제4차 두마(1912-1917)는 유일하게 임기를 완료한 두마이며, 제1차 대전의 참전결정과 1917년 3월 임시정부를 수립시킨 두마이기도 하다.

두마가 이룩한 성과는 첫째, 민의를 반영하여 토지상환책무를 폐지시키는 업적을 세웠으며. 둘째, 농민에게 미르(mir)의 생활 대신 자신의 토지소유를 허용하는 법률을 통과시켰다. 셋째, 1914년까지 구 러시아의 경작지 중 3/4을 농민이 소유하는 성과를 뒷받침했으며. 넷째, 1908년 일반교육제공에 관한 법률통과로 취학아동의 약 50%가 입학하는 효과를 얻도록 했다. 다섯째, 보건 및 보험계획을 채택, 산업 확대의 결과로 보다 많은 임금과 직장을 제공하는 성과를 기록했다.

## 2. 1917년 혁명과 문화적 유산

### 1) 2월 혁명과 10월 혁명[1]

1917년에 발생한 2월 내지 3월 혁명의 원인과 결과이다. 당시 스똘르이삔(Stolypin)의 산업정책으로 급성장 중이였으며, 농민의 사유지 확보율도 개선되어 사회적 안정을 이루는 추세였다. 그러나 제정 통치자들은 자유민주적 발전추세를 파괴하고, 애국심 고양으로 자신들의 권력과 지위를 상승시킬 목적으로 세계대전에 빠져들었다. 당시 러시아는 근대무기 생산능력 결핍과 군 수송수단 미비로 독일과 역부족상태에 있었기 때문에 전쟁결과는 치명적이었다. 1916년 사상자 수는 2백만 명 이상과 포로는 35만 명에 달했다. 전쟁으로 인해 국민경제가 파괴되었으며, 민중의 생활은 악화일로속에 빠져들어, 뻬뜨로그라드로부터 시위가 전국적으로 확산되었으며, 급기야 군에까지 파급되었다. 자유주의자들도 정부의 무기력한 전쟁수행에 경악하고 등을 돌렸으며. 전사회적 긴장의 결말은 1917년 2월에 두마의 주선에 의거, 황제 퇴위와 자유주의자들에 의한 임시정부를 출범하는 결과를 낳았다.

임시정부는 제헌의회구성 약속으로 일시적이나마 사회적 안정을 도모할 수 있었다. 이유는 그 토록 갈망해 온 자유주의정권 출범

---

1 당시 러시아는 그리스도의 공현일(Creation)에 기초하여 만든 유리안 달력을 사용했으며, 구라파 국가들은 그리스도의 탄생(Birth)에 근거한 그레고리안 달력을 사용함에 따라 러시아력으로는 2월, 구라파 달력으로는 3월로 차이가 난다.

과 제헌의회구성 약속으로 정치 및 사회적 발전의 계기를 마련할 수 있었기 때문이다. 여기서 임시정부의 과제는 단지 전쟁종식에 있었다. 그러나 임시정부는 국제적 신의를 중시하고 전쟁지속 결정을 내림으로서 사회는 또다시 조정 불가능한 혼란에 빠져들었다.

임시정부의 전쟁지속 결정을 지켜 본 레닌은 현 시점을 혁명의 절호기회로 판단하고, 4월 16일 혁명을 진두지휘하기 위해 뻬뜨로그라드로 귀국했다. 아울러 레닌은 상황판단에 따른 민심수습 목적으로 "빵, 토지, 평화"를 대중들에게 약속했다. 뻬뜨로그라드 소비에트 의장인 뜨로쯔끼(Trotsky)가 레닌에 가세하고 소비에트의 조직력을 제공받게 되었다.

임시정부는 좌파와 우파의 공격을 받았으며, 군의 기강은 갈리찌야 전선(Galician Front)에서의 공격실패 후 완전 붕괴되고 말았다. 이때 독일군은 라트비아의 수도 리가(Riga)를 점령하고, 뻬뜨로그라드로 진격 중에 있었다. 이 같은 상황이 낳은 혼란 속에서 볼셰비끼가 소비에트세력을 이용하여 10월 25일 정부를 전복시키고 정권을 잡은 것이다.

### 2) 소비에트정권의 탄생과 문화적 유산

정권을 잡은 레닌은 물질적 풍요와 평등으로 특징된 민주적이고 인간적인 사회수립을 목표로 하고 있었다. 실행적으로는 사회주의 이념에 따라 토지, 은행, 산업의 국유화를 단행했으며, 부르죠아지 제거 및 제헌의회선거, 평화조치로써 독일과의 협상을 결행했다. 한편 1917년 11월에 실시된 의회선거의 결과는 멘셰비끼를 다수당으로 결정시켰다. 따라서 1918년 1월 의회소집과 동시에 레닌은 수비대를 동원하여 제헌의원 들의 등원을 제지한 후 해산하는 조치를 취하고, 그 후 소비에트로 이를 대체시키는 독단과 비민주성을 보였다. 아울러 인민과의 약속을 이행하기 위해 1917년 11월 독일과의 협상을 개시한 후 1918년 3월 브레스뜨 리또프스끄(Brest Litovsk)평화조약을 성사시켰다. 이로써 통치권 유지 목적을 달성하게 되었다.

이 같은 역사적 사건의 진행과정 속에서 얻게 된 문화적 유형을 정리하면, 첫째, 지성인 다수가 자유 민주주의를 신념화하고 이상화 했으며, 둘째, 격동과 전쟁의 위기 속에 민족적 애국주의가 더욱 강화될 수 있었으며, 셋째, 맑스-레닌주의가 공식적 이데올로기로 자리 잡음에 따라 러시아의 의식구조 형성과 상황지배의 주요 근거가 된 것이다.

### 3) 소비에트 체제의 건설과 특징

#### (1) 체제의 대내외적 환경과 정책

볼셰비끼정권 수립과정은 순조롭지 못했다. 이유는 과거 제정러시아와 함께 세계대전에 참전했던 연합국의 간섭을 받게 되었을 뿐만 아니라, 제정 러시아를 재 옹립하기 위해 지원하는 백군과 내전을 벌이는 상황이 발발했기 때문이다. 더욱이 장구한 전쟁으로 인한 산업적 파괴로 인해 도시주민에게 긴요한 식량조달이 원활치 못했다. 이 같은 상황에서 볼셰빅 지지도의 상대적 열세로 인해 헌정민주체제 수립의 어려움이 있었으며, 착취와 소외 없는 평등이념의 구현은 이상에 불과했다. 그리고 대외적으로 자본주의 국가들로부터의 포위상황에서 언제 무너질지 모르는 절박한 위기상황에 놓여있었다.

이 같은 상황조건 속에서 수립된 정책목표는 볼셰빅혁명 직후, 소비에트 정권구축에 두었으며, 스딸린 집권 후에는 '공업화된 사회주의사회'건설에 두었다.

집권 초기에 적용된 이념과 주요정책은 첫째, 전시공산주의 표방에 의한 모든 산업의 강제 몰수에 의한 국유화, 둘째, 산업시설의 프롤레타리아 인수 및 관리, 셋째, 군의 계급철폐 및 노동자와 관리자간의 봉급차이 배제, 넷째, 기회균등원칙에 의한 교육기회 확대,

다섯째, 신경제정책에 의한 경제적 위기 해소노력이었다.

스딸린 집권 후에 적용된 이념 및 주요정책은 일국 사회주의, 계획경제 채택, 농업의 집단화, 중공업우선정책, 대약진운동(The Great Leap Forward Movement)이었다.

레닌

소비에트 체제의 정책목표들은 스딸린 집권기에 정착된 전체주의(totalitarianism)모델에 의거 집행되었다. 전체주의 체제가 갖는 인적 및 물적 자원의 무리한 동원이 불가피했으나 스딸린 체제가 올린 성과는 지대한 것이었다. 이를 요약하면, 세계 제 2위의 공업 대국화, 미국과 대등한 초강 군사 대국화, 전체주의 건설, 문화 대국화, 교육 대국화, 사회주의 블럭체제의 확립이다.

## 3. 소비에트 러시아의 문화

### 1) 공산정권의 2대 목표: 유토피아와 근대화

'유토피아'와 '근대화' 목표는 어떤 면에서 상호 보완성과 상대적 갈등관계를 형성한다. 보완적 관계에서 볼 때, 공산주의에 대한 신념은 당 간부들에게 감화의 근거이며, 권력에서 기원되는 냉소 및 부패에 반한 예방의 근거일 뿐만 아니라, 승리 후에도 지속된 고행적 헌신을 지원하는 원천이다, 더욱이 이 신념은 일반 노동자

스딸린

들로 하여금 내세에 궁극적 보상을 받을 것이란 희망을 가지게 함으로써 지속적인 내핍생활 수용노력을 지탱하도록 격려하고 있다. 역으로, 국가 경제 및 군사력의 신속한 성장을 통한 실행적 성과는 지도자들의 지도력을 강화시키며, 그들이 확신시키는 이념에 대한 과학적 진실성을 보강케 할 수 있다. 그리고 나아가 향후 단계인 계급 없는 사회가 유사한 속도로 이룩될 것이란 확신을 보강시킬 수 있다.[2)]

갈등의 관계에서 볼 때, 공산정권은 서구 선진국들의 경제 및 군사적 능력을 따라잡겠다는 의지가 담겨진 '발전'을 피지배민들로 하여금 강제적 위협과 물질적 자극수단을 병행한 생산규율과 합리성 적용으로 신속히 달성하려는 특징을 보여 왔다. 여기서 야기된 문제는 유토피아가 개인의 유익추구 및 박탈에 대한 두려움에서 벗어나 공동재화 획득을 위해 보다 많은 사람들이 기꺼이 작업에 임할 때에만 접근될 수 있음에도 불구하고 열정적 신념이 내재화되지 못한 것이 현실이었다. 따라서 대중의 계획적 재교육을 위한 대응 전략이 수행되어 왔다. 즉, 궁극적 목표달성을 위해 공산정권은 '새로운 인간'(new man) 창조노력에 힘써야만 했다. 여기서 제시된 새로운 인간은 이기적 야심과 계급사회의 특징적 탐욕에서 벗어난 사람을 말한다. 다시 말해서, 급속한 발전을 목적으로 '새로운 사람'은 '경제적인 인간'이 되도록 교육 및 조작에 힘써야하며, 유형적으로는 그 자신의 사리추구에 의한 근대 산업사회의 창조역군이 되도록 하는 것이다. 물론, 공산주의 교의는 새로운, 공산주의적 역군이 기근현상을 물적 풍요로 전환할 것이며, '경제적 인간'

2 Stanley Rothman & George W. Breslauer, *op. cit.*, p. 50.

과 그의 이기심이 사회발전의 중간단계를 신속히 횡단하는데 도움이 될 수 있다는 견해이다. 이 같은 논리는 자기희생적 공산주의 열정을 소지한 사람들이 소수에 지나지 않기 때문에 초기단계에 시행될 수 없으며, 또한 대중에 대한 실용주의 교육이 나중에 공산주의적 인간의 제 이상을 그들에게 복귀시키는데 있어 점차 어려운 상황을 맞을 수 있다는 사실이다. 실제로 보다 성공한 정권들은 물적 가치의 가르침으로 가능했다. 그러나 이들 정권의 장기 목표와 대중의 자의적 이익 간에 첨예한 갈등이 빚어지고 있다는 사실이 입증된 것이다.[3)]



유토피아와 근대화 목표 간의 이 근본적 모순은 구체적 정책승계과정에서 갈등을 자아내고 있다. 공산정권의 역사가 드러낸 바와 같이, 발전은 훈련된 유능한 관리자와 행정가들을 필요로 할뿐만 아니라, 또한 이들에게 생산과정에서 권위를 부여해야하고, 물질적 특권을 누릴 수 있도록 보장해야하며, 정책결정에 어느 정도의 영향력 행사도 가능해야한다. 그러나 문제는 특권층에 대한 보장이 계급 없는 사회목표에 부합될 수 없다는 점이며, 이들의 정치적 영향력이 보수화 경향을 띰에 따라 불가피하게 계급 없는 사회목표를 위임받은 총체적 당권과의 갈등이 야기될 수밖에 없는 것이다. 개발형 공산정권은 조만간 유토피아 정향의 혁명적 베테랑 엘리트와 합리적 경제개발 명분으로 영향력을 행사하는 새로운 기술전문 엘리트간의 갈등을 경험하고 있었다. 그리고 비록 고참 혁명엘리트 세대가 처음에 당 장치를 필연적으로 지배했지만, 당의 권력을 보존해야만 하는 이해가 결과적으로 일부 핵심 지도자들로 하여금 전형적으로 야기된 당내에서의 세대위기 및 구성원의 교체문제를 다룸에 있어 독립적 위상을 고수하는 원인이 되었다.

경제생활에 있어 이념 및 물적 자극수단과 강제적 수단 사용간의 선택은 상이한 발전단계에서의 갈등원인을 유발할 수 있다. 극적인 산업화진척 기간 중, 주요 현안중의 하나는 새로운 엔지니어

3 *Ibid.*, pp. 50-51.

및 관리자들의 성장과 재능 있는 노동자들의 기술습득, 승진, 기술적 진보에 창의력을 발휘하도록 자극할 목적으로 보수를 차등 지급할 필요성이 발생한 것이다. 여기서 공산주의의 이상인 평등과 생산성 향상의 필요성간에 갈등이 유발될 수밖에 없다. 원인은 이 단계에서 비숙련 노동자들의 소비가 아주 낮게 유지되어야만 했기 때문이다. 이유는 그들의 노동규율 교육이 집중적 선전, 그리고  점차 경제적 제재 및 직접적인 위협으로 대체함으로써만 보장될 수 있었기 때문이다. 그 후 산업생산성 수준의 향상과 농촌지역으로부터의 비 숙련노동자 유입 감소, 그리고 보다 많은 유용재화의 필요성 감소와 장비유지 및 산품의 질에 대한 책임감 증진의 필요성 감소로 인해 대중의 억압은 다소 완화될 수 있었다. 이 단계에서의 주요 변화는 자본주의적 산업사회와 유사한 강제역할로부터 물적 자극 사용으로의 합법적 이전이었다. 따라서 공산독재체제는 '경제적 인물'의 역할을 강화시켰으며, 동시에 노동대중의 생활에서 공산이념의 중요성을 축소시켰다. 결과적으로 이 단계에서의 갈등은 집권당 활동 내에서의 경제적 과업과 이념적 과업의 상대적 중요성 문제로 바뀐 것이다.[4]

끝으로 경제개발의 구조적 장애가 일단 제거되면, 경제성장은 더 이상의 폭력적 재난이 요구되지 않는다. 따라서 모든 생산계급은 새로운 테러리즘이나 갑작스런 정치적 변화에 두려움 없이 개인 및 사회적 안전 속에서 자신의 일상 사업에 매진할 수 있으며, 이의 결과 아주 급속한 성장이 기대될 수 있다. 나아가 새로운 계급의 특성형성을 방지하기 위해, 그리고 당의 장기목표 지향사업 추진에 있어 당의 자유를 보전하기 위해 착수된 어떤 '상부로부터의 혁명'은 안보적 혼란을 억제할 수 있다. 그 후 새로운 혁명적 변화 옹호자와 견고한 경제적 성장 옹호자간의 진지한 정책갈등 이후에야 개시될 '상부로부터의 혁명'이 뒤따른다. 이 같은 갈등 속에서 새로운 혁명적 압박으로의 전환을 지지하는 사람들은 전형적으로 경제

4 *Ibid.*, p. 52.

적 손실의 원인을 일관된 지속성 붕괴, 강제된 집단화, 관리자들에 대한 대대적 숙청에 두고 있다. 그러나 공산국가의 발전을 막는 것이 바로 근대 산업사회 수준으로의 접근이란 사실 속에서 공산정권은 딜레마에 빠질 수밖에 없는 것이다.

이렇게 개발 국가들에서 집권한 공산정권의 역동성은 정권에 의해 추진된 2개 목표뿐만 아니라 그들 정권의 정책에서 야기되는 2개의 사회변화 형태간의 빈번한 갈등에 의해 특징화되고 있다. 공산주의자들이 주어진 전통사회의 구조 및 문화 속에, 새로운 생산규율과 새로운 '실용주의자' 및 성취지향 가치를 가르침에 있어, 그리고 물적 자극 및 가일층의 경제발전을 지향할 수 있는 운영틀 창조에 있어 뿌리내린 근대화 장애물을 파괴시키는데 성공함으로서 점차 자의적이며, 자기 보존적 존재가 되었다. 그러나 개인의 물적 자기 이익에 기반을 두고 있는 이 새로운 자의적 변화유형이 새로운 계급적 구별을 유발시키고, 나아가 이로 인해 계급 없는 사회목표와 갈등관계에 들어가게 된다. 여기서 공산주의자들은 경제발전의 부산물에 의해 이념적으로 바람직하지 않은 실상을 해결하려 전력을 기울이며 그들의 독점적 국가권력 사용에 의한 자의적 사회변화, 즉, '위로부터의 혁명'을 반복하면서 문제해결에 나서고 있다.[5]

더욱이 발전과 유토피아목표 간의 그리고 자의적인 사회변화 경향과 부과된 사회변화 정책간의 지속적 갈등 속에서, 자체의 세력균형이 시간의 경과 속에서 변하고 있다. 이는 유토피아에 대한 근대화의 승리추세로의 변화로서 공산정권사가 이를 명백히 증명하였다. 즉, 공산정권이 주도한 사회개발이 선진 공업사회에 접근함으로써 이념적으로 지도된 정치권력에 의해 그들의 사회구조가 독단적 재편결과를 낳은 것이다. 다시 말해, 그들의 상부구조에 의한 그들의 사회적 기반 재편이 점차 목표문화 성취를 어렵게 했으며, 궁극적으로 불가능하게 만든 것이다.

---

5 *Ibid.*, p. 53.

### (1) 소비에트 러시아의 목표문화

소비에트 러시아의 궁극적 지향목표는 공산주의사회 건설이었다. 여기서 제시된 '공산주의'는 맑스가 제시한 이상사회를 기본골격으로 하고 있다. 그러나 제정러시아 말기의 상황은 맑스가 혁명가능 조건으로 본 상황과 너무나 큰 차이에 있었다. 즉, 러시아는 정부주도에 의한 산업화가 대대적으로 추진되고 있었음에도 불구하고 아직 미성숙한 산업발전단계에 머물러 있었다. 농업이 산업의 중추적 역할을 수행하는 상태에서 사실상 혁명의식을 조장하기조차 불가능한 상태였다. 때문에 러시아에서의 효과적 혁명수행을 위한 논쟁이 벌어지게 되었고, 급기야 1903년 레닌이 주도한 볼셰비끼와 마르또프가 주도한 멘셰비끼로 분열하게된 것이다. 멘셰비끼은 정통 맑스주의 추종론자들이며, 또한 새로운 혁명적 러시아역사 창조에 기여한 바가 미미함으로 이곳에서의 논의를 배제한다.

레닌이즘의 실행적 행동의지를 담은 볼셰비즘의 핵심은 공산혁명의 승리 및 공산정부의 유지와 발전을 위해서는 맑시즘의 상황과 원칙을 과감히 무시 및 대체시켜 러시아의 현실에 응용시킨 이데올로기이다. 따라서 혁명 전 레닌에 의해 주장된 혁명론은 1) 서구사회주의 발전모델과는 달리 러시아는 광범한 부르죠아 자본주의 발전단계를 거치지 않고 지금 현재 사회주의혁명이 가능하며, 2) 제정정부의 탄압과 감시상황에서 서구방식의 대중정당(mass party)을 통한 사회주의 선동효과를 기대할 수 없기 때문에 소수·비밀·결사체인 엘리트 정당(elite party)을 구성해야하며, 2) 혁명가는 거국적인 소요창출을 위해 노동자뿐만 아니라 농민을 포함한 전 인민계급에 대한 지도가 필요하다는 것이다. 바로 이들이 맑시즘과의 차이이다.

실행적인 면을 수반한 볼셰비즘의 견지에서 볼 때 맑시즘의 변형은 혁명전과 후로 대별된다. 혁명전의 대표적 사례가 "모든 권력은 소비에트!"라는 구호사용이었다. 대내적 조직기반이 취약했던 볼셰비끼로서는 혁명달성에 효과적인 수단이 절대 필요했다. 이에 따라 당시 전쟁의 와중에서 초래된 사회적 혼란과 도시의 식량폭동 속에서 형성된 소비에트세력의 볼셰비끼화는 이론적 모순이 될 수 없었다. 문제는 혁명 후 실시된 제헌의회구성을 위한 선거결과 멘셰비끼가 다수의석을 차지했고, 볼셰비끼가 소수의석으로 야당의 위치에 놓이게 된 데서 기인했다. 이는 1918년 1월 제헌의회 첫 소집에 의한 의원들의 의사당 등원 시 수비대병력을 동원하여 의원들의 입장을 막은 후 의회해산과 더불어 소비에트로 대체시킨 이변이다. 레닌은 서구의회의 부르죠아지 성향을 지적하면서 러시아에서 진정한 인민의 대표이며 민의를 반영할 수 있는 집단이 '소비에트'라면서 이의 정당화 및 당의 적극적 지원을 호소하였다. 그러나 이 같은 소비에트 합법화 사실은 명백히 민주주의 원리에 대한 파괴이며, 맑시즘의 근본원리에도 배치되는 성격을 지녔다는 사실이다. 더욱이 소비에트 대의원선거과정에서 보여준 공산당의 조작현상은 향후 볼셰비끼의 독단성을 증명시키는데 일조 했다.

소비에트체제 유지를 위해 이념(맑시즘)에 모순된 정책노선의 표출 사례는 지속적으로 나타났다. 더욱이 이 같은 일들이 권위적인 레닌의 집권시에 단행됨에 따라 향후 정책결정에 결정적 영향을 미칠 수 있는 선례를 남겼다는데 에도 지대한 의미를 지닌다. 레닌에 의해 단행된 첫 파행적 사례는 1917년 11월에 추진하여 1918년 3월에 서명된 독일과의 브레스뜨-리또프스끄(Brest-Litovsk) 강화조약의 체결이다. 당시 독일은 제1차 세계대전과정의 교전 당사국이었을 뿐만 아니라 제국주의 세력이었다. 더욱이 독일과의 강화조약 체결 결과로 당시 러시아는 인구 및 산업의 약 1/3을 독일에 할양당한 상태가 되었다. 이러한 가혹한 결과를 감수해야만 했으며, 더욱이 제국주의를 타도해야할 공산이념정권임에도 불구하고 제국주의 독일과 강화조약을 맺었다는 사실은 명백한 이념적 모순이었다. 이는 정권유지를 우선시한 사례이며, 이념은 정권유지의 수단일 수 있음을 보였다는 사실이다.

두 번째 사례는 신 경제정책(NEP)의 채택이다. 내전에 의해 황폐된 경제를 회복하기 위해 자본주의로의 후퇴를 명령한 정책노선

흐루시쵸프

은 분명 이념적 모순이다. 그러나 은행, 토지 및 대규모 산업체의 국유화지탱, 그리고 공산주의적 교육목표를 강화시킨 조치로 볼 때 공산주의 포기는 결코 아니었다. 정권유지를 위한 고육지책이었을 뿐이다.

스딸린 집권시의 총체적 모순은 목표문화 지향과정에서 맑스에 의해 잠시 인정된 '프롤레타리아트독재'성향의 과도한 표출로 야기됐다. 전체주의(totalitarianism) 체제구축과 이에 의거 공산당위에 군림한 독재자로 변신함으로써 이념을 위한 수단의 정당화 결과를 드러낸 것이다.

흐루시쵸프 집권시의 이념적 모순은 '평화공존정책'에서 야기됐다. 자본주의 진영과의 평화공존을 통한 유용성 추구노력은 수단의 정당화뿐만 아니라 핵무기출현에 따른 변화된 현실상황에서 정권안보와 직결된 정책표출인 것이다.

브레즈네프 집권기에는 '공업관리 및 계획화의 개선과 공업생산의 경제적 자극강화에 관하여'라는 명령형식의 경제개혁이 1966년 1월부터 단행 및 시행되었다. 이 브레즈네프-꼬쓰이긴 개혁은 리베르만(E. G. Liberman)이 제시한 논리를 부분적으로 수용한 것이다. 그리고 이는 계획경제에서 야기된 문제보완을 통한 정체현상을 이윤도입방식으로 타개하려는데 목적을 두고 있었다. 이들은 당시상황의 타개책으로 타당성을 지닌다. 그러나 이들이 지닌 중대한 이념적 모순은 '노동가치설을 사실상 포기하고 이자 및 이윤개념을 공인했다는 점에 있다.

고르바쵸프 집권기에는 보다 강화된 자본주의 요소의 도입으로 특징화되었다. 즉, 수적으로는 소수에 지나지 않았으나 사유기업이 허용되었으며, 더욱이 내국인이 운영권을 보유하는 조건이었으나 외국인과의 합작 사업이 승인된 것이다.

이 같은 사례들은 공산당이 이상적 사회건설 역할에 있어 정통성을 지닌 사회라는 점, 변화 및 발전과정상의 현실 속에서 리더쉽을 효과적으로 수행함으로써 궁극적으로는 공산당 체제를 지탱 및 유지해야만 하는 필연성의 결과이다.

문제는 이 같은 이념적 모순이 결국 목표문화의 본질도 사실상 쇠퇴의 길을 걷다가 급기야 포기하는 사퇴를 맞은 것이다. 당 지도력에 의해 창안된 '2보 전진을 위한 1보 후퇴' 전술로 이념적 모순을 정당화하기까지 했다. 이념적 접근을 위한 발버둥은 전 인민적 교육 및 계도, 선전·선동을 통한 이념의 내재화 노력으로 특징화되었다. 그리고 이의 결과는 당연히 문화적 결실로 나타나 사회활동의 토대역할을 수행해 왔다. 여기서 문제는 소비에트 공산정권이 붕괴되는 결과를 초래했음에도 불구하고 과거 그들의 장구한 이념적 내재화 노력은 인민적 타당성 판단과 유용성의 견지에서 수용되어 '잔존 가치군'을 형성시킬 수 있다는 것이다. 따라서 실용적 가치형성 근거에 초점을 맞춘다.

이념적 모순 및 훼손에도 불구하고 소비에트 정권의 권력 장악 및 유지 명분은 무엇인가? 이는 소련공산당의 사회적 역할정당화에 따른 목표문화설정 및 접근과 직결되는 사항이다. 소련공산당의 권력유지를 위한 명분은 소위 계급구조, 경제체제, 그리고 사회적 행위를 지배하는 제 가치들에서의 철저한 사회변화계획추진 사명에 두어왔다. 다시 말해, 빈곤과 착취 없는, 또는 억압의 필요성이 없는, 궁극적으로는 계급 없는 사회창조가 시도된 것이다. 내전에 승리한 공산당은 이러한 변화를 야기할 수 있는 전제조건으로써 전례 없는 권력 집중형의 새로운 정치체계 유형을 수립했다. 이 정치체계는 국가권력행사에 있어 법적 제한 없이 모든 정부기관, 모든 조직적 사회집단들, 모든 정보매체의 영구적이며 독점적인 통제를 주장하는 단일 정당(공산당)으로 특징 되었다. 공산당의 견지에서 이 정치체계의 장기적 안정이 이념적 목표에 의해 요구된 사회체계 내에서의 제 변화성취를 위해 불가피하다는 입장이다.[6)]

공산체제에 의해 부과된 폭넓고 심원한 반복적 제 변화 강행은 일반적으로 불가피한 것으로 받아들여졌다. 원인은 레닌이즘이 구현된 토착 공산혁명이 저 개발 상태에서 성공했다는 점과 이로 인해 소비에트체제가 공산이념에 의해 요구된 특별한 사회변화 야기 목적의 발전에 박차를 가함에 있어 자신의 권력사용을 부추기도록 유혹을 받게 된 것이다. 여기서 소비에트 공산체제는 가속적 산업 개발과 이념 지도적 변화를 동시에 추진함에 있어 어떤 갈등에 직면했다. 그리고 이 갈등 해결 결과가 그들 자신의 공산체제 진화에 가일층의 영향을 미치게 된 것이다.

정치적으로 강요된 개발형태로써의 소비에트 공산체제는 이념적인 영역에서 독특한 결과들을 산출했다. 이는 가장 효과적인 개발독재로써 소련 공산당독재를 개성화하는 결과를 낳기도 했다. 고전적 공산주의 이념에서 근대화책무는 중심적 역할이 아니었다. 때문에 레닌은 '프롤레타리아독재'가 선진 산업사회에서 최초로 이루어 질 수 있다는 맑스주의 가설에서 출발했다. 다시 말해, 그의 당이 후진 러시아에서 권력을 잡았을 때, 그는 자신의 성공요인을 '역사의 구부러진 길'(zigzags of history)중의 하나로 돌리고, 서구 및 중구 공산주의자들이 곧 추종할 것으로 기대했다. 아울러 서구 및 중구에서 이들의 지속적 실패가 볼셰비끼를 시작으로 하여 차후에 성공한 타 저개발국 공산당들로 하여금 정치적으로 강제된 근대화를 시도하도록 했다.[7)]

맑스주의 이념에서 궁극적인 목표는 특정국가의 근대화가 아닌 세계적 규모에서의 계급 없는 사회도달 노력에 의미를 부여하고 있다. 아울러 그 목표는 기술적 생산성과 일반교육 수준의 향상을 기대한 사고 속에서의 사회질서로서 정의된다. 따라서 이 질서 속에서 어떤 물질적 재화의 결핍이나, 육체노동 및 종속적 책무수행자와 지적 및 관리책무 수행자들 간에 어떤 직업적 구분의 필요성이 없게 될 것이다. 더욱이 분배의 문제뿐만 아니라 산업구조에서

---

6 *Ibid.*, p. 33.
7 *Ibid.*, p. 39.

명백한 사회적 계서체계도 없어지게 될 것이며, 어떤 강제장치의 필요성 및 지배자와 피지배자간의 구분도 없게 될 것이다. 이에 따라, 이때 남게 될 사회적 행정과제는 바로 모든 사회 구성원의 변화에 의해 얻게 될 생산책무의 고도 관리가 될 것이다.[8)]

물론 이 계급 및 국가 없는 사회의 구분은, 맑스나 레닌이 주장한 바와 같이, 사회발전추세의 과학적 분석에 기반을 둔 것이 아니고 증명되지 못했거나 논증적으로 그릇된 일련의 이념적 가설에 기반을 둔 것이다. 생산성 향상이 물적 재화의 결핍을 해소할 것이라는 기대는 인간의 물적 욕구 및 세계인구 증대에 대한 가변성을 한정시킨 결과이다. 그리고 산업적 책무에서의 관리자와 피 관리자간의 직업적 구분 필요성이 기술과 교육수준의 상승으로 사라질 것이라는 견해는 맑시즘 출현 이래의 경험에 모순되고 있다. 기술적 진보가 보다 복잡한 산업 및 행정책무를 고도화시키고 있으며, 관리자와 피 관리자간의 간격을 보다 확장시키고, 육체노동자들에 대한 과제를 미해결상태로 놓아둔 상태에 있다. 그리고 교육적 진보가 보다 복잡한 과제를 다루는데 필요한 지식 습득능력이 아닌 기회만을 인민에게 균등하게 할 뿐이다. 더욱이 물적 재화의 결핍으로 결과하는 소득배분문제를 해결 및 해소하기 위해 모든 사회적 억압이 필요하다는 신념은 사회적 갈등원인에 대한 폭 좁은 소견의 결과이다.[9)]

사실상 맑스의 유토피아적 유산에서 유래된 제 원리가 맑스의 자본주의 '변동법칙'에서 연역된 과학적 산물과는 상당한 거리에 있는, 모든 사회적 갈등의 궁극적 소멸에 대한 신념을 분석원리로 삼아 해석된 것이다. 갈등 없는 사회상은 당시 전례 없는 개인 및 사회적 갈등에서 벗어나기 위해 철학자와 예언자들이 고안해낸 모든 유토피아의 핵이었다. 그러나 이에 대한 맑스의 견해는 계급 없고 국가 없는 유토피아적 비전을 '역사의 법칙'에 의해 달성이 보장되는 정치활동의 목표로써 제시된 것이다. 즉, 세속종교의 논리

8 *Ibid.*, pp. 39-40.
9 I*bid.*, p. 40.

브레즈네프

속으로 유토피아를 끌어들인 후, 세속종교 속에서 역사를 지상에서의 인류구원 운동으로써, 그리고 이 운명을 충족시키기 위한 방법으로써의 혁명적 실행역할을 제시한 것이다.[10] 특히 스딸린에 의해 강조된 사회주의적 이념의 제 형태는 불평등한 사회적 지위 및 노동윤리에서의 평등성취에 있었다.

민족주의 정권들이 완전 독립과 효과적 근대화 달성을 최대 목표로 삼고 있는 것과 대조적으로 공산정권들은 유토피아적 목표로써의 범세계적 계급 없는 사회조성 투쟁에 공식적으로 몰두하고 있다. 이 투쟁은 끝이 없을 뿐만 아니라 목표달성도 결코 이루어질 수 없는 성질을 지니고 있다.

유토피아적 목표구현의 구체성은 경제정책으로 반영되어 집행되었다. 경제정책에서 민족주의나 공산주의 정권 공히 채택하고 있는 개발독재는 국가경제개발을 막고 있는 기득권세력에 대한 투쟁원리를 구현시키고 있다. 그러나 민족주의 정권이 이념적으로 전면적 국유화 및 집단화를 요구하는 구체적 모델을 위임받고 있지 않다는데 차이가 있다. 공산정권들은 한결같이 집권 직후 다양한 산업 및 토지의 국유화 내지 사회화를 몰수형식으로 단행했다. 아울러 지속적인 자본주의적 요소제거를 통한 갈등 없는 사회창조를 목표로 해왔다. 그러나 상황적 여건에 의한 정권안보의 필요성에서 '구 시대방법으로의 복귀현상'을 일반화하고 있으나, 이는 수단적 의미를 지닐 뿐 결코 목표는 아니라는 사실이다. 다시 말해, 1921년에 채택된 신 경제정책(NEP), 1965년에 채택되어 1966년에 시행된 브레즈네프-꼬쓰이긴 경제개혁, 1985년 이후의 고르바쵸프 경제개혁은 목표문화 수호를 위한 수단으로 보아야 한다. 문제는 소비에

10 *Ibid.* p. 40.

트 러시아정권이 집권한 70여 년의 역사가 공산당에 의해 강요된 목표문화의 내재화 내지 구현 기였다면 구체성을 띤 행동지침 역할의 하위가치가 무엇이었는가?이다. 이는 한마디로 '사회주의' 범주 속에 담겨진 자본주의적 요소 말살로 표현되어 구체성을 띠었다고 단언하고 싶다.



## (2) 소비에트 러시아의 이전문화

레닌과 스딸린은 러시아 대중의 후진성과 훈련되어있지 못한 상태를 슬퍼하고, 특별 조치를 취하기로 결의를 다졌다고 한다. 즉, 오래 지속되어온 "오블로모프(무기력증)를 씻어내기 위해서는 닦이고 몽둥이질을 하여 사람을 만들 필요가 있을 것"[11]이라는 결의였다. 사람을 만드는 것은 대중의 무기력증을 극복하는 일로써 대중 속에 규율과 조직 마인드를 불어넣음으로 가능하다고 본 것이다. 강철 같은 규율을 불어넣는 일은 고도의 훈련 및 진보적 정당의 후원 하에 이루어지는 대중동원이 요구됐다. 대중은 강력한 당을 추종하지 않는 비당원이므로 불굴의 투지가 없었다.[12] 이에 비해 당원들은 레닌이즘에 근거하여 대중의 전위대가 될 수 있었을 뿐만 아니라 사회성원 중 성취정향과 정치의식이 가장 높았기 때문에 후진성 극복투쟁에 앞장설 수 있었다. 1924년 스딸린은 "우리 공산주의자들은 특별한 형상의 사람들이다. 우리는 특수 물질을 만들고 있다… 이는 억압과 폭풍을 견디도록 당원에게 수반되는 일로써 모두에게 주어지는 것이 아니다"[13]라고 선언했다.

스딸린 통치 하에서 "새로운 소비에트 인간"은 근대 소비에트 산업사회를 위한 성취정향 및 자기 규제된 시민의 이상적 본보기가 되었다. 이는 수동적이기보다는 능동적으로, 운명적이기보다는 자기 확신에 의해 본성을 정복 및 전환할 수 있는 힘과 동기를 얻도록

11 Quoted in Nathan Leites, *A Study of Bolshevism*(Glencoe, Ill.: The Free Press, 1953), p. 210.

12 *Ibid.*, p. 233.

13 *Ibid.*, p. 279.

유도하고 있었다. 이의 기본적 이상은 자기불신과 운명주의 및 수동성에 묻혀있는 대중적 에너지를 적절히 동원하는데 있었다.[14]

스딸린 통치 하에서 시행된 "새로운 사람"을 만들기 위한 노력은 서구 자본주의 세계에서 일반화된 진보정신과 개인적 효능 및 낙관적 사고를 대중에게 주입시키는데 집중됐다. 따라서 개인은 이들을 갖추고, 열광적 작업과 자기 단련을 통한 사회적 지위를 높이도록 촉구되는 존재가 되었다. 그러나 서구와 달리 러시아의 노동윤리는 집단적 보상과 집단적 규율을 강조하고 있었다. 자유로운 노동 윤리는 성취에 박차를 가하는 만큼의 개인의 자기 독단과 개인 간의 경쟁을 강조한다. 그러나 소비에트 맑시즘에 의거 개인주의는 타인의 희생으로 자신의 출세와 연계된 이기적인 "자기중심벽"(egotism)에 가깝다. 때문에 소비에트 지도자들은 성취를 촉구하고 인민을 정책노선에 묶어놓기 위한 수단으로써 집단적 노력을 강조하고 있다. 이는 소비에트 정권이 사회적 압력과 집단적 책무에 기초하여 사회를 개편함에 있어 러시아의 전통적 유산인 공동체정신을 강조한 것이다. "새로운 사람"은 국가 및 당 관료의 통치력 유지를 지원할 것이며, 동시에 또한 자신이 속한 집단에 대해 감화 제공을 시도하며, 그들에게 그들 자신의 에너지 및 동기의 수준을 끌어올리도록 노력하는 것이다.[15]

성취감에 부가하여, 새로운 사람은 소비에트 시민모델과 결부되었다. 대중 매체, 학교 및 자기 증진수단과의 접속을 통해, 새로운 인간은 보다 큰 공적 이익을 위해 요구된 개인적 희생을 인정하고, 그의 동료들에게 이들 개념을 설명함으로써 미신적 행위와 지방주의의 모든 잔재를 극복토록 기대한 것이다. 보다 구체적으로, 이들 개념의 내재화 결과로 개인의 전통적 씨족, 촌락, 종교, 민족에 대한 책무는 필연적으로 제거되며, 그에게 새롭게 요구된 국가와 공산당 및 지도자에 대한 충성으로 복종되는 것이다. 한 마디로, 새로운 사람은 이념적으로 사고하고, 고도의 공적 선을 인정하며, 당이

14 Stanley Rothman & George W. Breslauer, *op. cit.*, p. 59.
15 *Ibid.*, p. 59-60.

국가적 제 요구에 특별한 통찰력을 가졌다는 생각을 수용토록 교화되는 존재였다. 이렇게 새로운 사람은 계서적 규율의 필요성을 광적으로 받아드린 점에서 서구 선진국 시민들과는 아주 다른 사고를 지닌 시민으로 평가된다. 실로 새로운 사람들은 국가 및 당 관료들에 의해 수립된 제 정책수행을 광적으로 이행함으로써 혁명의 이상을 증명시켰다. 더욱이 이들은 시민적 업무에 적극 연루되었음에도 불구하고 관료들의 권리에 도전치 않았다는 점이 특징이다.[16] 이상과 같이 실행적 모델인 "새로운 사람"이 담고 있는 가치는 비생산적· 비이성적·비 통합적 전통가치를 몰아내고 공산지도력에 통합되어 공리적 사고방식으로 국가정책에 헌신토록 촉구하고 있다.

또 다른 소비에트 러시아정권의 목적 지향적 실행모델은 "시민적 신분"(citizenship)개념의 제시였다. 스딸린 통치 하에서 개발된 소비에트 시민개념은 국지적 연계를 초월한 공동국가에 대한 이해 및 수용뿐만 아니라 당 및 국가 관료체계 내의 모든 관료들에 이르기까지 공적이익의 개념을 간직토록 대중에게 요청하고 있다. 소비에트 체제 내에서 기조적 성격의 제 정책결정은 물밑에서 만들어졌다. 그러나 이들 결정이 공적 동원을 목적으로 공식 정책에 반하지는 않았다는데 특징이 있다. 소비에트체제는 사회 내의 이익집단 간의 갈등을 강조하는 자유로운 정책개념화와는 대조적으로 이 같은 이해갈등의 존재를 부인하고, 국가주변에 규합된 모든 시민들에게 공적 이익추구를 요청하고 있었다. 이러한 요청은 정권의 합법화 수단을 정권의 정책결정과정의 공개보다 정권의 제 업적과 이익에 두었기 때문이다. 이처럼 과정보다 이익을 보다 중시한 결과는 제정러시아에서 유래된 유산으로 보아야할 것이다. 특히 스딸린의 신격화는 과거 황제와 농민 간에 존재한 가부장적 결속을 목적으로 한 것이다. 따라서 소비에트 시민개념은 공적 책임을 지고 있는 관료들을 시민이 장악하지 못한다는 사실의 노출이다.

부정적 전통문화를 바꿈에 있어 형성된 러시아적 특징은 소비에

16 *Ibid.*, p. 60.

트 정권의 인위적 노력들과 인위적 노력의 결과로 빚어진 산업화의 영향으로 가능했다는 사실이다. 스딸린이 이념적 영역의 평등주의를 강조했음에도 불구하고 산업화와 군사적 역량 강화에 대중의 에너지를 적극 동원함으로써 성취효과도 강조한 것이다. 바로 소비에트정권의 이러한 가치강조가 러시아 대중사이에 지대한 문화적 변형을 가져오게 한 것이다. 결과적으로 많은 연구물들이 지적하고 있는바와 같이 소비에트 체제에서 많은 부모들이 그들의 자녀들을 교육시킴에 있어 전통적인 가족이나 종교 및 책무보다 개인적 성공과 만족을 이루는 가치들을 강조하게 되었다. 더욱이 사회적 계급과 연계된 가치들이 변했다는 사실이다. 즉, 상향적 동원노력의 결과로써 대충 일을 마무리하는 과거의 풍토는 사라지고 서구에서 볼 수 있는 중산층의 지위 및 품행, 고학력, 정중한 기준 및 공식적 옷차림에 대한 가치를 보다 강조하게 되었다. 실로, 많은 소비에트 젊은 엘리트들이 흐루시쵸프에게 가한 비판들 중의 하나가 "세련되지 못했다"는 것이었다.[17)]

소비에트 정권에 의해 창조된 새로운 성장은 전통적 기준에 의거 사업성과 능률을 갖춘 중산층의 직업인이다. 이들은 새로운 자기규제 규범을 내면화한 근대적으로 효율적인 전문가들이며 기술적인 광인들이다. 또한 이들은 과학과 기술혁명의 잠재력을 이용하기 위해 열정적으로 분발하였던 개인들이다. 이들은 비록 지위 상에서, 그리고 계서적 규율 상에서 불평등을 신봉하고 있기 때문에 소비에트 통치 초기의 "새로운 사람" 개념에서 벗어났지만, 현행의 "이상적 소비에트 시민" 개념에 아주 적합한 신분이 되었다.[18)] 이렇게 정권의 의지에 의해 산출된 결과가 결국 체제를 변화시킬 수밖에 없는 현상을 초래시킨 것이다.

한편, 체제의 집요한 노력에도 불구하고 많은 러시아 문화의 전통적 요소들도 잔존했다. 이는 통상 러시아인들에게 풍부한 특징으로 간주된 개성들로써 개방성, 변덕성, 충동성, 감정적 온화함이다.

---

17 *Ibid.*, pp. 60-61.
18 *Ibid.*, p. 61.

이에 부가하여 잔존한 특징으로서 체제의 주요 해결과제가 되고 있는 것이 과음현상이다. 러시아인들은 세계최고의 음주국으로서 생산 활동에 막대한 손실을 초래시키고 있다는데 심각성이 있다. 더욱이 대부분의 폭력범죄가 술기운에서나 가열된 논쟁의 결과로 야기된 후 깊은 후회가 뒤따르는 현상을 야기하고 있다.[19]

소비에트 정권의 준엄한 노동규율과 사회통제 노력이 과거 제정 러시아 당시의 수준을 낮추는데 기여했다. 그러나 문제를 해소시킨 것은 결코 아니다. 출세를 염두에 둔 인사들은 자제력을 갖추고 지나친 음주를 피하는 경향이다. 그러나 노동대중은 대조적 현상을 보이고 있다. "구시대 잔재" 박멸을 위한 정부의 충고로 해결하지 못하는 처지이다. 이는 과거 약 2세기 전부터 지속되어 온 전통적 습관으로 자리 잡은 후 러시아 사회가 이를 나쁜 범죄로 간주하고 있지 않기 때문이다. 근세에 고르바쵸프의 금주운동 실패의 예증도 일맥상통하고 있다.

소비에트 정권의 다이내믹한 이념적 목표문화 추진에도 불구하고 물적 획득 및 지위에 대한 의식이 축소되었다는 조짐이 보이지 않고 있다. 즉, 개인적 취득충동이 여전히 강하게 남아있는 것이다. 개인적 보상이기보다는 집단적 보상을 위해 노동에 열중토록 권한 체제의 노력은 통상 정부에 봉급 및 상여금 인상압력을 넣으면서 좌절되곤 했다. 소비에트 노동자들은 한결 같이 이 같은 반응을 보이고 있다. "보스들(bosses)이 우리에게 온당한 임금을 주는 체 한다면 우리는 일하는 체 할 것이다."[20] 소비에트 신문들은 지속적으로 "물질주의 숭배"를 과거의 잔재로 못 박고 비난했다. 이에 대해 보다 설득력 있는 견해는 군수산업 추진 속에 소비자 내핍정책을 추진하는 권위체제에 대한 노동자들의 반응으로 본 것이다. 다시 말해, 노동자들이 그들 자신의 임금을 결정하지 못하며, 아주 빈번하게 후세를 위해 내핍을 강요해왔기 때문에 가일층의 자의적 희생에 부정적 반응을 보일 수밖에 없는 현상이 발생한 것이다.

---

19 *Ibid.*

20 Quoted in Hedrick Smith, *The Russians* (New York: Quadrangle, 1976) p. 215.

소비에트 시민개념에 기초한 국가조성 노력은 상반된 결과를 낳았다. 분명한 사실은 적어도 소수 비율에 지나지 않지만 비이념적이며 심지어 정권에 적대적인 시민들이 존재했다는 사실이다. 이 소외된 수천 명의 개인들은 시위, 청원서 및 금지된 문헌 유포, 외국 통신원들과의 회견을 통해 자신들의 이견을 표출하는 행동을 취했다. 그리고 당시 공산당에 속해있을 것으로 추정되는 다수 비율의 사람들은 정권이 표출한 목표에 다소 헌신함으로써 이상적 시민의 대열에 가담했다. 이렇게 대다수의 시민들은 극도의 소외와 강력한 지원세력 사이에 빠져 있었다. 다시 말해 정권과의 동질요소들이 의심, 환멸, 분리의 사고 속에 서로 뒤섞여 있었다는 것이다. 따라서 긍정적 측면에서, 대다수의 시민들은 추상적으로 사고하도록 학습되어왔고, 이러한 결과로 소비에트 체제는 그들의 공동국가로서 인식되고 있다는 것이다. 부가적으로 이들은 정부의 다양한 교화를 통해 견고한 사회를 만들며, 정치적 통제는 사회적 질서의 혼란을 막기 위해 필요하다고 확신하고 있었다. 시위권을 호소한 이견자들은 사법부가 "무정부주의자"로 낙인찍은 것과 같이, 대다수는 아니지만, 대중사이에 많은 사람들이 사법부와 같은 평결을 내렸다. 이 같은 상태로 미루어 볼 때, 러시아대중들은 자유민주체제에서 행해지고 있는 관용, 흥정 및 정치적 경쟁관행을 결코 습득하지 못했음을 드러냈다.[21)]

실로, 러시아대중에 의한 소비에트 체제의 기본적 용모에 대한 확고한 지원 증거는 제2차 세계대전 시였다. 이때 체제에 대한 불평 불만자들조차 소비에트 사회화에 의해 영향을 받고 있었다.[22)] 이러한 현상은 그들이 강력한 정부의 필요성에 신뢰를 보내고 있었기 때문이다. 다시 말해, 그들은 자본주의가 국가자체가 생산수단인 체제에 열세하다고 믿었다. 그들은 공공보건, 사회보장, 교육영역에서 보인 소비에트 정권의 노력을 찬동하면서 복지국가의 이상

21 Stanley Rothman & George W. Breslauer, *op. cit.*, p. 62.

22 Alex Inkeles and Raymond Bauer, *The Soviet Citizen*(New York: Atheneum, 1968, as quoted in Stanley Rothman & George W. Breslauer, op. cit., p. 62.

에 긍정적 가치를 부여했다. 더욱이 소비에트 체제로부터 서방세계로 이민 온 사람들의 증언을 토대로 확인된 사실은 강한 정부와 복지국가에 대한 신념이 대다수 소비에트 시민의 특징화를 지속시키고 있다는 것이었다.[23]

아마 체제와 대중간의 긍정적 동질화의 가장 큰 근거는 민족주의인 것 같다. 2차 대전의 대참사 속에서 공산당은 민족적 구원이란 미명 하에 대중을 설득할 수 있었다. 소련공산당은 러시아문화에 깊게 배어있는 역사적 조국애를 연결하여 "조국 러시아" 방어에 국민을 규합시켰다. 그 후 내리, 소비에트 정권은 시민들에게 나치의 침공을 회상시키고, 군사력 강화를 통한 미래의 안보 약속과 정부의 정책을 연계시키며 조국애 감정을 자의적으로 이용했다. 따라서 소비에트 시민들은 불일치 및 기회주의적 행동이 애국주의 결여로 해석되어서는 안 된다는 점도 명백히 하고 있다.[24]

부정적 입장에서, 강력한 정부와 일당체제에 신뢰하고 있는 시민들조차 그들 정부의 행동방향에 강한 의심을 품어야 한다는 입장을 취하고 있었다. 다시 말해, 권력을 행사하는 관료들과 소외되어 있지만 정부의 체계로부터 소외된 것은 아니라는 입장이었다.[25]

소비에트 지도층은 대중을 대상으로 완전한 재사회화 및 훈육을 위한 비젼과 실생활에 토대를 둔 현실간의 지속적 틈을 잘 인식하고 있었다. 이는 이데올로기상의 실행적 조정을 지속시켜나갈 수밖에 없는 현상을 낳았다. 따라서 교의적 서적들은 교환 장치로써의 화폐의 완전제거를 거의 언급하지 않았으며, 개인의 경제적 소득의 물적 자극배제를 요원한 미래에 두고 있었다. 아울러 가족의 해체도 더 이상 언급하지 않았다. 공산주의로의 이전 결과로서 당도하게 될 국가의 사멸은 공식적으로 요원한 미래로 연기되었다. 많은

23 Zvi Gitelman, "Values, Opinions, and Attitudes of Soviet Jewish Emigres," paper prepared for delivery at the meeting of the American Association for the Advancement of Slavic Studies, Atlanta, Georgia, October 9-11, 1975, as quoted in Stanley Rothman, *op. cit.*, p. 62.

24 Stanley Rothman & George W. Breslauer, *op. cit.*, p. 62.

25 *Ibid.*

사회주의적 집단주의 요소들에 의해 야기된 희생대가로써의 보상은 민족주의 및 애국주의 호소로 응답되었다. 평등사회 및 민주적 정치체계에 관한 맑스의 비전은 소비에트 통치 하에서 권위주의 정치체계 및 실력주의 사회정책으로 변질되었다.[26)]

소비에트 정권이 집권한 기간 중 소련은 선진 공업사회를 이룩했다. 그리고 교육에 기초된 성장 속에서 계층화된 체계를 창조했다. 구소련에서 계급은 결코 사라지지 않았다. 따라서 도시와 농촌간에 존재하는 문화와 경제적 큰 차이가 지속되었다. 이러한 결과는 총체적으로 대중의 '개성'을 일반화하기 어렵다는 사실의 증명이다. 보다 어려운 과제들은 종교의 생존, 종족적 차이가 여전히 존재한데서 연방체제 해체를 야기 시켰다. 문제는 이렇게 어려운 난제임을 알면서도 소비에트 체제는 그 체제 잔존 기간 중 끊임없이 보다 동질적이며 근대적인 사회창조를 위해 다양한 사회화 수단들을 활용했다는 사실이다. 따라서 성취, 국가의 지위, 집단적 책무감 고취노력이 가족, 교육, 대중매체, 문예 등의 정책결과로 반영된 수단적 결과를 찾는데 초점을 둔다.

### 2) 소비에트 러시아의 사회문화

소비에트 정권의 목적 지향적 목표문화의 핵심이해 속에서 본 절은 보다 구체적 의식구조와 행동성향을 문화적 시각에서 관찰할 수 있는 기회를 갖기로 한다. 본 절에서 선택한 분석대상은 소비에트 체제의 목표문화 성취노력의 주도자들이며 구현수단들이다. 따라서 이들의 기능적 특성이 소비에트 문화유형 창조에 지대한 영향을 미쳤기 때문에 주요 분석대상으로 삼았다.

#### (1) 가족문화

러시아의 전통적 가족제도의 특징은 가부장적이며, 전형적인 남

---

26 *Ibid.*, p. 63.

녀 간의 불평등구조이다. 여기서 마련된 변화의 근거는 칼빈주의자들의 개신교적 평등정신의 영향을 받지는 못했지만, 서구사회와 마찬가지로 산업화와 도시화의 결과였다. 산업화 과정에서 러시아는 농노제도 하에 지주들이 이들의 직업적 이동을 막고 있었기 때문에 산업인력의 수급이 용이치 못한 환경에 있었다. 18세기 이래 급격한 산업설비와 더불어 겪게 된 노동인력난은 여성 및 어린이와 같은 취약노동력 이용이란 사회적 문제점을 발생케 했으나, 이들의 강화된 경제력으로 인해 가장의 권위가 점차 약화되었을 뿐만 아니라 남녀평등현상이 조성될 수 있었다.[27] 그러나 가족문화의 보다 결정적 변화요인은 볼셰빅 혁명이후 소비에트 정권에 의해 추진된 목표문화의 결과였다.

볼셰비끼가 권력을 잡았을 때 그들은 공산체제 내에서의 가족구조 및 기능에 관한 자신의 이상을 가지고 있었다. 맑스 · 엥겔스는 부르죠아지 사회에서의 법적 결혼을 본질적으로 재산관계의 확대로 보았다. 즉, 남성이 경제적으로 가족을 지원할 돈을 벌고 있는 한 부부 간에 지위 및 권한의 평등이 부재할 수 있다는 것이다. 따라서 공산사회에서 여성은 남녀평등의 필연적 전제조건으로써 사회적 생산활동에 참여하게 될 것이며, 더욱이 공동체가 여성의 가사 및 어린이 양육에서 해방되도록 사회적 서비스를 제공함으로써 산업 활동에 필요한 시간을 가질 수 있을 것으로 보았다.[28]

맑스와 엥겔스는 유물변증법적 논리에 입각하여 가족의 유형을 제시했다. 이들은 부부가족(pairing family), 가부장적 가족(patriarchal family), 부르죠아지 가족(the family of the bourgeois), 프롤레타리

---

27 농촌여성들이 전통적 규범을 깨고 농업부문을 이탈하여 산업계에 고용된 통계적 자료와 결과는 다음과 같다. 1913년 러시아에서 산업노동력의 1/3이 여성으로 구성되었으며, 이러한 추세는 보다 상승하여 제1차 세계대전 당시에는 거의 1/2에 달했다. 이 같은 급상승 현상은 전쟁으로 인한 남성들의 참전과 손실에 따른 것이다. 문제는 여성의 사회적 역할 증대로 인해 전통적인 가족구조에 심대한 영향을 미쳤다는 사실이며, 여성이 가족단위의 응집력 역할을 수행함과 동시에 전통적인 성의 역할에 도전하는 결과를 낳았다. Stanley Rothman & George W. Breslauer, *Soviet Politics & Society*, op. cit., p. 64.

28 Stanley Rothman & George W. Breslauer, *op. cit.*, p. 64.

아트 가족(the proletarian family), 미래의 가족(the family of the future)이다. 이들 중 러시아혁명수행과정에서 기본 모델이 될 수 있는 유형은 프롤레타리아 가족이다. 이유는 소비에트 정권의 태동과 더불어 '프롤레타리아 독재'기를 맞고 있었기 때문이다. 맑스·엥겔스의 가족관에 의하면 부르죠아지의 가족생활을 탐욕, 억압, 착취, 권태, 간통 및 매춘의 견지에서 언급하고 있다. 유산자 가족은 상당히 부패했다, 그리고, 이 부패가 그들에게 핵심사항인데, 이것이 상당히 이질적인 것이 되도록 가장했다. 실재로, "권태와 돈이 결속요인이다,... 더러운 존재가 공식적인 용어 및 일반적 위선 속에서 더러운 존재가 된 것을 신성한 개념과 일치시키고 있다." 맑스·엥겔스는 유산자 가족이 사실상 해체상태에 있다고 재삼 강조하고 있다. "순종, 효심, 부부간의 충실"에 의한 가족결속의 "내적 결속력"이 사라졌다는 것이다.[29)]

맑스·엥겔스의 견해에 따르면 재산 및 배금사상, 교환정신이 유산자의 부인 및 자식들과의 결속을 좌우했다는 것이다. 더욱이 미래의 남편이 신부 지참금을 가지고 미래의 장인과 말다툼을 벌였으며, 동시에 아버지와 아들은 유산문제로 탐욕스럽게 주먹다짐을 벌였다는 것이다. 이 같은 조건 하에서 남편과 아내사이에 진실 된 사랑이 있을 수 없다. 이렇게 제도화된 사실에 대해 맑스·엥겔스는 "편의의 결혼"(marriage of convenience)이라고 불렀다. 여기서 유산자들 간의 결혼은 결국 강요된 동거 내지 매춘형태로 간주 됐다.[30)]

프롤레타리아트 가족의 맑스주의적 모습은 애매모호하다. 아마 이는 富와 권력, 그리고 이 세상의 다른 것들에 대한 맑스주의적 사상에서 보다 일반적인 불안정과 유사하다. 그럼에도 불구하고 여기에는 처와 자식 간의 관계에서 부르죠아지적 부패의 문제가 없다. 따라서 무산자들의 사회적 관계는 사유재산의 타락적 영향력으

---

29 Geiger, H. Kent, *The Family in Soviet Russia*, Cambridge·Massachusetts: Harvard University Press, 1970, p. 14-15.

30 *Ibid.*, p. 16.

로부터 벗어났다. 그러나 무산자 가족은 가난에 찌들었다. 원인은 노동자의 노임이 최대로 착취당했고, "실업 예비군"의 수적 증대로 악화된 이래 무산자의 가족은 재산뿐만 아니라 수입도 없기 때문이다. 더욱이 자본축적, 재화교류, 상업경쟁, 재산 소유의 집중현상이 무산자를 무능자로 몰았다. 따라서 무산자의 몫은 굶주림, 절도, 자살중의 하나였으며, 가족생활 내에서 그들은 만취, 야만, 그리고 성적 변칙이 유발됐다. 엥겔스는 이 같은 현상을 "가내관계의 전반적 파멸"이란 어구를 자주 사용하였으며, "가족이 없는 생활이 가능했다"고 단언했다. 노동자들은 그들의 온 힘을 음주와 성적 탐닉에 집중했고, 이런 행위의 과도함 속에 결국 고삐 풀린 예의범절 속에 빠질 수밖에 없었음에도 불구하고 이를 나무라지 않았다.[31]

무산자 가족생활의 해체 및 실제적 부재는 우선 경제적 필요에서뿐만 아니라 이의 직접적 결과에 기인하여 산업에서의 여성과 어린이 고용을 낳았다. 맑스·엥겔스에 의해 분석된 자본주의적 조건 하에서 사회적 생산세력의 해방은 단지 징후에 지나지 않았을 뿐이다. 이 시기에 무산자의 여성과 어린이는 장시간, 낮은 임금, 믿을 수 없는 노동조건으로 무자비하게 착취당했으며, 더욱이 여성의 고용이 가족을 파괴하고 있다고 엥겔스는 말하고 있다.[32]

맑스·엥겔스는 이 논제로부터 여러 부수적 유형을 추론했다. 특히 무산자는 자기보호 수단으로써 조혼경향이 있으며, 이의 원인은 많은 어린이를 낳아 이들을 노동착취 현장이나 탄광에 보낼 수 있기 때문이라는 것이다.

더욱이 아내의 고용이 가족상황을 엉망으로 바꿔 놓을 수 있다는데 엥겔스는 불만을 터트렸다. 남편이 일거리를 찾을 수 없는 상황전개와 함께 그의 처는 적은 양의 일을 할 수 있는 상황이 창조된다는 것이다. 따라서 남편은 집에 앉아있을 뿐만 아니라 아내가 일터로 나간 동안 아내의 스타킹을 수선하는 신세로 전락하는 반면, 아내는 가족의 부양자가 된다는 것이다.[33]

---

31 *Ibid.*, pp. 17-18.
32 *Ibid.*, p. 18.

그러나 긍정적인 측면에서, 무산자 가족의 사유재산 부재가 이들을 유산자 가족이 조성하는 파멸의 견지와 비교할 때, 유익한 효과만을 갖도록 한다는 것이다. 맑스 · 엥겔스는 무산자 가족들 간의 관계가 "진실한 관계에 기초되어 있다는 결론을 내렸다. 이들의 진실된 관계는 재산뿐만 아니라 사회적, 생태적, 심리적 요인인 환경적 조건이나 자연적 조건들을 다소 애매하게 언급했지만 전형적인 하나의 인용결과는 "가족의 실체"를 언급하고 있으며, "어린이의 존재, 근대 도시의 건설, 자본의 형성"에 의해 부여된 제 관계를 담고 있다. 엥겔스의 최후 저서에 의하면, 진실된 관계는 점차 개인적 편애 및 상호간의 사랑 또는 진정한 상호간의 "성적 사랑"을 점차 의미하고 있다.[34]

엥겔스는 무산자 가족에 대해 부부간의 균등이 존재한다는 사실을 강조했다. 이 같은 상황은 재산이 없는 결과이며, 또한 아내의 고용결과로 인해 아내에게 이혼권이 부여되는 결과를 낳았고, 생산적인 경제적 역할과 결부된 지위와 존경부여라는 결과도 가능했다. 그리고 종교 및 법률적 규범이 유산자들의 이익 구현체에 지나지 않는다고 간주한 무산자들 사이에서 계급간의 분리를 선호하는 현상이 나타나고 있다. 이에 따라 강간매춘 내지 종교에 근거한 문제의 소지가 존재할 수 없다는 논리다. 이렇게 무산자 가족의 장점은 진실한 사랑, 부부간의 평등, 적절한 경우에 이혼을 선택할 수 있으며 자유는 물론, 계급이익의 단순한 표현인 전통적인 도덕을 경시할 수 있다는데 있다. 아울러 재산소유로부터의 해방 및 부인의 고용과 같은 조건 속에서 결정된 이들의 총체가 공산주의 하에서의 맑스·레닌적 가족생활의 모습이다.[35]

엥겔스의 프롤레타리아 가족사상은 적대적 갈등원리를 이루고 있다. 그러나 한편으로 그의 프롤레타리아 가족사상은 착취와 빈곤의 부식 효과도 지니고 있다. 즉, 부르죠아지와 자신들 간의 관계를

33 *Ibid.*.
34 *Ibid.*, pp. 18-19.
35 *Ibid.*, p. 19.

결별시켰으며, 프롤레타리아트들을 상거래 품목으로 취급해옴에 따라 여러 신성한 것들을 변질시켰으며, 또한 프롤레타리아트들을 위한 자연 및 전통적인 산물을 파괴했기 때문이다. 바꾸어 말하면, 사유재산의 부재가 사회적인 평등과 가능성 있는 사랑을 조성시킨다는 말이다. 즉 "여성과의 관계에서 '性的 사랑'이, 피압박계급 사이에서는 진정한 규칙만이 존재할 수 있을 것이라는"견해다.[36)]

집권 후 볼셰비끼는 이 같은 논리를 실행에 옮기기 시작했다. 이는 정치·경제 및 가정생활에서의 여성평등에 관한 법률 공표로 구체화됐다. 더욱이 세계대전 및 내전에 의해 야기된 혼란과 맞물려 새로운 정치체계 창조의 필요성을 인식케 했다. 따라서 새로운 성취 및 시민지위의 개념을 바탕으로 한 젊은이들을 재사회화해야 할 필요성에서 모든 인스티튜션에 대한 당의 통제를 강화하게 된 것이다. 이어서 당은 기존 가족제도에서의 공격대상을 찾아 가부장적 가족, 여성 및 어린이들에 대한 압박, 그리고 사회적 인스티튜션(institution)으로써의 가족의 구심성에 반한 활동을 지도해야 할 필요성을 인정하게 되었다.[37)]

그러나 이를 집행해 나아가는데 논란의 여지가 발생했다. 극좌파이며 볼셰비끼의 여권신장운동가인 알렉싼드라 꼴론따이(Alexandra Kollontai)와 같은 일부 인사는 성적 욕구와 법적 책임보다 더 중요할 수 있는 정치적 충성이 결부된, 그리고 어린이들을 가족보다 집단시설들에 의해 더욱더 양육될 수 있는 새로운 결혼개념을 주장했다. 반면에 집권 초기의 교육상이었던 루나차르스끼(Lunacharsky)는 부모와 어린이가 개별적으로 살게될, 그리고 모든 성인들이 모든 어린이들 양육에 참여하게될 공동시설 마련을 주장했다. 이에 더하여 레닌의 아내 끄룹스까야(Krupskaya)와 같은 인사들은 어린이 양육지침에서 국가와 개인간의 균형을 옹호했으며, 레닌 자신은 성적 균등 현안상의 균형을 추구했다. 즉, 지나친 성적 허용을 허가하지 않은 가운데, 지나친 가부장적 가족과 부르죠아지

36 Stanley Rothman & George w. breslauer, *op. cit.*, pp. 19-20.
37 *Ibid.*

가족구조를 거부했다.[38)]

1920년대에 법제화된 정책들은 꼴론따이와 루나차르스끼가 지지하지 않는 상황에서 더 이상 진척되지 못했다. 그러나 그 정책들은 소비에트 사회에서 가족의 전통구조와 기능들을 타도하는 방향과 맞물려 갔다. 1918년 정부는 가족의 기반이 될 출생선언 법령을 발했다. 이 법령은 혼인상태와 비혼인상태에서 탄생한 어린이들 간에 차별이 없도록 규정한 것이다. 그리고 양친은 그들의 어린이들에게 대수롭지 않은 책무를 지고 있었지만, 양친도 어린이도 다른 한쪽의 재산을 가질 수 없었다. 동일 패턴은 차후 법령에도 지속됐다. 1926년의 법령에서 동거자는 결혼의 증거로써 간주됐다. 아울러 모든 동거자는 언제든 자유롭게 이혼할 수 있도록 규정했다. 소비에트 체제는 개인들이 결혼이나 이혼을 원하면 그 사실을 등록하도록 권했으며, 이에 대한 필요조건은 요구되지 않았다. 유산 역시 일정 조건하에서 허용됐으며, 중혼, 근친상간, 간통, 호모섹스에 대한 법적 처벌도 배제되었다. 단지 이슬람 문화권에서만 일부다처제를 근절시키려 시도함에 따라 예외적으로 이 법령이 시행되었다.[39)]

동시에 소비에트 여성의 의식을 고양시키고, 노동자로써의 그들의 권리를 확립하고, 이혼을 행동으로 옮기며, 공공활동에 참여하고, 남편의 전통적 요구들을 무시토록 부추기는 조직적 조치를 취했다. 이는 단순한 법적 구절 하나로 여성의 진정한 평등이 이루어질 수 없다는 볼셰비끼의 일깨움에 의한 것이었다. 따라서 당중앙위원회 여성부가 여성의 교양쇄신 목적으로 집약적 캠페인을 전개하기 시작했다. 이중 괄목할만한 활동은 여성이 공적 활동에 요구된 균등참여를 위해 정치기술을 배울 수 있도록 지방에 "대표자회의"를 수립했으며, 그들의 활동을 선전하기 위해 정기간행물을 출판했다. 이 여성부는 이슬람 가족의 여성들로 하여금 공적 생활에서 베일을 벗도록 하고, 그들의 의사에 따라 원한다면 남편과 이혼하도록, 그리고 직업시장에서 남성과 경쟁하도록 격려하면서 고도

38 *Ibid.*
39 *Ibid.*, pp. 64-65.

로 격리된 이슬람 가족의 은신처를 파괴하도록 노력했다.[40]

이러한 정권의 노력에 의해 많은 여성들이 읽고 쓰는 능력을 습득할 수 있었고, 공적 활동의 기회 및 가능성을 확인시켰다. 그러나 1920년대 말까지 소비에트 가족과 여성들은 여전히 고도의 전통적 풍토 속에 매여 있었다.

제1차 5개년 계획(1928-1932)은 소비에트 사회에서 여성의 역할에 지대한 변화의 계기를 마련했다. 이 기간 중 체제의 관심은 여성을 국가산업화의 경제적 자원으로 활용함으로써 본질적인 성적평등에 변화를 가했다. 특히 이 기간에 교육을 받을 수 있는 기회의 확대와 이에 따른 직업적 수요의 증대 속에서 여성의 고용기회도 확대되었다. 이 같이 산업화 추진결과가 여성의 경제적 해방에 관한 초기 볼셰비끼의 꿈이 현실로 나타나게 한 것이다. 그러나 현실은 아직도 이상과 상당한 거리에 머물러 있었다. 여성들은 새로운 경제적 기회를 찾았으나 주부로써의 본분에서 벗어나지는 못한 것이다. 어린이 보호시설이 다소 확대되었으나 수요에 미치지 못했다. 다행히 소비에트 여성들은 연로한 할머니들이 손자들을 돌보는 전통의 혜택 속에서 문제를 해결할 수 있었다.[41]

이 시기에 소비에트 체제는 급속한 산업화와 군사력에만 관심이 집중됐을 뿐 여성에 대한 가치 있는 배려는 극히 적었다. 경제적 국면에서 소비재, 응용산업 및 주택과 같은 지원으로 근로여성의 부담을 덜어주어야 했지만 미미한 예산을 배정 받았을 뿐이다. 급속한 집단화와 도시화로 야기된 사회적 이동으로 묘사되는 격동기에 가족과 여성에 대한 정책에도 효력을 미쳤다. 문제는 스딸린이 구 볼셰비끼에 비해 훨씬 더 여성정책에 보수적이었다는 사실이다. 그리고 보다 중요한 것은 부모 없는 일당들이 도시마다 지속적으로 채워지고 있었음에도 불구하고 당시 이들을 돌볼 수 있는 시설을 갖추지 않았다. 이는 '애정의 자유'와 '난혼'이 사회 안정에 기여치 못하고 있음을 반영하는 것이었다.[42] 이 같은 결과에 대한 시정노

40 *Ibid.*, p. 65.
41 *Ibid.*

력으로써 1930년대 중반 새로운 가족정책 하에 채택된 가족법은 어린이의 행동에 대한 책임을 부모에게 묻고, 책무를 지키지 못한 부모에 대해 벌과금을 부과시키도록 했다. 아울러 비공식적 관계를 청산한 공식 결혼과 이혼을 요구했으며, 이혼은 보다 까다롭고, 보다 많은 비용이 들게 했다. 아울러 동성연애와 낙태에 대한 처벌을 법제화했다.43)

당시 스딸린의 축복 속에 가족에 관한 이상을 이론화하는데 기여한 새로운 인물은 마까렌꼬(Makarenko, Anton S.)였다. 그는 교사, 집필가, 교육 철학자로써 1920-1935년 기간 중 '집 없는 부랑자' 수용소 소장 경력의 소지자였다. 부랑자 수용소 소장으로써 그는 부랑자들의 희망과 자기존중을 고양시키고, 경제적으로 생산적이며 독립적인 상태가 되어 유용한 시민으로써 사회에 귀환시키도록 하는데 성공한 인물이다. 수용소에서 겪은 풍부한 경험과 실험의 결과로써, 마까렌꼬는 젊은이들이 통상 위안과 쾌락으로 과거의 자기 파괴적 무정부주의 및 고도 수준의 전투적 집단에 재편입된다는 사실을 발견한 것이다. 이에 따른, 그의 방법론적 신념, 비범한 인내와 기술, 지대한 온화, 카리스마적 지도력이 소련사회의 진실성과 조직적 집단의 창조적 실체를 낳도록 하는데 절대 기여했다. 그의 실용적이며, 원칙에서의 '진보적'이고 '어린이 중심적'인, 그리고 기존 교육이론에 대한 경멸이 교육기관들과의 갈등을 유발시켰으나 그의 영향력은 지속적 성장을 보여 마침내 전환의 계기를 마련해 주었다.44)

마까렌꼬는 소비에트 통치기에 출현한 가족에 관한 가장 권위있는 집필가가 되었다. 그의 대표적 작품은 1937년에 출판된 '부모를 위한 서적'(a book for parents)이다. 이 서적은 부모들에게 어린이 양육에서의 교훈제공에 있었으며, 핵심 주제는 부모들이 우리 국가의 미래사 및 세계사를 만들어야한다는 것이었다. 그의 권고적

42 *Ibid.*, pp. 65-66.
43 *Ibid.*, p. 66.
44 Geiger, H. Kent, *op. cit.*, pp. 89-90.

주장에 따르면 가족은 사랑을 지님과 동시에 엄격한 권위를 가진 부모가 있는 집단이어야 하며, 소비에트 사회에서의 생활을 위해 어린이들을 준비시켜야한다는 낯익은 외침이었다. 아울러 그의 권고적 원칙은 부모의 요구, 질서정연 및 높은 기대와 함께 어우러진 어린이에 대한 일관성 있는 존중이다. 그는 비록 어린이들이 이를 수용하는데 어려움이 있을지라도 규율을 배움으로써, 그리고 부모와 사회지도자들에 의해 부과된 가치를 수용함으로써 어린이들은 의무에 충실한 사람이 될 것이라고 했다. 여기서 제시된 의무사항은 공적 소비에트 가치의 형성을 말하는 것으로써 이들은 영웅적 작업노력, 당과 당의 이상 및 집단주의의 신뢰였다.45)

마까렌꼬는 부모의 책임 있는 지도력을 중요시했다. 즉, 부모는 확고하고 헌신적인, 예를 들면 확고히 수행되는 가치 있는 목표와 같은, 자신의 실체를 구축해야만 한다는 것이다.

집단정신의 함양을 위한 마까렌꼬의 권유는 대가족제도였다. 논리는 가정에서 한 어린이만으로 집단정신을 개발할 수 없다는 것이었다. 그의 이상적 가족형태는 전체사회상을 반영시킨 결과였다. 당시 사회적 문제의 형태와 스딸린 시대의 독특한 해결징후의 적극적 수용이 마까렌꼬의 이상을 구현시켰다. 즉, 규율, 책무, 체제에 의해 정의된 집단가치에 대한 개인의 종속은 스딸린의 취향에 아주 적합한 것이었다. 마까렌꼬의 가족에 관한 이상은 개인과 사회 간의 필요물 사이에서 모순 없는 시민을 만들어 내기 위한 목적에서 개인주의에 대처한 전투적 책무에 초점을 맞추고 있었다. 아울러 그는 당시 소비에트 부모들의 권위를 지원 및 합리화했음에도 불구하고 기존의 생활조직에 대한 보강책으로 일부 다른 해결책을 찾는데 관심을 가졌다. 즉, 자신의 경험을 토대로 가족보다는 사회적 집단이 혁명 후 어려운 시기에 가족이 실패한 기능을 수행할 수 있다고 주장했다.46)

마까렌꼬의 영향은 다른 저작가들에 의해 보다 진전됐다. 이들

45 *Ibid.*, p. 90.
46 *Ibid.*, p. 90.

은 가족의 강화를 공산주의 도덕의 기본법중의 하나로 만들었다. 즉, 가족을 소비에트 사회의 기본적 세포, 기반, 소집단으로써 언급했으며, 동시에 이를 촉구하기에 이른 것이다. 특히 여성의 가정생활 촉구는 과거에 소 부르죠아지적 실리주의로써 죄악시된 것이 이제 찬미받게 된 것이다. 소비에트 아내들과 어머니들은 "안락한 가정생활" 달성이 합법적이며 심지어 칭찬할만한 목표임을 듣고 읽을 수 있게 되었다. 1940년대 말까지 출판계의 관점은 맑스·엥겔스 및 레닌에 직접적으로 모순된 면모를 보였다. 레닌에 의해 묘사된 가사(가정 일)는 사소한 일, 단조로운 것에 지나지 않았다. 그러나 이제는 가사가 "사회적으로 유용한 노동"으로 새롭게 정의된 것이다. 다시 말해, 부모로써의 역할에서 아버지와 어머니의 활동이 전통적 맑스의 견해에 의거 "착취적 태도", "무지", "개인주의"로 치부된 것과는 달리, 이제 사회적으로 중요한 일로, 즉 애국주의로 간주된 것이다. 어린이에 대한 부모의 사랑이 윤리적 절대가치가 된 것이다. 아울러 스딸린의 선전가들은 맑스, 레닌, 체르느이셉스끼의 건전하고 안정적 가정생활을 찬양하기 시작한 것이다.[47]

법적으로도 부모에게 새로운 특별 의무를 부과시켰다. 부모와 교사들에게 자신들의 어린이를 엄격하게 감독하도록 촉구한 법령이 1934년 봄에 통과됐다. 이에 따라 부모는 어린이들의 태만한 행위에 대해 형사범으로 책임을 묻기 시작했으며, 어린이들에 대한 적절한 감독결여에 대해 엄청난 사회적 압력을 가하는 법안으로 속박했다. 아울러 취학 전 아동을 위한 탁아소운영으로 부모에 대한 새로운 책무의 축소효과도 배려했다. 더욱이 어린이를 탁아소에 넘기고 불러오는데 있어 요구된 어머니의 이동과 시간상의 보완책도 마련해 주었다.[48]

결혼과 性的 생활에서 야기된 부모의 명예회복 문제가 새로운 우선권 부여 대상이 되었다. 이전에는 결혼기간중의 남편과 아내를 극히 인과적 관계 및 일시적 결연 관계로 적용되어 이용되어 왔다.

47 *Ibid.* ,pp. 90-91.
48 *Ibid.*, p. 92.

그러나 이제 소련의 선전매체들은 性的 불성실과 결혼을 구별하기 시작했으며, 결혼이 "어린이와의 평생결연 원칙 속에" 존재하게 되었다. 즉, 결혼을 가족과 분리하려한 초기의 시도 대신에 어머니와 아버지의 역할수행에서 얻는 기쁨이 이제 결혼에 밀접히 연계된 것이다.[49]

총체적으로 이들 모든 조치들은 안정된 결혼, 대가족, 자기 규제가 개인적 자유나 성적평등과 같은 이념적 일관성보다 소비에트 체제에 보다 더 중요하다는 사실을 증명한 것이다.

이 같은 가족정책의 변화요인은 첫째, 가족의 사회통제기능에 관심을 촉구한 구체적 사회문제에서 기인됐으며, 둘째로 스딸린 정권의 이념적 양보 분위기, 그리고 보다 헌신적인 새로운 가족정책을 찬성한 사람들 간에 대중적 단결을 조성시키고, 나아가 이들의 충성을 얻기 위한 갈망, 셋째로 세계정치무대에서 향후 소련의 재평가와 결부된 새로운 국제상황과 가족생활 및 출생률 간의 관계, 넷째로는 가족을 쉽게 버릴 수 있는 개인적 자유통제 및 규율을 지향한 정책으로의 이동, 다섯째로 사회적 변화를 유인함에 있어 상부구조의 능률적 역할을 강조하는 소비에트 맑시즘 내에서의 의미 있는 명백한 재교육 목적에 따른 것이다.[50]

새로운 경제 및 시민적 책무에 보다 전통적 주부의 역할과 양육기능을 덧붙이려는 노력의 보수성은 제2차 대전 중에도 계속됐다. 1944년의 가족법은 호적에 기록된 결혼만 합법화시켰다. 따라서 합법적인 자녀들만이 아버지의 유산을 물려받을 수 있었다. 불법적인 자녀들에게 상속권은 물론, 아버지의 이름을 요구할 수도 없었으며, 이 같은 사실이 공적 기록에 명시되기 시작했다. 이혼의 경우, 판사들은 화해하도록 지시했으며, 부적절하다고 판단된 이혼은 거부됐다. 이 밖에 상속법의 개정을 통해 가족적 연계를 더욱 강화시켰다.[51]

---

49 *Ibid*., pp. 92-93.

50 *Ibid*., p. 97.

51 Stanley Rothman & George W. Breslauer, *op. cit*., p. 66.

그 후 스딸린 통치말기에 보다 자유로운 정책지향 움직임이 있었다. 은행예금을 포함한 개인의 재산상속에 관한 대부분의 규제들이 제거되었다. 그리고 병원에서 시술되는 유산이 또다시 허용됐으며, 이혼도 점차 다소 용이해졌다. 그 후 1968년의 새로운 가족법에 의거 결혼하지 않은 어머니들에게 자녀들의 출생증명서와 기타 문서에 아버지의 이름을 사용토록 허용했다. 또한 이 가족법은 이혼율 상승에 대처하여 임신의 경우 어린이가 만 1살에 달하기 전에는 이혼을 할 수 없도록 규정했다. 그리고 경솔한 결합을 방해하기 위한 목적에서 결혼대기 기간을 늘렸다. 당시 당내에서 미래의 소비에트 가족형태에 관한 논의가 이어졌으나 일개 인스티튜션의 단위로써의 가족을 폐지하자는 주장은 없었다.[52]

괄목할 만한 가족생활의 변화는 스딸린 사후 정치적 압력과 간섭의 완화 속에 가능했다. 더욱이 이는 흐루시쵸프의 스딸린 격하운동이래 정치적 환경의 전반적 완화현상에 따른 고양된 안보의식 제공노력에 있었다. 이 같은 상황에서 대다수 정치지도자들은 오늘날 모든 부모들이 소비에트 통치하에서 양육 및 교육된 가족을 혁명 전의 제 가치 전달자로 보지 않게 된 것이다. 이제 체제는 부모들이 자신의 자녀들에게 성취규범 및 시민적 책무를 되풀이하여 가르치는 현상에 신뢰감을 갖게 되었다.[53]

더욱이 소비에트 가족은 근래에, 특히 도시에서 급격한 변화를 맞고 있었다. 변화의 추세는 대체로 서구의 가족과 대등한 양상을 보이고 있었다. 즉, 심각한 주택부족상황에도 불구하고 세대 간의 애정이 돈독했던 과거의 가족풍토가 악화되고 있었다. 남편과 아내 간의 평등관계는 과거에 비해 현격히 좋아졌으며, 약 85%의 성인 여성들이, 적어도 이론상으로는, 교육 및 고용기회를 부여받은 상황에서 남성과 평등을 누리고 있었다. 정권은 어린이들에 대한 양육 및 교육 서비스에 심혈을 기울이며, 냉장고, 세탁기와 같은 가사 장비의 보급을 증대시킴으로써 주부의 부담을 덜어주는 방법으로

52 *Ibid.*, p. 67.
53 *Ibid.*

이를 지원했다.[54]

이 같은 정권의 노력에도 불구하고 탁아시설은 수요에 미치지 못하여, 근로여성들은 할머니나 다른 친척에 의존하는 경우가 허다했다. 내구적 소비재의 생산과 분배 역시 수요에 미치지 못하고 있었다. 더욱이 생필품의 주기적 결핍과 대형매장의 부재로 인해 이의 구입에 많은 시간을 소비해야만 했다. 따라서 남편이 이를 돕지 않으면 안 되는 생활상이 조성 됐다. 문제는 이러한 환경이 가족관계에 점증하는 긴장의 설명요인이 된 것이다. 광범한 가족의 붕괴로 근로여성들은 어린이 양육과 가사에 있어 자신의 부모 의존도가 더욱 더 낮아지게 되었다. 그리고 소비에트 서비스 산업의 원시적 수준제공이 직장에서의 요구들과 어머니, 주부, 동료로써의 규범적 요구를 더욱 더 감당하지 못하게 되었다. 동시에 여성의 경제적 독립이 억압적 결혼을 탈피할 수 있는 자유를 증대시켰다. 결과적으로 이혼율의 급상승현상이 야기된 것이다.[55]

근로 여성에 대한 과중한 부담, 주택환경의 악화, 정부의 탁아시설을 비롯한 기타 서비스제공의 미흡 등이 출생률을 낮추었을 뿐만 아니라 이혼율을 높인 것이다. 이 같은 유동적 상황에서 인스티튜션으로써의 가족을 폐지시키기보다는 단위로써 가족을 강화하는 방향으로 선회하자는 추세였으며, 인센티브, 서비스 및 성적 역할의 문제들에 관심을 집중시켰다. 따라서 브레즈네프는 1976년에 개최된 제25차 당 대회에서 "당은 여성에게 노동과정의 참여자로써, 어린이들의 어머니 및 양육자로써, 그리고 주부로써의 여성지위 증진을 위한 지속적 관심을 보이는 책무를 지도록 고려하겠다"[56]고 약속하였다.

일반적으로 소비에트 가족은 서구유럽처럼 급격한 변화를 겪었다. 집권초기에는 당 여성부에 의해 주도된 새로운 시민의 개념을 깨닫게 하고, 새로운 정치질서유형 속에서 시민으로써의 역할수행,

---

54 *Ibid.*

55 *Ibid.*, p. 68.

56 *Pravda*, 1976. 2. 25. p. 9.

그리고 교육 및 성취기회 제공 노력들이 결실을 맺었다. 이에 유사하게, 소비에트 정권의 목표문화에 가족을 묶어놓기 위한 노력들도 폭넓은 성과를 달성함으로써 도시의 가정들은 그들의 자녀들을 성취 및 규율의 규범으로 몰아넣은 사회화에 성공했다. 소비에트 가족유형은 압도적인 과거의 가부장적 유형에서 남편과 아내, 그리고 적은 수의 어린이로 구성되는 부부유형으로 변화되었다. 아울러 서구유럽과 같이 성간(性間)의 그리고 부모와 어린이들 간의 관계가 보다 더 평등하게 되었다. 특히 부모와 자식 간의 평등관계는 타국에 비해 더 평등하게 되었다. 여성의 교육과 고용기회 역시 서구유럽국가들 보다 높은 비율의 확보 속에서 사회 및 정치적 활동에 우위를 점하고 있다. 한편 이념적 기반에 의거 가족이 사라질 조짐도 없었다. 가족은 해방의 개념과 과거 유산의 전달자로써 해체대상으로 간주된바 있으나, 소비에트 사회에서의 사회적 질서규범과 목표문화에 입각한 시민적 책무 주지 및 실천을 위한 사회화 확립에 성공함으로써 사회의 기본 단위로 공인 받기에 이르렀다.

### (2) 교육문화

'제도교육'(formal education)은 고도수준의 복합사회에 도달한 사회에서만 나타난다. 역사적으로 교육은 소수 엘리트 보존역할을 수행해왔다. 이 같은 관행은 유럽에서 19세기 중엽까지 변함이 없었다. 특히 중세에 유럽에서 교회가 압도적 역할을 수행했다. 교회학교들은 사제직 수행에 필요한 도덕 및 규율적 규범에 치중된 교육을 수행했다. 12세기경에 다소 세속적 훈련에 종사하는 대학들이 나타나기 시작하여, 1600년경에는 108개의 대학이 존재했다.[57]

그러나 대중적 세속교육은 문명·경제·군사력의 중요성을 인식한 지도력을 갖춘 민족국가의 형성을 전제로 하고 있었다. 이러한 근거에 부가적으로 자유주의 이데올로기의 결과로써 서유럽 대다수 국가들은 19세기 말경 그들의 최대 관심을 교육부문에 두었다.

57 *Ibid.*, p. 75.

따라서 이들 국가들은 6-7세와 13-14세 어린이들에 대한 의무교육을 제공했다.[58]

오늘날의 교육은 사회의 제반 자원들을 최대로 동원하고 산업문화를 창조하기 위해 확대된 대중교육을 필요로 하고 있다. 보다 구체적으로 교육은 문명 확산을 본질로 하며, 집에서 교육될 수 없는 전문기술의 수요충족에 있다. 부가적으로 기술성취 및 사회적 성취의 접근수단이며, 적절한 행동 및 시민적 규범을 가르쳐서 민족문화의 제 가치와 태도를 영속화시키려는 교육체계의 통로이다. 이 같은 일반론에도 불구하고 산업수준의 차이나 민족국가의 목표 및 문화의 차이로 인해 교육적 실행목표는 상당한 특징을 보이고 있다. 영국에서 빅토리아공립학교의 목표는 "좋은 개성"의 젊은 사람으로 변화시키는 것이다. 좋은 개성은 최상의 귀족적 몸가짐과 품위의 특성을 겸비한 신사를 말한다. 독일에서는 학교가 민주정부를 지원하는 것이 아니라 권위 지향적 태도를 가르침으로써 가정보다도 더 많은 책임이 있다는 불만과 비판이 있었다. 즉, 권위에 대한 무조건적 복종, 공적 및 정치적 가치의 희생 속에 사적이며 개인적 가치에 집중된 학교교육을 해왔다는 것이다.[59]

소비에트 정권 하에서 교육은 볼셰빅 승리이후, 특히 스딸린의 권력부상이후 급격히 확대되었다. 처음에는 문맹자 퇴치에 주력한 후 이어서 산업문명을 위해 요구된 기본기술을 대중에게 가르치는데 집중됐다. 그리고 동시에 소비에트 시민규범과 일치된 권위 지향적 태도를 가르치는 책무를 수행했다.[60]

러시아에서 제도교육을 위한 준비는 뾰뜨르大帝가 과거와 대조적 열의를 보였음에도 불구하고 뾰뜨르大帝 통치기까지 극히 미미했다. 수도원들이 소수 인원을 대상으로 교육을 시도했지만, 사실상 불법적인 수단에 머물러 있었다. 따라서 귀족들 가운데 그들의 자녀들에게 교육혜택을 주고 싶었던 사람들은 유학을 보냈거나 사

58 *Ibid.*
59 *Ibid.*
60 *Ibid.*, p. 76.

적으로 고용된 가정교사를 이용했다. 뾰뜨르대제 하에서조차 속도감 없는 답보상태를 보였다. 따라서 최초의 대학인 '모스끄바大學'이 개설된 1755년까지 러시아에는 대학이 존재하지 않았다. 예까쩨리나 II세 기에 가서야 도시지역에서 교육프로그램이 확대 보급되었고, 그녀의 후계자들에 의해 보다 많은 노력이 가해졌다.[61)]

19세기 중 도시지역에서 공립과 사립학교들이 설립됐으며, 여러 대학들도 이 기간 중에 설립됐다. 특히 1850년대 이후에 초등과 중등수준의 교육기회가 확대되었다. 당시 교육프로그램은 독일의 9년제 중등학교(gymnasium)나 대학교육의 통로로써 기여한 프랑스의 국립고등학교(lyce'e)와 유사한 2트랙(two-track)[62)] 모델을 받아들였다. 1895년에서 1915년까지 중등학교에 입학한 학생의 수는 3배로 증가 되었다. 1908년 두마(의회)는 8세에서 11세 사이의 어린이들을 대상으로 초등학교 의무교육을 실행시켰다. 이어서 1912년 두마는 중등교육체계를 창조시켰다.[63)]

1897년의 통계에 의하면, 제정 러시아 전체 남성 중 71%, 전체 여성 중 81%가 문맹자였다. 1917년 혁명 시까지, 믿을만한 자료는 없지만, 이들 수치는 현격히 줄어들었다. 한 연구 자료에 따르면 1913년 군입대자 가운데 32%가 문맹자였으며, 1918년 구 러시아 지역의 공장노동자 중 36%가 문맹자로 밝혀짐으로써 상당히 개선되었음을 확인할 수 있다. 물론, 거대한 지역이란 조건과, 성 및 도시와 농촌 간의 차이가 현격할 뿐만 아니라 혁명직전까지 문맹률은 높은 수준에 머물러 있었다. 그러나 전쟁과 혁명이 방해하지 않은 제정 러시아통치기에 지대한 교육적 성과를 얻었다는 사실이다.[64)]

이 같은 발전과 병행하여 대학교육도 확대되었으며, 일부 연구소들은 비교적 높은 수준의 능력에 도달했다. 로마노프 왕조는 대학에 대한 그들의 태도를 결정함에 있어 심한 동요현상을 보였

61 *Ibid.*

62 서구에서 일반화된 교육제도로써 엘리트육성 목적의 영재교육과 비정상적 학생을 대상으로 시행된 특수교육과정을 말함.

63 *Ibid.*

64 *Ibid.*

다. 알렉싼드르 II세는 대학에 상당한 독립성을 부여했다. 그러나 대학들이 혁명 활동의 온상이 됨에 따라, 통제와 검열이 재개되었다. 알렉싼드르 II세의 암살은 엄격한 통제결과의 산물이었다. 즉, 학생들의 제 권리 폐지, 경찰에 대한 폭넓은 파괴분자 근절권 부여, 대학교수임명에 대한 업무의 국가 관료체제 통제체제로 예속시킨 결과였다. 한편 1905년 혁명이후 교수와 학생에 대한 다소의 양보정책도 폈다. 그러나 이들 양보가 포괄적 상태에 이르지 못함에 따라 제정 말까지 대학들은 불온의 중심적 존재역할을 했다.[65]

이 같은 상황에도 불구하고 제반 변화를 위한 교육체계는 권위주의적이며 학자적인 엘리트들이 대거 남아 환경적응에 임했다. 따라서 하층계급에게 고등교육의 접근가능성을 위축시키는 결과를 초래했다. 교과내용은 과학과 산업이 요구한 기술훈련의 상대적 경시 속에 종교적 독단과 계급적 문화에 과도한 비중을 두고 있었다. 다시 말해, 교육방법이 비판적 기법과 독립적 사고보다는 기계적 암기 및 복종과 일치를 강조하고 있었다. 이러한 관점에서 제정 러시아의 교육체계는 소비에트 체제 하에서 변화의 주요목표가 된 것이다.[66]

맑스·엥겔스는 자본주의 교육이 엘리트주의적이며 이로 인해 개인적 발전을 저해한다는 이유로 비판을 가했다. 이들은 자유교육이 모두에게 도움이 될 수 있고, 과학접근이 자본가 지배계급이나 종교 권위 체의 도그마적 이익에 의해 방해받지 않게 될 공산주의 사회를 예견했다. 이들 이상은 볼셰빅 지도자들의 사고에 지대한 영향을 미쳤고, 결국 1920년대에 착수된 정책변화에 폭넓게 반영되었다. 루나차르스끼(Anatole Lunacharsky)하에 있었던 계몽인민위원회는 엘리트주의(elitism), 전통적 학풍주의(scholasticism), 억압적 권위주의(aut- horitarianism)를 배제한 새로운 교육체계를 설계했다. 그리고 이를 뒷받침하기 위한 소비에트 지도자들의 결정은 2트랙체계 종결이었다. 평등사상에 입각한 소비에트 교육방향은

65 *Ibid.*

66 *Ibid.*

기본적으로 모든 학생을 동일시했다는 점이다. 따라서 누구나 모든 수준의 교육과정에 접근할 수 있도록 개방됐다. 나아가 이를 보장하기 위한 조치로 대학에서조차 시험과 학위가 폐지되었고, 대학교육은 교육을 원하는 모든 사람에게 도움이 될 수 있도록 내용을 정비했다. 결과적으로 학생들은 경험과 결부된 학습방식이 강조되었고, 암기교육을 최소로 줄였으며, 강의 형식과 강제적 숙제가 극적으로 축소되는 결과를 낳았다. 선생의 권위 역시 손상되었다. 즉, 학생들은 특히 대학에서 자신의 행동에 책임을 지도록 했으며, 학생들은 자신의 교사와 함께 규율적 기준을 수립하도록 했다. 물론 교사들은 맑스·레닌의 세계관에 헌신할 수 있는 존재로 보고 그 역할을 기대했다. 그러나 이 같은 맥락에서 지적 실험과 해석을 위한 여지는 아직도 상당히 존재했다.[67]

성인 문맹자 축소 프로그램도 제도화되었다. 1920년 '전 러시아 문맹퇴치특별위원회'가 창설되어 대대적 선전과 함께 선전적 내용이 담긴 기본적 독해교육이 시행됐다.[68]

교육프로그램의 이행은 교육시설의 파괴 및 교사 난으로 소비에트 집권 초기에 별다른 실적을 보이지 못하다 1920년대 말에 가서야 진보적 행보를 보였다. 노동계급 출신성분의 학생들이 이전보다 더 많이 대학에 입학되었으며, 중등 및 고등교육 모두 산업문명사회 참여에 필요한 광범한 기술을 제공했다. 당시 소련을 방문한 죤 듀이(John Dewey)와 같은 교육학자의 지적에 의하면, 소비에트 교육이 지나친 정치적 교화에 연계되어 미국의 교육보다 더 대중적으로 조직됐으며, 후에 지역 공동체 및 산업체에서 보다 활발한 지도 역할을 수행토록 더 많은 적절한 훈련이 시행되고 있었다는 지적이다.[69]

루나차르스끼의 주도 하에 집행된 교육프로그램은 1920년대 내

67 *Ibid.*, pp. 76-77.
68 *Ibid.*, p. 77.
69 George Z. Bereday(ed.), *The Changing Soviet School*(Cambridge: The Riverside Press, 1960), P. 66 as quoted in Stanley Rothman & George W. Breslauer, op. cit., p. 77.

내 공격을 받았다. 당시 공격을 가한 사람들은 대학에 즉각적이며 완전한 프롤레타리아화를 추구한 급진 평등주의자들, 생산적 책무를 위한 직업훈련으로 중등교육을 전환하려 한 기술관료들, 형식적 학교 폐지를 열망한 유토피안들이었다. 이들은 산업화와 농업집단화가 수반된 1928-1932년의 "문화혁명"기간 중 지도적 역할을 수행했다. 따라서 루나차르스끼는 이들의 공격으로 인해 상당수 사업추진에 타격을 받을 수밖에 없었다. 교수와 학생들에게 존재했던 "부르죠아지"요소들이 제거됐으며, 당의 통제가 대부분의 교육시설에 확대됐다. 특별계획을 통한 노동계급의 자제들이 극적으로 대학에 다수 진학했으며, 교육내용은 숙련 노동자를 필요로 하는 경제적 측면 강조로 변화되었다. 따라서 교육은 협소하게 전문화 및 직업화되었다.[70]

이러한 추세는 1930년대 초까지 단기간 야기된 파고로 증명됐다. 그러나 당시 사회 및 정치생활에서 야기된 방향전환과 마찬가지로 교육부문에서도 1920년대의 자유주의(liberalism)와 평등주의(egalitarian) 그리고 1928-1932년의 직업적 강조로의 반응에서 "지대한 후퇴"를 결과했다. 이러한 결과 속에서 교사들은 통제력을 상실했고, "불량배"들이 교실을 장악함에 따라 어린이들이 학교에서 배우는 것이 없다는 불평의 비판이 거세게 일었다. 이 같은 비판으로 인해 교사들의 특권회복은 서서히 서구에 맞먹는 수준으로 회복되었으며, 방임적 자세도 시정되었다. 시험제도가 재도입됐으며, 암기도 재 강조되었고, 새로운 교재들은 실제적이며 체계적인 이론적 지식의 중요성을 강조했다. 아울러 그 동안 찬사를 받아온 죤 듀이의 방법론이 갑자기 파문선고를 받았다. 1952년에 출판된 소비에트 대 백과사전에 따르면 "죤 듀이의 철학은 전쟁과 파시즘의 철학이다. 듀이는 현대 미국의 반동을 선언한 사람이며, 소련의 강렬한 적, 미 제국주의의 이데올로기 제창자이다." 듀이의 "진보적" 교육의 장점에도 불구하고, 소비에트 정권은 1930년대 중반 중 권

70 *Ibid.*

위와 규율을 재강조하는 모순을 보인 것이다.[71)]

기본적 기술이 산업노동력 참여에 필요하다는 취지의 대중에 대한 훈련의 강조는 1930-1940년대에 계속됐다. 그러나 1920년대 말의 평등주의는 후퇴과정에서 실력사회의 희생물로 전락되었다. 중등 및 고등교육기관에 등록금이 다시 부과되었다. 대학의 입학조건도 보다 준엄한 기준채택으로 누구나 들어 갈 수 없었다. 실로 정권은 적성별 학급편성 및 능력별 학급편성을 강조하는 엘리트교육으로 전환했다. 따라서 4년제 학교를 졸업하고 상급학교에 진학하길 원하는 학생들에게 엄격한 시험이 부과됐다. 시험에 통과한 학생들을 대상으로 한 7년제 교육과정에서도 낙제점이 적용되었다. 이런 과정을 통과한 졸업생들은 곧바로 노동현장에 투입됐다. 그리고 대부분의 중산층 출신성분의 학생들은 대학교육 준비 및 새로운 소비에트 인쩰리겐찌야로의 진출을 목표로 고등학년에 올라갈 수 있는 특전을 부여했다. 이렇게 중등교육과 고등교육은 기본적 초등교육과 산업노동을 위한 직업훈련의 덕으로 스딸린 치하에서 다소의 특권층이 되었다.[72)]

2차 대전 말과, 특히 스딸린 사후 새로운 흐름으로써 보다 평등한 교육정책이 표출되었다. 다수 주민에 대한 교육기회를 확대하기 위해 상당한 예산이 배정되었다. 등록금은 폐지되었고, 1943년에 폐지된 남녀공학이 재개됐으며, 교육시설도 확대됐다. 1953-1973년인 20년 간 고등교육에 입학한 학생 수의 증가는 700%에 도달했으며, 고등교육기관의 수는 배로 증가됐다. 이렇게 소비에트 정권은 스딸린 치하에서 광범한 교육적 하부구조를 개발했다. 여기서 분명한 사실은, 교육이 소비에트 경제 및 사회정책의 핵심적 기반이었다는 점이다. 혁명 전 12개에 지나지 않았던 대학이 1972년에 52개로 늘었으며, 고등교육시설은 혁명 전의 105개에서 1975년에 842개로 증가했다.[73)]

---

71 *Ibid.*, pp. 77-78.
72 *Ibid.*, p. 78.
73 *Ibid.*

중등교육 역시 스딸린 사후 폭넓은 시설확대를 이루었다. 4학년 이후 고등교육 대상자 선별목적으로 실시되어온 시험이 여전히 존속치는 않았다. 변화된 상황은 8학년제 학교 교육과정이 모든 어린이들에게 의무교육으로 혜택을 받게 되었으며, 대규모 도시에서는 10학년제가 일반화되어 있었다. 엄청난 비용이 고등교육기관에서 직업기술교육을 위해 투입되었는데, 이는 주로 보다 기술적으로 상승된 경제체계 속에서 기술공예 직업생들을 공급하기 위함이었다. 이 결과로 고등학교 졸업생들은 7배 증가했으며, 대학 입학생은 2배를 초과했다. 10학년제 졸업생에게만 정상적 학생자격으로 대학에 진학할 수 있게 한이래, 정부는 직업시장에 보다 부합된 교과목을 90% 비중으로 고등학교 교과과정에 적용시켰다. 이러한 결과로 인해 모두에게 고등교육을 제공해야하는 논리적 평등주의 이행에 새로운 문제를 야기시켰다.[74]

스딸린의 고도 중앙집권화 및 권위주의적 교육체계는 그의 사망 이후에도 극적으로 변화되지 않았다. 소비에트 교육체계는 지방 및 소수 민족에게 자체적 우선순위에 의한 자율성을 부여했음에도 불구하고 강력한 중앙집권적 운영을 했다. 따라서 거의 모든 학생들이 동일한 교복을 입고, 동일한 교과과정과 교육철학을 배웠다.[75]

교육행정의 중앙집권화와 표준화 강조 속에서 소비에트 교육은 서구 제국의 교육과 유사했다. 특히 미국이나 영국학교들과 비교할 때, 러시아학교들은 시험, 강의, 낭송수업 의존도에서 상당히 전통적인 모습을 보였다. 학사 일정과 학기는 상당히 긴 상태였으며, 숙제의 양도 무거운 상태였다. 학생들은 상당한 비중의 이데올로기 교육을 받았으며, '시간엄수', '청결하고 깔끔한 차림', '바른 예절'과 같이 서구 중산층과는 다른 개인적 가치를 교육받았다. 학생들이 엄수하도록 강조된 교칙 가운데 일부를 열거하면, "부지런히 공부하고 등교시간을 엄수하며 수업시간에 지각하지 말 것, 학교장과 교사의 훈시에 무조건 복종하고, 수업 중에는 몸을 바르게

---

74 *Ibid.*

75 *Ibid.*

앉으며 팔꿈치로 몸을 받치거나 몸을 구부리지 말 것, 교사나 교장이 입실과 퇴실 시에 일어날 것, 교양 없는 난폭한 표현을 하지 말며, 흡연과 도박을 하지 말 것, 부모에게 복종하고 동생들을 돌보아 줄 것"[76]이다. 이러한 노력들은 자의적이며 무질서한 전통적 러시아인의 개성과 아주 다른 새로운 개성을 창조하기 위한 열망이었다.[77]

과거 지적 "러시아인의 결렬함이 상반된 2개의 모순성을 결합할 수 있도록 했다. 하나는 지적 사고가 빈번히 지나치게 단순한 현실에 속박되어 극히 급진적이고 합리적인 이상을 드러낼 수 있었으며, 동시에 그들은 늘 게으름과 무질서에 열렬한 사랑을 드러냈으며... 방탕함은 역사적 빈곤과 헐벗음을 제외하고 아무 것도 없는 곳에서 되는 대로의 "급진적" 생활방식 속에 있는 것이다. 결과적으로 오늘에 조차 일부 주민들은, 그들의 가슴 밑바닥에, 아직도 시간엄수와 질서정연한 움직임을 경멸하게 되었다.

단정치 못한 생활태도는 소비에트 생활양식에 어울릴 수 없다. 모든 우리들의 처분수단으로 우리는 단지 몰이해에 의해서 시적 양식의 표상이 고려되고 있는... 보헤미아 정신이 시대에 뒤졌다는 것을 이행해야만 한다."[78]

이 같이 개인의 자의성 경시가 권위에 대한 존경을 학생들에게 지속적으로 주입함으로써 보강되었다. "교사, 학교, 모든 성인들, 국가의 권위유지 필요성은 유치원에서부터 10학년 전 과정 내내 소비에트 정치교육의 불변적 주제이다."[79] 소비에트 교육은 또 집단적 성취와 집단적 규율을 몹시 강조하고 있다. 원인의 일부는 공산 이데올로기의 집단적 편향 때문이며, 일부는 폭넓은 자기규제와 개인적 책무 감을 결코 교육시키지 않은 러시아문화 때문이다.[80]

76 Nigel Grant, *Soviet Education*(Baltimore: Penguin Books, Inc., 1964), pp. 48-49., as quoted in Stanley Rothman & G. W. Breslauer, op. cit., p. 79.

77 Stanley Rothman & G. W. Breslauer, *op. cit*., p. 79.

78 A. S. Makarenko, *A Book for Parents* (Moscow: Foreign Language Publishing House, n. d.), p. 302, quoted in Stanley Rothman & G. W. Breslauer, op. cit., p. 79.

79 Susan Jacoby, *Inside Soviet Schools* (New York: Schocken Books 1974) p. 29, as quoted in Stanley Rothman & G. W. Breslauer, op. cit., p. 79.

예를 들면, 초등학교들에서 매 학급은 분단으로 나누어졌다. 그리고 분단 상호 간에 우정 어린 선의의 경쟁이 도입되었다. 아울러 다양한 방법을 통한 규율보강이 이루어졌는데, 이들은 구타가 금지된 실정에서 법규와 관습에 의한 것이었다. 다시 말해, 특별과제를 부과하거나 수업종료 후 남도록 명령하기도 하고, 단체적 수치심 유발과 설득력에 의존하였다. 규율이 없고 무질서한 어린이들은 분단 전체행동에 뒤지지 않도록 분단 내에서 조치를 취하도록 했으며, 교사는 학교행정기구와 밀접한 활동을 하며 학생들을 집단의 규범에 부합시키도록 활기찬 영향력을 행사하는 학생조직도 사용했다. 부모들 역시 자신들의 어린이 행동에 책임을 지고 있었으며, 학교방문 시나 아파트 및 직장모임에서 공개적으로 비판된 자신들에 관한 사항을 발견할 수 있게 했다.81)

1960년대 말에 괄목할 만한 변화의 징후가 소비에트 교육정책에서 나타나기 시작했다. 많은 교사들이 새로운 교실운영방법을 요구했으며, 강의와 암송방식 강조를 비판했다. 또 다른 사람들은 학생 개개인의 능력차이의 인정과 개개인의 기술습득 정도를 고려한 고용을 요청했다. 교육적 관료체제에 대한 과학자들의 불만은 소비에트 고등교육기관의 제 결과가 향상된 과학적 연구를 위한 혁신적 사고와 비판적 발상을 위한 준비를 갖추고 있지 못하다는데 있었다. 규율과 복종, 일치 및 기계적 암기를 강조하는 교육체계는 주민 대다수에게 기본적인 기술적 과제를 해결시키는데 아주 적절했다. 그러나 과학자들의 지적과 같이, 현재와 같은 고도산업 상황에서 보다 융통성 있는 접근이 요구된 것이다.82)

1965-1970년간에 제작되어 독립적 사고와 독립적 연구를 강조한 새로운 교과과정은 1,400여개 학교에 시험적으로 적용되었다. 그리고 그 결과는 1970년 모든 소비에트 학교의 교과과정을 개혁한 법령을 발할 수 있게 했다. 법령의 이행은 매우 느렸지만 지속적

80 Stanley Rothman & George W. Breslauer, *op. cit.*, p. 79.

81 *Ibid.*

82 *Ibid.*, p. 79-80.

인 면모를 보였다. 새로운 교재도 집필되어 배포되었다. 새로운 기술습득을 통해 수업을 할 수 있는 교사들의 훈련 역시 서서히 진행됐다. 시청각 시설과 같은 새로운 장비들도 즉각 공급되었다. 끝으로 교과과정이 안고 있었던 과제는 암기 및 모방의 구체제가 보다 "적절한" 교육방법이라고 믿고 있었던 사람들의 저항을 극복해내는 일이었다.[83]

1970년대 이후 강조된 보다 독립적인 사고는 다소 경직된 한계 내에서 적용되었을 뿐이었음에 유의할 필요가 있다. 새로운 교과과정은 사회과학이나 인문학 보다 자연과학과 수학에서 보다 많은 것을 도입했다. 이러한 원인은 소비에트 정권이 비판적이며 독립적 마인드에 예민한 반응을 보였기 때문이다. 따라서 현행 교육 개혁은 독립적 마인드를 지닌 철학자 및 사학자나 사회 과학자를 격려할 의도가 없음이 밝혀진 것이다. 소비에트 정권은 단지 과학과 기술혁명만을 강조했을 뿐이며, 더욱이 이를 통한 정치적 순응주의 과학자들을 배출해 내는데 일차적 관심을 갖고 있었던 것이다.[84]

전문화된 기술과 정권에 대한 복종, 그리고 집단적 책임성에 부가하여, 소비에트 교육은 내용상에 있어 극히 민족적이며 애국적인 특징을 지니고 있었다. 전 고등교육기관 중 30%가 군사 학교로써 군사적 요원들을 지원하기 위한 교육이 이루어지고 있었다. 그리고 모든 출판서적 가운데 25%가 군사적 주제들을 담고 있었다. 모든 공산소년소녀단원(Pioneer)과 공산청년동맹(Komsomol)에는 군 장교들이 배속되어있었으며, 젊은이들은 군사적 기본훈련이나 민방위훈련과 관련된 교과과정 밖의 활동에 규칙적으로 참가하는 것을 사전에 알고 있었다.[85]

소비에트 학생들은 전쟁 가능성에 대비하여 적개심과 군사기술로 훈련되고 있었다. 어린이들은 2학년부터 핵전쟁에 대비한 훈련을 받았다. 남자 어린이들은 9학년과 10학년에 일주일에 한 나절

83 *Ibid.*, p. 80.
84 *Ibid.*
85 *Ibid.*

간, 그리고 여름에 수 주간 기본훈련을 받았다. 대학생들은 각 고등교육기관의 군사과 내에서 군사훈련을 받았으며, 이 훈련의 결과로 졸업 후 자동적으로 예비역 소위가 되었다. 아울러 고도의 민족적 내용을 강조한 소비에트 교육은 소위 "소비에트 사회의 군사화"과정에 공헌함으로써 정권지원에 지대한 역할을 했다.[86]

혁명 이래 대학수준의 소비에트 고등교육은 급속히 성장했다. 프랑스와 같이 고등교육시설들은 기본적으로 교육기능과 연구기능으로 구분되었다. 교육기능으로써 대학들은 순수 학문과 인간성 훈련을 실시했다. 동시에 모든 대학의 지위는 이론적으로 동등했으나, 모스끄바와 레닌그라드(현재 쌍뜨 뻬쩨르부르끄)대학은 엘리트교육기관이었다. 그리고 전문 연구소들은 1) 야금과 화학기술을 포함한 다양한 과정을 제공한 '공예연구소', 2) 드녜쁘로뻬뜨롭스끼의 탐광연구소와 같이 특수 산업에 제한된 분과적 연구소, 3) 농업연구소, 4) 의사뿐만 아니라 분야별 전문가훈련을 위한 의학연구소, 5) 교육학 연구소, 6) 경제학 연구소, 7) 법률연구소, 8) 예술연구소, 9) 체육연구소이다. 대학과 연구소의 입학경쟁은 치열했다. 시험에 의해 입학자격을 부여했으나 꼼쏘몰이나 공산당의 추천이 결정적일 수 있었다. 그리고 입학생 중 절반만이 정규대학생의 신분이었으며, 나머지 학생들은 시간제나 통신학생들이었다.[87]

모든 대학생들은 맑스·레닌의 정치이론 교과목을 필수로 수강해야만 했다. 인간성 주조를 위한 교과목들은 5년에 걸쳐 약 600시간을 소비해야만 했다. 다시 말해, 기술부문에서 요구된 시간은 300시간 정도에 지나지 않았다.[88]

수필, 실습, 숙제, 시험이 대학생들의 평가수단이었다. 최종시험은 교수들이나 관련 부처의 대표들로 구성된 위원회 심사를 통과해야만 하는 졸업논문이나 프로젝트였다. 국가는 졸업생들을 2-3년 기간으로 직장에 배치할 수 있었다. 그 후 졸업생들은 자신의 희망에 따라

86 *Ibid.*
87 *Ibid.*, p. 80-81.
88 *Ibid.*

자유롭게 직장을 찾았다. 여기서 정부에 의한 배치로부터 이탈하는 경우들도 빈번했다. 이는 벽지에 보내진 자식에 대한 부모의 불만과 영향력 행사의 결과였으며, 또는 교사와 의사는 바꿀 수 없음에도 불구하고 지방공동체의 불만에 의해 교체된 경우였다.[89]

과학공동체의 모든 회원들은 연구에 종사하도록 기대된 사람들로써 그들의 직업적 범위와 비중에 따라 아주 자연스럽게 그들의 지위가 조성되었다. 대부분의 연구는 정부의 후원 하에 조직되었으며, 산업과의 관계 속에서 수행됐다. 전 연방과학아카데미와 국가연구조정위원회는 이러한 관점에서 매우 중요한 기관들이었다. 여기서 늘 야기된 과학자들과 정부·당(黨) 간의 긴장은 학자들의 이론적 이해와 정부의 요구들이 일치하지 못했기 때문이었다.[90]

1960년대 초 이래 스딸린주의자들의 독단이 완화됨에 따라 사회학, 심리학, 사학의 재개현상이 일었다. 그럼에도 불구하고 모든 사회과학이 소비에트 정치문화에 적대적인 것으로 간주된 부르죠아지 개념 및 가치의 침투를 방지하기 위해 견고한 당 통제 하에 놓여 있었다. 때문에 사회과학이 정권건설의 지원요구와 현실 탐구 및 "이상"을 초월한 "현실"강조가 학문의 속성이라는 주장 간에 지속적인 긴장이 존재했다. 이 긴장은 서구의 거의 모든 국가들이 누리고 있는 학문적 자유를 조만간 과학아카데미가 얻게 될 것이란 기대를 저버린 것이다.[91]

### (3) 대중매체문화

15세기 유럽에서 출판인쇄의 발명으로 의사소통 기술이 눈부시게 성장하기 시작했다. 결과는 대중적인 도서출판뿐만 아니라 폭넓은 청중에게 "뉴스"를 제공하는 특별한 매체의 발달을 가져왔다. 이렇게 출판인쇄가 문화적 지평을 확장시켰을 뿐만 아니라, 인간의

89 *Ibid.*
90 *Ibid.*
91 *Ibid*, p. 82.

대규모 합병을 허용했다. 출판이 다른 기능을 수행해야한다는 이상은 정부의 검열로부터 벗어난 뉴스 및 여론의 근원을 제공하는 것이다. 여기서 필연적인 것은 정부에 대한 억제와 공공정책에 대한 공동사회의 태도를 공동사회에 의해 정립할 수 있도록 하는 수단으로써의 행위이다. 이러한 현상은 자유주의 발전과 민주적 국가에서만 나타나기 시작한 것이다.[92]

라디오, 전화, 전신, TV는 제2의 의사소통 혁명이며, 인터넷은 제3의 혁명이다. 오늘날 모든 근대국가에서 대다수 주민들은 TV방송을 통해 사건의 감동을 얻고 있다. 그러나 출판이 지니고 있는 것과 마찬가지로, 전자매체는 정치적 생활에 통합적인 효과와 비통합적인 효과를 가질 수 있다. 모든 근대국가에서 대중매체는 전통적인 국지주의(parochialism) 극복을 돕고 있다. 자유민주정치에서 대중매체는 집단의 제 요구 선전 및 상이한 집단 간의 갈등을 보다 예리하게 노출시키는 수단으로써도 기여했다.[93]

소련에서 대중매체는 새로운 가치와 지평을 드러냄으로써 대중적 기본수단이 되어왔다. 신문, 라디오, TV를 통하여 정권은 전통적인 시골생활의 많은 국지주의 제거를 도와 "의사소통 혁명"에 기여했다. 이러한 면에서 소련정권의 대중매체 사용은 서부유럽 국가들이 중앙집권적으로 동원한 민족국가 창조시기의 경험과 맥을 같이 했다. 그러나 서부유럽에서 대중매체가 자유주의 발전 속에 존재했던 사실과는 달리 소련의 매체는 국가에 의한 지속적이며 신중한 통제가 가해졌다. 이유는 소비에트 정권의 정책기조에 반하여 공식적으로 선거민들을 동원할 수 없도록 하기 위함이었다.[94]

러시아신문의 기원은 서부유럽에서와 마찬가지로 외국사절들의 수용, 전쟁, 조약, 상선의 도착에 관한 정보를 제공한 필사본의 "뉴스 레터"(news letters)였다. 러시아 최초의 신문은 뾰뜨르대제 시 정부에 의해 설립되어 1703년에 간행된 베도모스찌(Vegomosti)이

---

92 *Ibid.*

93 *Ibid.*

94 *Ibid.*

다. 150부에서 4,000부 정도를 발행한 베도모스찌는 1725년 뾰뜨르 사망 이후 중단되었다. 중단기간 중 주로 과학 및 문예적 성격을 띤 정부의 기관지가 과학아카데미와 같은 기관에 의해 회람되기 시작했다. 이들 정기간행물은 18-19세기 중 지면과 크기가 확대되어 사적인 이익집단들이 원칙적으로 뉴스의 보급기능을 지닌 다른 정기간행물들을 출판하기 시작했다. 그러나 이들 중 일부 사적 신문들은 명백히 체제에 반한 비평을 담고 있었다. 19세기 초까지, 중요성이 인정되고 있었던 비판은 다소 자유기에 있었지만, 1917년 혁명 시까지 계속된 검열 상황을 초래시켰다. 그러나 주목할만한 점은 1905년부터 1917년까지 러시아신문이 혁명이후기 보다 더 자유를 누렸다는 사실이다.[95]

러시아사회민주당의 볼셰비끼파의 최초 신문은 '불꽃'이란 의미를 지닌 이스끄라(Iskra)이다. 이스끄라는 1912년 '진리'라는 의미의 쁘라브다(Pravga)로 대체되어 소련공산당의 주요 기관지로써 출판되었다. 그러나 1914-1917년 기간 중 쁘라브다의 반전노선으로 인한 정부의 탄압으로 일시적 중단된 시기를 제외하고 출판은 지속됐다.[96]

한편 볼셰비끼가 정권을 잡은 후 공식적 정부의 기관지로써 '소식'이란 의미의 이즈베스찌야(Izvestiya)가 창간되었다. 그리고 이즈베스찌야를 비롯한 모든 신문은 당에 의해 직접적으로 통제 받았다. 이 같은 조치에 대해 당내 일부에서 반대가 있었지만 곧 진압되었다. 레닌과 뜨로쯔끼는 서구의 견지에서 신문이 지닌 "반대"(opposition)의 이상을 무의미한 것으로 간주했다. 레닌은 '무엇을 할까?'에서 신문의 진정한 역할은: "신문은 집단적 선전가이며 집단적 선동가일 뿐 아니라, 또한 집단적 조직가이다. 이러한 점에서 신문은 건축 중에 있는 건물 주변에 세워진 발판과 비교될 수 있다. 다시 말해, 그 발판은 건축가들로 하여금 작업을 할당케 하고 그들의 조직적 노동에 의해 달성된 공동의 결과를 보도록 하

95 *Ibid.*, pp. 82-83.
96 *Ibid.*, p. 83.

는 건축가들 간의 구조 및 시설의 윤곽을 표시하는 의사소통"[97]이라는 것이다.

레닌의 견해에 따라, 당은 신문의 전 구조 및 조직을 통제했다. 당은 집권 초기부터 출판될 신문의 종류 및 배포방법, 신문의 형식 및 전개방법에 대해 명령형식으로 통제했다. 아울러 정치국은 지속적인 토의와 구체적 명령을 통해 신문의 봉사적 기능을 반복적으로 강조했다. 1952년에 간행된 소비에트 대 백과사전은 다음과 같이 신문의 기능을 밝히고 있다. 이들은 맑스·레닌주의의 이상 선전, 당의 제 원칙 선동, 이들 원칙을 일상생활에 적응시키기 위해 투쟁대열에 근로자들을 조직하기. 일반 대중과의 영속적인 연계 마련하기, 그들을 공산주의 정신으로 교육하기, 당과 정부의 정책 설명하기, 비판주의 및 자기-비판주의의 활발한 습성 조장하기이다.

당은 이들 정책수행을 보장하기 위해 출판활동을 감독 및 지휘할 행정적 집단들을 창설했다. 이에 따라 다양한 수준의 모든 당조직에 최고의 권위를 지닌 선전 및 선동과를 설치했다. 선전 및 선동과(Agitprop)는 당선전, 대중선전, 문화, 중앙출판, 지방출판, 라디오와 TV를 위한 특별 부서를 가진 고도의 복합적인 조직들로 개발되었다. 그리고 모든 선전선동의 본분은 당의 지령이행을 용이하게 하는 것이었다.[98]

선전·선동과와 대등한 다른 모든 활동의 행정책임을 맡고 있었던 정부기관들도 있었다. 이들 중 가장 중요한 부서가 1932년 당과 정부의 정책을 대중에게 미치도록 창설된 '문예와 출판업무의 주무청'(Glavlit)이다. 스딸린 사후 글라브리뜨의 주요 기능은 출판에 근거한 정보의 안보와 외국 통신원에 의해 발송되는 작품의 검열로 제한되었다. 그 후 소비에트 생활에 관한 부정적 보고서를 전송한 외국특파원들이 여전히 추방당했지만 검열은 완화되었다.[99] 1920

---

97 Anthony Buzek, *How the Communist Press Works*(london: Pall Mall Press; New York: Praeger Publishers, 1964), p. 438. as quoted in Stanley Rothman & G. W. Breslauer, *op. cit.*, p. 83.

98 *Ibid.*

99 *Ibid.*

년대에 사회적 조직결여와 지도자들간의 불화 및 권력투쟁의 결과로 인해 상당한 출판의 기본정책토론 및 논의의 여지가 허용되었다. 예를 들면, 당시 부할린(Nikolai Bukharin)이 쁘라브다를 편집하고 있었을 때(1918-1928), 논설위원들은 활기찬 활동과 더불어 논쟁요인이 있는 기사를 실었다. 스딸린이 자신의 세력을 강화한 후, 이러한 상황은 일변하여, 출판은 보도에 있어 압도적 획일화 현상을 보였다. 당과 정부 기관지는 특별한 관심을 제공하기 위해 잡지들과 함께 상당한 공간을 정부의 공고사항과 기타 공식노선을 충실히 반영하는 내용을 실었다. 그러나 이러한 행위를 거부한 저널리스트들은 숙청 및 처형되었다.[100]

스딸린 시대에 있어 출판의 주요 기능은 정권의 목표성취를 가능케 하도록 체제에 봉사하는 수단으로써의 역할이었다. 구체적으로 이는 새로운 사회에서 주민들로 하여금 책임완수를 다하도록 감언이설로 속이고, 선전, 고무, 요구하는 활동이었다. 이 밖에 출판은 하나의 “자기비판” 유형을 제공하는 매커니즘으로써 기여했다. 여기서 허용된 약간의 융통성은 ‘독자의 편지란’이었다. 독자의 편지란은 직업 당료 및 관리자들에 의해 저질러진 부패의 실례를 정권으로 하여금 발견 및 조치토록 하는 수단이었다. 또한 유모잡지인 『끄로꼬질』(*Krokodil)*은 독자들에게 자신들의 불만을 보내도록 격려하고 있었다. 그러나 이 비판적 경우들조차 신중한 제한조치를 취하고 있었다.[101]

1920년대와 1930년대 기간 중 출판과 라디오 양자는 새로운 소비에트 사람을 만들기 위한 정권의 유일한 독려 수단이었다. 다음 서열로 평가되는 주요수단은 공장신문, 게시판, 교의 선동가와의 일대일 대면이었다. 물론, 여기서 당원들은 공장, 집단농장 및 아파트의 조직회합에서 영향력을 발휘했다. 이들의 대면은 비록 스딸린 사후 폭넓은 신문배포 및 라디오와 TV보급 확대로 대중매체의 중요성이 증대됐지만, 여론형성과 조절에 여전히 중요성을 지니고 있

100 *Ibid.*, pp. 83-84.
101 *Ibid.*, p. 84.

었다.[102)]

흐루시쵸프 통치 하에서의 주요 변화는 신문의 내용과 형식의 개선을 통한 활기부여에 있었다. 목표는 서방의 신문과 같이 '자유출판'은 아니었으나 소비에트 매체의 기본적 과업은 통합 및 혁명의 제고에 있었다. 아울러 출판의 다양화 시도는 이를 통해 보다 많은 독자층을 만들고, 이에 의한 고도 교육 및 보다 정교화된 주민들에게 영향력을 증대시키기 위함이었다.[103)]

1959년은 소비에트 출판에 혁명적인 사건이 있었다. 흐루시쵸프의 아들 아드쥬베이(Adzhubei)가 이즈베스찌야지의 편집장이 된 것이다. 아직 만 35세가 안된 나이에 편집장이 된 아드쥬베이는 모스끄바대학에서 저널리즘을 교육받고, 꼼쏘몰스까야 쁘라브다(Komsomol'skaya Pravda)사에서 수습사원으로 근무한 인물이었다. 이른 나이에 출세한 그는 신문의 양식변경과 시선을 잡는 사진 및 인간에게 유익한 기사편집 책무를 지고 있었다. 그가 이즈베스찌야 편집장이 된 이후, 신문은 머리기사가 커지고, 논술형 기사는 짧아졌으며, 가족란이 제도화됨과 동시에 그림이 증대되는 변화를 보였다. 아드쥬베이가 5년간 이즈베스찌야사 근무로 이룩한 성과는 발행 부수가 6백만 부에 도달함으로써 3배 이상의 독자를 확보한 것이다. 아드쥬베이의 혁신이 당시 쁘라브다의 편집장 싸뚜꼬프(Pavel Satyukov)에게도 영향을 미처 과거에 볼 수 없었던 신선한 면모를 갖추기 시작함으로서 경쟁적 대열에 끌어들인 것이다.[104)]

이 같은 면모일신에도 불구하고 보도의 성격 자체가 근본적으로 변화된 것은 아니다. 신문의 머리기사와 내용은 여전히 교훈적이며 권고적이었다. 실례로, 쿠바 미사일 사건 때 쁘라브다는 "평화의 적군들의 범죄적 의도를 좌절시켜라!", "세계인민들은 미국 모험주의자들을 격렬히 비난," "침략자들을 내버려 두고 있다."는 머리기사를 실었다. 이러한 현상은 출판정책의 변화를 의미하는 것이 아

102 *Ibid.*

103 *Ibid.*

104 *Ibid.*

니고, 단지 소비에트 인민들이 알고 있는 사실을 바로잡는데 불과한 것이었다. 서방 통신원들이 1960년대 이후 입수한 소비에트 정권의 검열에 관한 비허용 대상이 된 목록은 다음과 같다.

1) 당 정치국원 및 후보위원의 여행일정 및 일시적으로 들르는 장소나 연설.

2) 소비에트 검열기관의 검열성격, 조직 및 방법에 관한 정보.

3) 국가안보 및 소비에트 정보기관의 활동.

4) 범죄의 양, 범죄행위에 연루된 사람들의 수, 체포 및 기소된 사람의 수.

5) 노동교화수용소의 존재에 관한 정보.

6) 모든 수용자들의 신체적 조건, 발병 및 사망률에 관한 사실.

7) 문맹자의 수.

8) 사고, 해난, 화재로 인한 인명 희생 보고서.

9) 재앙적 지진, 조수적 파고, 홍수 및 기타 자연재해의 결과에 관한 정보.

10) 루블과 외국 경화의 상대적 구매력 계산.

11) 주민의 구매력, 또는 주민의 수입과 지출의 균형을 포함하는 화폐의 양이나 전체 봉급기금의 규모.

12) 소련대표자들이나 시민들에 반한 외국의 주민이나 책임 있는 관료들에 의한 적대행위에 관한 정보.

13) 소련에서 외국여행자 봉사비용과 소련에서 관광여행 판매가격간의 상호관계.

14) 무기, 탄약, 군사기술, 군사장비의 외국수출에 관한 정보.

15) 군의 저급한 윤리-정치적 조건들, 불만족한 군사규율, 병사들 사이에서, 또는 병사들과 주민들 간의 비정상적인 관계.

16) 약물중독자의 수.

17) 직업적 상해에 관한 정보.

18) 소련에 있는 외국방송국의 뻔뻔스런 언동에 관한 정보.

19) 국가적 규모의 운동선수에 대한 훈련기간 지속에 관한 정보, 운동선수에 대한 보수율에 관한 정보, 스포츠경쟁에서 좋은 결과를

위해 마련한 상금에 관한 정보, 운동 팀의 재정지원과 유지 및 스탭에 관한 정보...이다.[105]

시선을 끄는 이 리스트는 훨씬 더 확장될 수 있다. 분명한 것은 훨씬 더 많은 군사적 기밀사항들이 소비에트 출판의 범주 밖에 있다는 사실이다. 출판은 레닌이래 소비에트 정치문화의 토대에 가져온 낙관주의와 자기신뢰 전달로 추정되고 있다. 더욱이 출판은 때때로 말단에서의 경우를 제외하고, 정책결정의 내막 폭로를 염두에 두고 있지 않다. 이 같은 전제에 의거 정치는 일개 사적인 일이라고 받아쓰고 있는 소련시민의 규범을 보강하고 있다.[106]

출판매체가 갖는 특성상 고유영역으로 간주되는 토론에 존재했던 다양한 억제수단이 소비에트 출판의 고유 상표(brand)였다. 그럼에도 불구하고 다수 부문에서의 스딸린주의적 독단의 쇠퇴와 더불어, 무수한 기술 및 사회적 현안에 대한 실행 가능한 정책연구의 필요성이 제기되었다. 즉, 환경문제, 보건, 물적 자극정책, 경제개혁, 교육정책 등 모든 것이 출판매체의 논의대상이 된 것이다. 더욱이 체제운영상의 결함을 지적하는 토론이 허용되었다. 그리고 토론의 양과 다양성에 지속적 진전이 있었다.[107]

정치사회화 수단으로써 소비에트 출판매체는 교육체계에 의해 직면한 것과 유사한 모순에 부딪쳤다. 매체들은 다양성과 증가추세의 세련된 독자들에게 보다 민감하게 응답하는 면모가 필요했다. 또한 이들은 엄격하게 정해진 한계 내의 행동을 시도함으로써, 적어도 대중에 대한 자비로운 지도를 요구하는 정권에 도전하고 있었다. 다시 말해, 이러한 제한들은 정치사회화 기관으로써의 그들의 설득력 축소를 의미한 것이다.[108]

출판매체의 변화는 라디오와 TV에도 균등한 결과를 가져다 주었다. 소비에트 라디오 방송은 1920년대에 시작되었지만, 1930년

105 Robert G. Kaiser, Russia: *The People and the Power*(New York: Atheneum, 1976), pp. 224-225. quoted in Stanley Rothman & George W. Breslauer, op. cit, p. 85.
106 Stanley Rothman & G. W. Breslauer, *op. cit.*, p. 85.
107 *Ibid.*, pp. 85-86.
108 *Ibid.*, p. 86.

대까지 청취대중에게 방송이 도달토록 개발되지 못한 상태에 있었다. 스딸린 통치의 모든 기간 중 대부분의 방송 송출은 집, 공장 및 공공장소에 설치된 유선 스피커로 이루어졌다. 이러한 방송방법은 비용의 저렴성도 있지만 외국방송 청취 가능성을 줄이기 위한 조치였다. 아울러 초기 라디오 프로그램의 내용은 기본적으로 음악과 선전이었다. 1930년대 말과 1940년대 기간 중 문학작품과 어린이들을 위한 특별 프로그램이 만들어지기 시작했다. 그리고 음악을 제외한 대부분의 프로그램이 공익차원의 가르침에 방향을 두고 있었으며, 정권에 의해 열망된 제 가치를 보강하도록 계획된 사업을 이행하고 있었다.[109)]

1960년대 말경 라디오와 TV매체에서 보인 새로운 추세는 누구나 식별할 수 있는 상태로 변모되었다. 1940년에 보급된 라디오 수는 1.1백만 대였다. 그러나 1974년의 보급대 수는 57.1백만 대로 급증됐다. TV의 경우는 보다 대조적이었다. 1940년에 400대에서 1974년에는 52.6백만 대로 늘어난 것이다. 방송내용에 있어 교훈적 프로그램이 비음악적 방송시간 중 상당량의 점유를 지속하고 있었다. 그러나 소비에트 당국은 서구 유형의 방송프로그램에 보다 많은 관심을 갖기 시작했다. 새로운 프로그램은 퀴즈 쇼와 다양한 오락들이 소개되었다. 특히 다큐멘터리(기록물) 프로가 풍부하게 보급됐는데, 2차 대전시에는 통상 민족적 단결, 그리고 시베리아 국경지역 개발노력이 강조되는 주제들이 다루어졌다. 이 같은 변모에도 불구하고 전자매체에서 논쟁프로는 허용되지 않았다. 다시 말해, 소비에트 전자매체의 주요 기능은 광활한 지역에 퍼져있는 주민들에게 민족적 공동체 의식과 문화적 결속을 다지도록 돕고 있는 것이다.[110)]

### (4) 문예문화

소비에트 정권은 1934년 공식적으로 채택된 문예정책인 "사

109 *Ibid.*
110 *Ibid.*

회주의 리얼리즘"교의에 부합시킬 목적으로 문예작품에 대한 내용을 통제하기 시작했다. '사회주의 리얼리즘'은 레닌의 당성(party-mindedness) 예술개념을 적용하려는 시도에서 나온 결과이다. 이 교의에 의거 작가와 예술가들은 공산주의의 근거를 증진시키기 위한 방도로써 "현실"을 그리도록 기대되어 왔다. 따라서 결과는 빈번히 "긍정적 영웅"과 "공산주의 건설자들"을 극찬하며 해피 앤드(happy end)로 마무리되는 종합적 성격의 재미없는 문학이 된 것이다. 문학과 예술은 경제적 생산에 견줄만한 활동일 뿐만 아니라 잠재적으로 해롭다는 판단 하에 지속적인 감독이 요구되어 왔다. 작가는 인간행동에 있어 무감각, 비참, 고통, 개인적 비극, 잔인성, 불신 및 조잡한 경우를 가진 생활을 묘사하는 어려움을 겪는다. 또한 작가는 적의 선전에 의해 이용당함을 스스로 허락하는 피고의 존재에 빠지는 생활을 묘사하는 사람이다. 작가가 실로 창작가가 되려는 노력가라면, 그는 이념적 잘못과 체제전복 추구로 비난받을 수 있다. 더욱이 풍자작가는 어떤 주제나 관행에 반대하여 그의 풍자를 이끈다면 위험하다는 전제들에 대비해 왔다.[111]

작가들을 통제하는데 사용된 기술들은 아주 다양했다. 1966년 안드레이 씨냐프스끼(Andrei Siniavsky)와 유리 다니옐(Iulii Daniel)의 경우와 같이 박해와 수용소 및 정신병원 감금사례가 이에 해당된다. 위협과 악담이 안나 아흐마또바(Anna Akhmatova), 미하일 조쉬첸꼬(Mikhail Zoshchenko), 보리스 빠스쩨르나끄(Boris Pasternak)를 포함한 많은 사람들에게 사용되었으며, 공식적 비판도 개인적 작가들에게 겨누어져 왔다. 보다 결정적인 수단은 정권이 모든 출판소를 소유함으로써 특정 작품의 출판을 거부한 것이다. 실례로 10년간 강제수용소와 유형생활을 한 쏠제니친(Alexander Solzhenitsyn)의 소설들은 소련에서 출판되지 못하고 외국에서 출판되었다. 한편 '이반 데니쏘비치의 하루'는 흐루시쵸프에게 스딸린주의자 배격과정에서 이용가치가 인정되어 1962년 출판되었다. 그

---

111 John S. Reshetar, *The Soviet Polity: Government and Politics in the U.S.S.R.*, Dodd, Mead & Company, 1971, pp. 294-295.

러나 '암병동'과 '첫 번째 써클'은 비밀경찰에 의해 재편집되어 출판된 후 소비에트 관료들 사이에 읽혀졌지만, 외국에서 출판됐다. 빠스쩨르나끄의 소설 '닥터 지바고'와 예브게니야 긴스브르그의 수용소 경험을 담은 회고록들이 외국에서 출판되었다.112)

작가들이 작품을 출판할 때 당국은 작가들의 원고내용 중 음란한 것에 대해서는 삭제시키고, 정치적으로 적절치 못하거나 이념적으로 해롭다고 판단되는 모든 문장을 제거시켰을 뿐만 아니라, 심지어 전 문장을 재 집필시키거나 수정시켜왔다. 이 같은 관행에도 불구하고 정권은 작가들이 스스로 자율적으로 검열되어 지길 선호했다. 이 같은 방침에 따라 1932년에 스딸린에 의해 설립된 소연방 작가동맹이 검열기능을 대행하게 되었다. 저자로써의 인정과 지위를 즐기기 위해 모든 작가들은 회원이 되어야만 했다. 동맹은 방황하는 작가들을 징계하고, 포상과 더불어 휴가 및 해외여행을 포함한 특전을 베풀었다. 이러한 상황으로 인해 작가동맹은 공산당의 요구에 대응한 소비에트 작가들의 창작권과 직업적 이익수호에 실패했다. 예브게니 예브뚜쉔꼬(Evgenii Evtushenko)의 시는 1956년 "겨울 역"이란 그의 시에서 소비에트 작가들의 곤경을 다음과 같이 표현했다. "그런데 지금 작가란 무엇인가? 주인이 아니라, 사상의 일개 감시자이다."113)

자율적 검열이 비효과적일 때 정권은 정기 간행물, 신문들의 편집장과 출판사 사장들에게 당의 이익에 기여되는 것만 출판하도록 정치적 책임을 맡겼다. 거의 모든 소비에트 출판은 문예 및 출판업무의 주무 청인 글라블리뜨(Glablit)에서 파견된 검열관에게 조회하는 코드 번호를 가지고 있다. '국가기밀보호 주무청'으로 개명된 이 조직은 출판의 동의 여부를 결정하는 책무를 지고 있었다. 이론적 논쟁거리 작품에 대한 결정권은 고위 당 조직에게만 소유되어 있었다. 이러한 결과로 결정이 지연되는 동안 출판은 자연히 늦어질 수밖에 없었다. 저널리즘 업은 1959년에 수립된 소비에트 저널

112 *Ibid.*, p. 295.
113 *Ibid.*, pp. 295-296.

리스트 동맹을 통한 파수꾼으로써 기여했다.114)

소비에트 작곡가동맹은 작곡가와 음악학자 양자를 포함시켜 구성케 했으며, 전문가 인정에 부합되는 사람과 음악의 결정을 본분으로 했다. 그리고 동맹은 출판 및 공연될 작품들을 결정했다. 소련 공산당은 음악에서의 "형식주의"와 근대주의를 비난하며, 음악 속에 정치적 주제들을 주입하여 "외국 이데올로기"와 싸우는 작곡가들을 가지려 노력했다. 동맹과 동맹의 지도력에 숨겨진 감시가 유지되었다. 회화와 조각부문의 통제는 공식적 미학 기준과 부합된 포상을 실시하는 소비에트 예술가동맹을 통해 행사되었다. 동맹의 회원신분 상실은 보증된 수입, 스튜디오, 새로운 작품의뢰, 박물관과 전시관에서의 전시권 상실을 의미했다. 일반적으로, 공식적인 미학기준은 "인민을 위한 예술"이었으며, 그 예술은 대중에 의해 이해될 수 있어야만 했고, "현실적"이었으며, 정치적 메시지 운반 작품은 재가 되었다. 추상적 예술은 비공식적 준 지하무대에서만 존재할 수 있었다.115)

다른 영역에서와 마찬가지로 문학과 예술의 공식 정책들은 저항에 부딪쳐 왔다. 저명한 작가들은 침묵을 지켰으며, 집필이나 번역을 거부했다. 검열을 통과하지 못할 원고들은 타이핑되어 자주 은밀하고 제한적 범위 내에서 순환되었다. 실례로써 쏠제니친이 1969년 11월 작가동맹에 의해 추방되었지만 1970년 노벨문학상을 받음으로써 증명된바와 같이 그의 작가로써의 자질과 재능을 이 같은 자의적 행동으로 축소시키기 어려웠다. 비전통적 형식의 예술작품들은 소비에트 문화 및 과학엘리트 수집가 개인들에게 예술가들이 직접 판매했다. 비록 동참 권유와 유인 및 기타의 통제방법들이 지대했음에도 당국은 예술적 창의성을 완전히 질식사시키지 못했으며, 당의 기대에 전적으로 부합되는 예술 및 문학작품을 만들어내지도 못했다.116)

114 *Ibid.*, p. 296.
115 *Ibid.*, pp. 296-297.
116 *Ibid.*, p. 297.

## 4. 소비에트 정권의 문화적 성과 및 유형

### 1) 문화적 성과

목표문화 성취목적으로 활용된 문화적 수단은 물질 및 정신적 영역에서 지대한 영향을 미쳤음에 틀림없다. 소비에트 정권이 물질적인 면에서 이룩한 성과는 경제 및 군사적 부문에서 현격했으며, 정신적인 면에서도 평등의식 및 여권신장, 그리고 제도적 측면에서의 구조 및 운영방법에 직·간접적으로 인상적 발전을 이룩케 했다.

물질적 성과는 스딸린의 산업화 추진노력에 의한 5개년 계획경제 출범에 기초했다. 1928년부터 시작된 계획경제추진과정에서 보인 특징은 첫째, 균형성장의 과감한 파괴와 속도의 강조였다. 아울러 중공업과 군사력 강화를 위한 하부구조의 창조가 강조됐다. 따라서 철강사업, 수력발전을 위한 댐 건설, 기계제작, 엔지니어링 산업육성에 자원배분의 우선권 부여로 추진됐다. 이에 따라 소비재 생산은 최대로 억제되었고, 농업투자도 무시되었다. 둘째, 광범한 부문의 자본주의적 요소 말살을 통한 이데올로기적 접근과 이에 대한 지도와 감독을 위해 국가통제를 확대하는 특징을 보였다. 따라서 농업부문의 소규모 토지는 모두 집단화됐으며, 농민에 대한 국가적 통제도 조직화되었다. 공업부문에 있어서도 경공업에 대한 전면적 국유화 단행 및 사기업 정신도 완전 일소되었다. 종교에 대한 박해도 본격화되어 1929-1930년 사이에 2,000여명이 목사직을 박탈당했고, 많은 교회가 폐쇄되었다. 특히 이와 같은 이념적 접근기에 문화혁명을 단행하여 공업화 추진의 원동력 창출 및 사회주의 사회로의 전환을 근본적으로 정착시키기 위한 노력을 보였다.[117]

문화혁명과정에서 동원된 문화적 방편은 제도교육이용과 함께 사회주의 리얼리즘에 입각한 창작활동의 가세현상으로 나타났다. 특히 1930년대 중반부터 국가통제의 범위가 사회활동 전반으로 확

117 Stanley Rothman & George W. Breslauer, *op. cit.*, pp. 36-37.

대되었다. 따라서 예술·문화·교육은 공산당과 국가의 철저한 통제 하에 '산업화'와 '사회화' 목표에 일치시켜 주조됐으며, 모든 예술 활동은 전반적인 사회동원화 노력에 기여토록 했다. 더욱이 주제선택에 있어서도 체제를 도와 체제가 선정한 목표에 공헌할 수 있는 주제만을 다루도록 한 것이다.[118] 이러한 결과 제2차 5개년 계획 종결 기에 소비에트 정권은 세계 제2의 산업대국으로 부상할 수 있게 되었고, 제2차 세계대전시 연합국 가세와 승전으로 명실상부 초강대국의 지위를 누리게 되었다.

총주교 알렉씨 II세(2008년 12월 사망)

1953년 3월 스딸린 사망과 함께 산업화의 결과가 초래한 사회적 분기와 전문화 및 인권신장요구와 합리화의 필요성에서 명령과 통제방식이 약화되고, 물질적 자극 방식의 보편화 속에서 1970년대 중반까지 경제성장은 상향적이었다. 그러나 그 이후의 정체현상으로 특징 된 체제역량의 한계는 대내적 개혁의 실패 및 사회적 분열, 동구 블록체제의 유지불가, 소수민족분열로 이어져, 결국 공산당 해체 및 소비에트 연방체제 붕괴를 결과했다. 따라서 소비에트 체제를 계승한 '러시아연방'은 민주와 시장경제 개혁 및 이전을 목표로 새로운 국면의 발전을 모색 중이다.

정신적인 면에서 소비에트 체제는 1970년대 초까지 사회적 계층, 인종 및 종교적 집단과 관련된 이념적 목표를 그들의 기준에서 "중간범위"에 진입시키는데 성공했다. 이들은 정책수립자들에게

---

118 *Ibid.*, p. 37.

문제를 제기하고, 자신들의 요구를 저항으로 전환할 수 있는 능력을 갖추게 된 것이다. 이는 집권 초기의 민족운동에 대처한 소비에트 정권의 무력투쟁 및 교회의 폐쇄, 집단화, 그리고 제2차 대전 이후 스딸린의 유태인 추방 및 우크라이나인들의 저항에 반한 전쟁수행, 1930년대의 비 러시아 정당 지도력에 대한 국외추방 등과 대조를 이루는 양상들이다. "중간범위" 진입은 아직도 엄격한 행정규제를 통해 특정의 집단행동 규제를 지속하고 있음을 의미한다. 예를 들면, 대내적 여권체제를 통해 지방주민들의 이주를 막고 있으며, 검열제도를 통해 집단의 의사표현 규제를 지속하고 있는 것이다. 그러나 이 같은 상황에도 불구하고 충분한 물질적 보상을 제공함으로써 거의 모든 집단들을 체제 주변에 모으며, 고도의 협력을 이끌어내고 있는 것이다.

당시 소비에트 지도자들은 그들의 사회를 관리함에 있어 2개의 기본문제에 직면하고 있었다. 첫째로 일개 또는 여러 집단들의 요구들이 다른 집단들에 의해 제기된 요구들로 인해 영향을 받은 것이다. 예를 들면 1970년대 초 크리미아 따따르족의 분리요구가 이스라엘로의 제한적 이민에 성공한 소비에트 유태인들에 의해 고무되었다. 그리고 헝가리의 수도 부다페스트 대중들 사이에서 파급된 조직적 저항이 러시아정교 발전에 상응한 영향을 미친 것이었다.[119]

두 번째로 직면한 문제는 민족, 종교 및 사회계층들이 각기 동화, 자연적 사멸, 균일성 방향으로의 이동이 가시화되지 못하고 있는 점이다. 소비에트 정권은 맑스의 사회관련 예언의 "중간단계"에 도달했다고 주장했으며, 할 수도 있었다. 그러나 맑스의 궁극적 목표구현과는 상당히 동떨어져 있었다는데서 또 다른 문제를 야기 시킨 것이다. 다시 말해, 현실과 공산이념과의 화해노력에서 발생한 난제로써 소비에트 정권은 압력행사에 의해 이념적 노선을 추진한 사실이었다. 여기에 소비에트 맑시즘의 부적절성이 노정

119 Robert J. Osborn, *op. cit.*, p. 475.

된 것이다.

고르바쵸프

소비에트 체제가 안고 있었던 문제들은 집약적으로 민주주의 구현과 직결되어 있었다. 그리고 고도의 산업구조하에서 조성된 환경변화와 교육된 대중의 출현이 불가피하게 민주주의를 요구하게 되었다. 그러나 정치적 자유와 민주주의 확대를 옹호한 과학자들은 분산 및 격리되어 정권에 대한 충성스런 봉사의 대가로 받는 특권에 만족하는 편이었다. 따라서 민주주의 발달이 가시화되지 못하다 가 1985년 이후 정권의 긴요성에 의한 고르바쵸프의 단행으로 다소의 제도적 발전을 가능케 했을 뿐이다.

다음은 국가가 지원한 교육목표의 한계성이 정치발전을 방해한 것이다. 이는 소비에트 교육이 충성스런 시민을 창조하는 것이 아니라 사실상 이러한 창조의 시도를 봉쇄하기 위해 그들의 눈을 감도록 했다는 사실이다. 더욱이 국가가 사회의 순응 및 일치를 교육하기 위해 사회의 의사소통수단을 지배함으로써 야기된 결과였다. 따라서 서구 정치개념에 감동했던 소비에트 지식인들은 빈번히 정치적 자유와 상이한 정치구조 요구로부터 개인적 자유를 위한 요구에 의견이 갈리는 현상을 보인 것이다. 만일 이들이 바란 개인적 자유가 용인됐다면 정치적 개편에 상당한 진전이 있었을 것이다.

일반적으로 산업화의 결과로 조성된 사회적 분기 및 전문성 강조가 국가적 의지와는 달리 “이익집단”의 출현 및 활동을 야기 시키고 있었다. 이들은 정책결정과정에서 직·간접적으로 영향력을 발휘하는 민주체제의 기본 요소이다. 집단상호 간의 흥정에 의한 조화 및 통합을 기본 운영방식으로 채택하고 있는 서구 민주정체의 양상이 소비에트 체제에 나타나기 시작한 시기는 대체로 스딸린 사후 1960년대로 보고 있다. 이때 나타난 현상은 정치국원 선임 시 민족 및 전문성이 고려됐으며, 예산배분과정에서 이해가 갈리는 행정관료들 간에, 그리고 광범위한 사회계층간에 이해갈등이 물밑에서 이루어졌다고 보고 있는 것이다. 따라서 소비에트 정치분석에 대한 접근방법으로써의 유용성은 인정되나 비공식 활동이었다는 점에서 민주주의의 잠재력으로만 평가될 뿐이다.

소비에트 체제 하에서 민족주의의 부활은 다양한 의미를 부여할 수 있다. 이들 중 하나는 소비에트 지도자들의 제 목표가 궁극적으로 전통적인 민족적 제 목표로 회귀될 것이며, 맑시즘에서 유래된 가일층의 제 목표 배제를 의미하는 것이다. 두 번째의 의미는 주민들이 궁극적으로 맑시즘으로부터 후퇴하도록 지도자들을 압박하는 오랜 민족적 제 목표 복구를 요구하게 될 것이라는 사실이다. 세 번째의 의미는 다 민족적 공산체제에 적용되는 의미로써, 다 민족들이 자신들의 민족적 열망을 충족시키기 위해 압력을 행사하는 요구가 있을 것이라는 것이다. 첫 번째 의미로써 지적된 바와 같이, 제정러시아 황제들이 추진한 가장 중요한 목표의 일부는 이미 실현되었다. 단지 소비에트 지도자들에게 남겨진 과제는 그들이 선택한 가일층의 발전이 요구되는 대상들을 적합토록 하는 것이다. 경제 및 군사적으로 소비에트 국가는 또다시 일류의 힘을 갖게 되었다. 황제의 유럽세력에 대항한 오랜 안보적 관심은 독일의 분단과 동구의 위성화로 구현되었다. 소비에트 정권은 과거 황제가 이룩하지 못한 꿈을 교역, 원조 및 외교적 주도력으로써 아시아, 아프리카 및 라틴아메리카에서 당 대 당 관계로 초과 달성했다. 단지 강력한 힘을 지닌 중국의 출현과 터키해협을 장악하는데 실패했을 뿐이다. 국제적 견지에서, 소련은 적어도 전통적 목표구현에서 벗어나 새로운 정책을 주도할 수 있는 역량을 갖추었다. 이러한 결과는 맑시즘 및 기타 고려에 기인된 것으로 볼 수 있다.

두 번째의 의미로써, 민족적 제 목표의 부흥을 요구하는 대중이 소비에트 체제와 대면하게 되었다는 사실이다. 이미 언급한바와 같이 1930년대와 1940년대에 대독전쟁의 상황 속에서 스딸린에 의해 이용된 민족문제가 이념적 모순을 야기시킨 것이다.

세 번째 의미로써, 비 러시아민족들에 의해 제기된 요구들은 분열이란 최악의 상황초래 가능성에서 신중을 기하려 했으나 적절한 해결책을 찾지 못한 중요 문제들 중의 하나가 된 것이다. 특히 유고에서 가장 중심적 문제가 되고 있는 민족문제는 소련에서도 예상된 문제였다. 그러나 유고에서의 크로아트족(Croats)감정과 유사한 민족감정의 부활 가능성은 그들의 표현에 대한 제어가 풀리는 위기에 서나 있을 법한 일이었다. 소련에서 민족감정을 부추기는 역할은 주로 지하신문이 수행했다. 개별 민족 사이에 존재했던 민족주의가 사라질 것이라고 예견한 이념적 기반에도 불구하고 이는 약화되지 않았다. 따라서 소비에트 체제는 무한한 미래를 위해 강한 민족감정으로 혼연일체를 이루는 문제를 가장 중요시 여긴 것이다.[120] 그럼에도 불구하고 체제의 능력과 역할의 약화 속에서 자기민족의 자치권 확대요구로부터 급기야 분리 독립으로 발전한 것이다. 이러한 예증들을 통해 우리는 진리와 합리성에 기초하지 못한 체제의 강요적 산물은 통제역량의 발휘에서 지탱이 가능할 뿐이라는 사실이다. 그러나 건설적이며 올바른 타당성을 지닌 가치와 규범들은 시간의 흐름과 병행하여 습관 및 관습화됨으로써 새로운 문화유형으로 자리 잡을 수 있다는 사실의 발견이다. 이러한 측면에서 과거 다수의 러시아농민에게서 보인 '게으름', '시간관념의 부재', 신분 및 남녀간의 '불평등', '과도한 음주벽'과 같은 부정적 잔재를 일소하는데 소비에트 체제의 역할은 지대했다. 아울러 맑스·레닌주의가 행사해온 규범적 역할은 이미 고르바쵸프 통치 말부터 조짐을 드러낸바와 같이, 전통적 러시아 정교에 의해 일반사항의 대체현상을 보이고 있다. 절대자이신 하느님에 의존하는 생활태도, 선과 친절을 추구하며, 늘 기뻐하고 감사하는 규범은 과거나 지금이나 변함없이 러시아인들의 속성으로 남게 될 것이다.

120 *Ibid.*, pp. 487-488.

### 2) 문화적 유형

소비에트 체제는 후진성 극복을 명분으로 한 스딸린의 근대화 전략에 의거 첫째, 속도가 모든 것을 결정한다고 보고 균형성장을 광적으로 거부했다. 따라서 중공업과 군사력 증강을 위한 하부구조 건설에 우선권을 부여했다. 결과적으로 철, 강철, 수력발전, 기계제작, 엔지니어링(공학) 공업에 절대 우위의 자원배분을 했으며, 소비재산업과 농업투자를 억제했다. 둘째, 자본주의적 요소말살을 통한 이념적 접근과 이의 지도·감독을 위해 국가통제를 확대했으며, 농촌에서 소규모 사유지마저 집단화 및 통제의 조직화, 산업분야에서 경공업에 대한 전면 국유화 조치, 사기업정신도 완전 일소, 종교에 대한 박해로 2천여 명 목사직 박탈 및 교회의 폐쇄, 이외에 공업화 추진력 창출 및 사회주의사회 전환풍토 정착을 목표로 문화혁명 단행, 무지한 농민에 대한 사회주의 의식과 기술훈련에 집중교육을 실시했다. 셋째, 체제의 의지를 사회에 광범히 침투 획일적 사회관리를 위해 국가 관료를 대폭 확대했으며, 중앙집권적 국가건설을 시도하고, 관료에 대한 특권부여로 충성을 유발시켰다. 넷째, 스딸린의 근대화 전략은 강압과 불균형성장을 통한 공업화와 사회주의를 지향함으로서 결과적으로 사회의 재계층화와 제도적 기관(Institution)의 창조로 혁명의 본질을 역행시켰다. 그러나 성장의 측면에서 소비에트 체제는 이를 최선책으로 평가함으로써 '소비에트 발전모델'로 삼았다.

스딸린 체제하에서 수행된 러시아적 공업화된 사회주의 건설은. 구조 및 기능적 특성에 의거 전체주의(totalitarianism) 개념으로 표현된다. 전체주의는 정교화 된 공식적 이데올로기(An elaborated official ideology), 전형적으로 독재자 1인에 의해 지도되는 단일 대중 정당(A single mass party, typically led by one man, "the dictator")을 소유하고 있으며, 테러체계(A system of terror), 대중전달 수단에 대한 독점적 통제(4. A monopoly of control over the means of mass communications), 정권 수호를 우선순위로 한 군에 대한 독점적 통제(A monopoly of control over the armed forces), 중앙적으로 통제된 경제(A centrally directed economy) 체제를 통한 계획경제 운영을 내용으로 담고 있다. 따라서 전체주의 개념 내지 모델은 문화적 측면에서 공산주의적 교육과 훈련 및 가치주입에 의한 소비에트사회주의 인간유형을 창조하는 역할을 하였다. 아울러 문예와 예술 활동의 자유억제를 통한 생산적 성과를 촉진시킬 목적으로 사회주의 리얼리즘을 확산시키는 결과를 낳았다.

스딸린 사후 집권한 흐루시쵸프는 신체적 안보, 지속적 번영, 평화 지향적 정책을 기조로 스딸린과는 대조적 면모를 보였다. 이 같은 변화는 절대적 권력을 행사하는 공산당도 사회 속에 존재함에 따른 결과였다. 당시 사회적 분위기 및 현실은 군사력과 중공업 능력에 있어 세계적 수준에 도달했으나, 상대적으로 생활수준은 낙후된 상태에 머물러 있었다. 그리고 공업화결과로 숙련노동자, 지식계층, 교육된 관료, 기술지식인과 같은 중산층은 서구사회의 대중처럼 세속적이며 과학적 태도와 개성을 갖게 되었다. 따라서 중산층은 테러의 종결, 정직한 책무이행에 따른 적절한 보상, 선진기술 제공을 요구하였다. 더욱이 이상의 환경변화를 반영한 정책수행을 위해 흐루시쵸프는 국제적 긴장완화조치가 절실함에 따라 '평화공존정책'으로의 전환을 단행하기에 이르렀다.

이 같은 변화 조치들은 산업화로 결과한 사회의 분기 상황에서 효율적 사회 관리에 필연적 결과였다. 그러나 이념적으로 해석된 상황논리 속에서 문화적 유형의 변화는 미미했다. 즉, 1959년 "대약진운동" 전개를 통해 대중의 평화·번영·안보를 조속히 실현하기 위해 국가목표를 광적으로 추진시킴으로써 "전면적인 공산주의 건설"기에 진입했다고 단정하였다. 따라서 이념적 접근 강화조치로 농업부문의 사적요소 배체, 종교적 잔재배체, 민족적 배타성 공격, 관료들의 지위 및 물질적 특권을 공격하는 결과를 보여주었다.

브레즈네프· 꼬쓰이긴 체제는 스딸린 이후 지속된 "평화", "번영", "안보"의 틀을 추구했으며, 계획경제에서의 "현실주의"와 현실문제 해결에서의 보다 "과학적 접근"방법을 택했다. 특히 경제개혁을 단행함으로서 행정적 관리로부터 경제적 관리로 이행, 기업의 자주성 확대와 노동의욕의 물적 자극, 투자효율의 제고와 소비자 선택의 자유 확대 등으로 경제효율 및 성장속도 향상을 시도하였다. 그러나 당의 지배 및 계획경제와 같은 근본적인 변화가 부재한 상태에서 체제가 지향하는 정치사회화에 따라 문화유형이 결정될 수밖에 없었다.

이 같은 패턴은 보다 합리성을 지닌 고르바쵸프 통치기에도 마찬가지였다. 비록 이념적 역할 축소와 합리성에 따른 공개원칙 및 자유화 확대조치에도 불구하고 문화의 다양성을 보장시킬 수 없었다. 단지 강요적 지배문화로부터 벗어날 수 있는 계기를 마련해 주었을 뿐이다.

제15장

# 러시아연방국가의 출범과 진로

## 1. 러시아연방의 출범과 정책적 행보

### 1) 소연방체제의 붕괴

1991년 12월 12일 러시아연방 입법부가 소연방의 존립근거인 1922년에 체결된 공화국들 간의 조약을 폐기하는 결정과 함께 동년 12월 25일 소연방대통령이며 소연방 공산당 총서기인 고르바쵸프가 사임함으로써 소연방이 소멸되었다.

소연방체제의 붕괴징후는 이미 1989년 당시 소연방 외상이었던 셰바르드나제가 세계 제2차 대전 이전인 1938년 나치독일과 맺은 비밀협정인 '몰로또프-리벤트로프협정(Molotov-Ribbentrop Pact)이 대륙의 블록형성과 러시아의 블록 확대를 인정함으로써 폴란드 분할 및 발틱국가들의 점령을 용이하게 만들었다고 시인함에 따른 것이었다.[1)]

대내적으로 소연방 붕괴의 핵심요인은 체제를 지탱시켜온 통치관료들이 고르바쵸프에게 보인 비협조 및 저항이었다. 다시 말해, 브레즈네프 독트린 및 당과 국가의 통합(Unity of Party and State)논에 의한 소연방유지에 필요한 교훈을 포기함으로써 공산당 내의 적대적 엘리트들이 고르바쵸프를 패배주의자로 규정함에 따른 결과였다. 이 보수주의자들은 만일 고르바쵸프가 뻬레스뜨로아까와 글라스노스찌 정책을 추진하지 않았다면 민주주의와 자유를 향유하고 있다는 대중적 환상이 지탱되었을 것으로 보고 있는 사람들이다. 그러나 현실적으로 소연방의 경제적 쇠퇴가 몰고 온 정치적 압박과 경제적 박탈이 대중적 격앙을 유발시킴에 따라 결국 소연방 존립의 기반인 인민의 정치적 중립과 계획경제를 더 이상 존속시킬 수 없게 만든 것이다.[2)]

---

1 Boilard, Steve D., *Russia at the Twenty-First Century: Politics and Social Change in the Post-Soviet Era*, Harcourt Brace & Company, 1998, p. 27.

2 *Ibid.*

이 같은 조짐과 환경조건 속에서 리더십의 붕괴를 자초한 사건은 소연방가맹 공화국 민족주의자들의 압력에 대한 대응책으로서 이들에게 광범위한 자치권 부여를 내용으로 담고 있던 신연방조약(New union treaty)안 서명을 앞두고 1991년 8월 당내 보수파와 일부 군 지도자들이 고르바쵸프의 축출을 목적으로 일으킨 쿠테타이다. 이는 8월18일 크리미아 별장에서 휴가 중인 고르바쵸프에게 음모자들은 국가위기사태 해결목적의 쿠테타 발생을 알리고, 자신들에게 통치권 이양을 종용하였으나 고르바쵸프가 이를 거절한 사건이다. 8월 18일 소연방 언론은 고르바쵸프의 와병과 부통령 야나예프(Gennady Yanayev)의 직무대행으로 소연방 국가비상사태 대책위원회를 주도하고 있는 사실보도와 함께 다양한 시민의 권리를 일시적으로 정지하는 포고령을 발표했다.[3)]

당내 보수파가 유발시킨 구테타가 3일 만에 실패로 끝난 이유는 첫째, 옐찐을 미처 감금하지 못함으로써 옐찐이 반 쿠테타 세력을 규합할 수 있었기 때문이었다. 옐찐은 자신이 러시아공화국 통치자임을 확인시키며 총파업과 대중적 저항을 호소했다. 둘째, 옐찐은 개방 및 자유화된 언론이 전개 중인 상황을 알리고 국민을 단합시켰으며, 셋째로는 군부가 쿠테타 세력에 동조하지 않았기 때문이다. 즉, 군부가 쿠테타 세력의 의사당주변으로의 군 이동명령을 거부한 것이다. 넷째로 수천 명의 시민들이 의사당을 둘러싸고 군이 의사당 진입을 못하도록 호소했기 때문이다.[4)]

문제는 쿠테타 실패와 고르바쵸프의 권력복귀에도 불구하고 사태는 소연방몰락의 가속화 현상을 맞고 있었다는 점이다. 즉, 군부와 정치지도자들이 강요받았던 생사의 선택은 고르바쵸프 내지 소연방의 정치 및 사회적 제도에 대한 지지와 거부 간의 선택이었다. 공산당의 개혁 이미지는 고르바쵸프에 의해 완전 파괴되었으며, 고르바쵸프도 결국 공산당을 포기할 수밖에 없는 상황으로 진전된 것이다.

3 *Ibid.*, pp. 28-29.
4 *Ibid.*, p. 29.

더욱이 쿠데타 불발이후 연방분열현상도 가속화되어 1991년 말 가맹공화국들은 각기 독립 국가를 출범시키기에 이르렀다. 시대정신사적으로 소연방 붕괴는 가맹공화국들에 의한 자치구현을 목표로 한 민족주의 혁명결과를 초래했으며, 주권재민과 다당제 정부건설요구에 의한 단일정당체제를 붕괴시킨 민주주의 혁명이었다.

고르바쵸프의 개혁 및 사회주의에 대한 강력한 반발과 옐찐의 반공산주의, 주권재민주의, 러시아민족자결주의의 선풍적 인기 속에 1991년 12월 12일 러시아연방공화국(RSFSR) 최고회의가 1922년의 공화국들 간의 조약을 폐기하는 결정을 했다. 그러나 가맹공화국들은 수십 년 동안 형성되어 온 경제·군사, 사회적 유대관계를 완전 청산할 수 없다는 인식 하에 12월 21일 내전 중인 그루지야와 발틱 3국을 제외한 11개국이 독립국가연합(Commonwealth of Independent States: CIS)을 결성하였다. 이는 소연방의 대체가 아닌 완전히 독립된 주권 유지체로의 전환인 것이다.[5)]

12월 25일 고르바쵸프는 영토와 국민을 상실한 상태에서 소연방 대통령을 사임함과 아울러 소연방 해체를 마무리했다. 여기서 러시아소비에트연방사회주의공화국(RSFSR)이 러시아 연방(Russian Federation)으로 국명을 변경함과 동시에 구 소연방의 제 권리와 책무를 승계한 것이다.

외교적인 측면에서 소연방 붕괴 시 미국을 포함한 세계열강은 수동적 입장이었으나, 제2세계의 붕괴에 비중 있는 역할을 취했다. 즉, 미국과 나토는 이들 국가의 유지를 위해 지원했으며, 이 밖에 서구의 국제인권단체와 자유유럽 및 미국의 매체들은 서구의 물질적 성공과 정치적 자유를 비교토록 정보를 제공함으로서 자신들의 정통성에 회의를 갖도록 유도했다. 더욱이 미국과 독일은 반대파를 의식하고 고르바쵸프를 정치적으로 적극 지원했으며, 서구제국은 군축과 독일통일에 대한 대가로 경제 원조를 확대했다. 아울러 서구열강은 1989-91년 기간 중 소련의 극도 혼란과 쇠약 조건을 이용

5 *Ibid.*, p. 30.

하지 않았다. 다시 말해, 패권적 군사력을 동구로 팽창시키기보다는 비폭력적 방법으로 소연방의 붕괴를 유도했다. 결국 소연방해체는 국제적 요인이 아닌 국내적 원인에 기인된 것이다.[6] 그리고 교육받은 도시민들과 군의 합리성과 민주적 시민문화가 묵시적으로 성장했음을 보여준 결과였다.

옐찐 대통령(우측)과 뿌찐(좌측) 대통령

## 2) 러시아연방의 출범과 건설 목표

소연방으로부터 분리된 러시아연방의 개시는 1991년 6월 직접 선거에 의해 '러시아공화국' 대통령에 옐찐이 당선됨으로부터이다. 그 후 1991년 12월25일 소연방붕괴에 따라 이의 계승국으로서 '러시아연방'이 공식 출범하게 되었다. 신생 '러시아연방'은 신생국으로서의 건설목표와 실행적인 원칙을 통해 대내외적 관계 정상화에 착수하였다. '국가건설(state building)'은 민주적이며 효율적인 국가구조 및 정치제도의 수립을 의미한다. 아울러 '국민건설(nation building)'은 결속력을 지닌 민족의 정체성 확립을 의미한다. 민주

6 *Ibid.*, p. 32.

방식에 의한 정부의 권위수립과 국민적 일체감 조성목적의 정책수립 및 집행은 1) 민주적 의회 및 대통령선거, 신 헌법채택, 연방주체들 간의 관계정립을 위한 정책수립, 2) 국익에 우선하는 외교정책 및 군사독트린 제시, 3) 통화안정 및 경제 사유화, 4) 연방법채택을 통한 국가와 사회적 관계 재정립으로 나타났다. 민주러시아가 표출한 정책들은 긍정적 평가를 받았다.[7] 즉, 새로운 헌법채택을 통해 민주적 정부구성과 운영절차 및 국민에 대한 기본권 확립을 법제화하였기 때문이다.

외교 및 군사정책을 통해 모든 국가에 문호를 개방하였으며, 선제공격의 배제, 그리고 서방세계와의 대립적 관계를 청산하였다. 아울러 통화안정을 통한 경제 관리의 정상화 모색, 그리고 국유산업의 사유화를 통한 시장경제로의 이전 및 연방법에 의한 국가와 사회 간의 관계를 설득력 있게 재정립하였다. '러시아연방'은 기본노선으로 '민주주의'와 '시장경제제도'를 표방함으로써 자신의 정체성을 드러냈다.

이어서 드러낸 러시아연방국의 구체적 국가건설 목표는 첫째, 정부조직 설립과 정치제도 발전을 목표로 한 국가건설(state building)과 둘째, 민족의 정체성 형성을 목표로 한 국민건설(nation building)이었다. 이는 정책의 뒷받침을 통해 구체성을 갖게 됨에 따라 정책적 측면에서 세부적인 행보를 살핀다.

### 3) 정치, 경제, 사회적 실태

옐찐정부 초기의 정치, 경제, 사회적 실상은 수습하기 어려운 혼란과 무질서를 유감없이 보여주었다. 상품가격의 자유화 조치를 통한 산업의 사유화 이행에 따라 시민의 생활조건은 급락했으며, 무주택과 실업률의 증가현상이 야기됐다. 또한 시장경제 도입에 따라 시장경제가 계급분리의 동인이란 인식이 팽배됨으로서 사회적 동

7 Boilard, Steve D., *Russia at the Twenty-First Century: Politics and Social Change in the Post-Soviet Era*, Orlando: Harcourt Brace & Company, 1998, pp. 33-35.

요현상이 발생했다. 그리고 동구라파에 진주했던 군의 철수로 인해 주택상황이 급격히 악화됐다. 아울러 국영기업의 민영화과정에서 외국기업과 경쟁할 수 없는 상황으로 인해 세수원이 급감될 수밖에 없었다. 그러나 국가를 지탱 및 유지해 나가기 위해 최소한의 재정이 필요했다. 문제는 세금으로 충당할 수 없는 재정지출을 위해 새로운 화폐 발행이 불가피함에 따라 통화의 팽창 및 화폐의 가치하락, 그리고 평균임금의 하락 결과를 초래함으로서 생활난이 극도로 가중됐다. 아울러 정부의 사회주의적 재정 지출 삭감에 따른 탁아 및 의료서비스의 악화, 도시에서의 치안문제가 야기됨으로써 구체제에 대한 향수를 갖는 저소득 계층이 증가하는 추세를 보이게 되었다.

#### 4) 정치적 행보

러시아 연방국 건설을 위한 다각적이며, 구체적인 첫 행보는 민주적 정당정치 및 민주선거로 표출되었다. 그러나 의회가 중심이 되는 의회 민주주의 전개과정에서 불상사가 발생함으로서 민주정치의 후퇴를 결과했다. 이는 1993년 9월 보수와 혁신 세력 간의 충돌결과로 의회(최고회의)가 강제로 해산된 사건이다. 의회가 해산된 이후 1993년 12월 국민투표를 통해 양원제와 대통령중심제를 도입하는 헌법 개정으로 대통령의 권한이 강화되었다. 그러나 1993년 12월 하원선거에서 권력배분의 불안정 결과가 나타났으며, 급기야 1995년 12월 하원의원 선거에서 공산당이 승리함으로서 민주개혁의 실패를 반영시켰다. 더욱이 민주발전의 부정적 추세 속에 결국 1996년 6월과 9월에 대통령선거에서 옐찐이 힘겹게 승리하는 결과를 낳았다. 이 같은 현상은 총체적으로 러시아가 민주적 유산이 적다는데 기인한 것으로서 정치문화의 특성에 따른 최고 통치자에 대한 권위부여의 결과였다.

1999년 12월에 실시된 하원선거에서 우파가 승리했지만 안정적 기반을 얻기 위한 새로운 진로 모색이 요구되는 상황을 맞게 됐다.

이에 대한 타개책으로 나타난 것이 1999년 12월에 발생한 갑작스런 옐찐대통령의 사임이었다. 이어서 2000년 3월 블라지미르 뿌찐이 대통령에 당선됨에 따라 안정적 개혁과 부강한 러시아건설계획을 본격 추진할 수 있게 되었다.

### 5) 경제적 행보

첫째, 1992년 1월 가격 자유화 조치를 단행하고, 가격의 결정을 시장에 위임했다. 가격 자유화 조치는 과거 사회주의 체제하에서 국가가 기업을 소유하고, 기업을 영리목적으로 운영하는 것이 아니라 국가의 명령에 의거 인민생활을 지원하기 위한 목적에서 운영됨에 따라 국가지원으로 운영되어 왔으며, 산품에 대한 가격은 국가가 결정하여 산품의 수급조절을 해온 상태였다. 여기서 자유화조치는 기업에 대한 정부의 지원을 단절함으로써 기업 스스로 생존방법을 찾도록 한 조치이다. 둘째, 1992년 모든 국민에게 1만 루블 상당의 국유재산주식(바우처) 분배 및 산업의 기반시설에 대한 사유화 조치를 취함으로써 기업의 사유화를 촉진하였다. 셋째, 1995년 봄부터 '현금' 사유화 조치 및 새로운 주식발행을 통해 자금조달노력을 구체화 했으며, 넷째, 1996년 토지 소유권의 사유화 명령에 의해 농업 당의 반발을 사기도 했으나 사유화 의지를 확고히 실행했다. 다섯째, 은행체계의 불안이 조성됨으로써 신용체계의 취약점을 드러냈으며, 여섯째, 1996년 석유가의 급등에 힘입어 400억 달러의 무역흑자를 기록함으로써 경제적 회생의 가능성을 보여 주었다. 그러나 일곱째로 1998년 모라토리엄 선언으로 국제적 파산선고를 자초했으며, 여덟째, 1999년 이후 성장국면으로 전환하는 중이다.

시장경제 체제로의 전환과정을 통해 확인될 수 있는 점은 과거 제정러시아 통치기부터 소비에트러시아에 이르기까지 시장기능의 중요성을 외면해왔으며, 사적 경제요인의 발전 가능성마저 파괴시키고, 국가가 경제적 이익을 독점해온 풍토에 기인한 것이다. 이렇게 시장경제의 무경험이 낳은 러시아 산업의 경쟁력 열세가 모라토

리엄으로 나타난 것이다. 근래 브릭스(BRIC's)로 표명되는 경제성장 대국들 중에 러시아가 포함되어 있으나, 이는 경쟁력을 통한 성장 상승세가 아닌 석유 및 천연가스, 목재, 철 및 비철금속과 같은 자원 수출에 의존한 성장일 뿐이다. 따라서 문화적 측면에서 착실한 교육과 훈련이 요구되는 것이다.

### 6) 민족분쟁의 원인과 실패

'러시아 연방'이란 명칭은 러시아 영토상에 거주하고 있는 다민족으로 구성된 국가임을 의미한다. 이렇게 다민족으로 국가적 공동체를 갖게 된 근거는 과거 제정 러시아 통치기에 추진된 '제국주의적' 영토 확장의 결과이다. 현제 러시아 연방국은 민족과 행정적 구획에 의한 87개의 개별적 자치체인 주체들을 갖고 있으며, 대통령령에 의한 자치법안 적용으로 연방의 틀을 형성 및 유지하고 있다. 아울러 연방의 조건은 연방정부와 공화국간의 주권공유를 기조로 한 연방조약 체결 원칙이 적용되었다. 그러나 문제는 연방정부가 공화국의 동의 없이 비상사태선포 및 개입을 반대하는 입부 주체가 나타났다. 대표적 주체가 체첸공화국이며, 결국 중앙정부와 체첸공화국간의 분쟁을 유발시켰다. 이로 인해 1966년 중앙정부와 지방정부간의 보다 진전된 권력공유 협정을 체결하기에 이르렀으나, 분쟁의 지속과 가능성이 상존한 상태에 있다.

### 7) 법과 질서

1991년 옐찐의 취임목표는 "번영된, 평화애호의, 법이 통치하는 주권국가 건설"에 두었다. 따라서 국제적 기준에 의한 사법제도 개혁, 대법원의 독립, 헌법재판소에 합헌성 심사권을 부여하였다. 이어서 1994년 러시아국가안보회의는 조직범죄와 부패에 대한 새로운 형법도입 준비 및 1997년 1월 1일부로 각종 범죄와 불법 활동 감시능력 향상 프로그램을 가동시켰다. 아울러 관료주의적 타성에 의한 부정부패를 정화시킬 의지로 1995년 내무장관에 의한 "깨끗한 손"(Clean Hands) 캠페인을 전개한바 있다.

문제는 강력 범죄가 끊이지 않고 있으며, 여기에 스킨헤드(skin-head)로 일컬어지고 있는 극렬 민족주의 세력에 의한 외국인 테러행위가 자행되고 있다. 특히 외국인 동업자가 백주에 도심 한복판에서 살해당하는 사건도 빈번히 발생하고 있다. 공산체제 붕괴 이래 도입된 가치체계의 급변에 따른 불안 심리와 민족적 자존심 몰락에 따른 일시적 현상으로 볼 수 있으나, 폭력에 의한 사태해결 방법의 선택은 문화적 측면에서 이해될 수 있다. 정권의 억압과 속박에서 일시적으로 풀려난 해방의 몰이해 결과이며, 급격한 변화에 잘 적응할 수 없는 세대의 불만 표출로 보인다. 그러나 일반적인 다수의 러시아인들은 기독교적 성화에 기초하여 심성이 착하고, 너그러우며, 적응력이 뛰어남을 잊어서는 안 될 것이다. 특히 외국인들과의 관계에서 최고의 가치관은 우정(friendship)이며, 상호 우정이 존재하면 원칙을 뛰어 넘는 배려를 아끼지 않는 문화민족이다.

### 8) 종교의 부활

러시아의 정통성을 형성시켜온 정교신앙은 공산주의 체제에서조차 말살시키지 못했다. 따라서 고르바쵸프는 합리성에 토대를 둔 인민 통합목적과 또한 개방정책에 의해 신앙결집의 기회를 마련해 주었다.

1991년의 조사에 의거 러시아인 중 신앙인이 74%로 밝혀졌다. 정치제도의 불안전과 도덕구조의 미정형 속에서 정교회가 안정성과 정당성을 제공하고 있었다. 총주교 알렉씨 II세에 대한 대중적 추종으로 인해 옐찐의 대통령취임식을 집전하기에 이르렀다. 더욱이 1997년 러시아의 전통종교 법안이 채택됨으로서 외국종교(가톨릭, 개신교 등)조직의 선교활동이 법적으로 금지되었다. 이는 서방세계의 세속문화 확산에 따른 염려와 함께 자국문화의 보호 차원에서 공산당의 발의로 채택되었다. 그러나 서방세계의 거센 반발과 세계와의 공존 및 협력의 필요성을 절감하고 있는 집권 세력에 의해 사실상 집행되고 있지 않을 뿐이다.

### 9) 외교정책

고르바쵸프의 통치 말기에 탈냉전 결과에 의거 서방과의 핵무기 감축 및 폐기에 합의했다. 이어서 소련은 독일의 통일을 승인했으며, 베를린 주둔군의 철수를 결행했다. 이어서 바르샤바 조약기구를 해체하고, NATO에 대한 새로운 비적대적 정의를 공시했다. 이에 더하여 대 이라크전쟁에 연합국의 일원으로 러시아군이 참가하는 결정을 내림으로서 변신의 면모를 증명시켰다. 그리고 신생 러시아의 출범직후 러시아 연방은 북한의 핵개발계획에 공동으로 대응했으며, 유럽안보기구 재구성 가능과 제2차 전략무기감축협정에 응할 의사를 표시했다.

그러나 1994년 발칸, 페르시아만, 동유럽에서 서구세계와 이해가 충돌하는 사태가 발생했다. 즉, 러시아 인접영토에서의 군사행동, 러시아의 이란 등에 대한 무기판매 행위, 유엔안보리에서의 서구주도를 방해하는 현상이 야기된 것이다. 더욱이 일관성 없는 외교정책을 표출시켰다. 이는 국내적 격동에 의한 상대적 제한현상이었으며, 서구와의 의존적 관계에 있던 이념 및 제도적 틀의 붕괴로 가능했다.

외교적 원칙과 일관성 문제를 다루기 위해 1995년 대통령외교정책회의가 설립되었다. 러시아 연방의 외교정책 결정요인은 첫째, 자국 내에서 유발되고 있는 경제적 현안들이며, 둘째로 방위적 차원에서 유발되고 있는 NATO의 영향력 확대, 그리고 셋째로 과거의 초강대국으로 복귀하여 민족적 자긍심을 갖도록 하는 문제이다. 그러나 탈냉전 이후 다양한 국익표출이 엘리트들의 무정형적 인식과 가치판단, 정치적 분쟁에 의한 방향설정의 방해, 세계관의 결집 미흡으로 정책결정에 부정적 영향을 미치고 있다.

## 2. 민주러시아의 건설과제

러시아연방의 건설목표는 첫째, 정부조직의 설립 및 정치제도 발전과 직결된 '국가건설'과제, 그리고 둘째로 응집력을 지닌 민족 정체성 형성과 직결된 '국민건설'과제이다. 민주적 정당성에 의한 정부의 권위수립 및 민족적 출신 배경을 초월한 국민적 일체감 조성과제는 민주적 의회선거 및 대통령선거, 신 헌법채택, 러시아연방 정부와 연방구성 주체들 간의 분명한 관계 정립, 국익에 우선하는 외교정책 및 군사독트린 제시, 통화안정과 대폭적인 경제 사유화, 다수의 연방법률 채택을 통한 국가와 사회적 관계 재정립으로서 러시아는 이 같은 정체성 위기를 극복했다. 특히 러시아의 민주주의 이행과 안정의 결과로 서구와의 정상회담, 국제통화기금(IMF)으로부터의 차관도입, 유럽회의(Council of Europe)가입, NATO의 평화를 위한 동반자계획 참여결과를 낳았다. 따라서 출범초기의 살인적 물가상승, 쿠테타와 내전의 위협, 대량실업 사태, 로마노프왕조 복원분파 등의 위기극복에 성공했다고 평가할 수 있다.[8] 국가 및 국민건설 과정상의 위기는 모면했지만, 안정적 수준으로의 부상을 통한 러시아 특유의 건설적 발전궤도 진입에는 상당기간을 필요로 하고 있다. 따라서 상기에 제시한 과제해결에 동원된 주요 정책적 면모를 살핀다.

러시아연방이 구질서로부터 물려받은 유산은 핵무기, UN안보리의석, 제2차 세계대전의 전승국 중의 일원이다. 옐찐정부는 공산주의식 사회경제구조의 다수부분 개혁을 통한 러시아 구출로 과거의 유산지탱에 노력했다. 이는 개혁과정에서 제3세계로의 추락이 아닌 제2세계로부터 제1세계로 옮겨가기 위한 노력이기도 했다. 따라서 사회정책은 주로 경제개혁에 주력하면서 사회를 보다 완전하게 정상화하는데 초점을 두었다.[9]

---

8 Boilard Steve D., *op. cit.*, pp. 34-35.
9 *Ibid.*, pp. 120-121.

아울러 경제정책은 시장경제로의 전환과 산업재산의 사유화로 요약할 수 있다. 이는 헌법 제8조에서 "러시아 연방 내에서 통합된 경제권, 상품과 서비스 및 금융의 자유로운 이동, 경쟁의 지원, 경제활동의 자유를 보장"을 명문화함으로써 시장경제 지향을 명백히 하고 있다. 그러나 시장경제의 채택은 사회보장제도의 부분적 철회를 의미하며, 물가상승, 실업, 대외경제관계의 붕괴, 재정적 불안정을 포함한 경제적 혼란의 위험성을 전제로 하고 있다. 중앙집권적 통제경제체제를 시장경제로 바꾸는 일은 어느 국가도 쉽지 않았다. 동독의 경우도 심각한 경제적 혼란과 막대한 비용이 들었다. 하물며 러시아는 동독과 같은 후원자도 없으며, 세계 최악의 사회주의 경제논리에 종속되어 있었던 관계로 새로운 경제체제로의 이행과정은 가장 어려울 수밖에 없었다. 소련경제는 국가와 완전히 통합된 형태로써 자유주의적 자본주의는 존재치 않았으며, 경제와 국가의 구분이 불가능했다. 따라서 국가의 붕괴가 경제의 붕괴를 가져온 것이다. 더욱이 신생 러시아의 등장은 과거로부터의 체제이전 요소를 갖지 못함에 따라 새로운 경제체제를 구축해야할 처지에 있었다.[10]

법과 질서의 측면에서 "러시아는 광대하고 짜르는 멀리 있다"(Russia is large, and the tsar is far away)는 러시아 속담으로써 전통적으로 법과 질서 유지의 난맥상을 일깨워 주고 있다. 실로 러시아황제는 한번 도 백성들의 삶을 장악한 적도 없으며, 장악 의사도 없었던 것 같다. 그러나 이와 달리 소비에트 정권은 유래 없는 검열, 중앙계획, 강제노동을 통한 엄격한 속박으로 표면상의 질서를 유지시켰다. 이제 신생 러시아의 지도자들은 법의 지배를 통한 사회 및 정치질서를 재건해야하는 과제를 부여받게 된 것이다.[11]

외교정책의 측면에서 러시아는 고르바쵸프의 통치말기에 급격히 진전된 국제사회에 비 위협적인 환경창출에 노력했으며, 서방세계의 지도부를 안심시키는 노력을 했다. 상대적으로 미국도 모스끄

10 *Ibid.*, pp. 128-129.
11 *Ibid.*, p. 155.

바가 더 이상 서구에 대해 군사 및 이념적으로 적대적 태도를 보이지 않는다면 미국도 선입견 없이 상대하겠다는 입장을 표명했다.[12]

독립국가로 출범한 이후의 1개월 동안 보여준 러시아의 외교정책은 여러 측면에서 서구의 기대 이상을 충족시켜주었다. 즉, 러시아의 협조로 소연방기 대치상태에 있었던 제2차 전략무기감축협정이 용이하게 됐으며, 북한의 핵 개발계획에 대한 공동대응, 유럽안보기구 갱신 및 재구성을 가능케 했다. 그러나 1994년에 이르러 부시대통령의 '신세계질서' 구상은 시들어 버렸다. 따라서 발칸반도, 페르시아만, 동유럽에서 러시아와 서구 사이에 이해가 충돌하기 시작했다. 러시아 인접영토에서의 군사행동, 러시아의 이란 및 다른 문제국가들에 대한 무기판매, 유엔안보리에서의 발언은 서구주도의 제안을 방해했다. 이 같이 1990년대 중반의 일관성 없는 외교정책은 바로 국내적 분쟁의 결과였다.[13] 그러나 2000년대를 연 뿌찐체제 하에서 경제재건 제일주의에 의한 실용주의가 보인 외교적 결정은 파괴적 성격을 띠고 있다. 즉, 미국과의 획기적인 군축합의, NATO와의 협력관계 구축, WTO 가입 노력이다. 이는 전통적인 국방정책의 중요성 인식과 실용 외교에 우선순위를 둔 근래의 모습을 보이고 있는 것이다.

## 3. 민주러시아의 문화유형

### 1) 러시아의 정치문화

광대하고 척박한 대륙, 혹독한 폭풍우 같은 역사, 러시아 국민들의 불가사의한 모습이 전망과 논평의 근원이 되어왔다. 지리적 광대함과 무자비한 정치적 압제로 고유의 특성을 형성했다. 제2차 세

12 *Ibid.*, p. 183.
13 *Ibid.*, p. 184.

계대전 이후 상당기간 비교정치학은 소연방을 사회과학분석 방법적 조건에 적용키 어려운 독특한 형태의 국가로 취급했다. 소연방에 대한 통상적인 접근법은 일개 지도자가 강력한 이념정당을 통해 선전, 감시, 매체통제 및 중앙계획경제 수단을 통해 사회 전체를 통제하는 체제라는 "전체주의"였다. 서구 분석가들은 러시아인들은 그들의 정치적 압제에서 벗어날 능력이 없다고 판단했다. 즉, 끼예프 군주들, 로마노프왕조의 짜르들, 소비에트 공산주의자들에 의한 천년 이상의 권위주의 통치전통이 러시아 국민을 수동적으로 만들어 가부장적 통치를 받아들이게 되었다는 판단이었다.

고르바쵸프 통치기간 중 소비에트공산주의의 한계상황 및 구제불능 입증과 러시아인에 대한 수동적 개념도 바뀌었다. 소연방은 냉전 상황에서 서구에 의해 정복된 것이 아니라 압제를 지속시킬 의도나 능력이 상실된 정권에 의해 해방 및 자결권에 의해 해체된 것이다. 구 소연방의 붕괴 후 옐찐의 공식적인 민주주의와 자본주의에 대한 공약, 서구제국과의 긴밀한 협조 및 우호관계 등이 러시아의 본질에 대한 재평가 필요성이 대두되었다. 러시아의 민주주의는 아직도 완전치 못하다. 1993년 10월 옐찐의 위헌적인 의회해산은 "법에 의한 통치"원칙에 의문을 제기시켰다. 1995년 친 서구적 성향의 외무장관(꼬즐레프)과 친시장경제적 고문들에 대한 사임압력이 정부의 개혁공약을 약화시켰다. 더욱이 1996년 두마의 소연방재건 노력으로써 제국주의적 의지를 노출시켰다. 1995년의 의회선거와 1966년의 대통령선거는 러시아국민들의 공산주의 망령에 대한 매력을 버리지 못했음을 보여준 것이다. 공산주의와 국수주의자에 대한 지지와 성공적 기업가에 대한 폭력적 적대감을 표출 시켰다.

다당제 민주제도를 채택한 "러시아 연방" 또는 "러시아"가 형식을 탈피하고 올바른 민주주의를 정착시킬 수 있을지? 과거의 역사성에 비추어 볼 때 어렵다면 그 장애요인들이 무엇인지? 아울러 현행 민주주의의 유형을 어떻게 범주화할 것인지? 관심의 대상이 되고 있다.

필자는 러시아 민족사의 지속성과 러시아 연방 출범사의 단기상황에서 미래에 대한 조망성격을 띤 본 연구목표에 적합한 접근방법을 심사한 끝에 정치문화 접근방법을 택했다. 본고에서 채택된 정치문화접근법은 단순히 정치문화에 대한 이해와 접근법으로써의 타당성 확인을 통한 러시아의 정치문화를 규정하는데 그치지 않았다. 이에 더하여 본고는 민주주의 정치문화의 이상적 모델제시를 통한 발전과정에서의 미숙성과 새로운 발전방도를 터득할 수 있는 기회포착에 초점을 두었다. 이상적 민주주의는 러시아뿐만 아니라 우리에게도 절실한 과제이기 때문이다.

정치문화의 유용성은 급격한 政體의 변화 속에서, 그리고 관련 정보의 부족으로 인한 체제의 현상파악 및 예측능력의 한계 속에서 정치체계에 대한 민족 및 시민의 심리적 정향 파악을 통해 현상의 이해와 조망을 제공받을 수 있다는 유용성이 정치문화의 접근방법을 선호하는 가장 큰 이유이다. 이 접근법은 정치체계 형성에 영향을 미치는 개인 또는 집단의 행위를 규제하는 역할수행에 있어 절대적인 내적 기반의 틀(set)을 정치문화 하에서 이해하려는 연구방법이다. 정치문화를 이루는 요소는 복합적이다. 즉, 가치적 제 규범, 정서적 제 가치들, 그리고 1) 총체적으로 정치적 체계와 관련된, 2) 정치체계 활동과정에서 발생하는 그 사회적인 역할과 관계된, 3) 어떤 정치적인 역할 소지자와 관계된 시민들의 반향을 정의하는 인식적 도식들이 이에 해당된다. 이에 더하여 정치문화는 정치체계 투입과정에서의 제 요구와 관련된, 그리고 정치체계의 해결과 관련된 제 의미, 가치적이고 정서적 평가들도 역시 내포하고 있다.[14]

정치문화의 개념형성은 개인 및 제 집단의 정치적 행태의 내부적 매커니즘이 어떤지에 관한 문제에서 야기되는 두 개의 상반된 시각으로 이루어진다. 하나의 시각은 계몽기 철학과 자유주의 전통에 유래하고 있으며, 또 다른 시각은 심리적 개념의 토대 위에서 공식화된 개성으로써, 이 개념에 따라 변형된 제 행태가 우리들에

14 Гончаров Д. В., Гонтарева И. Б., *Введение в политическую науку*, Москва: Юристь, 1996, с. 26-27.

의해 인식된 계획 속에서 일정한 문화적 제한과 영향을 받는 무의식적 동인들이 되어 사람들의 행태를 통제하고 있다는 논리에 근거하고 있다. 이 같은 맥락에서 연구자의 과제는 어느 정도 본질적 행태가 아닌 의식적 행태를 야기하는 동인들의 표면 배후에서 무의식적 수준으로 작동하고 있는 참된 동인들을 발견하는 데에 있다. 정치문화의 개념은 이 두 시각의 통일을 염원하고 있다. 즉, 이 개념은 인간을 감싸고 있는 사회적 현실에 대한 제 개인적 반향의 무의식적 토대를 다루는 심리분석의 유익성을 교시하고 있을 뿐만 아니라, 또 다른 측면에서, 이 개념은 이 합리적인 제 방법연구에서 개개인의 아주 의식적이고 목적 지향적 인식의 필연성을 당연시하고 있다. 이렇게 정치문화는 아주 다양한 정서 및 가치적 반향의 폭넓은 개인적 맥락에서 형성 및 작동하는 사회적 현실의 어느 정도 합리적 인식구조로서 제시되며, 이중 일부는 무의식적 출처를 가지고 있는 것이 특징이다.[15)]

전통적으로 정치문화의 개념 속에는 정치에 대한 사회적 제 개체의 내적 자결의 다양하고 잡다한 문맥이 충만히 존재하고 있다. 직접적인 사회환경, 종교적인 신념들, 과학이나 철학적 견해들이 이러한 자결의 근원들이 될 수 있다. 이에 더하여 많은 연구자들은 사회성원 다수의 행동을 에워싸고 있는 정치문화의 또 다른 유형에 대해 언급할 필요성을 느끼고 있다. 바로 이 유형에 속하는 것이 "전통적인 정치문화," "민족정신," 등과 같은 것들이다. 통상, 전통적인 정치문화는 민족적 역사의 특색 및 민족역사의 종교적 원리와 관련짓고 있다.[16)]

다양한 문화적 유형들이 어떤 사회질서유지 및 형성에 미칠 수 있는 영향력 분석이 맑스 웨버(Marx Weber)에 의해 개발되었다. 이는 민족정신에 대한 이론적 사색을 위한 전통적 형태로 기여 중에 있다. 즉, 그는 자신의 유명한 저서에서 "개신교적 윤리와 자본주의 정신"은 "인간의 도덕적 생활의 최고 과제"가 인간의 지상

15 *Там же*, с. 27.

16 *Там же*.

직업활동과 연계된 유럽 및 북미의 개신교적 종파의 노동윤리이며, 이 지상과제가 근대유형의 자본주의 경제형성과 발전의 전제를 이루었다고 지적하고 있다. 이 과제가 "자본주의 정신", 즉 자본주의 발전을 위한 좋은 문화적 기반을 형성시켰다는 것이다. 따라서 어떤 문화적 전형들이 일정한 사회적 및 정치적 질서를 속박하는 중요 요인들임을 추정할 수 있다. 다양한 사회에서 제 정치적 습성이 상호 유사하지 않다는 것은 실로 명백하다. 어떤 사회의 지배적 정치문화 유형은 개인적 자유에 진력하는 특징을 띠고 있으나, 다른 사회에서는 자유를 멸시하는 특징을 띄고 있다. 또 어떤 사회가 국가권력 앞에 맹목적인 숭배의 특징을 띠고 있다면, 다른 사회는 권력과의 동등한 권리를 지닌 파트너에 진력하는 특징을 띠고 있다는 것이다.[17)]

민족정신에 관한 문제는 사회 문화적 선택의 불가피성이 명백하게 된 문화적, 사회적, 정치적 위기조건에서 첨예화되고 있다. 이 상황에서 민족 다수의 개별적 제 행태구조에 깊이 뿌리를 내린 제 가치의 전통적 선택결과에 지대한 영향을 미치고 있다. 즉, 많은 점에서 전통적인 정치문화의 존재가 자신의 성격에 따라 복잡한 구조적 제 긴장 및 갈등을 지닌 다양한 사회-정치적 발전방향에서 해결점을 찾는 근거에 해답을 제공하고 있다.[18)]

### 2) 정치문화의 접근과 근대적 유형

정치문화접근방법으로 다루어지는 연구 대상은 통상 민주정치, 사회구조 및 사회구조를 지탱하는 과정이다. 인간의 이성과 자유가 기필코 승리할 것이라는 계몽신념이 근세에 몹시 흔들린바 있다. 제1차 세계대전 이후 발달한 파시즘과 공산주의가 서구 민주주의를 심각하게 위협한 것이다. 따라서 서구의 특수 문화와 사회적 인스티튜션(institution)에 적합한 민주적 과정으로서의 안정된 형태

---

17 *Там же.*, с. 27-28.

18 *Там же.*, с. 28.

가 유럽대륙에 재등장 할 수 있을 지에 회의적 상황에서 제2차 세계대전의 발발이 세계적 규모의 미래 민주주의 문제를 제기시켰다. 아시아 및 아프리카에서의 폭발적인 독립국가 출현, 그리고 압박과 소외에 시달려온 이들 국가 국민들의 근대세계로의 진입압력과 미래성격의 세계문화 접근이란 광범한 맥락의 목표지향을 위한 보다 특수한 정치문제를 제기하게 되었다. 문화의 변화문제가 세계사적 새로운 의미를 부여받게 된 것이다. 서구에서 3-4세기 전에 얻은 힘에 의한 자연에 대한 계몽과 통제노력은 이제 세계적 규모의 과정이 되었고, 그 템포도 과거의 수세기에서 수십 년으로 단축되었다.[19]

이러한 세계문화의 출현으로 인해 갖게 된 중심내용은 공공정책으로서 향후 수십 년간에 걸쳐 진행될 것이다. 이미 우리는 이 문제에 대한 부분적 해답을 얻었으며, 문화의 확산과정에서 우리의 지식을 통해 이의 예측능력도 지니게 되었다. 물질적 재화 및 이들 생산양식이 세계문화 확산을 큰 어려움 없이 수월케 제공해 오고 있다고 생각한다. 급속한 기술적 측면의 서구문화 보급이 명백한 추세를 보였다. 이의 결과로 초래된 경제적 근대화와 민족적 통일이 교통, 통신, 교육 등의 대규모 사회간접투자를 요구하게 되었고, 또한 이에 의거 세금, 규제, 행정, 합리적 관료체제의 모델이 비교적 용이하게 보급되었다. 능률적 관료체계의 이상이 합리적 기술의 이상과 동등한 비중을 갖게 되었다. 루시안 파이(Lucian Pye)는 근대 사회조직을 조직적 기술에 기초된 산물로 보고 있다. 따라서 산업기술과 능률적 관료체제를 성공적으로 개발하지 못한 비 서구세계는 근대 사회조직의 인간 및 사회집단 적용도가 낮을 수밖에 없는 것이다.[20]

대두된 세계문화 내용 중의 난제는 정치적 성격이다. 조직의 기술과 합리성 지향운동이 세계적 과제의 성격을 지니고 있음에도

19 Gabriel A. Almond & Sidney Verba, *The Civic Culture*, New Jersey: Princeton University Press, 1963, p. 3.

20 *Ibid.*, pp. 3-4.

정치적 변화의 방향이 명확치 못한 것이 현실이다. 이 새로운 세계 정치문화의 내용은 참여이다. 참여는 보통사람들이 정치적으로 관련이 있다는 신념의 산물로서 혁명적 성격을 띤다. 정책의 외변에 머물렀던 보통사람들의 대규모 집단이 정치체계에 들어오도록 요구받는 세상이다. 여기서 문제는 정치 엘리트들이 참여보장을 약속하지 않는 경우가 드물다는 사실이다. 다시 말해, 참여양식의 문제이다. 아시아, 아프리카에서 주로 태동된 국가들은 민주주의 및 전체주의와 같은 상이한 근대적 참여국가 모델을 갖게 된 것이다. 민주국가에서는 영향력 있는 시민으로써 정책결정과정에 참여할 수 있는 기회를 보통사람에게 부여하고 있다. 그러나 전체주의 국가는 "피지배 참가자"(participant subject)의 역할을 보통사람들에게 제공하고 있다.[21]

민주적 모델은 일반적 참정권, 정당, 선거에 의한 입법부를 공식기관들로 갖추어야한다. 그러나 전체주의 모델도 이 같은 공식기관들을 갖추었기 때문에 기능적인 상태로 구별해야한다. 서구의 민주적 정치문화 이전과정에서 발생하는 어려움은 첫째, 민주적 문화자체의 성격과 관련되어 나타나고 있다. 민주주의의 최대 이상은 개인의 자유와 존엄, 피통치자 동의에 의한 정부 원리의 고양 및 고취이다. 문제는 이들 이상이 새로운 국가 지도자들의 많은 상상력을 담는다는 사실이다. 그러나 민주정체 및 시민문화의 실행원리들 — 정치엘리트가 결정을 하고, 그들의 규범과 태도를 만들고, 아울러 보통 시민들의 규범과 태도, 정부와의 관계를 만들고 설정하는 방식들 — 이 문화적 성분에 포함되기 어렵다는데 문제가 있다.[22]

민주정체 확산의 두 번째 어려움은 목표와 관련된 문제들이다. 신생국가들은 낡은 기술 및 사회체계를 지닌 역사에 진입하여, 기술 및 과학적 혁명의 섬광과 힘을 향해 다가가고 있다. 이는 권위적 관료체제가 우위를 차지하는 정체가 되고, 정치적 조직이 인간 및

21 *Ibid.*, p. 4.
22 *Ibid.*

사회의 조종수단이 되기 위함이다. 문제는 많은 경우에서 근대화를 주도하는 지도자들이 권위적 형태의 정체(政體)를 채택함에 있어 왜곡과 위험성이 있다는 사실이다. 이들이 비록 민주정체의 미묘한 제 균형과 시민문화의 뉘앙스를 충분히 이해하지 못한다 할지라도 인간적인 정체 지향적 합리성을 인정하는 추세임에 동의하고 있다. 따라서 이들은 근대과학과 기술에 현혹되어 성급한 기술적 정체로 다가갈 것이며, 아울러 그들 자신의 전통문화에 대한 유용성이 인정된다면 조용한 처리방식을 통한 전통문화 창조에 힘쓸 것이다.[23]

이러한 양면가치에 대한 해답으로써 제기된 개념이 바로 알몬드와 벌바에 의해 정의된 시민문화(civic culture)이다. "시민문화"는 근대 문화만이 아닌 혼합된 근대-전통문화를 통칭하는 말이다. 다시 말해, 과학과 인간적인 전통문화를 담고 있는 말이다. 헤링(E. P. Herring)에 의하면 서구문화는 다원적(多元的)이다. 특히 과학과 민주주의 문화를 공유하고 있다는 질적 평가를 하고 있다. 그는 과학과 민주주의가 서구의 인도주의적 문화에 공동기원을 가지고 있다는 것이다. 즉, 이들이 지닌 상이한 기능이 존중되는 상태에서 분기되기 때문이라는 것이다. 과학은 합리적이며 정직하다. 따라서 민주적 또는 시민문화는 경제적이고 인간적 문화변화의 양식으로써 출현했다는 목적성을 강조하고 있다.[24]

제3의 문화로도 표현되고 있는 시민문화는 의사소통과 설득에 기반을 둔 다원문화이며, 일치와 다양성의 문화, 변화를 허용하면서 이를 근대화시킨 문화이다. 이 시민문화로 이미 통합된 노동계급은 정치에 참여할 수 있으며, 심리와 문책과정에서 그들의 요구를 표출할 수 있는 언어발견과 이의 효과 극대화 수단을 발견할 수 있다. 이 다양성, 일치주의, 합리주의의 및 전통주의 문화 속에서 영국의 민주주의 구조는 의회주의, 대의제, 공격적 정당, 그리고 책임질 줄 알고 중립적인 관료체제, 협회적이며 흥정적인 이익집단들, 자율적이며 중립적인 언론매체를 개발할 수 있었다.[25] 바로 이

23 *Ibid.*, p. 6.
24 *Ibid.*, p. 7.

것이 시민문화의 구조적 모델로서, 본고는 이를 구조적 분석기준으로 삼을 것이다.

서구의 시민문화 및 열린 政體는 위대성과 함께 또 다른 문제제기라는 선물을 제공하고 있다. 서구의 기술과 과학은 이미 자체 특유의 독점적 성격을 떠나 세계도처에서 전통적인 사회와 문화를 파괴하고 있다. 따라서 우리가 열린 정체 및 시민문화의 근원을 절대가치로 여긴 시대에 회의적 태도를 갖게 되었다. 심지어 피해자로 간주된 풍조의 원인은 첫째, 지구표면의 작은 일부에 지나지 않는 인류가 저지른 자비에 대한 혼란, 폭력수단에 의한 길들이기 착상, 모든 이익에 이용할 수 있는 건설적 도구로의 전환모색 과정에 대한 두려움과 미스터리이다. 따라서 서구의 시민문화는 외국인들에게 유용하게 이용할 수 없는 독특한 문화적 유산이 되고 있는 것이다. 둘째 풍조는 제1차 세계대전 이전에 존재했던 민주적 낙관주의가 수동주의(passimism)로 대체된 것이다. 이는 역사 및 문화적 맥락에서 이식된 아주 연약하고 뒤얽힌 미묘한 제 조정 및 태도의 틀을 다루는 문제에서 야기된 것이다.[26]

이러한 문제를 다루기 위한 노력은 통상 역사로부터 감명과 추론에, 민주적 이념으로부터의 추론에, 사회학적 분석 중의 특정 종류에, 심리학적 통찰력에 기초해 왔다. 따라서 우리는 빈번히 영국이나 미국역사에서 교훈을 얻으려 노력해왔다. 예를 들면, 영국과 미국의 정치경험과 점진적 변화과정이 효과적 민주화에 기여해왔기 때문이다. 더욱이 활기차고 수많은 중산층의 성장, 신교주의(protestantism)와 특히 비국교주의(nonconformist) 종파의 발달이 영국과 미국에서 안정적인 민주적 인스티튜션들(democratic institutions) 발달의 중추요소로 간주되어왔다. 따라서 이러한 경험으로부터 민주적 태도와 행태의 기준을 추출하려는 노력이 이어지고 있다.[27]

---

25 *Ibid*., p. 8.
26 *Ibid*., pp. 8-9.
27 *Ibid*., p. 10.

라스웰(Harold Lasswell)은 민주화 구현조건으로써 문화와 심리학 접근에 심혈을 기울였다. 이 접근방법으로 그가 심화시킨 결과는 "민주주의자들"에 대한 개성의 전문화를 통한 심화이다. 그가 제시한 민주적 질적 개성은 1) 타인에 대한 따듯함과 포괄적 태도를 의미하는 "자아개방", 2) 타인과의 가치공여 능력, 3) 단일 가치보다 다 가치적 정향(orientation), 4) 인간주변에서의 믿음과 신뢰, 5) 욕망으로부터의 상대적 해방이다. 라스웰의 민주적 질(qualities)은 특별한 정치적 태도나 감정이 아니라는 것이다. 즉, 구조적 민주주의가 아닌 실제로 사회에서 자주 만날 수 있는 곳에서 찾은 것이다.[28]

이 같은 맥락에서 우리는 민주주의 문화의 특징과 전제조건에 관한 이론에 관심을 기울일 필요성을 강조하면서 "정치문화" 접근법의 타당성 및 방법적 논의를 지속한다.

"정치문화"라는 말의 사용근거는 정치 및 비정치적 제 태도와 제 개발 패턴간의 관계들을 확인하는데 있다. 따라서 정치문화라는 말은 특별한 정치정향(political orientations) — 정치체계 및 정치체계의 다양한 부분들에 대한 태도들, 그리고 정치체계에서 자신의 역할에 대한 태도들을 언급하고 있다. 아울러 정치문화가 경제문화나 종교문화처럼 정당하게 말할 수 있다는 점에서 정치문화는 사회적 제 목표 및 사회적 제 과정의 특별한 틀을 지향한 일개 定向의 틀을 말한다.[29]

일개 국가의 정치문화는 국가 구성원들 사이에 형성된 정치적 제 목표 정향패턴의 특수구분이다. 이 같은 구분에 이르기에 앞서 우리는 정치적 제 목표의 개별적 정향을 체계적으로 고착시키는 방법을 가질 필요가 있다. 다른 말로 우리는 정치정향의 모델들과 정치적 제 목표의 종류들을 정의하고 특징지을 필요가 있다. 정향은 제 목표 및 관계의 내재화된 측면을 말하는 것이다. 그리고 정향에 포함시키는 대상들은 1) "인식 정향"으로서, 이는 정치체계에

---

28 *Ibid.*, p. 11.

29 *Ibid.*, p. 13.

관한 신념과 신념의 지식이다. 그리고 정치체계의 역할과 이들 역할의 수행자들, 이들의 제 투입, 그리고 이들의 제 산출이다. 2) "감정적 정향"으로서, 이는 정치체계에 관한 감정들이며, 정치체계의 역할, 인사, 집행에 의한다. 그리고 3) "평가적 정향"으로서, 정보와 감정을 지닌 가치규범 및 기준의 결합을 전형적으로 내포하고 있는 정치적 제 목표에 관한 제 판단과 의견이다.30)

정치정향의 제 목표를 분류하는 방식은 "일반적" 정치체계를 가지고 시작한다. 여기서 총체적으로 애국주의나 소외와 같은 감정, "크다" 또는 "작다", "강하다" 또는 "약하다"와 같은 국가의 인식 및 평가, 그리고 "민주적", "입헌적" 또는 "사회주의적"과 같은 정체(政體)의 인식 및 평가를 담고 있는 체계를 다룬다. 다른 상대적 관계에서 이루어지는 시도는 정치적 행위자로써의 "자신"에 대한 정향의 구별이다. 즉, 개인적인 정치적 책무에 관한 규범의 내용과 질, 그리고 정치체계에 관한 개인적 역량의 느낌에 대한 내용과 질이다. 정치체계의 구성부분을 다룸에 있어서의 구별대상은 첫째, 세 개의 광범한 목표의 구분이다. 즉, 1) 입법기관들, 집행기관들 또는 관료체제들과 같은 부서들의 특수 역할이나 구조들, 2) 특정 군주들, 입법가들, 그리고 행정가들과 같은 역할을 수행하는 재직자들, 그리고 3) 특정 공공 정책들, 결정들, 또는 제 결정의 보강들이다. 이들 구조, 역할수행 재직자, 결정은 이들이 정치적 과정이나 "투입"과정에서 또는 행정적 과정이나 "산출"과정에 포함되어있는지 여부에 의해 광범위하게 분류될 수 있다. 정치적 과정이나 투입과정에 의해 사회로부터 政體로의 제 요구들의 흐름이 그리고 권위적 정책으로 이들 요구의 전환이 이루어지는지를 언급한다. 일부 구조들은 투입과정에서 제 정당, 이익집단, 매스커뮤니케이션들이 압도적으로 포함된다. 아울러 권위적 정책들이 행정적인 과정이나 산출과정에 의해 적용되고 보강되는 과정에 대해 언급한다.31)

문제는 어떤 구별이 정치과정의 실제적 지속성과 정치구조의 다

30 *Ibid.*, pp. 14-15.
31 *Ibid.*, pp. 15-16.

기능성을 해치고 있는가이다. 많은 광범한 정책이 관료체제 내에서 그리고 사법기관들에 의해 만들어진다. 다시 말해, 우리가 이해집단 및 정당과 같은 것을 투입으로써 규정하고 있는 구조들은 행정 및 보강의 항목과 자주 연계된다. 그리고 우리가 차이로써 강조하여 언급하는 것들은 정치문화의 분류 속에서 상당히 중요한 것들 중의 하나이다. 우리는 참가자와 종속자간 제 정치문화의 방향전환을 위한 전문화된 투입구조 정향이 있는지 없는지의 존재여부 속에서 구별한다. 정치문화의 분류를 위해서 이들 전문 투입구조들이 보강기능의 수행 속에 포함되고 전문 행정기관들이 투입기능 수행에 포함되는 것이 그리 중요한 것은 아니다. 구별에 중요한 것은 어떤 정치적 제 목표를 개인들이 적응하고 있으며, 그들에게 어떻게 적응시키고 있으며, 이들 목표가 정책결정에 이르는 상향흐름과 정책수행이 이루어지는 하향흐름에서 압도적으로 포함되는지 여부이다.[32)]

이상의 언급을 통합 정리하는 차원에서 볼 때, 개인의 정치정향은 다음과 같이 체계적으로 정리될 수 있다. 첫째, 개략적으로 민족의 역사, 규모, 위치, 힘, 헌법적 특색 등등의 견지에서 국가 및 정치체계에 대해 개인이 지닌 지식이 무엇인지? 이러한 체계적 특징들에 대한 느낌이 무엇인지? 이들에 대한 견해와 판단이 무엇인지? 둘째, 개인이 지닌 제 구조 및 역할, 다양한 정치적 엘리트, 상부지향성의 정책결정 흐름에 내포된 제 정책제안에 대한 지식이 무엇인지? 이들 구조, 지도자, 정책제안에 관한 느낌과 견해가 무엇인지? 셋째, 정책집행, 제 구조, 제 개인, 이들 과정에 포함된 제 결정의 하향적 흐름에 대한 지식이 무엇인지? 이들에 대한 느낌과 견해는 무엇인지? 넷째, 정치체계의 회원으로서 자신을 어떻게 인지하는지? 그가 가지고 있는 제 권리, 힘, 책무, 그리고 영향력 접근전략에 대한 지식이 무엇인지? 그의 능력에 관한 느낌이 어떤지? 정치적 견해형성이나 합의도출에서 그가 동의하고 고용하는 참여 또는 수

32 *Ibid.*, p. 16.

행규범들이 무엇인지?[33]

국가의 정치문화특징 구별은 이러한 모체에 기초한 국가 성원의 정치체계에 대한 인식, 감정, 평가 정향으로 이루어진다. 그리고 이에 기초하여 만들어진 민주적 정치문화가 참여 정치문화이다.

참여 정치문화(The Participant Political Culture)는 체제 내의 사회성원들이 전체적으로 체계에 대하여 그리고 정치 및 행정적 구조와 과정에 대해 명백히 적응하려는 경향을 보이는 정치문화유형중의 하나이다. 다른 말로 정치체계의 투입과 산출의 양 국면에 적응하는 유형이다. 참여정체의 개별성원들은 제 정치목표의 다양한 부문에 호의적이거나 비호의적으로 적응할 수 있다. 아울러 이들은 자신의 감정과 역할의 평가를 통해 정체(政體) 내에서 자신의 '능동적' 역할지향 경향을 수용으로부터 거부로 바꿀 수도 있다.[34]

(도표1) 정치문화의 형태

| | 일반목표로서의 체계 | 투입 목표 | 산출 목표 | 활발한 참여자로서의 자신 |
|---|---|---|---|---|
| 지방적 정치문화 | 0 | 0 | 0 | 0 |
| 종속적 정치문화 | 1 | 0 | 1 | 0 |
| 참여적 정치문화 | 1 | 1 | 1 | 1 |

이 세 정치문화의 분류는 한 정향이 다른 정향들로 대체되지 않는다. 종속적 문화는 근본적이며 구체적인 공동체의 구조에 널리 퍼진 제 정향을 제거하지 않는다. 혈연집단들, 종교적 공동체, 촌락에 널리 퍼진 제 정향이 정부의 제 기관에서 전문적 주 정향을 더하고 있다. 유사하게, 참여문화는 종속적, 지방적 정향패턴을 대체시키지 않는다. 참여문화는 종속 및 지방적 문화와 결합되어 더해질 수 있는 부수적 층이다. 이렇게 참여정체의 시민은 정치에서의 능

33 *Ibid.*, pp. 16-17.
34 *Ibid.*

동적 참여를 지향할 뿐만 아니라 법과 권위에 종속 및 보다 널리 보급된 주력 집단의 회원이다.[35)]

도표1에서 표출된 정치문화의 세 형태는 순수한 형태이다. 이와 대조적으로 체계적 혼합형태의 정치문화로써 국지적-종속문화, 종속적-참여문화, 국지적-참여문화가 있다. 본고에서는 설명의 단순화를 위해 이들의 활용을 배제한다. 따라서 시민 문화적 참여정치문화 모델을 근간으로 민주적 발전과제에 따른 해석 및 평가방식이 러시아의 정치상황에 적용될 것이다.

### 3) 러시아 정치문화의 근대적 특성

러시아는 지형적 특성이 지닌 방어상의 취약점과 영토가 점하고 있는 위도상의 혹한, 그리고 히말라야산맥에 의한 몬순기후의 차단이 빚고 있는 남부지역에서의 강우량 부족, 영토상의 거대성, 동양문화와의 접목 등이 민족의 생존목표와 결부되어 전제주의 정치문화를 고착시켰다. 더욱이 공산정권의 태동 이후에도 자본주의 국가와의 생존투쟁 및 산업화를 위한 발전목표의 효율적 이행방법으로써 전체주의가 합법화 됐다. 이 같은 자연적 조건과 역사성 속에서 국민은 국가의 통치세력에 길들여짐에 따라 국민은 정치체제의 일방적 산출기능에 묵시적으로 따라가는 수동성의 정치문화를 낳고 말았다. 그러나 근세의 교육·산업화 및 사회적 분기결과로 인한 정부의 일방적 통치력 행사는 제동이 걸리고 말았다. 결국 상부구조에 의한 정치적 근대화 행보가 가속화되는 상황 속에 시민문화의 창조를 필요로 하게 되었다.

러시아인들이 수동성을 벗기 시작한 시기는 고르바쵸프의 통치기였다. 이는 그의 개혁정책으로 입증되었으며, 자유 시민들의 막강한 힘이 상부구조를 압박함에 따라 체제지탱능력을 상실 당하는 결과를 낳게 된 것이다. 소비에트체제의 붕괴는 과학과 민주주의

35 *Ibid.*, p. 17.

공유형태의 시민 문화적 자결권 행사의 결과인 것이다.[36)]

소비에트 체제가 붕괴한 1991년 12월 25일을 기점으로 새롭게 태동한 '러시아연방국'은 국민의 여망에 따른 시민문화에 기초하여 서구 모델에 준하는 근대적 시장경제와 민주주의 국가건설을 시작했다. 옐찐체제가 보여준 민주주의는 형식적으로 완벽에 가까운 구조적 틀을 갖추고 있었다. 이는 과거의 압박과 해방이란 역사적 맥락의 극적 결과임에 따라 희망적 대안으로써 열렬한 지원을 받고 있었다.

그러나 옐찐체제의 민주국가 건설과정에서 노정 된 결과는 관찰자들에게 실망을 안겨주기에 충분했다. 옐찐은 1993년 무력을 동원한 위헌적 방법으로 의회를 해산시키는 사건이 발생했다. 1995년에는 친서구주의자인 외상 안드레이 꼬즈이레프 및 정부 고위층의 친시장경제가들에 대한 사임압력에 따라 개혁정책이 표류하는 상황도 맞았다. 이어서 1995년에 실시된 두마 선거에서 러시아연방공산당의 승리와 함께 1996년 소연방재건 노력이 두마에서 대두됨에 따라 민주개혁은 더욱 활기를 잃어갔다. 그후 권력의 재편 및 개혁세력의 새로운 돌파구 모색 결과가 불가피했으며, 이의 결과는 1999년에 실시된 두마의 선거로 나타났다. 여기서 공산당이 주축이 되어 결성된 좌파가 111석, 쁘리마꼬프와 루슈꼬프가 이끄는 중도파가 87석, 체르노미르딘, 가이다르, 지리노프스끼, 야블린스끼가 연합한 우파가 157석을 차지함으로써 민주개혁의 추진은 새로운 양상을 띠게 했다.[37)] 즉, 과거 옐찐체제의 개혁색깔과는 다소 거리감이 있는 제3의 변질적 산물이 출현한 것이다. 더욱이 1999년 말 무기력해진 옐찐의 사임과 블라지미르 뿌찐의 권력승계가 민주개혁에 박차를 가할 수 있는 계기를 만들었다. 그러나 두마의 결과로 표출된 정치상황이 뿌찐으로 하여금 국가건설 목표와 개혁의 내용에 있어 진로수정을 불가피하도록 한 것이다. 따라서 이를 조

36 Boilard, Steve D., *Russia at the Twenty-First Century: Politics and Social Change in the Post-Soviet Era*, Harcourt Brace & Company, 1998. pp. 83-84.

37 *Итоги*, 23 декабря 1999, с. 12-14.

망하고, 그 원인을 명백히 이해하기 위해 정치 문화적 접근방법의 유용성을 활용하자는 것이다. 이유는 정치문화접근법이 급격한 정체의 변화 및 관련정보의 부족 속에서 정치체계에 대한 국민의 정향파악을 통해 현상의 이해와 조망을 제공받을 수 있기 때문이다. 아울러 분석의 척도는 알몬드의 시민문화가 될 것이다.

근래 러시아에서 진행 중인 근대적 국가건설 목표와 개혁적 과제는 2중적 목표로 설명할 수 있다. 즉, 정치에서의 민주적 목표와 경제에서의 번영목표이다. 민주적 목표는 과거 제정 및 공산러시아에서 얻은 뼈아픈 비인간적 속박 및 통제의 결과이며, 결국 국민의 자결권과 참정권의 현실화로 국가적 통합을 이룩하여 정책의 효율성을 높이기 위한 것이다. 그리고 경제적 풍요는 인간다운 생활보장 및 국가적 위상보존에 기인된 것이다. 아울러 러시아정부는 이 같은 국민적 여망에 부응하기 위해 부단한 노력을 펼쳐왔다. 그리고 외형적으로 선진모델에 준하는 정치 및 경제구조를 마련했다. 그러나 민주러시아가 출범한지 10여 년간의 정치행태는 기대에 미치지 못하고 있다.

정치적으로 표출된 비민주성은 대통령에게 집중된 권력에 기인하고 있다. 특히 대통령이 갖고 있는 의회(두마) 해산권과 상원의 구성방도[38], 그리고 하원의 결의사항이 상원을 거치도록 된 구조 및 기능 속에서 의회의 역할은 미소할 수밖에 없다. 따라서 과거의 러시아 전통 속에 자리 잡았던 '권위주의'가 잔존하고 있는 것이다. 여기서 국민들의 저항조차 부재한 현실이 이를 가능케 하고 있다. 그러나 시민들의 적극적 참여를 통한 효율적 정부를 창조하기 위해서는 권위주의의 한계를 극복해야만 한다. 이의 결과가 1999년 중반 이후 시작된 정치적 재편이었다. 그러나 이 정치적 재편도 국민적 의지 보다는 집권층의 권력욕이 압도적으로 작용되었다는데 유념할 필요가 있겠다. 다시 말해, 의회구조 재편에 의한 힘 있는 정

38 상원은 러시아연방을 형성하고 있는 89개 주체들의 의회와 행정수반으로 구성함에 따라 대통령에 절대적 영향력 하에 놓여 있다. 이유는 중앙정부가 지방정부의 예산지원을 맡고 있기 때문이다.

부수립으로 국가목표의 수월한 추진의지를 반영한 것이다.

시민적 참여문화를 기능적으로 확인할 수 있는 또 다른 표징으로써 인스티튜션의 활동과 이들의 전문적 투입성과 여부는 민주제도 정착에 중요 요인이다. 러시아는 공산체제 하에서 체제의 의지를 확산시킬 목적으로 다양한 직업동맹 형식의 사회적 인스티튜션을 활용해왔다. 이 같은 유산과 관행에 의거 지금도 무수한 사회적 인스티튜션들이 존재하며, 민주러시아의 정당출현에 밑거름이 되기도 하였다.[39] 따라서 인스티튜션의 의사가 정당에 전달되어 정강형성에 기여하고 있으나, 얼마만큼 제도적으로 보장 및 존중되고 있는지 의문이다. 물론 정교에 바탕을 둔 종교적 인스티튜션은 발달되어 1997년 전통종교 보존에 관한 법률을 통과시키기도 했지만, 정부가 이들의 요구를 제도적으로 적극 수용 및 반영하고 있다는 믿음에 대해서 회의적이다. 결과적으로 러시아는 사회적 민의를 적극 수용할 뿐만 아니라, 산출기능의 점검 및 수정과정에 미흡하다는 것이다. 특히 이익집단의 결성과 활동이 돌발적이며 투쟁적인 현상 속에서 정치과정의 미숙과 한계를 목격시키고 있다. 이 같은 상황에도 불구하고 러시아에서 시민적 저항이나 정치시위가 빈번치 못하다는 사실도 관심거리이다. 이는 정권에 대한 권위인정 및 수동적 타성에 기인한 것으로 판단될 뿐만 아니라, 정치적 시위가 갖는 의미와 가치의 과소평가로 보인다.

민주주의는 다원적 구조를 본질로 삼고 있다. 그리고 다원적 구조의 핵심은 조직화된 인스티튜션 및 이익집단이 존재하며, 이들의 요구가 정당을 통해 정치권에 수용됨을 원칙으로 하나, 누수현상이 불가피함에 따라 집권체제는 이를 조절해야할 책무를 지게 되는 것이다. 더욱이 민주주의의 질적 평가 대상인 개인의 자유와 존엄, 피통치자의 동의에 따른 정부의지의 제고노력에서 볼 때 수준이하의 현상이 속출하고 있다. 실증적인 예를 들면, IMF의 권고에 의한 인플레이션 억제권고와 세수의 격감에 기인했다지만 탄광의 광부

39 러시아에 존재하는 주요정당의 리더들은 구 소연방체제하의 정치 및 사회적 유력 인사들임.

들을 포함한 산업노동자들 및 군인, 공직자들에 대한 장기간의 봉급 미 지불사태, 군과 경찰내부에서의 폭력난무 현상, 연금자들과 국가 유공자들에 대한 배려미흡 등의 비인도적 결과들이다. 이익집단과 직결된 대표적 실증은 부패의 상징적 인물인 베레좁스끼가 언론재벌이 되어 러시아의 주요 매체를 장악하고 있는 것이다.

절차적 민주주의(procedural democracy)의 입장에서 러시아는 옐찐정권의 집권 초기를 제외하고 흠잡을 데 없이 충실한 민주주의를 이행시키고 있다. 명목적으로 법에 의한 통치가 행해지고 있으며, 국민에 의해 선출된 의회에서 법률이 제정되며, 대통령의 명령도 의회에 의해 견제할 수 있다. 뿐만 아니라 정책을 집행할 인사와 정당을 자유롭게 선택할 수 있는 제도를 갖추고 있다.[40]

민주주의에 대한 평가는 의회 내에 민주주의자들이 얼마나 존재하느냐가 아니라 의원들이 어떻게 선택되며, 의원들의 임무수행에 필요한 권한의 적절성 여부가 더욱 중요한 것이다. 1995년의 두마선거는 공산당이 다수의석을 차지했다. 그러나 선거절차상에 문제가 없었기 때문에 분명히 민주적 결과인 것이다. 여기서 야기된 비민주적 문제는 대통령의 빈번한 억지와 무례 및 국민들의 목소리를 제도화하지 못한데 있을 뿐이다. 따라서 러시아의 민주화는 단순치 못함을 드러내고 있다.

러시아의 민주화과정에 절대적 영향을 미치는 요인으로써 지도자의 개성, 정치문화를 골간으로 위에서 살펴보았다. 이제부터는 경제적 요인에 초점을 맞춘다. 민주러시아사 10여 년간의 비민주적 행보는 경제적 환경과 경제부문의 신속 및 대대적인 개혁의 필요성에서 그 원인을 찾을 수 있다. 다시 말해, 자본주의의 본질인 시장경제에 의한 이윤의 극대화와 경쟁원리 도입도 단순한 경제적 성격을 넘어 서구 모델에 입각한 민주화와 직결되는 것이다. 맑스 웨버(Marx Weber)의 지적과 같이 사회질서유지 및 형성에 문화적 유형은 절대적 영향을 미치고 있다. 인간의 직업 활동과 연계된 자



40 Boilard, Steve D., *op. cit.*, p. 85.

본주의정신이 서구에서 사회 및 정치적 질서를 속박하는 근대유형의 문화적 기반을 형성시킨 것이다. 그러나 러시아의 리더십은 정치적 민주화 열망을 충족시키기 위한 것이라기보다 경제적 번영목표에 우선순위를 둔 경제적 난맥상 극복에 있다고 보아야할 것이다. 이는 옐찐정권의 행보로 충분히 납득되는 사항이다.

고르바쵸프 이래 러시아체제는 국민적 정치 민주화의 열망을 받들고, 경제적 위기문제의 창의적 접근에 주력했다. 이는 개혁의 이름으로 차용된 서방의 효율성 증진책으로 나타났다. 따라서 이윤추구와 경쟁 및 사유재산제도를 인정하는 시장원리가 보급되었다. 이는 경제적 현실과 국가 목표 간에 야기된 불가피한 조치로 평가받고 있지만, 상부로부터의 개혁이란 점에서 비 민주성향을 다분히 담을 수밖에 없었다. 특히 옐찐체제 하에서 이루어진 사유화조치 단행 속에서 구 경영진들에 의한 기업인수 및 탈세 등의 결과가 국가적 경제위기를 극복키 어렵게 만들었으며, 이들에 대한 정부의 세금 수납실적 저조로 인한 인플레이션 현상이 낳은 사회적 고통은 가공할만한 것이었다. 이 같은 상황에도 불구하고 정부는 개혁을 중단할 수 없기 때문에 독선적 지도력과 무리가 뒤따랐던 것이다.

저소득층 다수의 사회주의 동경 및 위기상황 속에서 보다 힘을 얻는 민족 내지 국수주의 표출은 정부의 무력함과 무능을 반영한 것이지만, 보다 심각한 것은 국가 이데올로기의 새로운 모색에 의한 민주주의의 퇴보로 이어질 수 있다는 점이다. 2000년의 문턱에서 공식 출범한 뿌찐체제는 과거의 무능에서 벗어날 뿐만 아니라, 러시아특유의 자생적 발전모델을 통해 힘 있는 러시아건설을 준비중에 있다. 뿌찐시대의 사회적 요구는 정치보다 경제에 우선하는 것이며, 경제발전을 위해 정치를 희생하자는 것이다. 아울러 당분간 서구발전방법과 협력이 절실히 요구되지만, 경험적으로 서구의 방법이 러시아에 부적절하기 때문에 이념적 정비로부터 개인의 제 권리 및 안전에 이르는 방도를 찾아야 한다는 것이다. 이 같은 안은 이미 학설로 자리 잡았을 뿐만 아니라 일부 시행단계에 접어든 상태에 있다.

최근 뿌찐정권에 제안되고 있는 경제발전모델은 첫째, 국가구조를 시민국가와 경제국가로 구획하여 2원화하며, 둘째, 시민국가는 관료장치의 본질적 감축과 경제상황 모면을 통한 현행의 국가기능을 수행토록 하며, 경제적 국가는 5-7개의 동일 역량을 지닌 산업구조로 구획 및 개체화하고, 이들 상호간에 경기 및 경쟁관계조성을 통한 최적의 발전모델을 개발토록 하여 타 경제적 국가들에 일반화시키고, 셋째, 경제적 국가들 내에 각기 자체영역에서만 활동하는 입법, 사법, 집행기관을 가지며, 동시에 현행 정당들의 참여와 선택으로 이들 기관들의 활동을 전문화 및 보장하며, 넷째, 경제적 국가의 발전모델 및 방법의 채택 자율화로 자본주의와 사회주의, 또는 절충형의 방도를 실험하여 독자적 방도를 찾자는 것을 핵심내용으로 하고 있다.[41]

이는 작은 정부실현의 계기마련을 통한 민주주의 신장, 경제적 발전 및 중산층확대 효과를 통한 민주역량 강화에 기여될 것이다. 아울러 서구모델에서 벗어난 독자적 민주모델개발도 예상된다. 그러나 문제는 뿌찐정권이 궁극적으로 민주주의 및 사회구조 유지를 위한 새로운 활로모색에 부심하고 있음에도 불구하고, 자신의 정치역량 축소라는 용단을 내릴 수 있을지는 아직 미지수이다. 이는 결국 현실적으로 절박한 상황의 존재여부 및 근대적 정치문화의 영향에 의해 좌우될 것이다. 즉, 근대적 정치문화의 형성주체가 바로 사회적 역량이기 때문이다.

### 4) 러시아의 시민문화 유형

러시아는 서구 제국들과 다른 역사와 전통 및 문화를 가진 나라이다. 그럼에도 불구하고 민주주의를 보편적 이상으로 삼아왔다. 러시아에서 민주주의의 표명은 레닌의 통치기부터이다. 그러나 형식만 민주주의체제를 갖추었을 뿐 사실상 전체주의 및 관료적 통제

41 Аврамченко, Р. Ф., *Путь Путина: до президента или реформатора?* (Москва, Новая концепция развития России, 2000), с. 11-18.

주의로 일관해왔다. 따라서 공산체제 몰락 이후, 통상 러시아를 '민주 러시아'로 일컬어지고 있음은, 그들의 자유민주주의에 대한 열망이 국민적 일체감으로 작용되고 있기 때문이다. 더욱이 고도의 교육수준과 산업기술화 조건 속에서 민주적 이상은 안정적 지속성을 누릴 수 있다는데서 극히 타당한 표현이라 여겨진다. 그러나 러시아의 민주주의는 서구의 발전된 민주모델과 견주어 볼 때 실행상의 후진성을 면치 못하고 있다.

러시아의 민주모델은 서구의 모델과 비교해서는 안 된다. 물론 일반적 운영원리의 비교는 가능하다. 그러나 기능적인 특성들을 비교할 때, 러시아적 환경을 도외시한 결과만의 비교는 무리일 뿐만 아니라, 무의미한 것이다. 일반적으로 지적되고 있는 러시아의 권위주의 정치문화는 과거의 역사에 기인된 것이기도 하지만, 보다 더 긴요한 요인은 공산체제 붕괴이후의 총체적 난국과 이의 극복을 전제로 하는 새로운 국가건설의 과제로 보아야 할 것이다. 옐찐이 이끈 러시아연방국은 국가건설에 발전적 면모를 보였다. 민주적 의회 및 대통령선거와 신헌법 채택, 중앙의 연방정부와 연방구성 정부들 간의 관계정립, 국익의 우선순위와 군사적 교의가 표명된 외교정책 제시, 통화안정과 경제적 사유화 실시, 다수의 연방법률 채택을 통한 정부와 사회 간의 관계 재정립 등을 이룩했다. 이 같은 민주적 이행의 결과는 제국의 상실로 인해 위기감에 빠진 국민들의 정체성 위기를 극복토록 했으며, 국제사회의 승인을 받아낼 수 있었다.[42]

이 같은 성과에도 불구하고 옐찐체제에 대한 평가는 부정적이었다. '권위주의' 또는 옐찐을 가리켜 제정러시아의 황제를 호칭했던 '짜르'로 호칭되기 일수였다. 이는 대통령의 헌법적 권한의 과대로 인한 의회기능 압도 및 대통령의 빈번한 건강악화로 야기된 민주적 국가건설목표 달성의 불안, 경제파탄과 사회주의적 공공서비스의 악화 및 치안부재로 인한 사회적 혼란과 좌절 속에서 자행된 옐찐

42 Boilard, Steve D., *op. cit.*, pp. 33-34.

대통령의 무능과 독선에 기인했다. 그러나 무엇보다 관찰자들에게 흥미를 갖게 한 것은 집권체제의 총체적 무능과 부패의 재연, 그리고 견디기 힘든 대중의 생활고와 절망으로 요약되는 상황 속에서도 사회적 폭동이나 소요가 없었다는 사실이다.[43)]

사회 및 경제적 악조건 속에서도 정치 및 사회적으로 큰 동요가 없었던 것은 다음과 같은 사실에 기인된 것으로 보인다. 첫째, 러시아인은 이미 이 같은 고난에 익숙해온 과거사를 갖고 있다는 점이다. 제정러시아 통치기의 학정과 굶주림, 스딸린 통치기의 가혹한 노동력 착취 및 부자유에 길들여졌으며, 생필품 부족으로 인한 생활고를 겪어왔다. 따라서 국가적 체제이전기에 야기된 고난이 파국적 극한상황으로 치닫지 못하게 도움을 준 것이다. 둘째, 세계 최고의 교육 및 교양수준에 의한 정신문화의 발달로 인해 러시아인은 체면유지와 자제력이 뛰어나다는 점이다. 러시아인의 정신적 지주는 정교 및 민족주의와 공산주의이다. 이 러시아적 산물은 한결같이 자기희생과 공동체정신을 강조해 왔을 뿐만 아니라, 민족적 자부심을 높이는 데에도 크게 기여해 왔다. 때문에 민족국가의 해체 및 혼란이란 위기상황 극복에 남다른 장점을 지니는 것이다. 특히 수도와 인접한 대도시의 교육수준이 지방에 비해 월등히 높아 체면유지 가능과 함께 자유민주주의 수호노력 및 시장경제에 대한 적응능력도 지방에 비해 월등히 높다. 셋째, "부자가 망해도 3년은 먹을 것이 있다"는 우리의 속담과 같이 러시아는 세계 공산주의를 지원해 왔으며, 미국을 비롯한 NATO 회원국들과 대등한 경쟁을 벌여온 초강대국이었다. 특히 러시아는 세계최대 산유국이며, 천연가스를 비롯한 목재, 석탄, 철, 금, 다이아몬드 등의 자원대국이다. 따라서 산업구조조정에 따른 일시적 혼란과 세수격감에 따른 국가기능의 약화에도 불구하고 단기간의 체제지탱에는 별 문제가 없는 것이다. 넷째, 군과 경찰조직을 비롯한 관료체제의 정권에

43 임금 미지급에 따른 파업과 시위가 빈발했으나, 과격성 및 탈법의 범주에서 큰 혼란을 겪지 않았다. 즉, 노동자들의 파업이 정부에 대한 도전이라기보다 호소의 성격을 띠었으며, 더욱이 공직자들의 자제력이 사회적 파국을 막았다.

대한 충성이 정권지탱에 결정적 기여를 했다고 보아야 할 것이다. 박봉과 임금체불에도 불구하고, 전통적 유산으로 자리 잡아 온 특권의식이 한 몫 했지만, 이들의 헌신적 노력을 과소평가해서는 안 될 것이다.

민주러시아의 최대 과제는 효율적인 경제개편을 통해 강국으로서의 민족적 자존심을 회복하고, 궁극적으로 사회주의를 실현하는 것이다. 이러한 과제수행에 있어 옐찐체제는 과단성 있게 시장경제 및 사유화정책을 단행했다. 그러나 사적 자본축적이 안 된 상황 속에서 단기간 내에 가시적 효과를 기대한다는 것은 무리일 수밖에 없었다. 그러나 민생의 어려운 처지가 정권을 압박하며, 정치적 변동으로 이어졌다. 이의 결과가 1995년의 선거로서 '러시아연방공산당'을 1993년 두마의석 48에서 1995년 157석으로 급상승시킨 것이다.[44] 그 후 1999년 선거양상은 정치세력 재편에 의한 좌파, 우파, 중도, 무소속으로 구획되어 좌파가 111석, 우파 157석, 중도파 87석, 무소속 95석으로 나타났다.[45] 1995년의 결과는 옐찐정권의 실정을 반영한 것이며, 1999년의 선거결과는 옐찐정권의 진정한 승리라기보다는 인위적 정파규합에 따른 결과에 지나지 않으며, 기회주의적 중도파의 약진에 의한 향후 진로의 조정국면을 노출한 것이다. 여기서 나타난 긍정적 결과는 러시아민주주의의 질적 발전을 살필 수 있게 했다. 러시아는 의회 및 대통령선거에서 명백히 권위주의적 정치문화를 벗고 시민적 참여문화로의 행보를 보이고 있는 것이다.

시민적 참여문화로의 실증은 정책결정과정에서 명백히 발견되고 있다. 대표적 사례는 옐찐정권이 서방과의 우호관계 손상을 우려한 나머지 1993년 거부권을 행사한바 있었던 법안이 1997년 공산당에 의해 또다시 발의 및 주도된 비 전통종교의 활동금지에 관한 법안이다. 이 법안은 서방의 가톨릭교와 개신교의 선교활동을 금지시켜 이들 교회의 침투를 막자는 데 법적 근거를 가진 것이었

44 Boilard Steve D., *op. cit.*, pp. 59-60.

45 *Итоги*, 23 декабря 1999, с. 12-14.

뿌찐 전 대통령과 메드베제프 대통령

다. 따라서 로마교황청의 강력한 우려표명과 클린턴 미국대통령의 직접개입으로 옐찐대통령도 거부권 행사와 함께 이 법안은 하원으로 반송되었다.[46] 그러나 공산당에 의해 장악된 하원의 정치공세 및 애국적 열기 속에 결국 대통령의 중재안 제출 및 이의 채택이란 결과로 종지부를 찍었다. 문제는 대통령의 중재안과 공산당의 법안은 내용에 있어 두드러진 차이가 없었던 것이다. 단지 대통령의 체면만 세워 준 결과였을 뿐이다. 그러나 민주적 법안 처리에서 상대의 인정과 타협의 선례를 보였다는 점에서 참여문화의 발전상을 기록시킨 것이다.

뿌찐체제에 들어와서 경제적 발전전략을 마련하고 추진하는 과정에서도 참여문화의 진면목을 보여 주고 있다. 러시아가 새로운 국가적 틀과 진로를 마련한 후 가장 고심하고 있는 부문이 경제이다. 공산체제 붕괴로 보편적 효율성이 인정된 자본주의의 운영원리를 숙고 없이 서둘러 받아 드렸다. 아울러 부족한 경험 속에 서구 자본주의 국가들의 투자유치 및 자금융통과 시장 개방을 통해 부족한 생필품을 보충 받았다. 그러나 10여 년이 지난 후의 결과는 자본·기술·경영상태의 상대적 열세로 인한 자국 산업의 몰락과 더불어 실업률 증가로 인한 복지개념의 사회주의 실현은 더욱 더 거리를 넓혀놓았다. 따라서 애국적 지성들의 연구와 토론 및 건의형식의 투입행위가 여론의 힘을 업고 활발히 전개 중에 있다.

최근의 대표적 학자가 아브람첸꼬, 에르 에프이다. 그는 발전의 최적 원리로써 상호 경쟁과 경기를 절대시하고 있으며, 재벌형태의 자본과 산업시설을 동등하게 갖춘 기업연합형의 독자적 경쟁 단위

---

46 *Moscow Times*, 19. June, 1997.

체를 소수로 조직하고, 이들의 활동무대는 지역적 경계를 배제한 전국적 영역으로 하며, 외국자본의 적극적 협력과 주식의 종업원 배분을 통한 참여와 주인의식을 높이고, 타경제국가와의 자율적 경제효율성 비교 및 평가를 통한 이상적 유형을 찾아가도록 하며, 러시아 풍토에 맞는 이념적 정체성을 모색하고, 정치적 기회주의에 대한 평가 및 배격과 경기부양책까지 구체화하여 제안하고 있다.[47] 아브람첸꼬의 제안이 지성들에게 설득력을 갖는 이유는 그 동안 시행되어온 서구모델이 러시아대중을 만족시키지 못했으며, 더욱이 경제적 현실 속에서 얻고 있는 국가적 무기력과 절실한 한계역량의 자각을 담고 있기 때문인 것으로 보인다. 문제는 국가를 구원하기 위해 대통령에 집중된 통치역량을 줄일 수 있느냐이다. 이는 러시아 민주주의의 확립 및 지속성과 관련된 문제일 뿐만 아니라 참여민주주의 문화역량을 검증할 수 있는 시험대가 될 것이다.



## 4. 새로운 세계관의 출현

동서간의 냉전이후 지상에서 전개된 가장 괄목할 만한 현상은 바로 세계화(Globalization)현상이다. 세계화는 세계적 질서의 문제일 뿐만 아니라 우리의 생활양식을 바꾸는 위력을 지녔기 때문에, 적어도 새로운 변화에 대한 대비 및 안목을 넓힐 필연성에서 모든 나라들에 긴요성을 띤다. 더욱이 경제난에 허덕이고 있는 러시아의 입장에서 이의 중요성은 더욱 높을 수밖에 없다.

세계화는 제2차 대전 후 재정 및 교역부문에서 세계적 관리증진 목적으로 미국의 주도로 추진된 산물이다. 문제는 자유적 자본주의(Liberal-capitalism)가 세계적 자본주의의 역량확보와 소비문화를 토대로 지배적 정치 및 경제적 모델이 됨으로써, "세계화'는 시장

47 Аврамченко, Р. Ф., *там же*, с. 29-75.

의 역량확대, 사적 영향력 확대에 의한 공적 영향력 제한현상, 그리고 서구문화의 세계지배 현상으로 변모하였다는 사실이다.

본질적으로 세계화 현상은 1) 외국인에 의한 주식가격의 곤두박질, 2) 세계적 사업재벌을 꿈꾸고 있는 다국적 기업들의 합병행위, 3) 해외에 본부를 둔 외국은행에 의한 지방은행 통제, 4) 구조조정이란 이름하에 자행되고 있는 노동인력 감축, 5) 자국 산업의 보호책으로 연방준비체계에 의한 미국의 이자율 하락현상, 6) 통화거래자들에 의한 수십 억 달러의 환 거래행위, 7) 제조업의 해외이주 및 값싼 외국노동자 채용현상, 8) 유명 브랜드 메이커의 의류를 입히며, 9) 이스탄불 대학생이 셀룰러 폰(cellular phone)으로 지방의 뮤직홀에서 홀짝홀짝 술을 마시며 미국 대학생과 잡담하는 모습으로 설명할 수 있다.[48]

이 같은 급속한 문화 및 경제적 변화의 조성과 수단은 무엇일까? 바로 제한 받지 않는 신속한 의사소통에 의해 조성된 세계 촌(Global Village)이라는 단일 공동체의 형성에 기인한 것이다. 우리는 지금 세계적 정보시대(The Global Information Age)에 살고 있다. 세계화의 첫 번째 상징인 선이 없는 셀룰러 폰(Cellular phones)이 매년 50%씩 증가하고 있다. 아울러 매년 8억대의 일반전화와 1억대 이상의 자동차 전화가 세계적 전화 네트워크에 연결 중이며, 매년 4-7%로 확대 중이다. 의사소통의 비용요인도 거리의 소멸을 결과시켜 21세기의 사회를 결정시키고 있다. 즉, 우리가 어디에 주거하며 일해야 할 것 인지의 선택, 민족적 경계개념, 국제적인 교역의 패턴을 변경시키고 있는 것이다. 컴퓨터는 제2의 세계화 상징물로서, 가장 유용한 중개자 역할을 하고 있다. 컴퓨터의 세계는 실제무대의 활용 없이 가상공간에서 활동이 가능하다는데 비용과 속도의 큰 장점을 지니고 있는 것이다. 오늘날 사용 중인 컴퓨터는 2억대 이상이며, 이중 95% 이상이 개인용 컴퓨터로서 년 간 수십만대의 수적 증대와 소형화가 추진 중에 있다. 아울러 18개월을 주기

48 Charles W. Kegley, Jr. & Eugene R. Wittkopf, World Politics, Macmillan Press LTD, 2001, pp. 292-293.

로 힘과 능력이 배로 향상되는 강력한 소형모델이 출시 중이며, 이 같은 성장이 디지털(digital)혁명을 초래했다. 특히 인터넷(Internet)은 1960년대 말, 미 국방성이 군사적 계약 사업에 과학자들과 엔지니어들을 컴퓨터, 자원, 아이디어 공유목적으로 개발했으며, 그 후 전자적 메시지를 보낼 수 있는 방도로써의 이 메일(E-Mail)개발과 공유가 있었다. 인터넷의 인기가 1980년대 중반부터 확산되었다.[49]

의사소통의 혁명은 학문과 사업에서만 유용성이 있는 것은 결코 아니다. 또 다른 최대 혜택의 영역은 인권분야로서 중앙집권적 권위체를 거부하는데 지대한 역할을 하고 있다. 대표적 사례가 중국에서 1999년에 보인 파륜 공 종교운동이다. 정보화 시대에서 소규모 사업이 세계적 시장에서 성공적 경쟁을 허용하는 수평요인을 제공, 세계 27,000개의 NGO들로 하여금 논쟁의 포화를 쏘아 올리게 하고, 즉각적으로 반응을 결집토록 네트웍(network)을 사용케 함으로써 세계적인 무대에서 동시기에 제 목소리를 내도록 허용하고 있다. 문제는 세계화를 지원하고 있는 과학기술의 중요성보다 세계화의 방향과 내용을 결정하고 있는 의지를 파악하는 일이다.[50]

1991년을 기점으로 소련공산당이 몰락함으로서 냉전이 종식되었다. 아울러 이는 서방세계의 승리를 뜻하며, 본질적으로는 자본주의 체제의 승리이다. 따라서 자본가들의 자유적 자본주의가 러시아에서도 정당화되었다는 사실이며, 자본가들이 지향하는 보다 많이 즐기고, 보다 많이 팔려는 욕구가 세계화의 내용을 구체화할 뿐만 아니라 러시아에도 지대한 영향을 미치게 된 것이다.

세계화는 화폐, 재화, 인력, 기술, 창의력이 가속적인 속도로 국경을 넘어 상호 연계된, 보다 견고한 단일 및 통일된 세계적 공동체 내지 시장으로 연결됨으로서 세계적인 질서변화에 근거가 되고 있다는데 중요성이 있다. 세계화는 한 마디로 21세기의 세계정치를 전환하는 상호 연계된 무리이다. 다시 말해서, 국제적 사건에 영향을 미치는 거대하고 현저한 세력의 과정, 정책, 상황, 산출로 표현

49 *Ibid.*, pp. 294-297.
50 *Ibid.*, p. 298.

될 수 있다. 미국의 정치경제학자인 Robert J. Samuelson은 세계화를 칼의 양날로 보고 있다. "세계화가 경제성장 제고, 신기술의 확산, 생활수준을 향상시키는 강력한 운송수단이다. 그러나 민족적 주권의 침식, 지방문화와 전통의 부식, 경제 및 사회적 안정을 위협함에 따라 논쟁적 과제를 안고 있다"는 것이다. 세계화는 세계결합을 통해 전례 없는 새로운 부를 낳고 있지만, 소수 승자와 다수의 패자를 창출함으로써 보다 더 불평등한 관계를 산출함. 세계화는 국가의 통합과 분열을 동시에 이끌며, 일부국가의 권력증대와 다른 다수 국가의 권위를 침식시키며, 소수의 행위자들만이 세계화의 변화력에 대응할 수 있는 방법을 알고 있다는데 문제가 있다. 경제적 측면에서 세계화는 국경을 허물고, 세계를 단일, 돈벌이 세계로 통합할 뿐만 아니라, 격렬한 경쟁적 시장 터로 세계를 결합하고 있는 인터넷, 금융시장을 통합하고 있다.[51] 문제는 경제 및 정치영역을 넘어 세계문화에 지대한 영향을 미치고 있다는 사실이다.

세계화 현상이 낳은 문화를 다문화주의(multiculturalism)라 한다. 이는 서구에서 개발되었으며, 많은 영향에 의존했는데, 이중 '자유사상'(liberal idea)이 상당 수준의 다문화주의를 수용했다는데 주목할 필요가 있다. 세계 및 지방 자본주의자들의 즐기고 팔려는 영원한 요구는 가장 명백하게 드레스, 예술, 영화, 텔레비전, 음식 부문에서 가일층의 문화적 합으로 상당히 이루었다.

문제는 세계화가 공동의 준거를 창조했지만, 세계는 동질화 되려하지 않았다. 지방 윤리와 종교문화는 세계화된 문화의 곁에서 소생하고 있다. 그리고 사람과 사상이 세계주변에 증가적으로 흐르고 있기 때문에, 다른 문화에 아주 유사하게 생존하고 있다. 문화적 혼합을 위한 영역은 세계의 대 도시였으며, 이 같은 곳에서의 생존이 관용과 다문화주의 포용을 의미했거나, 상호-공동적 의심 및 갈등의 도시특유 악몽을 의미했다. 오늘날 이슬람도, 기독교도, 유태교도, 힌두교도, 시크교도, 불교도, 모든 종족의 미신숭배자가 다양

51 *Ibid*., pp. 292-326.

한 수준의 갈등과 협력 속에 병행하여 생활하고 있다. 문화적 유사성의 결과들은 복합적이다. 다문화적 틀이 다수의 동질성을 창조하고 있다. 그래서 현존하는 문화의 토템(숭배하는 자연물) 뿐만 아니라 그를 내에서 그 일부의 이해에 도전하고 있다. 결국, 다문화주의는 교구적 문화를 해치는 경향이 있다. 서구에서 여성의 승격은 20세기의 가장 중요한 사회적 현상이며, 그리고 다문화주의와 세계화가 모든 곳에서 확장을 약속하고 있다는 것이 특징이다.52)

이 같은 상황에서 러시아가 직면한 최대의 과제는 공동체주의와 개인주의간의 선택이다. 맑스·레닌주의와 서구 자유주의간의 가장 큰 차이는 국가정책에서의 공동체와 개인 간의 상대적 중요성에서 찾을 수 있다. 소연방정권은 5개년계획 달성과 정권보존을 위해 국민을 혹사, 굴욕, 가난, 고문, 처형을 일삼았다. 더욱이 소비에트 체제는 개인이 전체 공동체에 복종토록 세뇌했다. '공익 공동체 사업'(pro bono community work)의 요구로 공동아파트 공급 및 농부들을 집단농장으로 통합시켰다. 개인의 이익과 권한보다 공동체의 이익과 권한이 더 중요함은 공식정책, 교육체계, 예술 등의 여러 채널을 통해 강화되었다.53)

민주와 자본주의의 자유주의적 개념은 개인주의적 철학에 기초한다. 자유주의적 개인주의는 개인의 이익을 촉진하는 것이 정부제도의 필수항목이다. 개인은 국가가 침범할 수 없는 권리를 소유하고 있다. 따라서 공동체는 단순한 구현체에 불과하며, 추상적인 집합체는 실제로 그것을 구성하는 개인들의 집합에 불과하다. 정치적 실행가들에게 공통체주의와 개인주의는 상호 상반되는 가치체계간의 경쟁이 아닌 양자 간의 극단에서 타협을 추구한다. 개인이 공동체에서 분리될 수 없으며, 공동체는 개인 없이 존재할 수 없다. 현재 러시아는 '거친 자본주의'(wild capitalism)로 인해 공동체의 이익이 침해받고 있다. 도시의 낙서, 쓰레기, 공공장소의 남용, 아

52 John Baylis & Steve Smith(ed.), *The Globalization of World Politics*, Oxford University Press, 2001, p. 459.

53 Boilard Steve D., *op. cit.*, p. 92.

파트계단 및 심지어 군사기지에서의 전구도난, 그리고 개인 간의 관계에 적용되어 계약 및 사회적 의무를 위반하고 있는 상태에 있다. 공동체주의에 대한 강요가 없어진 후 발생한 이기적이고 무분별한 행태로 인해 '자유'가 잘못 인식되고 있는 것이다. 그럼에도 불구하고 1996년의 여론조사는 79%의 국민들이 민주질서를 선호했다. 즉, 자유는 "매우 중요하므로 반드시 배급되어야 한다"는 견해다. 러시아인들의 책무는 개인과 공동체의 상대적 가치에 대한 적절한 균형을 유지 일이다. 이는 정치문화의 발전 및 정치발전과도 연계되기 때문이다.[54)]

다문화주의가 지배하는 상황에서 민족적 자주문화 유지 및 창달의 필요성에서 러시아가 직면한 문제는 서구주의와 슬라브주의간의 선택이다. 역사적으로 러시아사회는 슬라브와 서구적이라 간주하는 사고방식으로 분열되어 수 세기동안 지속되어 왔다. 이러한 현상은 서구의 가치와 예술 및 문화를 도입했던 뾰뜨르와 예까쩨리나2세의 통치기에 현저했으며, 냉전체제의 붕괴 이후 새롭게 제기되었다. 러시아인 다수 가운데 특히 젊은이들이 서구화를 열망(음악, 패션, 가치, 서구의 TV드라마, 펩시 등의 선풍적 선호)하고 있다. 한편 다수의 러시아인들은 슬라브적 유산뿐만 아니라 심지어 소비에트 유산도 완전히 포기치 않았다. 밀러의 조사에 의하면 1995년 러시아인의 2/3가 스스로 '소비에트인'으로 생각하고 있다. 꼬즈이레프(Andrei Kozyrev)외상의 경질압력은 지나치게 '친 서구적"이라는 대중적 인식 때문이었다.[55)]

이러한 논쟁은 러시아의 동맹구축과 외교정책에 대한 함축적 의미를 제시해 주고 있다는 사실이며, 더욱이 러시아의 정치문화와 그 정체(polity)에 대한 영향이 필연적임에 따라 슬라브주의자들은 정치 및 경제제도의 잡종화(mongrelization)를 우려하고 있다.[56)] 이에 대한 대표적 사례는 옐찐정권이 서방과의 우호관계 손상을 우려

---

54 *Ibid.*, p. 93.
55 *Ibid.*, pp. 93-94.
56 *Ibid.*, p. 94.

한 나머지 1993년 거부권을 행사한 바 있었던 법안이 1997년 공산당에 의해 또다시 발의 및 주도된 비 전통종교의 활동금지에 관한 법안이다. 이 법안은 서방의 가톨릭교와 개신교의 선교활동을 금지시켜 이들 교회의 침투를 막자는 데 법적 근거를 가진 것이었다. 문제는 법적 집행의지가 아직까지 결여되어 있으나, 향후 정치 및 사회적 안정 및 세계화의 진척여부에 따라 가변적 대상이란 사실의 인식에 있다.



### 1) 러시아연방의 정체성(종교문화 중심)

2008년 12월에 선출된 끼릴 총대주교

소연방 붕괴 후 출범한 러시아연방[57]은 구 시대적 산물의 청산과 정통성 확립을 통한 권위획득 및 새로운 건설과제를 알리기 위해 과거로의 복귀 조치를 취했다. 이는 레닌그라드를 쌍뜨 뻬쩨르부르끄, 스딸린그라뜨를 짜르쯔인, 스베들롭스끄를 예까쩨린부르끄, 고리끼를 니즈니 노브고로드로 복원했으며, 국가제도에서도 하원을 두마로 복원하였다.

특히 민주러시아는 새로운 국가 및 국민건설을 통한 정체성확립 과제의 시급성을 안고 있었다. 그러나 이에 앞서 과거의 공산이데올로기가 맡고 있었던 사회적 규범 및 가치체계의 대체를 통한 사회·심리적 안정과 정체성 재건의 길 모색도 긴요했다. 이에 러시아정교가 사회적으로 누린 인기를 업고 정치적 활용목적으로 사용되어 정신문화의 토대구축 및 국민적 정체성 확립 역할을 담당하게 되었다.

57 저자는 과거의 제정러시아와 구별하기 위해 민주러시아로도 통칭하고 있음.

### (1) 소비에트 체제와 교회간의 관계

러시아에서 정교가 쉽게 복원되어 정체성 확립역할을 맡게 된 근거는 공산체제의 현실중시 정책에 의한 타협의 결과이다. 소비에트체제 하에서 볼셰빅정책을 주도한 맑스주의 교의가 종교에 적대적 입장을 취함에 따라 교회에 대한 박해는 불가피했다. 따라서 1917년 집권한 볼셰비끼들은 11월 양심의 자유에 관한 법령을 통해 종교를 임의적 선택사항으로 간주함으로써 우선 유연한 자세로 전통적 결속관계를 이완시켰다. 이 같은 조치는 종교가 이념적으로 부정대상이지만 현실적으로 일거에 제거할 수 없다는 상황 고려와 함께 사적 집단행위로의 간주를 뜻한다. 아울러 교회재산의 국유화와 교회의 활동을 제한시키는 조치를 병행시켰다. 그 후 1918년 "교회와 국가의 분리법령" 선포를 통한 반교회적 조치를 공식화했다. 이를 통해 사악한 의도를 지닌 볼셰빅정권은 교회세력을 잠재우고 대사원들을 창고 속에 몰아넣는 효과를 달성했다.[58] 이 같은 탄압과 박해에도 불구하고 교회가 생명을 부지하고 명맥을 유지할 수 있었던 것은 소비에트체제가 교회의 결혼 및 장례와 같은 봉사활동을 금지시키지 않았기 때문이다. 따라서 이전과 마찬가지로 많은 사람들은 교회를 기도장소로 찾게 된 것이다.[59] 한편 소비에트체제의 통치 하에서 성직자 및 신도들은 "반혁명분자"라는 낙인에 의해 시달리고, 체포 및 박해를 받았다. 따라서 새로운 정권수립 후 수년 내에 러시아정교회는 정권에 복종 당했으며, 많은 교회지도자들이 체포되고 처형되었다. 이 같은 상황에서 얻은 새로운 정권의 성취물 중 하나는 러시아총주교 찌혼(Tikhon)의 정부에 대한 충성의 고백을 확보한 것이었다. 그 후 찌혼이 1925년 암살당한 후 쎄르기(Sergi) 대주교가 계승했으며, 그는 1927년 모든 현세적 문제들에서 교회의 정부예속을 공식적으로 인정하고 교회의 정권지배를 완결시켜주었다.[60]

58 Boilard Steve. D., *op. cit.*, p. 172.

59 Kirchner Walther(ed.), *Russian History*, Harper Perennial, 1991, p. 278.

1927년 쎄르기의 굴복은 공식적 시달림과 박해에도 불구하고 교회의 국가에 대한 권위인정과 동시에 러시아정교의 생존권 획득을 의미하는 사건이었다. 그 후 1929년에 발효된 종교협회에 관한 법률은 국가가 승인한 시설에서의 예배를 제외한 모든 종교 활동을 금지시켰다. 문제는 스딸린 통치기에 정부가 대다수 교회를 폐쇄시켰기 때문에 예배를 볼 수 있었던 교회의 수는 미미했다. 그러나 제2차 세계대전발발로 인한 전 인민적 애국심 고양 목적에서 스딸린은 정부의 반종교적 프로그램을 완화시킬 수밖에 없었다. 제2차 세계대전이 수습되고, 스딸린 사후의 권력승계 작업을 마무리한 1950년대 말에 흐루시쵸프는 이념적 재진입 시도계획에 따라 종교에 대한 공격과 함께 많은 교회를 다시 폐쇄시켰다. 이렇게 일시적 경감현상을 거쳐, 브레즈네프 통치기인 1960년대 말과 1970년대에 르네상스기를 맞게 되었다. 1975년에 발효된 종교협회에 관한 새로운 법률은 종교조직들에 대한 다수의 부가적 제 권리 및 자유를 부여했으며, 정부는 다수의 성직자들이 양성될 수 있도록 허용하는 조치를 단행했다.[61] 이 같은 조치의 배경은 브레즈네프의 효율성 및 합리성 강조와 대외적 교류확대에 따른 현실성에 기초한 기본권 강화의 필연성에 기인한 것이다.

공산체제의 반 종교정책 속에서 지하교회 망 운영, 비밀예배, 성서밀수 등의 불법수단에 의해 지탱되어온 정교가 브레즈네프 통치기의 르네상스를 거쳐 고르바쵸프 통치기에 이르러서는 최대의 자유를 누리게 되었다. 고르바쵸프기에 교회는 흩어진 성직자들과 신자들, 그리고 신중하게 보존되어온 예배와 잃지 않고 보존되어온 신앙을 수습할 수 있었다. 또한 장구히 포기 및 전용되어온 교회건물들은 예배와 세례 등의 성사도 이루어 질 수 있었다. 이에 더하여 공산주의 교의에 대한 폭넓은 불신으로 야기된 소비에트정권의 붕괴상황 속에서 유신론적 종교는 새로운 신앙의 기반을 확산해 나아갔다.[62]

---

60 Boilard S. D., *op. cit.*, p. 172.

61 *Ibid.*

공산체제 붕괴 후 많은 학자들은 맑스·레닌이즘의 폭넓은 포기 결과로 예상될 수 있는 "도덕적 공백"에 대해 예외 없이 우려했다. 그러나 이러한 우려가 성급한 오류로 판명되었는데 원인은 이미 러시아사회에 공산주의 이념의 확고한 뿌리가 내려졌기 때문이다. 따라서 시민들은 기본 가치와 도덕적 신념을 쉽게 포기하기보다는 공산주의 교의를 통해 제공된 도덕적 척도를 종교적 척도로 대체한 것이다. 1991년의 조사에 의하면 하느님을 믿는 러시아인의 비율은 47%-74%로 나타났다. 아울러 국가인구의 22%가 무신론에서 유신론으로 바꾸었다고 답변했다. 아울러 새롭게 노출된 도덕적 공백이 정교를 지칭하는 일신론적 종교에 의해 일방적으로 채워지기 어렵다는 사실도 확인됐다.[63] 자유민주주의 체제 하에서 권리와 자유의 신장에 따른 선택의 폭 확대 결과로 판단된다. 아울러 종교적 선택의 폭에는 로만 가톨릭, 개신교가 활발히 가세 중에 있다. 그러나 문제는 이 같은 로만 가톨릭과 개신교세력이 러시아의 경제적 궁핍현상과 자유화의 범람 속에서 퇴폐문화를 만연시키고, 이기주의를 확산시킴에 따라 1997년 9월 비 전통교회 활동금지법을 발효시켰다. 따라서 러시아정교의 입지강화, 그리고 이를 통한 전통적 정교의 다양한 역할이 예상된다.[64]

러시아에서 교회의 권리와 위상은 세속군주 및 정부에 예속 및 압도당해 왔다. 그러나 교회와 정부 간의 결속 및 역할분담 기능은 교회정신과 가치체계의 형성 및 윤리-도덕적 규범의 확산 및 확립에 효과적이었다. 이렇게 유구한 역사적 과정 속에 구현된 문화적 유형은 볼셰비즘 틀 속에서 강요된 70여 년의 역사과정이 남긴 흔적과 상대적일 수밖에 없다. 아울러 1990년대에 발족한 자유민주주의 체제 하에서 헌법적 종교의 자유보장과 함께 취해진 후속조치로써의 1997년 9월에 확정된 '비전통 종교 활동 금지법'은 러시아

62 *Ibid.*, pp. 173-174.

63 *Ibid.*, p. 174.

64 김수희, "러시아의 Roman Catholic관과 다원화과제", *노어노문학*, 제9권, 한국노어노문학회, 1997 참조.

정교의 입지 및 역할의 확립의지로 받아들여야 할 것이다.



### (2) 정교의 국가건설 모델

두마에 의한 짜리 폐위와 동시에 출범한 임시정부의 종무회의(Synod) 고위직에 올라 결국 교회에 대한 정부의 감독을 폐지시키고 信仰省 장관(Minister of Faiths)이 된, 그리고 볼셰빅혁명 후 1920년에 러시아를 탈출하여 파리에 정착한 후 그곳에서 신학교육에 전념했던 안똔 까르따셰프는 기념비적 논문 "신성한 러시아의 재창조"를 썼다. 그는 이 작품을 통해 러시아 고유의 종교문화 규명과 동시에 이의 구현을 부르짖은 인물이다. 그는 블라지미르가 국교화한 정교의 신성한 러시아가 우리의 깃발이라고 강조하고, 우리의 러시아인성 중심에 잠겨있는 이(신성한 정교) 열기가 우리의 민족적 자의식 과업이 되게 하는 것을 결코 멈추게 할 수는 없다고 강변했다. 이 주장에서 그는 종교적 의식과 민족적 자의식의 불가분성이 러시아 안녕의 필수적 요소임을 명백히 했다. 따라서 그는 볼셰비끼들의 탈권 이후 조성된 종교적 탄압과 박해상황에서 정교와 민족의 중추성 연계에 의한 "신성한 러시아" 재수립이 가장 시급한 과업이라며 이를 촉구하였다.[65)]

이 같은 그의 주장은 다음과 같이 정당화되었다. 까르따셰프는 개인 및 집단의 생활을 이들이 내부에 간직한 과거 경험의 완전한 유기체적 충만 상태로 보았다. "아울러 실재에 존재하는, 특정 이익과 소명 및 정신적 운명을... 지닌 인간의 집단의지가 이렇게 형성되기 때문에 러시아는 정신적 유형으로써 — 단일 공동 자의식을 지닌 러시아인의 생활정신은 일개 유기적 복합체[66)]라는 단정이다.

---

65 Petro Nicolas N., "Challenge of the 'Russian Idea': Rediscovering the Legacy of Russian Religious Philosophy", Petro Nicolai N.(ed.), *Christianity and Russian Culture in Soviet Society*, Westview Press, 1990, p. 207.

66 Anton V. Kartashev, *Vozsozdanie Sv. Rusi (The Recreation of Holy Russia)*, Paris, The special committee under Silvester, Bishop of Messina and Vicar of the Metropole of Russian Orthodox Churches in Western Europe, 1956, p. 19 as quoted in Petro Nicolai N., ibid.

제 민족은 단지 일개 특별형태로 그들의 정신을 그들에게 유기적으로 구체화할 수 있다. 그들은 "개발되고, 질적으로 향상되며, 전환되는 이 형태 속에서 그들의 역사적 생활을 인내하도록 운명되었지만, 만일 그들이 자신의 충만 된 잠재력에 따라 살기를 원할 시 이를 결코 바꾸거나 배반할 수 없다."[67] 이러한 역사적 진화의 시각은 발전방도를 얻기 위한 민족적 선택의 중요성 인식, 그리고 고유전통을 압도하려는 시도들은 언제나 실패할 것이라는 추정을 담고 있다. 이 같은 명백한 준거 속에서 "러시아는 새롭게 계획될 수 없으며, 러시아의 본질에 이질적 계획에 따른 구상과 건설이 있을 수 없다는 지적이다.[68]

까르따셰프는 민족의 소명과 책무가 다를 수 있다고 보고 있다. 그는 러시아의 소명은 러시아의 기독교 유산과 명백히 연계되어 있어서 개인이든 집단이든 기독교인으로서 하느님 왕국의 목표에 기여해야만 하며, 하느님께 이의 실현을 위한 책임이 있다고 한다. 여기서 개인이 가지고 있는 책임은 국가가 따르도록 하는 자연적 방도나 비자연적 방도 여부간의 선택 문제라는 것이다. 나아가 그는 신성한 러시아창조 과업은 오늘의 세계적 의미의 성스런 과업이라는 전제 하에 러시아는 세계적 의미의 기독교 문화국으로서, 제국주의적 평화(러시아 확대주의) 창조를 요청 받았다고 주장하고 있다. 여기서 제시된 제국적(帝國的) 지역은 러시아문화 활동이 강화되고, 이들 지역이 신의 섭리에 의한 내적 정교정신으로 전환되도록 우리에게 위임된 지역을 가리킨다. 소명의식 강조를 위한 그의 애국심 호소 논리는 위대한 사람은 그들의 위대성을 회피할 수 있는 권한을 가지고 있지 않다는 것이다. 끝으로 공산주의 러시아는 하느님이 창조한 러시아를 위한 제 과업을 결코 성취할 수 없기 때문에 실로 절대로 위대해질 수 없다고 단언하고 있다.[69]

그는 과거에 부여받은 명령의 돌이킬 수 없는 상실을 인정하면

67 *Ibid.*, p. 39. as quoted in Petro Nicolai N., *ibid.*
68 *Ibid.*, p. 27.
69 Petro Nicolai N., *op. cit.*, pp. 207-208.

서 현재의 과업은 지금까지 알려지지 않았지만, 러시아의 역사적 전통 속에 뿌리 박혀있는 새로운 사회 및 정치적 이상을 창조하는 창조적 문예부흥(renaissance)임을 제시하고 있다. 신성한 러시아는 정교정신에 의해 내부에서 점화된 기독교화 된 기독교 국가가 되는 것이다. 그리고 이 과업은 이상 성취의 제 방도 및 수단으로써의 리얼리즘을 요구하고 있다. 그는 근대 세속국가의 상태에서 성스런 러시아국가가 될 수 있는지의 여부에 대해서, 단순한 과거 회복의 시도가 아니라면 가능하다는 답변을 하고 있다.[70]

신성한 러시아(Holy Russia) 건설을 위한 교회와 국가의 과업은 무엇인가? 이에 대한 까르따세프의 견해는 공산집권 초기에 발생한 찌혼과 쎄르기 총주교의 굴복에 대해 교회는 사과할 것이 없다고 평가하고 있다. 이 같은 평가는 총주교들의 굴복 행위가 새로운 수준의 고양된 인류구원 행위로 보는 다수 저항신도들의 견해를 대변한 것이다. 그는 교회가 실수를 범하지 않았다고 말하는 것은 아니지만 사도적 방도로써만은 기본적으로 정당했다는 평가와 함께 이 같은 상황에서 교회가 지녀야할 과업을 제시하고 있다. 즉 교회는 하늘에서와 같이 지상에서 그리스도의 왕국을 건설하는 세상을 영적(정신적)으로 인도하도록 요청 받고 있다는 것이다. 이는 본질적으로 신학적이며 그리스도 중심적인 인식이다.[71]

그리스도 왕국건설 과업은 하늘과 땅을 통합한 행위이며,[72] 그리스도의 구현을 통해 이룰 수 있는 것이다. 그리고 이 방도의 우월성은 정부의 목적에서 개방되어 있다. 모든 정부형태는 성서에 따라, 자기중심주의와 신의 거부 속에서, 그리고 죄와 폭력 위에서 건설되었다. 이 정부들은 하느님을 두려워하고, 그리스도를 사랑하고, 또한 자유로운 선택으로 교회와 연합하는 성자와 성신의 집합체에 접근 할 수 있으며 결과적으로 되어야만 한다는 것이다. 그는 바로 이것이 인류를 위한 위대한 명령이라고 못 박고

---

70 *Ibid.*, p. 208.

71 *Ibid.*

72 여기서 하늘은 교회를 땅은 정부를 가리키고 있다.

있다. 그는 정부의 신앙접근이 우리의 개인 및 집단적 활동의 부적절성과 죄에 대한 우리 양심의 상처를 영원히 불태우는 것이라고 결론짓고 있다.[73]

부적절성의 상당부분은 인도적 이념 및 합법적 정부로 하여금 사회 개혁의 선봉에 서도록 배려하는 사회활동에서의 교회세력 포기에 기인하고 있다. 정확하게 말해 이는 사회개혁운동에서의 교회의 존재 결핍현상이며, 근대사회에서 평범한 현상으로 진행되고 있는 교회와 국가 간의 분리원칙을 이끈 어떤 반동운동을 지원하는 현상이다. 여기서 그는 독자들에게 정부와의 조화 속에 들게 하는 동방교회의 교회 법적 명령이 정부의 어떤 특정 형태와 연계되어있지 않다는 점을 상기시키고 있다. 따라서 인류구원 목표수행에 있어 교회와 국가의 분리에 대한 타당성은 이의(조화의) 효과와 바람직성을 평가하기 위해 지속적으로 재시험되어야만 한다고 열변하고 있다.[74]

그는 하느님의 두 팔 간의 존재를 노동 분업이란 표현으로써 교회와 국가 간의 인류구원을 위한 조화를 설명하고 있다. 여기서 정부의 최고 목표는 물질적 복지 및 인류문화 가치들의 축적을 유도하는데 있으며, 교회의 최고 목표는 세속적 이상의 한계들로부터 정신을 구하고 아울러 영원한 구원을 지향시키는데 있다. 이 이분법적 두 목표는 균등한 발걸음을 옮길 수 없지만 바로 정신에 귀를 기울이는 육체와 같이 국가가 인류의 최고 목표를 보지 못하기 때문에 교회가 국가를 인도해야만 한다는 논리다. 조화의 필연성에 관한 까르따셰프의 설명에 의하면, 구 소비에트 체제의 전체주의적 정치현상이 조화의 다양한 표명을 이상화하지 못한 결과로 정신에 반한 육체의, 인간에 반한 신의, 그리스도에 반한 반그리스도의 폭력혁명으로 판정하고 있다. 이렇게 신으로써의 국가개념이 복음적 첫째 원리와 구약성서의 계율을 거스르고 있다고 해석하고 있다.[75]

73 Petro Nicolai N., *op. cit.*, pp. 208-209.
74 *Ibid.*, p. 209.

조화의 기본원리는 까르따셰프의 일관된 신념이다. 따라서 그는 교회가 사회의 전 분야, 정부조차도 복음화 지향 사업을 추진케 할 수 있다는 것이다. 그는 사실상 자율적 사회집단으로써 교회의 법적 평등을 인정하고 있다. 그리고 이 같은 인정 속에 교회와 정부 간에 형성된 과거의 전통적인 것을 대신하는 새롭고 보다 광범한 조화를 요구하고 있다.[76]

그는 사회와의 조화에 대해 다음과 같은 논리를 펴고 있다. 교회와 사회 간의 조화가 현실적-신정주의적 전환을 부추길 것이란 조망 속에 논리를 전개하고 있다. 이 새로운 신정주의는 교회와 국가 간의 분리와 교회의 정신적 권위에 국가의 종속 사이의 교환을 인정함으로써 세속적 정부와 손을 잡도록 해야만 한다는 것이다.[77] 나아가 세계 복음화 방도로서의 형제애 개념을 사용하고 있다. 그는 교회의 형제애는 교회 내에서 집단적(collective)활동 지원으로 형성되어야만 한다고 보고, 모든 사회, 직업 및 신앙집단들은 그들의 전문성과 관련된 현안들을 복음적 의미로 채색하도록 함께 하는 자세를 요구하고 있다. 특히 교회의 가르침과 선을 지향시키는 관점에서 전문성 지도에 특별한 관심을 보였다. 그는 하늘과 땅의 이율배반적 존재 사이에 있는 교량으로써 평신도 소집단들을 비유했다. 즉, 개별 신자들의 가슴에 미친 영향력이 교회행위의 주요 형태이므로, 사회활동의 조직형태들을 지원해야만 한다는 것이다. 이의 타당성 범주에서 그는 교회 자체뿐만 아니라 정당에서조차 타당하지만 우연히 정치인이 된 기독교인들은 차후의 복음화 준비를 전제로 그들의 직업 복음화에 노력해야만 한다는 것이다.[78]

### (3) 정교의 책무와 이상

신학 및 정치사상가로서 2010년 3월 2일 까르따셰프가 추구한

75 *Ibid.*, p. 210.

76 *Ibld.*

77 *Ibid.*

78 *Ibid.*, pp. 210-211.

2개의 과제 중 하나는 수행될 수 있는 기독교적 이상의 유형을 명백하게 하는 것이며, 또 다른 하나는 어떻게 이 이상을 현 조건하에서 성취될 수 있도록 하느냐 이다. 그는 이들 이상이 완전히 성취될 수 있다고 보지는 않았다. 그는 천년지복(millennarian)형 내에서 완성에 도달하기보다는 증식적이고 진화적으로 기독신앙의 사회적 복음이 이루어져야한다고 보고 있다. 이러한 견해는 십자가의 죽음과 부활로 이미 지상에서 구원된 것으로 인류를 보고 있으며, 지금까지도 죄에 의해 더럽혀지지 않도록 인간행위를 허락하는 정교교리에 유래하고 있다. 따라서 하느님의 왕국 건설은 기독교인들의 가장 타당한 사회활동이다. 이는 궁극적으로 자유롭게 선택되기 때문에 기독교인의 정치생활에 의미를 부여하는 과업이 된 것이며, 인간에겐 선택의 자유가 있다는 확언과 함께 인간과 신의 공동 조화노력의 요청인 것이다. 그는 구원의 선험적 목적에 의해 늘 인도되어야 한다는 입장에도 불구하고, 사회문제의 기독교적 해결의 지대한 다양성을 강조하고 있다.[79)]

훼도또프(Giorgii Fedotov)[80)]는 인간이 사회생활에서 겪는 비극과 관련하여 현대 정치의식의 부 적절성을 규명하려 노력한 사람이다. 그는 이의 해결을 오직 기독교적 세계관에 의해서만 풀 수 있다고 확신했다. 그는 근대정치가 지닌 문제가 민주주의 및 혁명이란 용어의 그릇된 이해와 잘못된 적용에 있다고 보았다. 그에 의하면, 근대 민주주의 수호자들이 20세기 부르죠아-의회민주주의를 뜻하는 말로 사용하지만, 민주주의는 다른 시대에 다른 형태의 모습들을 취했다는 것이다. 역사적으로 뛰어난 민주주의의 요소 및 본질

79 *Ibid.*, p. 211.

80 1904-1906년간 러시아 사회민주노동당의 열성당원이었으며, 혁명활동을 위해 해외도피 중 독일에서 역사공부를 하고 10년 뒤 귀국한 후 종교-철학 써클들에서 활동을 하다가 1925년 파리로 이민을 떠난 후 그곳의 정교아카데미에서 14년간 강사 생활을 한 분이다. 2차대전 기간 중 그는 미국으로 피난하여 예일 신학교(Yale Divinity School)에서 객원 연구원이 되어 러시아인의 종교정신*(The Russian Religious Mind)*와 러시아 정신성의 보고*(A Treasure of Russian Spirituality)* 란 저서를 남겼으며, 생의 말년에는 뉴욕에 위치한 성블라지미르 신학 아카데미에서 역사를 강의한 분이다.

은 인민의 통치 구현이라는 것이다. "민주주의에서 인민은 '공동선' — 공화정 — 을 위해 그들의 관여가 회피되지 않고 있으며, 그들의 모든 시민들과 일치하여, 정부봉사를 위한 완전한 책임을 맡는다."[81] 정치는 개인적 제 권리, 제 특권, 그리고 제 이익을 위한 투쟁에 지나지 않으며, 또한 정치는 사회적 제 이상을 위한 투쟁이며, 정신문화 및 경제 그리고 기술적 생활을 결합시키는 영역으로 보았다.[82] 이 같은 원칙과는 상당히 동떨어진 민주적 이상이 공산치하에서 "형식적 민주주의"가 되었음을 개탄하고 있다. 특징적으로 정치가 야바위꾼과 아첨꾼들의 술수와 같이 인간의 비열한 본능과 동질화되어, 결과적으로 대중이 통치자의 통치 자체를 인정하지 않고 있다는 것이다. 이러한 현상의 주요 동인은 당 체제에 기인하며, 당 정치가 정부 지도부로부터 경력주의, 선동, 음모와 같은 이질적 자질을 요구함에 따라 당 노선의 확고한 지지자들이 다수의 당 열성분자들로 이루어지는 특징을 띠고 있다는 것이다. 결론적으로 그는 공산체제가 근대 민주주의의 본질적 성분을 지니고 있지만, 동시에 개인의 정치적 의지표현을 속박시키고 민족적 일체감 조성을 붕괴시키고 있다는 평가다. 그래서 민주주의가 아직도 왕정체제에 가깝다고 단언했다.[83]

훼도또프의 견지에서 이 같은 혁명정부의 문제점 발생은 근대 민주체제들에 의해 부여된 부적절한 사회적 지도에 주로 기인되고 있다. 대부분의 혁명은 자유를 위한 열망에 고무되어있지 않고 정부의 비호 하에 모든 생활을 합리적으로 조직할 수 있는 다소 "새로운 명령"수행에 고무되어있다. 이에 따른 중앙집권주의가 실로 건설적 혁명을 위해 전제조건이 되는 정신 및 물질적인 것들을 파괴하고 있다는 지적이다. 따라서 세속적 혁명은 폭력과 잔인성으로 점철되었으며, 더욱이 혁명의 목표가 정부나 정치적 구조의

81 Georgy P. Fedotov, *Khristianin v revoliutsii: sbornik statei statei (Christian in Revolution: A Collection of Articles)*, Paris: YMCA, 1957, p. 46, as quoted in Petro Nicolai N., op. cit.

82 Petro Nicolai N., *op. cit.*, pp. 212-213.

83 *Ibid.*, p. 213.

변화에 있지 않고, 생활 자체의 목적에 두고, “지상에서의 제일 인민”으로써 현행 혁명의 부도덕성이 극복되길 갈구하고 있다는 것이다. 예속과 거짓은 힘의 승리에 의한 결과이다. 자유의 기치 아래 시작되는 위대한 혁명은 일반 예속상태의 종결이라고 못 박고 있다.[84)]

이 같은 상황인식 속에서 훼도또프는 기독교인의 책무와 이상에 관한 명확한 견해를 가지고 있다. 훼도또프는 기독교가 사회생활의 난제들을 해결하는데 질적으로 다른 해결책을 제공하는 것으로 보고 있다. 초기 기독교가 선택해야만 했던 두 가지 방도는 첫째로 제2의 주님이 오시기를 기다리며 구원받은 영혼의 소규모 공동체를 유지해나가는 것과, 둘째로는 무언가 할 수 있는 기독교인의 이상을 전달하며 세상을 구하는 것이었다. 여기서 교회는 둘째 방도를 선택했으며, 이의 결과로 빚고 있는 기독교인의 긍정적 사회활동, 즉, 기독교인들에게 요구하고 있는 악에 대한 자비로운 저항이 사회재건의 선두에 서게 했다는 것이다.[85)]

그는 기독교 신앙이 사회적 제 가치의 지속적 확언을 필요로 함에 따라 전반적으로 새롭고 다른 현존 질서 — 하느님의 왕국 — 를 요구하고 있다는 것이다. 또한 그는 하느님의 왕국은 적어도 3개의 성서적 의미를 지닌 인간의 마음속에, 하늘의 생활 속에, 메시아의 세속적 왕국 속에 있다는 것이다. 따라서 기독교인의 사회적 적극 행동은 명백히 초기 그리스의 교부들, 예수의 메시아적 설교, 구약성서의 예언적 묵시록의 전통이라고 못 박고 있다.[86)]

사회적 상호작용은 기독교 교회의 심장부에 놓여있다는 표현을 통해 사회질서는 기독교인들의 무관심의 문제가 될 수 없다고 강조한다. 훼도또프는 절대적인 사회적 institution들이 없다는 것을 인정하면서, 일부 institution들은 하느님의 조망에 근거하여 분명히 우선권을 부여하고 있다며, 기독교인들은 명백한 양심을 가지고



84 *Ibid.*, pp. 213-214.
85 *Ibid.*, pp. 214-215.
86 Georgy P. Fedotov, *op. cit.*, p. 80, as quoted in Petro Nicolai N., *ibid.*, p. 215.

이들을 지원해야 한다는 것이다. 이렇게 도덕적 맥락, 충만한 사랑, 정의, 자유의 정신에 의존하고 있는 어떤 사회적 개혁의 가치는 그들의 institution 내에서 구현된다. 때문에 기독교인들은 형제지간과 정의의 개시가 잘 예증되는 곳에서, 악과의 투쟁이 아주 용이한 곳에서, 개인이 그들 자신의 정신개발을 위한 최고의 조건에 서게 되는 사회질서 확립을 위해 노력해야만 한다는 주장이다.[87]

기독교 신앙은 사회개혁 옹호 이상의 행위를 필요로 하고 있으며, 세속적인 사회관계를 거부하고, 대신 부분과 전체의, 사람과 세계의, 교회와 개인 정신의 평등을 역설하는 새로운 사회적 개념을 제공하고 있다. 이 같은 목표들은 의회제도의 틀 속에서 설치가 쉽지 않다. 여기서 훼도또프는 "기독교 신앙은 사회적 질서 보다 무한히 높다"는 결론을 내렸다.[88] 기독교인의 사회적 이상은 집단공동의 원리이며, "개성과 사회의 유기체적 균형이다."[89] 집단공동의 원리는 전체주의적 집단주의에 불리하며, 민주정체를 공식화하는 데도 불리하다. 이유는 양자가 사회적 원자들의 수와 균형에 근거하고 있기 때문이다. 따라서 집단공동원칙의 이상은 피통치자들(국민)이 자유롭게 스스로를 통치하고, 통치자들은 지배가 아닌 봉사를 하는 곳으로써의 이상적 가족이나 다정한 친척에 유사한 사랑의 유기체(organism)라고 설명하고 있다.[90]

훼도또프와 같이 일린[91]은 광범한 책임들로 정치를 물들이고 있

---

87 *Ibid.*, p. 75.

88 Greorgy P. Fedotov, *Novyi grad (New City)*, edited by Iurii Ivask, New York: Chekhov, 1952, p. 377, as quoted in Petro(ed.), *op. cit.*, p. 215.

89 Fedotov, *Khristianin*, p. 135, as quoted in Petro(ed.), *op. cit.*, p. 215.

90 *Ibid.*, pp. 134-135, as quoted in *ibid.*,

91 이반 일린(Ivan Il'in)은 러시아의 정치 및 종교사상가로서 1922년에 추방당하여 독일에서 1938년까지 생활한 후 히틀러의 부상과 더불어 독일을 도피한 후 유럽에서 러시아와 소련에 관한 강의와 집필활동을 한 사람이다. 그의 기독교 신앙이 그의 전반적 인생을 일관되게 지탱시킨 근원이 되었으며, 그의 사도적 역할은 후세에 귀감이 되고 있다. 대표적 저서는 『세 명의 연사들』(1924), 『정신적 쇄신의 길』(1935, 1962년 개정), 『기독교 문화의 기반들』(1937), 『종교적 경험의 원리들』(1953), 『자선의 길』(1957), 『심금 울리기: 묵상 서적』(1958)이 있다.

다. 그는 "정치가 합법적인 과업이며 바로 민족적 생존의 조직"이라고 기술했다.[92] 그는 완전히 적대적인 정치의 성격에 연유하여 2개의 政府觀이 있는데, 하나는 'institution'으로써 정부를 보는 것이며, 또 하나는 '법인'이나 '법인적'인 것으로 보는 것이다.

Institution들은 위에서 아래로 건설된다. 인민은 이들로부터 제 이익을 얻지만, 그들의 제 이익과 목표수립에 필연적 참여가 행해지고 있지 않다. Institution들은 다수 회원의 수동성과 최후의 분석에서 그들은 Institution 내에서 청취하지 못하는 회원들이 다수인 것이 특징이다. 한편, 정치권력의 폭넓은 각양각색의 존재가 법인이다. 법인은 자유의지를 통일시키며, 각자 수용과 거부에 자유로운 회원들의 공동이익을 지닌 동등한 권리 수행자들을 대표한 능동적인 사람들로 구성된다.[93] 법인체는 자유선거의 기반 위에서 밑바탕으로부터 조직된다. 일개 법인이나 또 다른 법인은 정부가 아니지만, 모든 법인은 어디에서나 전체주의와 무정부간의 연속체위에 서있다. 일린은 비정부가 늘 순수 법인이 될 수 있기 때문에 정부는 바로 "명령적-권위적"이고 "필연적으로 억압적" 성격에 의해 특징 되고 있다고 논하고 있다.[94]

일린의 인스티튜션적 정부관(政府觀)은 상호 의심쩍은 집단의 타협에 기반을 둔 부처 간의 기계적인(mechanical) 균형을 말하는 것이다. 따라서 모든 시민은 분화된 충성의 수준에 근거하여 고통을 받고 있다고 한다. 서구에서 발달한 정부의 기계적이고, 양적이며, 공식적인 이해문제가 엄청난 위험을 감추고 있다는 것이다. 이유는 정부가 정부의 유기체적 성격 보존에 실패했기 때문이며, 공적인 법률이 사람의 질과 가능성들을 벗겨내고, 공동선(共同善) 안에서 시민들을 일치시키지 않고, 타협에서 그들의 자기중심적 목소리들을 받아들이기 때문이라는 것이다.[95]

---

92 Ivan A. Il'in, *Osnovy bor'by za natsional'nuiu Rpssiiu(Foundations of the Campaign for National Russia)*, NTSNP General representation in Germany, 1938, p. 45, as quoted in Petro Nicolai N., ibid., p. 218.

93 *Ibid.*, p. 80.

94 *Ibid.*, p. 83.

이러한 정부의 근본적인 잘못은 정부의 이익이 사적 이익들과 부합하지 못하고, 국가의 건강이 제 이익 갈등세력간의 경쟁과 타협에 의해 보장되고 있지 못한데 있다. 많은 의회 민주정체들이 전쟁기간 중 반민주적 유행병에 걸렸다며, 그들 체제 내에서 전제적(tyranny) 풍토의 묵시적 존재를 지원하고 있는 사람들을 비난했다. 바로 이러한 논리 전개는 소연방 공산당체제를 겨냥한 것이다.

일린의 해결방도는 첫째, 모든 정부와 인민을 위한 단일 지도노선이나 이상적 체계가 없어야 한다는 것이다. 정치적 유기체는 성격상 정신적인 것이다. 따라서 정부는 공동 원칙들이 머무르는 곳에서, 즉, 모두에게 중요성을 띠는 원칙 속에서 시작해야 함을 지적하고 있다. 더욱이 모든 체계에서의 지배자 다수원칙을 강조하고 있다.[96]

일린이 강조하는 의회체제의 기본적 결점은 경쟁세력들이 타협에 도달하는 한 조화가 이루어지지만, 만일 한 세력이 타협을 거부한다면, 회복할 수 없는 피해가 야기된다는 것이다.

양적 다수 추구는 미결정 다수 유권자의 득표를 목적으로 특정의 약속을 할 수 있는 당 선동자들에게 전술적 이익을 제공하는 의회체제의 결정적 목표이다. 문제는 과연 수적 다수가 좋은 정부의 정당한 수단이 될 수 있겠느냐? 이다. 역사는 전제군주들, 모험주의자들, 전체주의 정당들, 정당한 사람들의 사형언도를[97] 위하여 표를 준 사람들의 예증들을 충분히 알지 못하고 있다. 이렇게 정치생활의 어려움은 수적으로 보다 큰 정당들이 지배한다는 사실이다. 두 세 정당의 정강만이 존재할 때 필연적으로 발생하는 나머지 정당들의 정지된 생존의 의미는 무엇인지? 이에 대한 일린의 결론은 정치사상의 충만과는 달리 정치생활의 독점을 통한 제 정당의 정치적 주도력이 억제 당한다는 것이

95 *Ibid.*, p. 281, 286, as quoted in *ibid.*, p. 218.
96 Petro Nicolai N., *op. cit.*, p. 220.
97 Socrates의 사형선고를 위해 던진 표는 500명중 360이었다.

다.[98]

민주정체들은 빈번히 배후에 개별적으로 표를 던진 유권자가 있다는 사실을 잊고 있다. 유권자들은 생활의 유기체로써 국가생활에 참여하고 있는 것이다. 따라서 정부는 어디에서나 이 유기체 밖에 존재하지 않는다. 민주정체는 유권자의 통치능력을 인정하고 있다. 그 결과 정부의 핵심 성분은 귀족정체라는 일린의 논리다. 그는 모든 정부는 귀족정체가 되도록 요구되고 있다며, 민주정체와 귀족정체는 대립적인 극이 아니고, 건강한 사회에서 필연적으로 얽혀진다는 주장이다. 즉, 전 유권자를 파멸로 이끄는 민주정체의 대중으로부터 가장 좋은 것을 얻을 수 없는 것이 민주정체라는 것이다. 이러한 결과로 민주정체는 대중의 가장 좋은 세력이 자체의 높은 지위에 오름으로써 만 인정과 지원을 획득할 수 있는 것이다. 그는 유럽 의회주의의 위기가 형식 민주주의와 정당체제의 한계를 보였다며, 바로 이는 정의 의식의 상실, 종교적 기독교정신의 상실과 좌·우파간의 전제주의자들이 지도하는 비원칙성과 형식주의의 결과를 반영시켰다고 보고 있다.[99]

민주정체의 형식주의 배제를 통한 위기극복책으로 긴요성을 역설한 일린의 올바른 의식 및 기독교 정신의 권위적 기반을 살핀다. 우선 일린이 기독교인들에게 요청한 희망사항은 그들이 살고 있는 세상을 완전히 수용하라는 주문이다. 그는 "하느님의 정신이 살아 숨쉬며, 살아있는 보물로써 세상과 조국을 사랑해야한다. 국가는 하느님이 아니지만, 국가의 강인한 정신은 하느님으로부터 유발된다"[100] 따라서 일린에게 조국애는 기독교적 애덕의 본질적 구성요소였으며, 자기 자신의 인민에 대한 사랑과 이해 없이 인류를 사랑할 수 없다는 뜻을 지니고 있다. 아울러 그는 진정한 조국애가 겸손과 회개를 가르치고 있다고 강조하고 있다.[101]

98 Petro Nicolai N., *op. cit.*, p. 219.

99 *Ibid.*, pp. 219-220.

100 Ivan A. Il'in, *Nashi zadachi: stat'i 1948-54 gg.(Our Tasks: Articles from 1948 to 1954)*, 2 vols, Paris: Obschche-voinskii soiuz, 1956, p. 36, as quoted in Petro Nicolai N., *op. cit.*, p. 221.

일린이 기독교 정신의 구현을 목표로 이상화한 정체는 민족지도자로써 미국의 대통령과 같은 집행력이 두드러진 권위체나 왕정의 선호였다. 이유는 좋은 왕정이 당의 분파주의의 우위에 서며 진실한 귀족의 제 자질을 요약하고 있다고 보았기 때문이다. 따라서 일린은 러시아의 바람직한 정체를 왕정으로 보고, 그 근거는 억압적인 권위보다 정신적인 권위로써의 타당성에서 찾았다. 이 같은 일린의 이상은 기독교인이 신과 사람에게 봉사하려는 욕구에서 권력을 맡는다는 사실과, 이로 인한 권력수행의 책임감을 가정하고 있다.[102]

정체를 위한 교회의 행태는 세속적 세상에서 그들의 이상을 수행토록, "그들의 직장에서 활기찬 신앙을 빛내도록, 하느님 앞에서 신앙의 의미를 부여하도록 하며 그리스도 자비의 빛으로 그리스도의 영감을 충만 시키는 영감의 자유를 인민에게 제공토록 세속인을 격려해야만 한다"는 것이다. 실행적 견지에서 이는 교회와 국가가지고 있는 제 과업들의 정신적 일치를 위한 자유로운 선택을 의미한다. 이는 교회와 국가가 동일한 목표 — 지상에서 하느님의 사업 — 에 기여하지만 상이한 수단에 의해 기여함을 뜻한다. 아울러 개별적으로 각자는 서로 독립을 유지해야만함을 뜻한다.[103]

### (4) 근대 러시아의 정교회

구소련에서 뻬레스뜨로이까 개혁기에 재발견된 러시아종교철학은 기민하게 여러 사회부문에 파급됐다. 이들 사상을 대중화하기 위한 가장 현저한 계획 중의 하나가 300개 이상의 과학아카데미가 참여하는 러시아 대백과사전의 편찬이었다. 50권으로 구성된 이 백과사전은 국내외에서 러시아문화에 관해 알려진 모든 것들을 해석하고 있다. 제1절의 편집자들이 갖추려한 시도는 러시아 철학

---

101 Petro Nicolai N., *op. cit.*, p. 221.
102 *Ibid.*
103 *Ibid.*, pp. 221-222.

에 바탕을 둔 것이었다. 새로 창설된 대 백과사전 조절회의의 책임자 부스뜨로프(L. Bystrov)에 의거 이 절은 450명 이상의 러시아철학자들에 관한 정보를 담을 계획이었다.[104] 이들 정보수집에 부가하여 대 백과사전과 전-러시아문화기금은 러시아 민중관(Russian Popular Houses)으로 알려진 토론과 정보를 위한 지방센터 설립으로 이를 대중화하겠다는 발표와 함께 1987년에 모스끄바에 작가 따찌야나 뽀노마레바에 의해 이 센터가 설립됐다.[105]

그 후 선발된 러시아 종교철학자들의 짧은 기사들이 신문에 실리기 시작했다. 이들의 글은 전문잡지뿐만 아니라 다수의 독자층을 가진 모스꼽스끼 리쩨라또르(Moskovskii Literator), 리쩨라뚜르나야 가제따(Literaturnaia gazeta), 모스꼽스끼예 노보스찌(Moskovskie novosti)에도 실렸다. 알렉싼드르 녜즈느이(Aleksandr Nezhnyi)와 같은 언론인은 당시 국가의 정신적 구조개혁의 활성화 세력으로써 교회와 종교를 부추기려했다.[106]

이 같은 추세는 확대일로의 길을 걷게 되어 리쩨라뚜르나야 가제따와 찌아뜨랄리나야 쥐즈니(Teatral'naia zhizn')는 '러시아 철학사상사', '러시아인의 이상', '과거의 러시아 철인들'과 같은 주제를 다루게 되었다. 특히 러시아의 종교-철학적 유산이 저명한 작가 및 과학아카데미 회원들[107]에 의해 공개적으로 옹호됐다. 이들의 주장은 "오늘날조차 종교-철학적 유산은 역사적 및 시대에 뒤진 철학이 아니라, 본질적으로 현대적이며, 정신적으로 건설적이고, 심원한 원시안적 철학이다. 보다 진지하고 사려깊게 동화되고, 우리의 지적 및 정신적 기반이 보다 강건하고, 보다 신뢰받게 될 것이다...."[108]

---

104 Ermakoba, "Nachinaia s praslavian", p. 2, as quoted in Petro Nicolai N., *Ibid.*, p. 223.

105 V. Surkova, "russkii tsentr nachinaet deistvovat"(The Russian Center Begins Operations), *Vecherniaia Moskva*, December 12, 1988, as quoted in Petro Nicolai N., *ibid.*

106 Petro Nicolai N., *Ibid.*, pp. 223-224.

107 저명한 작가와 과학자들은 A. Gulyga, V. Toporov, V. Kurbatov, Iu Seliverstov, V. Rasputin이다.

이러한 태도는 뻬레스뜨로이까 출현 이래 부상한 비공식적 사회-정치적 집단들과 독립적 잡지들에 의해 공감대를 형성시켰다. 그리고 이들 잡지들은 보다 폭넓은 러시아 종교사상가들의 선집을 출판하게 되었고, 이 과정에서 이들은 공개적으로 사회주의 및 10월 혁명의 구실들을 비판하고 러시아의 애국주의와 기독교의 제 가치로 돌아올 것을 촉구했다. 발틱 3국내의 한 비공식집단의 지도자인 빅또르 뽀뽀프(Viktor Popov)는 러시아의 종교-철학적 유산을 민족문제 위기를 해결할 수 있을 것으로 보기조차 했다.[109)]

교회는 러시아 종교-철학의 사회적 역할에 신중한 태도를 보였지만, 교회를 대표하는 유명 인사들의 빈번한 보증과 함께 마침내 영향력있는 노브이 미르(Novyi Mir)의 편집장 쎄르게이 잘루긴(Sergei Zalygin)과 아카데미회원 따찌야나 자슬라브스까야(Tat'iana Zaslavskaia)는 당시 소비에트 인민대의원이었던 보리스 옐찐(Borib El'tsin), 안드레이 사하로프(Andrei Sakharov), 레오니드 바뜨낀(Leonid Batkin), 유리 까랴낀(Iurii Kariakin)을 연단에 동석시킨 가운데 인민회의 개막전야에 모스끄바 루즈니끼(Luzhniki) 공원에 모인 수만 명의 군중 앞에서 종교적 신자들의 법적 평등을 부여하는 내용의 헌법 개정을 요구하기에 이르렀다.[110)]

공산당 붕괴이후 태동한 옐찐정권의 종교에 대한 배려는 극히 상식적이다. 현행헌법 제28조에 명시된바와 같이 종교 및 기타 신념에 관한 권리를 포함한 종교의 자유가 허용되고 있다. 아울러 거리에서 흔히 목격되는 정부의 홍보물은 "신성한 러시아"를 주지시키고 있으며, 공적행사에 총주교의 참석과 함께 대통령 다음에 연설하는 의전적 관례를 획득함으로서 러시아정교의 권위회복을 기정 사실화시켰다.

후 소비에트 러시아 사회가 맑스·레닌주의 포기에 따른 "도덕적

108 V. Ia. Kurbatov, V. G. Rasputin, I. Seliverstov, "Ne ocherednoe, a samoe neobkhodimoe"(Not the Usual, but the Most Necessary), *Moskovskii literator,* Feb. 3, 1989, p. 3, as quoted in Petro Nicolai N., *op. cit.*, p. 224.

109 Petro Nicolai N., *op. cit.*, pp. 224-225.

110 *Ibid.*

진공상태에 대해 언급하였다 그러나 공산주의 교의가 러시아사회에 굳게 뿌리내렸다고 주장하기 어려웠지만, 사람들은 기본적인 가치나 도덕적 신념을 쉽게 버리지 못했다. 소비에트 체제가 공산주의 교리를 통해 종교를 대체할 도덕적 나침반을 제공했다기보다 도덕적인 선택을 제거하도록 계획된 사회질서를 만들었을 뿐이다. 더욱이 국가는 제한한 개인적 선택의 범위까지 개인의 책임을 제거했다. 따라서 공산체제와 그 교리의 붕괴가 도덕적 진공상태를 만든 것은 아니었다. 오히려 수십 년 전에 만들어진 도덕적 진공상태에 강렬한 빛을 비춘 결과를 초래했을 뿐이다.[111)]

후 소비에트 러시아인들은 스스로 종교적 지침을 구했다. 1991년의 조사에 의하면 신을 믿는 러시아인이 47%에서 74%로 상승하였음이 밝혀졌다. 더욱이 국민의 22%가 무신론에서 유신론으로 개종했으며, 특히 젊은 층에서 더욱 개종자가 높았음이 특징이다.[112)]

새로 드러난 도덕적 진공상태가 러시아 전체를 국가주도의 유신론으로 몰고 갈 수는 없었다. 일부는 종교와 유사한 신문화운동(New Age)과 보다 세속적인 교리로 볼 수 있는 철학자와 도덕가를 지향했으며, 또 일부 정치인과 사업가는 마술사에게 몰렸다. 또 다른 일부는 분명한 도덕적 지침 없이 새로운 자유와 뇌물, 사기, 절도, 약탈의 사회혼란을 이용함으로써 상반된 현상을 자아냈다.[113)]

이렇게 불완전한 정치제도와 미정형의 도덕구조 속에서 정교회는 안정성과 정당성을 제공했다. 즉, 정교회는 정당, 정부, 대학과 같은 인스티튜션으로부터 신뢰를 받았다. 특히 총주교 알렉씨 II세(Aleksii II)는 대중적 추종을 받음으로서 옐찐은 1991년과 1966년 취임식 집전을 총주교에게 의뢰하기에 이르렀다. 국가 역시 교회의 편에서 교회의 부활을 돕기 위해 1992년 가을 옐찐은 끄레믈리 대성당을 교회당국에 양도했다. 다수의 정당들도 대중의 추앙을 받고 있는 정교회에 비위를 맞추려 노력했다.

111 Boilard Steve D., *op. cit.* p. 174.
112 *Ibid.*
113 *Ibid.*

즉, 1995년 두마선거 직전에 교회에 의해 급조된 회의에 18개 선거블록이 참석했으며, 참석자 다수는 정교회에 대한 일반적 지지를 표명했다. 자유 민주당 당수인 지리노프스끼는 가능한 한 러시아의 유일한 국가가 승인하는 종교로서 러시아정교를 복구하려했다. 공산주의자들도 기독교에 대한 새로운 지원을 설명하기 위해 노력했다. 쥬가노프는 "예수가 이승생활에서 정의를 원했고, 다른 사람의 죄를 보상하기 위해 자신의 목숨을 바쳤기 때문에" 예수를 세계 최초의 공산주의자라고 공식화했다. 아울러 선거유세에서 대통령으로서 종교를 수호하겠다고 약속했다. 쥬가노프는 예수와 마리아의 장식을 착용하고 유세장에 나타나기도 했다. 그러나 교회지도자들은 자유민주당과 공산당의 구애를 환영치는 않았다.[114]

정교회는 공산정권 이전에 약 1천년 동안 국가의 정신적 중심역할 수행으로 러시아연방의 민족적 정체성의 원천이며, 단결의 구심점으로 작용했다. 순교를 통한 박해에 대응함으로써 도덕적 명성을 국민들에 새겼다. 이 같은 유산을 기조로 1994년 신자 수가 거의 2배로 증가함으로서 국민의 약 18%를 점하게 되었다. 아울러 1931년에 파괴된 모스끄바의 '구세주 그리스도 대성당'을 재건함으로써 정교회 부활을 상징화했으며, 1996년 옐찐의 대성당 부활절 미사참례로 지원됐으며, 대 성전 개축 일은 1997년 모스끄바 창건 850주년 기념일에 맞추어졌다. 옐찐체제에서 정교회가 수세기 동안 경험하지 못한 자치권을 행사할 수 있었음에도 정치적 종속의 대가로 얻어진 것이란 일부의 비판도 받았다. 비판자들은 알렉씨의 옐찐 취임식 집전을 교회와 국가 간의 연합을 암시하는 것이란 우려에서 나온 것이다.[115]

교회의 다양한 결정이 도전자들의 입지강화 기회를 제공했다. 즉, 순수정교회와 국외 러시아 정교회가 알렉씨 II세의 정통성에 의문을 제기하고 도전했다. 이유는 1961년 흐루시쵸프 통치하에서

114 *Ibid.*, pp. 174-175.
115 *Ibid.*, p. 175.

주교가 됐으며, 옐찐과 고르바쵸프 재임시 총주교가 되었기 때문이다. 분파적 분쟁은 교리, 전례, 교계제도 등으로 확산되었다. 즉, 국외 러시아 정교회는 니꼴라이 II세의 장례식 거행을 위해 노력했으며, 예까쩨린부르끄에서 발굴된 니꼴라이 2세와 그의 가족 유골을 쌍뜨 뻬쩨르부르끄 로마노프 성당묘지에 안장되길 원했다. 그리고 러시아 정교회는 국외거주 러시아인들을 제도적으로나 정신적으로 모스끄바와 연계시키려 헌신했다. 이 기능을 수행하면서 러시아 정교회는 다른 종교들과 경쟁을 벌였다. 따라서 에스또니아 정교회 관구를 요구한 모스끄바는 1996년 콘스탄티노플과의 분리선언을 결과시켰다.[116)]

외국의 다양한 종교들이 러시아 내에서 선교활동을 함으로써 러시아의 관계자들은 러시아의 경제적 개종주의(Russians' economic neophytism)를 이용하는 외국자본가 들에게 불만을 표출하고 있다. 따라서 보수주의자들은 외국종교조직의 선교활동을 제한하는 입법활동을 지원했다. 소비에트 최고회의가 1993년 법안을 통과시켰으나 옐찐이 서명을 거부했다. 그 후 1997년 6월 공산당에 의해 발의되고, 동년 9월에 옐찐의 수정안 형식을 거쳐 최종 확정되었다. 일부는 러시아가 종교적 다원주의 준비가 안 된 상태임에도 기독교 근본주의 조직, 구세군, 하레 크리슈나교도(Hare Krishnas), 사이언톨로지스트(Scientologists), 일본의 옴진리교 분파가 러시아에 자리 잡고 있음에 도전으로 받아들이고 있다.[117)]

다당적(多黨的) 민주주의 체제 하에서 보장된 종교의 자유와 전통문화 보존결과는 정부의 정교부활노력을 명백히 하고 있으며, 또한 사회적 지지를 받고 있음이 증명되고 있다. 이는 정교의 사회문화적 중대한 과업 수행 역할을 의미하는 것이다. 물론 민주국가는 종교협회내의 모든 존재들에 동일한 관계를 갖도록 의무화하고 있다. 따라서 구세대에 익숙한 정교도 이 같은 사회의 한 부분으로써 통합역할을 수행할 것이다.[118)] 그러나 러시아연방공화국의 민

116 *Ibid.*, pp. 175-176.
117 *Ibid.*, pp. 176-177.

족별 인구비례에서 러시아인이 82%를 차지하고[119] 있는 현실 및 사회지도층의 지원노력이 정교에 토대를 둔 종교-철학사상의 부활을 예고하고 있다. 이미 러시아 종교사상가들에 의해 정리된 바와 같이 궁극적인 목표문화는 '신성한 러시아'건설이며, 이의 성취수단은 정부와 교회의 각기 다른 접근을 통한 조화 속에 이루고자하는 이전문화는 민족적 일치와 애국심 유발, 그리고 사회적 순화 및 정신적 일체감을 조성하는데 있다.

특히 근래 러시아 정교의 유용성 대두는 처절한 사회 환경 속에서 야기된 죄악과 불신, 그리고 무능력 노출로 인한 사회적 해결방도 모색, 신앙의 측면에서 야기된 의지대상의 갈구 및 겸손과 회개의 실천을 통한 참된 인간성 회복 욕구에 있다고 하겠다. 이 같은 시대적 요청과 정부의 지원에 따른 러시아 정교의 르네상스는 향후 정부형태를 결정하는데 있어서도 지대한 역할을 할 것으로 보인다. 비 권위적이며, 의회주의의 수적 모순극복 및 집권당의 독점적 운영형태 배제, 그리고 정교적 올바른 인물의 정부 상층부 대거 충원 등의 문제점이 반영된 러시아 특유의 정부태동을 기대한다.

러시아는 서구사회와 명백히 구별되는 성스런 문화를 가지고 있다. 이는 러시아정교의 문화적 결과에 따른 것으로써, 러시아적 유기체 형성 및 유지에 적극적 활동을 요구하는 교회와 정부의 전통적 역할에 의한 것이다. 인간적 순수성과 올바른 사회의 모습을 담은 '하느님의 왕국' 구현이 러시아에서 진행되고 있다.

### 2) 문화적 발전방향과 평가

러시아 연방은 첫째, 자유민주주의 수용과 다당제를 채택함으로서 다원주의를 지향하고 있다. 그러나 둘째, 민족적 정통성 회복에 따른 러시아정교의 부활로 보수주의를 자리 잡게 했다는 점이다.

---

118 Игорь Чубайс, *От Русской идеи к идеее Новой России*, Москва: Издательство ГИТИС, 1996, с., 81.

119 Официальное издание, *Российский статистический ежегодник*, Москва: Госко-мстат Росссии, 1995, с., 21.

이는 급진 개혁적 성향의 정권임에도 불구하고, 폭 넓은 대중의 지원이 불가피한 상황적 요인에 의한 결과이다. 따라서 서구모델과 정교적 종교 철학으로 요약되는 '신성한 러시아 건설'과제와의 장구한 상호작용에 의해 민족적 정체성을 드러낼 것으로 보인다. 셋째, 시장경제 보급을 통한 사적 발전요소를 자극하고, 산업의 경쟁력을 갖도록 하기 위해 서구형 자본주의를 받아들였다. 그러나 자본주의적 경험을 갖지 못한 역사성으로 인해 큰 성과를 얻지 못함에 따라 독자 노선을 모색 중에 있다. 이는 사회주의적 요소가 가미된 효율성인 형태가 될 것이다. 넷째, 민주주의에 의한 정당제도와 선거문화를 정착시켰으며, 다섯째, 대통령중심제에 의한 의회기능 약화로 인한 권위주의가 회복되었으며, 여섯째, 가치와 세계관의 미 결집에 의한 미정형 현상을 들 수 있다. 따라서 일관성 있는 진로의 파악이 요구되는 상황이다. 그러나 분명한 사실은 정교적 정체성에 기초한 특유의 문화가 담긴 모습으로 정형화될 것이다.

지금까지 살펴본 내용을 종합적으로 정리하면, 첫째, 러시아는 자연주의적 개성의 유형을 형성함으로서 순수, 너그러움, 겸손, 인내, 적응력, 개척정신을 특성화하고 있으며, 둘째, 동양적 민족성(Orientalism)을 내면화함으로써 사색적이며, 정적유형을 지니고 있으며, 셋째, 전제주의(despotism)가 토착화됨으로써 민주주의의 실행이 요원한 권위주의에 사로잡혀 있으며, 넷째, 정교주의에 입각한 신비주의, 형식주의, 보수주의, 순종주의가 사회전반의 토대를 이루고 정체성 형성에 기여하고 있다. 여기서 서구 세속문화 경험에 의거 지나친 경쟁심 유발과 정신적 황폐화를 유려하게 되었다. 따라서 러시아 특유의 종교-철학적 이상을 지향하는 '신성한 러시아'정형을 구축할 것이며, 다섯째, 빈번한 외세의 침략과 정교의 영향에 의해 애국애족주의(Patriotism)가 남달리 강한 면모를 보임에 따라 민족주의가 강세이지만, 실용적인 측면에서 세계화를 수용함에 따라 세속문화의 확산이 불가피하다. 여섯째, 제국주의가 슬라브 확대주의(Pan-Slavism)에 맞물려 영토화장 및 완충지대 확보노력으로 표출되어 온 전통 속에 국토방위 노력과 함께 대외적 개입에 적극성을 띨 것이다. 일곱 번째, 미르제도의 발달에 의한 사회주의 토착화로 개인주의적 서구문화를 적극 배격하는 풍토를 지니고 있으며, 여덟 번째, 러시아 지성들에 의한 자각의 결과로서, 민중에 대한 애정이 자유 민주주의를 열망하는 층을 형성하고 있으며, 아홉 번째, 권위주의 팽배로 인한 대통령중심제 선호현상 유발로 의회기능의 약화현상을 보이고 있다는 점이다. 이는 상대적으로 자유 민주주의 발전을 지체시키는 요인으로 작용되고 있다.

# 참고문헌

Аврамченко, Р. Ф., *Путь Путина: до президента или реформатора?* (Москва, Новая концепция развития России, 2000).

Гончаров Д. В., Гонтарева И. Б., *Введение в политическую науку*, Москва: Юристь, 1996.

Игорь Чубайс, *От Русской идеи к идеее Новой России*, Москва: Издательство ГИТИС, 1996.

*Итоги*, 23 декабря 1999.

Леви-Строс К. *Структурная антропология*, М., 1983.

Лосский Н. О., *Характер русского народа*, (Посев, 1957).

Мамонтов С. П. *Основны культурологии*, Москва, российский государственный лингвистический университет. 1994.

М. В. Ломоносова, В. И. Моряков, *Пособие по истории россии для поступающих в ВУЗы*, Том 1, Москва, Независимое издательство "МАНУСКРИПТ", 1993.

Официальное издание, *Российский статистический ежегодник*, Москва: Госкомстат Росссии, 1995.

Сорокин П. А. *Человек. цивилизация. общество*. М., 1992.

Спиркин, А. Г., *Основы философии*, Москва, Издательство политической литературы, 1988.

Фрейд З. *Будущее одной иллюзии*//Сумерки богов. М., 1990.

Шеллинг Ф. В. *Философия искусства*. М., 1966.

Boilard, Steve D., *Russia at the Twenty-First Century: Politics and Social Change in the Post-Soviet Era*, Harcourt Brace & Company, 1998.

Charles W. Kegley, Jr. & Eugene R. Wittkopf, *World Politics*, Macmillan Press LTD, 2001.

D. M. Sturlry, *A Short History of Russia*, (New York: Harper & Row, 1964).

Gabriel A. Almond & Sidney Verba, *The Civic Culture*, New Jersey: Princeton University Press, 1963.

Geiger, H. Kent, *The Family in Soviet Russia*, Cambridge Massachusetts: Harvard University Press, 1970.

*International Encyclopedia of the Social Sciences*, Crowell collier and Macmillan, Inc., 1968.

John Baylis & Steve Smith(ed.), *The Globalization of World Politics*, Oxford

University Press, 2001.

John S. Reshetar, *The Soviet Polity: Government and Politics in the U.S.S.R.*, Dodd, Mead & Company, 1971.

J. Stalin, *Voprosy Leninizma*(11th ed.; Moscow: Gospolitizdat, 1953).

Karl Marx and Friedrich Engels, *The German Ideology* (New York: International Publishers, 1947).

Kroeber, Alfred L., *The Nature of Culture*, Univ. of Chicago Press, 1952.

Milton Jay Belasco, *Soviet Russia: History, Culture, People*, Cambridge Book Company, Inc. 1968.

*Moscow Times,* 19. June, 1997.

Petro Nicolas N., "Challenge of the 'Russian Idea': Rediscovering the Legacy of Russian Religious Philosophy", Petro Nicolai N.(ed.), *Christianity and Russian Culture in Soviet Society*, Westview Press, 1990.

Stanley Rothman & George W. Breslauer, *Soviet Politics & Society*, West Publishing Co., 1978.

V. I. Lenin, *The Immediate Tasks of the Soviet Government* (Moscow: Foreign Languages Publishing House, 1951).

Walther Kirchner(ed.), *Russian History*, Harper Perennial, 1991.

Walt W. Rostow, *The Stage of Economic Growth: A Non-Communist Manifesto* (Cambridge, Mass., 1960).

# 찾아보기

ㅁ



ㅂ



ㅅ

ㅇ

ㅎ